Josef Mühlberger

Geschichte der deutschen Literatur

Josef Mühlberger

Geschichte der deutschen Literatur in Böhmen

1900–1939

Langen Müller

Umschlaggestaltung: Christel Aumann
Satz: Ludwig Auer, Donauwörth
Druck und Binden: Druck- und Buchbinderei-Werkstätten
May & Co, Darmstadt
Printed in Germany 1981
ISBN 3-7844-1879-1

Die Taten werden richtbar, wenn es Abend wird, und die Poesie enthält die Wahrheit der Dinge und das Gericht über die Dinge.

Hugo von Hofmannsthal

INHALT

DIE GRUNDLAGEN IM 19. JAHRHUNDERT

Zunächst müssen die Grundlagen der deutschen Literatur in Böhmen im 19. Jahrhundert aufgezeigt werden; sie sind breit und sicher, wurden aber im 20. Jahrhundert nicht genutzt. Es baute auf diesen Fundamenten nicht weiter, sondern ließ sie als Trümmer zurück.
Die Reformen Kaiser Josephs II. (1780–1790) wirkten trotz anhaltendem Widerstand, der folgenden Reaktion und Restauration unter Metternich, in verschiedener Stärke weiter. Sie gehen, aus dem Geist der Aufklärung geboren, in bedeutenden Teilen auf den Staatswissenschaftler Josef von Sonnenfels (1733 Nikolsburg–1817 Wien) und dessen Wirken schon unter Maria Theresia zurück.
Er erreichte die Abschaffung der Tortur (Folter), er versuchte, die Herrschaft der Kirche und des Adels einzuschränken, hob das Schulwesen zum besten in der damaligen Zeit, baute die naturwissenschaftlichen Fächer an der Universität aus, reformierte das Theater durch Abschaffung des Hanswurst, setzte sich gegen die Zensur und für eine freie Presse ein, förderte die Menschenrechte und stärkte den Einfluß des Bürgertums. Er war der »Mann ohne Vorurteil«, wie er die von ihm herausgegebene Wochenzeitschrift nannte.

Gegen den Neoabsolutismus (Bernhard Bolzano)

1804 wurde der in Prag geborene, eben erst zum Priester geweihte Bernhard Bolzano (1781–1848) als Professor der Religionswissenschaften an die Universität seiner Heimatstadt berufen. Seine Forschungen als Logiker und Mathematiker beeinflußten seinen mährischen Landsmann Edmund Husserl und dessen Phänomenologie. Ernst Nittner nennt Bolzano einen Markstein in der Geschichte der böhmischen Länder, Bolzano war das über Böhmen hinaus.

Bolzanos Zeit war die der Metternichschen Reaktion und der neoabsolutistischen Restauration, die Zeit, in welcher die Nation ihre Kampfpositionen bezogen, die Zeit der beginnenden Industrialisierung, des Frühkapitalismus und des Arbeiterelends, die Zeit des österreichischen Vormärz.
In einer sich auf verschiedenen Ebenen wandelnden Welt ging es Bolzano um die alten Werte, die erhalten werden mußten, zugleich um das Abwerfen veralteter und überholter Anschauungen, die wertlos, unbrauchbar und schädlich geworden waren und die natürliche Entfaltung in eine neue Epoche hinderten.
Bolzano traf seine Entscheidungen auf der Basis eines ethischen Prinzips: er wollte gesellschaftlichen Fortschritt zugunsten immer größerer Menschlichkeit; es ging ihm um »die Deckung von logischem, sozialethischem und religionswissenschaftlichem Denken« (Ernst Nittner). »Die konfessionellen Grenzen allerdings, darüberhinaus die Schranken zwischen Christen und Nicht-Christen, hat er in seinen Gedanken überwunden, wenn er betont: ›Tugend ist das beharrliche Streben, die Summe der Leiden in dieser Welt so klein wie möglich zu machen und die Summe des Wohlseins so viel wie möglich zu vergrößern.‹« Das wahrhaft Gute ist das Gemeinnützige, und das Gegenteil das Gemeinschädliche. »Das fremde Glück zu dem eigenen zu machen, sich fremden Glücks zu erfreuen, als ob es das eigene wäre, das ist wahre Liebe.«
Mit demokratischem Freimut wandte er sich gegen den Mißbrauch absoluter Macht, gegen starre Standesgrenzen und gegen die Mißstände des Frühkapitalismus. »Es wird eine Zeit erscheinen, wo die tausendfältigen Rangordnungen und Scheidewände unter den Menschen, die so viel Böses anrichten, in ihre gehörigen Schranken werden zurückgewiesen sein, wo jeder mit seinem Nächsten umgehen wird so, wie ein Bruder mit seinem Bruder soll.«

Zu den trennenden Schranken zählte er auch den Nationalismus. Bolzano wurde zu einem Begründer und einer Stütze des Bohemismus, der sich über die beiden Nationen des Landes hinaus in gleicher Liebe und Verantwortung dem beiden Nationen gemeinsamen böhmischen Land verpflichtet fühlte.
Die Antwort auf solche Bemühungen kam prompt und unmittelbar aus Wien. 1820 wurde Bolzano zum Oberstburggrafen Chotek zitiert, vor dem er das vom Kaiser verfügte Entlassungsdekret selber vorlesen mußte; seine Tätigkeit an der Universität und in der Öffentlichkeit war beendet. Auch die Kirche klagte ihn an. Aber der Erzbischof Chlumčanský setzte sich gegen die Kurie und den Kaiser durch und sprach Bolzano frei, wodurch ihm die Klosterhaft erspart blieb.
Nicht unerwähnt soll bleiben, daß die sozialethische Lehre Bolzanos entstand, als Karl Marx geboren wurde.
Ein Ausspruch Bolzanos ist nicht nur rückschauend zu zitieren, er drückt die Hoffnung auch unserer Zeit aus: »Es wird eine Zeit erscheinen, wo man Verfassungen einführen wird, wo man dem Mißbrauch nicht mehr so schrecklich ausgesetzt sein wird als unsere gegenwärtige.«

Wegbereiter der Demokratie (Charles Sealsfield)

»Dem Mißbrauch staatspolitischer Macht ausgesetzt.« Diese Kennzeichnung seiner, Bolzanos, Zeit ist es, gegen die sich ein aus Mähren stammender Mann mit dem Einsatz seines Lebens wehrte, um im Neoabsolutismus vor 1848 zum Verkünder der Demokratie zu werden.
Karl Postl, bekannt geworden unter seinem amerikanischen Pseudonym Charles Sealsfield, wurde 1793 als Sohn eines südmährischen Obst- und Weinbauern geboren. 1823 floh er als Priester aus dem Prager Kreuzherrnkloster, eben in der

Zeit, als Bolzano entlassen worden war, und wurde einer der durch die österreichische Polizei meistgesuchten Staatsfeinde. Im selben Jahr tauchte er in Nordamerika auf. Er blieb bis zu seinem Tod in der Schweiz 1864 unerkannt.
In seinem 1827 erschienenen Buch »Die Vereinigten Staaten von Nordamerika in ihren politischen, religiösen und gesellschaftlichen Verhältnissen« schrieb Sealsfield eine Schule der Demokratie; das Buch wurde zu einer Brandfackel im morschen, spätabsolutistischen Europa.
Im folgenden Jahr rechnete Sealsfield mit Österreich ab. In dem Buch »Austria as it is« (Österreich wie es ist) sah er in Österreich ein Muster der Reaktion und des Despotismus.
Der Angriff richtete sich gegen Kaiser Franz den Guten, der sich rühmte, »zur Not einen brauchbaren Hofrat« abgeben zu können, und gegen dessen Nachfolger Ferdinand den Gütigen, den Lord Palmerston »eine vollkommene Null, beinahe einen Idioten« nannte.
Den Hauptschlag führte Sealsfield gegen Metternich, den eigentlichen Regenten in Österreich, von dem Sealsfield sagt, er habe Österreich in einen Polizeistaat und in eine Kaserne umgewandelt. In Österreich gelte, was sich in dem eben erschienen Katechismus der Pflichten der Untertanen gegenüber ihrem Monarchen manifestiere: Dem Untertan ist aufgegeben, für den Landesherrn zu beten, ihm zu gehorchen und ihn zu fürchten.
In seinem Buch »Austria as it is« weist Sealsfield ausdrücklich auf die Tschechen als auf die in Europa am meisten unterdrückte Nation hin.
Gesinnung und Kampf Sealsfields entsprangen nicht nur einem persönlichen und subjektiven Anlaß. Durch seine hervorragende Stellung im einflußreichen Kreuzherrnkloster in Prag war er in enger Verbindung mit dem böhmischen Adel gestanden, der seinerseits mit den damaligen politischen Ver-

hältnissen unzufrieden war. Das Bemühen um eine staatspolitische Veränderung begann in Böhmen-Mähren von oben, gleichermaßen von der hohen Geistlichkeit und vom Adel aus, nicht aus der Masse des Volkes.
Eine andere Eigenart der bedeutenden Männer und Frauen jener Länder dieser Zeit war die Fähigkeit und das Bemühen, nicht abstrakt zu formulieren, sondern die Ideen auf die Wirklichkeit zu beziehen. Sealsfield war nicht nur ein politischer Denker, sondern auch ein hervorragender Schriftsteller und Dichter, und er griff aus dem Heimatlichen ins Weltläufige.
»In Sealsfield ist etwas vorgebildet und nichts Geringes: der deutsche Amerikaner. Die Seele ist deutsch, aber durch eine fremde große Schule gegangen.« (Hugo von Hofmannsthal)
In seinen Romanen bilden die demokratischen Ideen den Hintergrund zu einer lebensvollen Darstellung der absterbenden Aristokratie und der emporsteigenden republikanischen Gesinnung, des Satanismus des Kapitalismus, und für die Schilderung des Kampfes der Indianer. Sealsfields demokratische Gesinnung findet die entsprechende dichterische Form in der »faktischen Poesie«, die sich von der Romantik zum poetischen Realismus hinwendet. Sein »Kajütenbuch« mit der »Prärie am Jacinto« ist ein Meisterwerk deutscher Prosadichtung geblieben. Mit seinen Romanen steht Sealsfield am Anfang der amerikanischen Dichtung.
Ohne die Vielschichtigkeit seines Herkunftslandes, vor allem ohne Prag ist das alles nicht denkbar.

Der Mahner zu politischer Vernunft (Adalbert Stifter)

Mit Charles Sealsfield, dessen Werk ihm bekannt war, ist Adalbert Stifter (1805–1868) als Politiker und Dichter enger verbunden, als es den äußeren Anschein hat. Adalbert Stifter ist in seinem dichterischen Werk lange Zeit verkannt und unerkannt, zeitweise unbekannt geblieben. Weil es im Böhmerwald seiner Kindheit und Jugend wurzelt, hat eine oberflächliche Beurteilung es zur Heimatkunst verprovinzialisiert und als biedermeierlich fehlinterpretiert.

Erst allmählich erschlossen sich die Schönheit und Tiefe, aber auch die Abgründe seiner Dichtung, die nunmehr zum kostbaren Besitz der Nation und der Weltliteratur gehört. Nur ein Urteil von vielen, nach Überwindung der Verkennung, soll angeführt werden, das Thomas Manns: »Adalbert Stifter ist einer der merkwürdigsten, hintergründigsten, heimlich kühnsten und wunderlich packendsten Erzähler der Weltliteratur.« Hätte er anders zu einem Lieblingsdichter Nietzsches, Rilkes und Kafkas werden können?

Adalbert Stifter wußte sich in einer gefahrvollen Übergangszeit, die ihm schon als Endzeit erscheinen wollte – hätte er sonst seinen Roman »Nachsommer« genannt? In einer politischen Krisenzeit floh er in die Historie seines Heimatlandes, schrieb er das Geschichtsepos Böhmens (»Witiko«), dessen damalige Verhältnisse im Spiegel der Vergangenheit andeutend. Thomas Mann hat in seine Tagebücher während der Lektüre »Witiko« zahlreiche Bemerkungen niedergeschrieben, die er in dem Urteil zusammenfaßt: »Die kühne Reinheit, die gewagte Pedanterie, die fromme Vorbildlosigkeit dieses Meisterwerks sind über alle Beschreibung.«

Das Dichterische war nur ein Teil von Adalbert Stifters Persönlichkeit und Schaffen. Neben den anderen Tätigkeiten, so als Pädagoge und Maler, sei hier auf sein politisches Anliegen hingewiesen.

Es war der Geist Bolzanos wie der Charles Sealsfields, der in Stifter weiterwirkte, bei diesen wie bei ihm genährt vom Geist der Josephinischen Reformen und der Aufklärung. Auch ein Teil der Geistlichkeit war von diesem Geist beeinflußt, z. B., im Sinn eines katholischen Humanismus, das Stift Kremsmünster, in welchem Stifter seine Erziehung genoß. Durch seine Tätigkeit als Hauslehrer bei Adeligen, so beim Fürsten Metternich, gewann Stifter Einblick in das politische Geschehen; die Revolution von 1848 bewegte ihn zutiefst, der Krieg von 1866 wurde die Ursache seiner pessimistischen Beurteilung der Weltlage und mittelbar seines zu frühen tragischen Todes.

Stifter sah die Aufgabe des Staates darin, die Bürger, die aufhörten Untertanen zu sein, zu schützen und zu fördern, nicht zu beherrschen: »Dazu haben wir den Staat, daß wir in ihm Menschen seien, und darum muß er uns zu Menschen machen, daß er Staatsbürger habe und keine Strafanstalt sei, in der man immer Kanonen braucht, daß die wilden Tiere nicht losbrechen.«

Er warnte vor den »unreifen Politikern, die in Träumen, Deklamationen und Phantasien herumirren, und doch so drängen, daß nur das Ihre geschähe. Könnte jeder, der die Sache nicht versteht, dies auch mit solcher Gewißheit wissen, daß er keine Uhr machen kann, das, was er nicht kann, auch nicht machen zu wollen, so wäre uns fast aus jeder Verlegenheit geholfen.«

Im Streit der Nationen in seinem Heimatland versuchte er zu vermitteln und zu besänftigen; er warnte vor einer Zerklüftung in zwei feindliche Lager. Im »Witiko«, der in der frühstaufischen Zeit noch in einem vorwiegend tschechischen Böhmen handelt, und den er der Stadt Prag und seinen böhmischen Landsleuten widmete, warnte er vor den Folgen der nationalen Ichsucht und vor nationalem Machtdünkel; er führte Böhmen als warnendes Beispiel an: »Davon ist das Unglück des Landes Böhmen ein Zeuge. Sie üben Rache und ergötzen sich an Grausamkeiten der Rache, sie reißen Güter mit Gewalt an sich und genießen die Güter mit Übermut. Dann kommt ein anderer und rächt sich an ihnen und nimmt die Güter wieder. Und die nach ihnen kommen, üben wieder Rache und werden wieder gestürzt. So ist es oft gewesen, und so wird es wieder sein, wenn nicht ein fester Brauch errichtet wird.«

Der sinnlose Krieg von 1866 brachte Stifter eine so tiefe Erschütterung, daß er in den letzten zwei Jahren seines Lebens von düsteren Visionen für die Zukunft heimgesucht wurde. »Bei dieser Gelegenheit ist mir ein trauriger Gedanke gekommen, der mich schon öfter heimgesucht hat« – die Angst um die Zukunft Europas. »Untergehenden Völkern entschwindet zuerst das Maß. Sie gehen nach einzelnem aus, sie werfen sich mit kurzem Blick auf das Beschränkte und Unbedeutende, sie setzen das Bedingte für das Allgemeine; dann suchen sie den Genuß und das Sinnliche, sie suchen Befriedigung ihres Hasses und Neides gegen den Nachbarn, in ihrer Kunst wird das Einseitige geschildert, das nur von einem Standpunkt Gültige ... In der Religion sinkt das Innere zur bloßen Gestalt oder zur üppigen Schwärmerei herab, der Unterschied zwischen Gut und Böse verliert sich, der einzelne verachtet das Ganze und geht seiner Lust und seinem Verderben nach, und so wird das Volk eine Beute seiner inneren Verwirrungen, oder die eines äußeren wilden, aber kräftigen Feindes.«

Die menschlichen Grundwerte (Marie von Ebner-Eschenbach)

Die mütterliche Ergänzung zum herben Adalbert Stifter kommt aus Mähren, wie der Böhmerwald und die Fruchtfelder der Hana einander ergänzen: Marie von Ebner-Eschenbach. Sie lebte ebenso lange wie Kaiser Franz Joseph I. von 1830 bis 1916. Sie führte das, warum sich Bolzano, Sealsfield und Stifter in Menschenführung und Bewältigung

ihrer Zeit bemüht hatten, unbeirrt weiter und hielt es sogar in der Katastrophe des Ersten Weltkrieges aufrecht. Sie war ein Mensch, zunächst umgeben von manchen einengenden Grenzen, die sie jedoch kühn überschritt.
Als Tochter des Grafen Dubský war sie zunächst tschechisch erzogen worden. Sie wurde dennoch zu einer der großen Erzählerinnen der deutschen Literatur neben Gottfried Keller, Theodor Storm, C. F. Meyer und Theodor Fontane. Die Kunst ihres Erzählens war wie die Sealsfields so groß, daß ihre mannigfachen ethischen und politischen Tendenzen schlakkenlos in ihrer Prosa aufgingen. Der Hocharistokratie angehörend, wurde sie die Anwältin der wehrlosen Armen und Enterbten, zum »Plutarch der Unberühmten«, indem sie Gestalten schuf wie etwa die tschechische Dienstmagd Božena und das »Gemeindekind« Pavel. Ihr umfangreiches Werk umfaßt zahlreiche Schloß- und Dorfgeschichten. Kaum je wurde rücksichtsloser, menschenverachtender Feudalismus so erschütternd dargestellt, wie in der knappen Erzählung »Er laßt die Hand küssen«. Marie von Ebner-Eschenbach erzählt mundwarm, zugleich phrasenlos und nüchtern; aus dem Parlando einer Unterhaltung wachsen große Menschenschicksale; die Dichterin kann heftig werden, wo das Menschliche verletzt wird. Ihr warmer Humor verläßt sie bei der Schilderung »schwammiger, energieloser Mittelmäßigkeit und der rührigen Kanaille«, beim Aufspüren von Herzensträgheit. In ihrem Tagebuch beschreibt sie eine adelige Standesgenossin: »Mumie, dumme Mumie! Die Rasse geht unter und gehe!« Sie aber bleibt adelig in ihrer Noblesse, in ihrer großen Barmherzigkeit. Sie richtet nicht über gut und böse, sie unterscheidet zwischen dem Nützlichen und dem Schädlichen. Ihre leitmotivischen Tendenzen kennzeichnen sie selbst: »Die Güte, die nicht grenzenlos ist, verdient nicht den Namen.« »Die Liebe ist die einzige positive Größe, die sich durch Teilen

verdoppelt.« Die höchste Forderung: »Man muß das Gute tun, daß es in der Welt sei.« Ihre Güte, vereint mit Härte gegen das, was als schädlich und schädigend erkannt wird, wölbt über die Herrin von Zdislawitz einen Himmel unbeirrter Klarheit: »Es gibt keine Religion, die höher ist als Wahrheit.«

Alles billige Ressentiment ist ausgeschieden in der Ablehnung des nationalen Streites: »Wir sind in Todesangst, daß die Nächstenliebe sich zu weit ausbreiten könnte, und richten Schranken gegen sie auf – die Nationalitäten.« Aus der Ablehnung des sich ausbreitenden Antisemitismus schreibt sie, wie Adalbert Stifter seine Erzählung über den Juden Abdias, die bewegte Geschichte des »Kreisphysikus« Doktor Nathanael Rosenzweig. Sie hält im Tagebuch ein Wort ihres Vaters während einer Choleraepidemie in Galizien fest: »Ja, der jüdische Arzt und der katholische Geistliche, allen Respekt! Beide waren Helden.«

Sie nahm lebhaften Anteil am Kampf Zolas in der Dreyfus-Affäre; sie nannte es einen Ehrentitel der Menschheit, daß Tolstoj gelebt.

Marie von Ebner-Eschenbach schrieb Parabeln und Gleichnisse der Zeit, so das von einem Töpfer, der seine beiden Söhne nicht bewegen kann, sein oder ein anderes Handwerk zu erlernen; sie wollten nur einen Beruf ergreifen, »zu dem man nichts zu lernen braucht«. Schließlich bringt der Vater sie in die Stadt und kommt allein zurück. Von den Nachbarn befragt, was denn aus seinen Söhnen geworden, antwortet der Vater: »Je nun, meinem Peter habe ich Papier, Federn und Tinte kaufen, und meinem Paul einen schwarzen Anzug machen lassen müssen. Der Peter ist nämlich Schriftsteller, und der Paul Landtagsabgeordneter geworden.«

Geist und Kunst der Marie von Ebner-Eschenbach umspannen den Osten und den Westen; in ihrer Prosa fühlte sie sich

Turgenjev verpflichtet, in ihren »Aphorismen«, einem der tiefsten und schönsten deutschen Bücher, erreichte sie die latine Klarheit und Knappheit eines Rochefoucauld. Einige ihrer Aphorismen seien angeführt:

> »Heutzutage werden Bücher lanciert, wie man eine Zahntinktur lanciert, ein Mittel gegen Sommersprossen oder gegen das Ausfallen der Haare.«
> »Es gäbe keine soziale Frage, wenn die Reichen von jeher Menschenfreunde gewesen wären.«
> »Die Moral, die gut genug war für unsere Väter, ist nicht gut genug für unsere Kinder.«

Um den Frieden in der Welt (Bertha von Suttner)

Ein Brief von Adalbert Stifter spricht davon, daß, »würden die Menschen wahrhaft Menschen und die Völker wahrhaft Völker, die Geschichte aufhören würde, eine Aufeinanderfolge zu sein von Geschehnissen und Unglücken, sauber wechselnd mit Blutvergießen und Narretei, ohne Fortschritt und Endzweck«. Krieg bedeutet für Stifter die schrecklichste Miß- und Unform des menschlichen Zusammenlebens, »Krieg ist in aller Hinsicht für die Menschheit und ihre Vernunft entehrend . . ., die größte Schande für Wesen, die sich vernünftig nennen«.

Es begibt sich etwas wie ein Händereichen jener Frauen und Männer einer gefährdeten und bedrohten Zeit. Bertha von Suttner wurde 1843, fünf Jahre vor der Schlacht bei Custozza, deren Greuel den Schweizer Bankier Henri Dunant zur Gründung des Roten Kreuzes veranlaßten, als Tocher des Feldmarschalleutnants Graf Kinsky in Prag geboren. Sie stammte also aus einer Familie mit militärischer und soldatischer Tra-

dition und lebte in einer Zeit, in welcher bis zu ihrem Tod kein Jahr ohne Krieg in Europa und außerhalb Europas blieb. Aber sie widmete ihr Leben und Wirken der Idee des Friedens in der Welt. Ihr Buch »Die Waffen nieder!« (1889) fand einen mächtigen Widerhall; es wurde in alle europäischen und einige außereuropäische Sprachen übersetzt.
Bertha von Suttner gründete 1891 die Österreichische Gesellschaft der Friedensfreunde. »Die Waffen nieder!« wurde der Titel der von ihr seit 1892 in Dresden herausgegebenen Zeitschrift, sie wurde Vizepräsidentin des Internationalen Friedensbüros in Bern, das, zur Vermeidung von Kriegen, für eine Einigung Europas wirkte; 1905 wurde sie mit dem ersten Friedens-Nobelpreis ausgezeichnet. Sie starb wenige Wochen vor Ausbruch des Ersten Weltkriegs, vor jener Katastrophe, die zu verhindern sie zeit ihres Lebens bemüht gewesen war.
Adalbert Stifter hatte sich gefragt, ob seine Worte den anhebenden Verfall aufhalten könnten, und sich geantwortet: »Meine Worte nicht, vielleicht nicht die Worte vieler Menschen, aber dennoch ist es Pflicht, die Worte zu sagen.«
In der Hoffnung auf eine geläuterte Menschheit und gereinigte Zukunft sagte Marie von Ebner-Eschenbach: »Ich glaube, daß wir alle, bewußt oder unbewußt, damit beschäftigt sind, das Alphabet zu einer neuen Sprache zusammenzutragen, die dereinst von der Moral gesprochen werden wird. Dann wird manches Frevel heißen, was jetzt ein edles Opfer heißt, und umgekehrt.«
Rainer Maria Rilke läßt den Mönch in das »Stundenbuch« zum endenden Jahrhundert 1899 diese Verse niederschreiben:

> Ich lebe grad, da das Jahrhundert geht.
> Man fühlt den Wind von einem Blatt,
> das Gott und du und ich beschrieben hat,
> und das sich hoch in fremden Händen dreht.

Man fühlt den Glanz von einer neuen Seite,
auf der noch alles werden kann.

Die stillen Kräfte prüfen ihre Breite,
und sehn einander dunkel an.

Die in diesen Worten ausgesprochene Hoffnung erfüllte sich nicht; schon die erste Hälfte des neuen Jahrhunderts brachte mit den beiden Weltkriegen das Verhängnis.

IM UMKREIS ÖSTERREICHS

Der aus dem Böhmerwald stammende Dichter Franz Nabl beschreibt den Kranz der Landschaften und Länder der österreichischen Monarchie vor 1918:

»Wie das alte Österreich eine Zusammenfassung und zugleich Verflechtung vieler Nationen war, umrahmte es auch eine Zusammenfassung von Landschaften in so großartiger und abwechslungsreicher Menge, wie man sie, zumindest auf europäischem Boden, vielleicht kein zweites Mal antrifft. An den oft fjordartig zerklüfteten Steilküsten Dalmatiens mit ihrem vorgelagerten Gewirr von Inseln, am Flachstrand von Grado und Aquileja mit seinen Lagunen von den Fluten des adriatischen Meeres bespült, angrenzend daran verödet zu den höchst eigenartigen Karstbergen, dann absinkend zu den fernöstlich anmutenden Steppen Ungarns und Galiziens, doch schon unterbrochen und umschlossen von den Hochgebirgszügen der Karpaten, in Böhmen und Mähren bedeckt von länderweiten Fruchtbarkeiten, durch die Urforste des Böhmerwaldes überleitend wiederum zu den fruchtbaren Ebenen, zu den noch immer fruchtbaren Hügelgeländen Ober- und Niederösterreichs, dann anspringend über die Staffel der Voralpen zu den wild und dramatisch ragenden Kalkgipfeln, zu den wuchtig und ernst drohenden Kämmen der niederen Tauern, zu den Gletschern der Hochtauern, den Firngraten der Tiroler Alpen und endlich zum Gezack der Dolomiten, dazwischen Flußtäler und Seen, und aufs neue, wenn auch im engsten Raum gebannt wie in Südtirol, Segen der Fruchtbarkeit, ja in der kleinen Steiermark allein ein sinnberückendes Nebeneinander von Hoch- und Waldgebirge, von Frucht- und Obstgefild, – das alles ein einziges Land, jedem seiner Kinder zur Heimat geschenkt und von ihm, eben durch die enge Verflochtenheit, auch in Wahrheit als Heimat empfunden.

Zu jener Zeit nun wurden beträchtliche Bevölkerungsgruppen innerhalb der Reichsgrenze ständig verschoben. Allen voran die Wehrmacht, und zwar Mannschaft wie Offiziere, und die Verwaltungsbeamten, aber ebensogut auch Teile der breitesten Bevölkerungsschichten. Man denke an die verschiedenen Wanderhändler, die mit ihren Erzeugnissen immerzu unterweges waren, die Bosniaken, die Gottscheer, die Kroaten und Slowaken, die ziehenden Musikanten, die hanakischen Ammen in ihren buntfarbigen, gesteiften Röcken nicht zu vergessen, von denen ganze Generationen österreichischer Kinder gesäugt wurden, und neben ihnen die sogenannten Saisonarbeiter, die italienischen Bahn- und Straßenbauarbeiter oder die vielen slawischen Feldarbeiter. Durch ein solches fortgesetztes Ineinanderfließen kam es nicht nur vielfach zu Blutmischungen und der damit verbundenen Assimilation, sondern auch zu geistigen und seelischen Verflechtungen, die zu Kosmopolitismus und Weltläufigkeit in schönster Form führten.«

Das Herz, der Mittel- und Brennpunkt dieser Landschaften und Völker, war Wien.

Wenige Tage vor seinem Tod (1958) beendete Reinhold Schneider seine Aufzeichnungen »Winter in Wien«. (Für Reinhold Schneider waren sie mehr als nur die Darstellung des Weges von den Hohenzollern zu den Babenbergern und Habsburgern, sie waren sein Weg ins Schattenreich des Todes.)

Das Buch gibt exakt und visionär eine geographische, historische und literarische Topographie Wiens. Die Alpen stoßen mit ihren Ausläufern, dem Wiener Wald, dem Kahlenberg und Leopoldsberg, gegen die Stadt vor und fallen unmittelbar gegen das Wiener Becken ab; die Ausläufer der Alpen umschließen, schließen ab, bergen die Stadt; das Wiener Becken öffnet mit der mährischen Pforte den Weg in den Osten und aus dem Osten. Dorther wogten durch Jahrhunderte feindliche Völkerscharen gegen die Stadt, in welcher Mark Aurel

während seines Kampfes gegen die aus dem Osten vordrängenden Völker starb. An den Mauern Wiens wurde der türkischen Gefahr, die Europa bedrohte, Einhalt geboten.
So groß und vielgestaltig die Stadtlandschaft Wiens ist, so vielschichtig und bewegt ist die Historie; in ihr wurzelt die Dichtung, beginnend mit Walther von der Vogelweide, der hier »singen und sagen« lernte. –
Viele der Dichter, von denen in diesem Kapitel zu berichten ist, kamen aus Böhmen und Mähren nach Wien, bis 1918 die Hauptstadt auch dieser Landschaften. Um ihre Dichtung zu verstehen, muß kurz vom Wien und Österreich des 19. Jahrhunderts bis zum 1. Weltkrieg erzählt werden. Das 19. Jahrhundert hebt in Wien glorreich an mit dem Wiener Kongreß 1814, auf dem man 700 Gesandte und 10 000 Gäste sah, glorreich auch insofern, als der Kongreß mit Beethovens A-Dur-Symphonie eröffnet wurde. Immer verband sich in dieser Stadt das Politische dem Musischen. Ein Jahr nach Beethoven starb Franz Schubert (1828), mit seiner »Winterreise« voll Weltschmerz die österreichische Seelenlage aussingend. Der Lebensweg der österreichischen Monarchie wurde im letzten Jahrhundert ihres Bestehens tatsächlich eine Winterreise. Er war von Verlusten begleitet, die sich tief ins Antlitz Wiens einzeichneten. 1858 fielen die die Stadt einschnürenden Verteidigungswälle. Aber erst jetzt wurde sie auch architektonisch zur Kaiserstadt. Baumeister verschiedener Stämme errichteten die neue Stadt. Dennoch schlug das Wesen Wiens überall durch. Immer war das Schicksal Wiens für das Schicksal Österreichs repräsentativ gewesen; so auch jetzt, als der prunkvolle Mischstil aus Pseudorenaissance und Pseudobarock des neuen Wiens alsbald zur Totenmaske der Großstadt Wien, der drittgrößten in Europa, und des Großstaates Österreich werden sollte; ein Symbol vielleicht für das Leben des letzten Kaisers, Franz Josephs I., der 86 Jahre lebte und 68

Jahre regierte und selber zur monolithischen apostolischen Majestät versteinerte.
Alles das ging in die Dichtung ein – man denke an Robert Musils überdimensionalen, dennoch Fragment gebliebenen Roman »Der Mann ohne Eigenschaften«.
Auch die politischen Veränderungen und Kriege beeinflußten die Dichtung; viele Dichter waren Offiziere und nahmen an den Feldzügen teil. Der Verlust der Lombardei 1859 im Krieg gegen Sardinien und Frankreich, wie auch der Verlust Venetiens 1866 verringerten den Zustrom italienischen Einflusses, der sich bei Hugo von Hofmannsthal deutlich erkennen läßt. Die Annexion der ehemals türkischen Provinzen Bosnien und Herzegovina 1908 brachte keinen Gewinn, im Gegenteil, er belastete Österreich durch einen beträchtlichen Zuwachs an slawischer, österreich-feindlicher Bevölkerung; schließlich entzündete sich der erste Weltkrieg im bosnischen Sarajevo. Stand Berlin in der zweiten Hälfte des 19. Jahrhunderts im Glanz der Siege von 1870/1871 und der Reichsgründung, legte sich in dieser Zeit über Österreich der Schatten der Niederlage von Königgrätz, 1866, als Ahnung des Endes durch die Niederlage im Ersten Weltkrieg 1918.
Zu oft klang seit 1866 Totengeläut durch Wien und wies auf ein tragisches Ende der Habsburger und ihres Reiches hin. 1867 die Erschießung des Bruders Franz Josephs I., des Erzherzogs Ferdinand Maximilian als Kaiser von Mexiko, 1889 der Selbstmord des Kronprinzen Rudolf, 1898 die Ermordung der Kaiserin Elisabeth, 1914 das Attentat auf Erzherzog Ferdinand, das den Ersten Weltkrieg auslöste. Wie sehr jedes dieser Ereignisse die Dichter bewegte, wird in diesem Kapitel und den folgenden deutlich werden. Man denke nur an Franz Werfels Drama »Juarez und Maximilian«.
Zum Schicksal Österreichs gehörte, daß es ein Vielvölkerstaat aus Deutschen, Ungarn, Tschechen, Italienern, Rumänen,

Slowenen, Kroaten und Polen war, denen gegenüber die Deutschen in der Minderheit blieben, und daß die nicht-deutschen Völker zunehmend nach Verselbständigung drängten, die Deutschen selber aber zwischen dem Verbleib in Österreich oder dem Anschluß ans Deutsche Reich schwankten. Dieser Tatbestand schlug sich in der Dichtung zwiefältig nieder, einmal in einem überbetonten Nationalismus, das andere Mal in der Befürwortung eines nationalen Ausgleichs, im Wunsch nach einem Miteinander der Völker aus gesamtösterreichischer Gesinnung. Wien hatte damals eine gesicherte literarische Tradition, auf welcher weitergebaut werden konnte. Beispielhaft dafür ist das Drama, das aus dem 19. ins 20. Jahrhundert weiterwirkte: Eduard Bauernfeld, Ferdinand Raimund, Johannes Nestroy, Grillparzer – Volks- und Bürgerdrama, Posse und Schwarzer Humor, Traum- und Zauberspiel, bei Grillparzer hinzukommend Klassik und Barock, spanisches 17. Jahrhundert und vaterländische Dramen von der böhmischen »Libussa« über »König Ottokars Glück und Ende« bis zum »Bruderzwist in Habsburg«. Wie im Drama ist in Grillparzers Prosa Gesamtösterreichisches im Brennpunkt Wien eingefangen; seine Erzählung trägt bei allem volkstümlichen Realismus den sinnbildlichen Titel »Der arme Spielmann«, von dem Fäden zu Franz Kafka führen.

Zum Volksstück gehörte die Operette, die in Wien einen Höhepunkt erreichte durch Millöcker, Zeller, Johann Strauß (Sohn), Lehár, und Kálmán. An diesen Höhepunkt reichte die sehr anders geartete Berliner Operette, wie z. B. Paul Linckes »Frau Luna«, nicht heran.

Österreich ist überreich an Liedern aus dem Volk und fürs Volk; Rudolf Alexander Schröder hat dem Wiener Lied eine Huldigung geschrieben. Kein Land und keine Stadt deutscher Sprache hat so viele Lyriker hervorgebracht wie das singende und klingende Österreich und Wien, eine Lyrik voll stiller

Lebensfreude und Schwermut. Im walzerfreudigen Wien lebte aber auch der Nörgler und Raunzer.
Die Dichter, die aus Böhmen und Mähren nach Wien kamen und dort wirkten, kamen in keine fremde Stadt, sondern in ihre (bis 1918) Hauptstadt.
Verfehlt wäre der Versuch, diese Dichter auf einen gemeinsamen Nenner bringen zu wollen. Das könnte, bei so großer Vielfalt, nicht ohne Zwang geschehen. Wir wollen versuchen, jeden als Individualität, dennoch im Rahmen seiner geistigen, landschaftlichen und politischen Traditionen und Beziehungen zu würdigen. Beginnen wir mit den Dichtern, die aus dem nahen Mähren nach Wien kamen!
In Mähren waren durch den »Mährischen Ausgleich« von 1905 die im Nachbarland Böhmen noch latenten nationalen Spannungen entschärft worden. Hier herrschte nicht nur ein anderes politisches, sondern auch ein anderes geistiges Klima. Mähren war, durch die unwirtlichen Böhmisch-Mährischen Höhen vom nördlichen Böhmen getrennt, ein fruchtbares Bauernland, in manchen Gegenden Weinland. Es war, noch von der Antike berührt, altes Kulturland, in welchem Humanismus und Renaissance tiefer und breiter gewirkt hatten als in Böhmen. Die hussitischen Kriege hatten es weniger erschüttert als Böhmen.
Brünn war mehr als Prag eine dem Land und damit dem Bauerntum geöffnete Stadt. Die gefährlichen Tendenzen Prags, sich vom Umland abzusondern, fehlten hier. Es fehlten auch die sich voneinander abschließenden Gruppen. Wien lag näher, es zog die mährischen Dichter und Literaten an und hielt sie fest, ohne daß sie ihre Verbindung zur Heimat verloren. Auffallend ist der starke französische Einfluß auf die aus Mähren nach Wien gekommenen Dichter. Die Brünner und Mährer lebten leichter und heiterer und aus einer milderen Gesinnung als die Prager und Böhmen. Sie waren weniger

intellektuell belastet, lebensnäher. Durch die Mährische Pforte lag Mähren gegen Österreich offen, war ihm auch durch die Mundart verbunden. Brachten auch die aus Mähren stammenden Dichter vielfach eine dunklere, auch polemische Note in die österreichische Literatur, fühlten sie sich doch immer in Wien heimisch, so z. B. Bruno Brehm und E. G. Kolbenheyer, der überdies durch seine Kindheit in Budapest, sein Studium und seine erste Zeit des Schaffens für Wien prädestiniert war. »Kein Wunder«, schreibt er in seiner Selbstbiographie, »daß ich Wien mein Leben lang mit leidenschaftlicher Liebe und einer fast schmerzlichen Sehnsucht zugetan blieb.«

RICHARD VON SCHAUKAL (1874 Brünn – 1942 Wien) durchschritt im mährischen Erbe den weiten Raum seines Lebens, der zugleich der Raum seines Dichtens ist, von den französischen Impressionisten und Symbolisten, die er übersetzte, bis hin zur Tradition von Goethe und über die Romantik zu Adalbert Stifter. Ursprünglich der Wiener Neuromantik verpflichtet, wuchs er darüber hinaus.

Vor dem Sich-selbst-Finden frühe Kostümspiele wie bei Hugo von Hofmannsthal, »Schlemihle« (1908) literarischen Doppelgängertums; in »Kapellmeister Kreisler« (1906) Auseinandersetzung mit der Kunst in dreizehn Vigilien; halbironische Maskenspiele in »Leben und Meinungen des Herrn Andreas Balthesser« (1907); in lockerem novellistischen Rahmen Aphorismen, Zwiegespräche, Essays, z. B. im »Zettelkasten eines Zeitgenossen« (1913), in leichterer Form als bei Paul Valéry, dennoch an diesen erinnernd. In »Giorgione« wieder die Frage: Was ist Kunst? Wozu ist Kunst? Wie hat Kunst zu sein? – später noch einmal in dem Essayband »Vom Geschmack«. Hinter der erlesenen Form des l'art pour l'art die Suche nach dem Leben. Abkehr von der Zeit, vom Fortschritt, der ihm als Kulturbarbarei erschien. Einkehr in Besin-

nung und Stille (»Wo Lärm ist, da kehr um!«), Hinkehr zur gefestigten Überlieferung.
Richard von Schaukals Prosadichtungen beginnen mit dem »Intérieur aus dem Leben eines Zwanzigjährigen« (1900), der Geschichte der Liebe eines jungen Studenten zu einer älteren Frau mit deren schwerer Sinnlichkeit, ein hinter der zarten Prosa bebender Bericht, an Arthur Schnitzler erinnernd. Die fünf Novellen in »Eros Thanatos«, die Liebe in der Maske des Todes – sie sind neben R. M. Rilkes »Cornet« als Weise von Liebe und Tod, und Hugo von Hofmannsthals »Der Tor und der Tod« zu stellen, schlagen also eine Grundmelodie jener späten Zeit an. Damals bekannte der Dichter: »Das katholische Frankreich, das Venedig des Verfalles, das alte Österreich sind mir nah.« Und: »Meine ganze bisherige Dichtung ist mein Leben, das innerliche, sehr vertiefte und beständig wachsam verfolgte, schillernde Leben einer zärtlichen und grausamen, hochmütigen und bangenden Seele.« (1902) Ein Leben des Fin de siècle österreichischer Prägung. Dann die bewußte Wendung von der Literatur zur Dichtung, von der Betrachtung zum Sein.

Manchmal mein ich es zu halten
mitten in der Nacht,
was in wechselnden Gestalten
mich so selig macht.

Und es ist mir dann am Tage
unter meinem Kleid,
daß ich etwas an mir trage,
das von Ewigkeit.

Dieses Gedicht steht in dem Band »Heimat der Seele« (1916). Der Band bezeichnet auch schon Richard von Schaukals Weg zur Seele seiner Heimat. Das mütterliche Mähren verkörpert sich ihm in der Großmutter, von deren Leben und Tod er berichtet, und von deren Zeit: »Alles hatte damals Einheit, Schönheit, Seele – heute ist alles dahin.« Er geht den Weg zurück in die Frühe, in den »Märchen von Bürgers Kindheit« (1913) und in dem Buch »Immergrün« (1917). In seinem Prosagedicht »Gruß an Mähren« klingt Sehnsucht nach der Heimat auf:

> »Traurig stets unterm Kahlenberg überfahr ich die Donau, den bleiern sich wälzenden Strom, gewaltig und ohne Mitleid, wie all die großen Wasser, zur weicheren Luft zurück, die zehrend unruhig macht.«

Je näher die große Katastrophe der Zeit rückt, je mehr sich der Himmel mit dem aufziehenden Gewitter verdunkelt, desto mehr wird der heimatliche Umkreis Zuflucht. Die in der eigenen Seele gefundene Heimat verschmilzt mit der geographischen.
Viele Dichter jenes Raumes begleitet die Lyrik durch ihr ganzes Leben, sie wird das Herzstück ihres Werks. »Jahresringe« heißt ein Gedichtband Richard von Schaukals. Seine mehr als fünfzehn Gedichtbände bis zur »Spätlese« (1943) sind alle Jahresringe des Lebens und des dichterischen Wachstums, ob sie nun Gedichte enthalten, die bedeutende Gemälde sprechen lassen (vergleiche Rilkes »Buch der Bilder«!) oder von der Einfachheit des Volksliedes sind.

> Immer engre Kreise
> zieh ich um mein Sein,
> und so sink ich leise
> in mich selbst hinein.

1918 schreibt Richard von Schaukal dem endenden Österreich das Requiem »Österreichische Züge«, ein Abschiednehmen in einer schmerzlich zärtlichen, wie mit Silberstift hingezeichneten Prosa, bang vor dem, was kommen wird. Er sagt es in seinem Gedicht »Schönbrunn«: »Der Traum ist aus, ein harter Tag hebt an.«

Wenn bei Richard von Schaukal vieles mit Hugo von Hofmannsthal zusammenklingt, so kommt das nicht durchweg aus Wien, es kommt auch aus Mähren, woher Hugo von Hofmannsthal stammt. Er hat Mähren bis in die Sprechweise hinein in dem Diener Theodor, der Hauptgestalt des Lustspiels »Der Unbestechliche«, ein Denkmal gedichtet.

Mähren, von dem Rodin sagte, hier sei die Antike wiedergeboren, war aber auch noch anders – ungestüm, hart, ja düster. JAKOB JULIUS DAVID sah es so. Er, der Jude, war wie so viele Juden aus Kleinstädten und Dörfern der Heimat eng verbunden; er widmete ihr sein dichterisches Lebenswerk, das in einer Gesamtausgabe des Piper Verlags gesammelt wurde.

Jakob Julius David (1850 Mährisch-Weißkirchen – 1906 Wien) kam als armer und kränklicher Student nach Wien – sein Vater war an der Cholera gestorben – und lernte Not und Elend des geistigen Proletariats in der Kaiserstadt bis auf den Grund kennen; eine »müde Seele, die hart um Licht und Leben rang«, alles andere als ein neuromantischer Jungwiener, eher ein Clochard im Glanz und in der Walzerseligkeit des singenden, klingenden Wien. Jakob Julius David war zeitweise gezwungen, in einem Bahndurchlaß zu nächtigen; eine seiner Gestalten läßt er sagen: »Mit mir ist nicht fertig zu werden, lieber Likassy. Sie müssen nämlich wissen, daß ich drei Jahre lang von trockenem Brot gelebt habe – wenn einer das kann, dann ist er nicht niederzuzwingen.« Sein eigenes Schicksal schildert er in dem Roman »Die am Wege sterben« (1900), das Schicksal junger Menschen, die vom Land in die Großstadt kommen und dort scheitern. »Der Übergang« (1903) beschreibt den Niedergang des großstädtischen Bür-

gertums und den belebenden Einfluß von zugezogenen Deutschen und Slawen aus den bäuerlichen Provinzen.
In diesem Roman bildet Jakob Julius Davids mährische Heimat den Hintergrund, die fruchtschwere Landschaft der Hana – »ihre Erde ist tief, fett und schwarz, wie Butter aufs Brot zu streichen« – mit ihren gewaltigen Erntesommern als Reich der slawisch-heidnischen Mittagsgöttin. (Franz Werfel widmete ihr ein frühes Zauberspiel.) Sie nährt auch seine Erzählungen und Romane »Das Höferecht« (1890), »Die Hana« (1904), »Mährische Dorfgeschichten« (1910). Sie sind alles andere als heimatidyllisch. Verzehrende Liebe, verzehrender Haß brennen in den Gestalten, »von einer Gewalt getrieben, die stärker war als sie selbst«, Verhängnis, unausweichliche Tragik in einer lapidaren Sprache ohne Umschweife. Ähnliche Themen, ähnliche Gestalten wie bei Marie von Ebner-Eschenbach, aber härter und unerbittlicher.
Wie die Prosa, so die Dramen »Das Blut« (1891) und »Hagars Sohn« (1891), in der Tradition Ludwig Anzengrubers. »Ein Regentag« (1894) ist von der atmosphärischen Dichte und Schwermut Tschechows. Hier spricht das Slawische mit. Die Prosa Jakob Julius Davids ist von alttestamentarischer Einfachheit und Wucht, plastisch gerafft wie die Bildwerke des mährischen Bildhauers Anton Hanak – »mächtige Lebenskraft mit slawischer Weichheit verbunden«, von der düsteren Herbheit der Musik Leoš Janáčeks.
Die Donaumonarchie war auf Grund ihrer nach dem Osten und Südosten geöffneten geographischen Lage prädestiniert, die Antike über Winckelmann hinaus neu zu erforschen und zu erkennen; die Antike unter Einbeziehung der Spannungen zwischen Abend- und Morgenland und auch vom Byzantinischen her zu deuten; das sprengte den Rahmen von edler Einfalt und stiller Größe und führte in neue Dimensionen. Der Weg wurde durch zwei Österreicher begonnen, Anton

von Prokesch-Osten (1795–1876) und Philipp Jakob Fallmerayer (1790–1861). Auf diesem Weg ging Franz Spunda weiter.
FRANZ SPUNDA (1890 Olmütz – 1963 Wien) entstammt einer alten mährischen Humanisten- und Universitätsstadt. Er war nach seinem Studium in Wien, Berlin, München und Paris in Wien im Schuldienst tätig.
Im Denken und Dichten umkreist er zunächst den mittelmeerischen Raum, zuerst in seinen Übersetzungen des Petrarca (1912) und Leopardi (1913), dessen Vers »vivere ardendo e non sentire il malo« zum Leitspruch Spundas wird, vor allem aber in der eigenen frühen Lyrik, »Hymnen« (1918), »Astralis« (1920), »Gottesfeuer« (1924). Der Durchbruch zur eigenen Sprache erfolgte durch die Beschäftigung mit dem »ägyptischen Totenbuch« (1924), durch die Monographien über Paracelsus (1925) und Giordano Bruno – »verbrannt von Gottes Feuer«. (Diese beiden stehen auch im Mittelpunkt des Schaffens E. G. Kolbenheyers.) Die Erkenntnis des Ineinander von Mikrokosmos und Makrokosmos geleitet Spunda zu der Erweckung aus dem Geist der Mystik. Der Mensch gibt sich auf, gibt sich hin, und er gleitet in die Tiefen, die nur von Glauben und Fühlen, nicht vom Denken erreicht werden können. Der Mensch schwindet in das Wunder der Welt – dies ist die »Vorstufe zum Heiligen«.
So vorbereitet, erfolgt die Erkenntnis und Schau in die tieferen, durch die Klassik häufig verdeckten Schichten der griechischen Antike, die ihren Niederschlag in der »Griechischen Reise« (1926) finden. Das apollinische und dionysische Hellas waren von den Zeitgenossen und Vorgängern längst erkannt worden, auch die halbasiatischen Wurzeln der Antike, die Spunda in »Minos oder die Geburt Europas« (1932) noch einmal bloßlegt. Nun verfolgt er auch das Weiterleben der Antike in Byzanz. Zur Leitfigur wird ihm der Wagenlenker

von Delphi, dessen Gestalt er in der byzantinischen Kunst als Heiligen wiedererkennt. Zum zentralen Erlebnis wird die Hagia Sophia: »O Glut der verzückt brennenden Kuppeln über mir! Wie anders kann man Gott empfinden als im Raum? Er ist das Leere, als Schwingung Gestaltete, nicht mehr irdisch Faßbare, sondern eine gerundete Luft, ein Hauch, ein Nichts. Das ist architektonisch belebte Gnosis; die Fülle des Heiligen Geistes, das Pleroma, kann nicht anders im Irdischen ausgedrückt werden als durch das Kenoma, die Leere. Das Nichts zu gestalten als Ausdruck des Alls, die Luft zu meißeln, und die Gestalt eines Gottformleer sichtbar zu machen als Wölbung eines Gottesgefühls, das ist der Geist von Delphi, Theben und Eleusis in seiner letzten christlichen Weihe. Wie mich der griechische Wagenlenker aus jedem byzantinischen Mosaik, jenseitig verklärt, anstarrt, so weht mich hier der gleiche Schauer an wie im Grab des Atreus; dort das dumpfe Grollen einer Unterwelt, hier das himmlische Halleluja der himmlischen Scharen; und doch sind es die nämlichen Schwingungen!«

Weiter noch! Spunda spürt das slawische Element im Hellenismus seit der slawischen Völkerwanderung auf dem Balkan auf, dann in der slawischen Orthodoxie, vor allem in deren Mönchtum (»Griechische Mönche« und »Der heilige Berg Athos«, 1928), das er bis zu den Anfängen in der ägyptischen Thebais zurückverfolgt. Das Wort wird als Gottes Fleisch, der Geist als Gottes Atem begriffen, der Weg über den Sanctus hinaus zum Magus weitergegangen: »Das alles ist in meinem Blut, das ist der Herzschlag meines Lebens, ist das, was ich gern sein möchte: verzückt von Gottesfeuer und Liebesbrand, doch gebändigt durch Weisheit und duldende Kraft, Lichtgier und Reinigung, Weissagung und Spiel.« –

Man weiß, daß es ein Wiedererwachen von Byzanz im Großmährischen Reich des 9. Jahrhunderts gab, als die beiden griechischen Mönche Cyrill und Method das Christentum hier einführen wollten, griechisch, nicht römisch, in slawischer, nicht in lateinischer Kirchensprache. Hier in Mähren fand der von Rom verhinderte Versuch statt, das östliche Christentum nach Europa zu bringen. Eine Rückerinnerung, die Franz Spunda in uns weckt.

Neben Franz Spunda gab es einen zweiten Versuch, der Krise der Nivellierung Europas durch Vertiefung entgegenzuwirken, durch RUDOLF KASSNER. Zugleich ist Kassner ein Beispiel dafür, wie sehr die Männer aus Mähren und Böhmen von existenziellen Fragen bewegt wurden, während die nachfolgende Generation in den Malstrom der Politik geriet. Ging es der alten Generation um die conditio humana schlechthin, so sah die junge Generation im Nationalen eine sie fordernde Verpflichtung.

Franz Spundas Weltsicht begegnet uns noch vertieft, zwar in einer anderen Form, doch desselben Geistes, bei Rudolf Kassner (1873 Groß Pawlowitz–1959 Sierre/Schweiz). Seit früher Kindheit gelähmt, studierte er in Wien und Berlin, reiste durch Europa, nach Afrika, Indien und Turkestan und ließ sich nach längerem Aufenthalt in der Heimat und in Wien in der Schweiz nieder. Durch Rilke und die Fürstin Thurn und Taxis blieb er in engem Zusammenhang mit Österreich und Böhmen-Mähren.

Weltoffen war sein vielfältig verzweigtes, dennoch aus einem Mittelpunkt sich entfaltendes Werk, weltweit durch die Beziehungen zu europäischen Dichtern wie Hofmannsthal, Rilke, Valéry, Wilde, Gide, auch durch die Kenntnis einiger Sprachen, aus denen Kassner übersetzte, vorweg aus dem Russischen.

Rudolf Kassner geht von der Einsicht aus, daß sich das 20. Jahrhundert im Zustand einer Krise befindet, deren Dauer nicht vorauszubemessen ist und aus der wir möglicherweise

»durch einige Jahrhunderte nicht herauskommen« werden. Die Krise hat die Ursache im oder ist die Folge des Aussterbens einer gewissen Menschenart, an deren Stelle etwas tritt, was Rudolf Kassner in seinem Essay über die Chimäre (1914) aufzeigt: es entspricht einem Fabelwesen, den Wasserspeiern der gotischen Kathedralen. Bei ihnen entsprechen innen und außen einander nicht mehr. Die Chimäre ist aus entgegengesetzten Teilen zusammengesetzt; sie ist konstruiert, nicht gewachsen; sie ist nicht gezeugt, sondern erzeugt, kann nicht zeugen, ist ohne Geschlecht und Samen, unfruchtbar; sie hat keine Eigenschaften, weil sie kein Selbst hat; sie hat kein Schicksal, weil ihre Umwelt das Nichts ist; sie starrt in den Abgrund, nicht in die Tiefe, sie kommt aus dem mathematischen Nullpunkt und muß darin verharren; sie ist ohne Mittelpunkt, aus dem sie sich wie ein Kristall zur Gestalt bildet, wie ein Samenkorn zum Baum wachsen könnte. Sie ist ein Konglomerat mit der Tendenz, in Geröll auseinanderzufallen; ist aus Teilen zusammengesetzt, die sich nicht verbinden können. Rudolf Kassner ist ein zum Sehen geborener, zum Schauen bestellter Mensch und, auch das im Sinn Goethes, Morphologe im Erspüren der Identität von Innen und Außen. Mit Bezug auf das Gesicht, als der äußeren Ausprägung des inneren Selbstes, spricht Rudolf Kassner vom »Umschlagen in das Sehen, in das Sehen von Gesichten der Propheten, des Heiligen, als mit welchen Gesichten wir uns selber in Ansehung Gottes oder der ersten Ursachen, der ersten Liebe zu schauen vermögen und nicht mehr in Ansehung der Vernunft allein«. Im Sinn Goethes: »Nichts ist drinnen, nichts ist außen, denn was innen, ist auch außen« – ist der eigentliche Mensch Rudolf Kassners als Ineinander von Innen und Außen, ungespalten, im Ineinander von Erde und Himmel. Der so all-eine Mensch ist eins mit dem All, ist Teil des Ganzen, hat »am Ganzen der Welt teil, indem er im selben Augenblick inner-

halb und außerhalb des Ganzen existiert, zugleich ... drinnen und draußen steht«.
Das Gegenteil des gespaltenen chimärischen Menschen ist der in sich zentrierte Mensch, der Mensch, der die Mitte in sich hat, der von sich sagen kann, er sei, der er ist, sei er selbst; er unterliegt nicht der Gefahr der Zerstreuung, des Auseinanderfallens, des Aufreißens, um so zum Zerrissenen zu werden, aus den Fugen zu geraten, wobei durch die Fugen nicht Eigenschaften in ihn eindringen, sondern Komplexe und Verdrängungen: der chimärische Mensch »geht fortwährend auf wie eine Naht«. Die Folge solchen Aufreißens, solcher aufgegangener Nahtstellen, »solcher Einbrüche, wahrer Schlünde«, ist der gespaltene Mensch, der der atonalen Musik entspreche. Der in sich geschlossene Mensch hat Gestalt, ist gebildet, geformt.
Das Wort Bildung erreicht bei Rudolf Kassner wieder seinen ursprünglichen Sinn; auch der Begriff ist ihm nicht abstrakt, sondern im Gegenteil greifbar und begreifbar. Bildung ist ihm Gestaltung, Formung, Bildwerdung, und Einbildung ist wie das Einprägen des Bildes in das gestaltlose Metall einer Münze, Hineinbilden, Inkarnieren – der Mensch aus einem Guß.
Der Bildung in diesem Sinn geht nicht abstraktes Denken voraus, sondern die Anschauung des Menschen, der »mit den Steinen, Blumen, Tieren der Erde, mit den Gezeiten und Gestirnen korrespondiert«. Das Gegenteil hiervon sind Menschen mit »einer Seele ohne Anschauung, voll von Begriffen; so ist auch ihr Körper voll Krankem, verkalkt, verstockt, angefüllt mit Totem«.
Sein Welt- und Menschenbild umschreibt Rudolf Kassner als magisch-mythisch. Im Kind war es noch da, dann »fielen Mensch und Bild, Mensch und Idee auseinander, und jetzt erst sollte das, was auseinandergerisssen, auseinandergegan-

gen war, wieder zusammenkommen im Menschen oder in dessen Idee, vielmehr in der völligen Einheit beider«.
In vielen Essays, Traktaten, Aphorismen, Gleichnissen und Meditationen stellt Rudolf Kassner den von ihm gemeinten Menschen dem Menschen unserer Krise gegenüber. Er versucht den all-einen, gestalthaften Menschen, den Menschen der Mitte und des Maßes vor allem in seinen physiognomischen Studien zu ergründen und darzustellen. Es wäre falsch, Rudolf Kassners Physiognomik im Sinn des Aristoteles oder auch Lavaters zu verstehen; Rudolf Kassner faßt den Begriff weiter: »Erst in den außerordentlichen Fragmenten, die Physiognomie betreffend, die wir von Goethe besitzen, zeigt sich die Wendung vom Rationalen und Statischen weg zu dem, was wir das Dynamische nennen, zu jener Physiognomik des bewegten Menschen, welche wir in unseren Büchern vertreten.«
Rudolf Kassner nimmt Stellung gegen den Existentialismus Sartres; er antwortet auf die Krise der Zeit mit einem sehr anderen Lebensgefühl als dem des Nihilismus: »Ach, man muß alles zusammenzusehen wissen, um für wenigstens einen Augenblick glücklich sein zu können.« – Den Menschen seiner Zeit sieht Rudolf Kassner als in Auflösung begriffen, wobei Innen und Außen auseinanderbrechen, mittelpunktlos und ohne Tiefe, abstrakt statt bildhaft denkend, ohne Dasein, ohne Frömmigkeit – glücklos.
Es gibt bei Rudolf Kassner, von ihm nicht ausgesprochen, manche Verwandtschaft zu Ernst Jünger. Freilich nicht in bezug auf die Verehrung Christi, der als Gottmensch in den Mittelpunkt der Weltsicht Rudolf Kassners tritt; in ihm sieht Rudolf Kassner einen epochalen Wendepunkt in der Geschichte der Menschheit.
Aus der Fülle der denkerischen Werke Rudolf Kassners seien einige angeführt, wobei die Titel Richtung und Inhalt anzei-

gen: »Melancholia. Eine Trilogie des Geistes« (1908), »Von den Elementen der menschlichen Größe« (1911), »Die Chimäre« (1914), »Zahl und Gesicht« (1919), »Die Grundlagen der Physiognomik« (1922), »Das physiognomische Weltbild« (1930), »Physiognomik« (1932), »Anschauung und Beobachtung. Ein Essay zur vierten Dimension« (1938), »Der Gottmensch« (1938).

Werke, in denen das Denken Rudolf Kassners seinen lebendigen und dichterischen Niederschlag findet, sind: »Buch der Erinnerung« (1938), »Die zweite Fahrt« (1946), »Umgang der Jahre« (1949).

Für Rudolf Kassner gilt das Kleine gleich dem Großen, denn eines ist im andern enthalten. So stehen bei ihm das Land seiner Herkunft und dessen Menschen gleichberechtigt innerhalb seiner weltweiten Erfahrungen. Aus der Tiefe und Weite seiner Sicht erfühlte er seine mährische Heimat und stellte sie dar.

Über Mähren sagt er: »Mähren war das österreichischste unter allen Kronländern der alten, auf verbrecherische Weise zerstörten Monarchie, Südmähren hatte vollends nach Wien graviert und war nicht sudetendeutsch gleich Nordmähren oder gar Nordböhmen.« Sein Heimatdorf Groß-Pawlowitz im Kreis Lundenburg empfand er wie Mähren überhaupt »liebenswert«; die Umwelt, in die er als eines von zehn Kindern eines Fabrikanten und Großgrundbesitzers geboren worden war und in der er seine Kindheit und Jugend verlebte, nannte er die ptolemäische Welt seines frühen Lebens. Er beschrieb sie ähnlich wie Jakob Julius David: »Die Getreidefelder, rotbraun oder gelb wie frisch gesägtes Holz, kurz vor der Ernte nach Brot riechend, der Wind des Abends streift über die reifenden Ähren, so daß diese im Wiegen ganz leise singen.« In der Schilderung »Mein Lehrer« und in der »Legende von den Brüdern« erschien deren Umwelt, das mährische Dorf und Schloß, die mährische Kleinstadt Nikolsburg, ferner Wien. Im »Bettler von Lautschin« entdeckte Kassner in einem der Niedrigen und Enterbten menschliche Größe, in dem Händler mit Katzen- und Hasenfellen, dem Dorfjuden Kisch, den Menschen, in dem Mitte und Tiefe zusammenfallen (»Der ewige Jude«). Nach den Zerstörungen des Ersten Weltkriegs, auch der Zerstörung des Menschen, stürzte der Mensch ins Ungeborgene. Diesen Sturz muß z. B. der nach dem Krieg ins väterliche Schloß in Mähren heimkehrende Major Karl Anselm erleben (»Die Nacht des ungeborgenen Lebens«).

Rilke sagte von Rudolf Kassner, er sei »vielleicht der wichtigste von uns allen Schreibenden und Aussprechenden«. Rudolf Kassner schrieb über Rilke: »Von den vielen schreibenden Menschen, denen ich im Leben begegnet bin, war er fraglos der reizvollste, oder sagen wir lieber gleich: derjenige, der am meisten die Art bewahrt hat. Er war durchsetzt mit Art. Alles an ihm hatte Art oder war Art.« Das meint Kassner als innere und äußere Ausgeformtheit, als Gestalt eigener Artung, als Eigenart, in der sich die Eigenschaften des Menschen verkörpern und zum Werk sublimieren.

Zur selben Zeit und aus demselben Lebensraum österreichischer Prägung wurde ein epochales Werk geschaffen, das dem von Rudolf Kassner geforderten Menschenbild diametral gegenübersteht; es ist von Menschen ohne Art, von »Chimären«, belebt; gemeint ist der »Mann ohne Eigenschaften« von ROBERT MUSIL (1880 Klagenfurt–1942 Genf).

Dem Geburtsort ist hier keine Bedeutung beizumessen, wie es der Lokalpatriotismus tut, denn Robert Musils Eltern verließen Klagenfurt schon ein Jahr nach der Geburt ihres Sohnes. Robert Musil war ein Tornisterkind wie viele Kinder österreichischer Offiziere, die in verschiedenen Garnisonen der Donaumonarchie Dienst taten. Die Lebenslinien der Familie

Musil führen nach Brünn und Richtersdorf bei Wischau in Mähren, nach dem böhmischen Horschowitz im Kreis Beraun. Der Vater, der einer altösterreichischen Beamten-, Gelehrten- und Offiziersfamilie entstammte, war lange Zeit Ordinarius an der Technischen Hochschule in Brünn, wurde Hofrat und geadelt. Der Großvater war ein Miterbauer der ersten kontinentalen Eisenbahn Linz-Budweis. Bei dieser Familientradition ist es nicht verwunderlich, daß Robert Musil die Offizierslaufbahn, für die er sich zunächst entschieden hatte, verließ, in Brünn Maschinenbau studierte und Assistent an der Technischen Hochschule in Stuttgart wurde. Er wandte sich dem Studium der Philosophie und experimentellen Psychologie zu. Diese Angaben weisen auf das Weltbild Robert Musils hin, das dann vor allem im Hauptwerk »Der Mann ohne Eigenschaften« seine Darstellung erfuhr.

Die Familie Musil war gemischtsprachig; das geht auch aus dem Familiennamen hervor, der von den Reichsdeutschen meist falsch ausgesprochen wird. Die erste Silbe ist kurz und betont zu sprechen, das S ist scharf wie im deutschen Wort Roß. Musil ist ein nach der besonderen tschechischen Art aus einem Zeitwort gebildeter Familienname und bedeutet: er mußte. – Ein Vetter Robert Musils war der tschechische Orientalist und Weltreisende Dr. theol. Alois Musil, katholischer Priester und Professor an der Prager Universität, der den Rang eines Feldmarschalleutnants erlangte. An seinem Geburtshaus im mährischen Richtersdorf (Rychtarov) wurden eine Büste und eine tschechische Gedenktafel angebracht. –

Im Werk Robert Musils finden sich slawische Gestalten und slawische Umwelt, so in der Erzählung »Tonka« in »Drei Frauen« oder im »Slowenischen Dorfbegräbnis«, einem Prosastück aus dem »Nachlaß zu Lebzeiten«.

Über einige Stufen führte die dichterische Entwicklung Ro-

bert Musils, Stufen als Versuche, bevor der Raum des Hauptwerks erreicht war. »Die Verwirrungen des Zöglings Törleß« (1906) entstanden während der Tätigkeit Robert Musils als Assistent an der Technischen Hochschule in Stuttgart. Die Erzählung handelt, der Tiefenpsychologie verpflichtet, in der Umwelt einer Militärschule, an der auch Rilke so schwer gelitten hatte. Es folgten die beiden Erzählungen »Vereinigungen« (1911) und die Novellen »Drei Frauen«; dazwischen entstanden das Schauspiel »Die Schwärmer« (1921) und die Posse »Vinzenz und die Freundin bedeutender Männer« (1923), die keinen Erfolg einbrachten. Neben kleiner Prosa und Entwürfen, als »Nachlaß bei Lebzeiten« gesammelt, war Robert Musil mit dem Roman »Der Mann ohne Eigenschaften« beschäftigt, dessen erstes und zweites Buch 1930 und 1933 erschienen und an dem er, ohne ihn zu beenden, bis zu seinem Tod 1942 weiter arbeitete. 1943 erschien das dritte Buch, soweit es als Fragment hinterlassen worden war.
Der Roman, der das Wirkliche und Unwirkliche, das Tatsächliche und Mögliche, haarscharfe sachliche Genauigkeit und Transzendenz, Mathematik und Mystik zu vereinigen sucht, wurde als das »kühnste Abenteuer des Geistes« im deutschen Schrifttum des 20. Jahrhunderts bezeichnet und neben den »Ulysses« von James Joyce und den »Tod des Vergil« von dem Wiener Hermann Broch gestellt.
»Der Mann ohne Eigenschaften« versucht die neuen Erkenntnisse der Mathematik und Physik (Relativitätstheorie und Quantenphysik) mit der neuen Philosophie zu vereinigen, mit den ontologischen Erkenntnissen des späten Edmund Husserl (1859 im Getto von Prossnitz/Mähren–1938 Freiburg i. Br.), vorweg mit dessen »Ideen zur Phänomenologie« (1913), sowie mit der Seinsphilosophie Ernst Machs (1839 Turas/Mähren–1916 Wien). Beide Philosophen stammen aus Mähren, ebenso auch Sigmund Freud (1856 Freiberg–1939

London). Über Ernst Machs Erkenntnistheorie hatte Robert Musil seine philosophische Dissertation (1908) geschrieben. Ernst Mach, der von der Mathematik und Physik zur Philosophie kam, lehnte alle metaphysischen Annahmen ab und erfaßte den Menschen als Funktion innerhalb vielschichtiger Zusammenhänge und von diesen abhängig. Die Kausalität des Descartes wurde als Überbleibsel urtümlicher Religionsvorstellungen verworfen, an ihre Stelle trat die Relativität. Auch die erkannten Naturgesetze sind für Mach nur Formeln, die durch neue Erfahrungen ununterbrochen verändert und verbessert werden. Das Ich stellt ein Bündel von ständig wechselnden Erfahrungen und Wahrnehmungen dar, so daß kein grundsätzlicher Unterschied zwischen Ich und Welt, Psychologischem und Physischem, Vorstellung und Objekt besteht; das »Ding an sich« Kants ist für Mach eine Fiktion. –

Im Entwurf zu Musils Erzählung »Grauauges nebligster Herbst« (um 1905) sagt Grauauge von sich: »Ich bin früher der bestimmteste Mensch gewesen, den Sie sich denken können«, diese Bestimmtheit sei ihm abhanden gekommen, jetzt sei er, Grauauge, ein Mensch »ohne Charakter«.

Das ist nicht moralisch gemeint, sondern im Sinn von nicht charakteristisch, ungeprägt, nicht festgelegt, ohne festumrissene Eigentümlichkeiten, ohne bestimmte Eigenschaften.

Wie bei Grauauge, so verhält es sich bei Ulrich, der Gestalt, um die sich die Menschen und Ereignisse des Romans »Der Mann ohne Eigenschaften« gruppieren. Der Roman hat sogar einen »Falken«[1] als Mittelpunkt dessen, was man notdürftig Handlungsablauf nennen könnte; die sogenannte »Parallelaktion«. Das Deutsche Reich schickt sich zu Beginn des Jahres 1914 an, anläßlich der Thronbesteigung Kaiser Wilhelms II.

---

[1] Fachausdruck aus der Theorie der Novelle: Motiv, welches einem Handlungszusammenhang Einheit gibt.

vor dreißig Jahren große Feierlichkeiten vorzubereiten; diese sollten 1918 stattfinden. Als Konkurrenz, eben als »Parallelaktion«, planen hohe österreichische Beamte und Offiziere und deren Anhang im Jahr 1914 für das Jahr 1918 ebenfalls große Feierlichkeiten anläßlich der Thronbesteigung des Friedenskaisers Franz Joseph I. vor 70 Jahren. In diesem Motiv offenbart sich die Ironie, die das ganze Werk durchzieht: 1914, vor Ausbruch des Ersten Weltkriegs, werden Feierlichkeiten für 1918 vorgeplant, das Jahr des katastrophalen Zusammenbruchs; Ironie auch in der Bagatellisierung eines großen Staatsereignisses. – Musil nennt in seinem Roman die Kaiserlich-Königliche Monarchie nach den beiden K Kakanien.

Die Parallelaktion durchzieht als roter Faden den Handlungsverlauf des monströsen Romans von mehr als anderthalb tausend Seiten, die vielen Teile miteinander verknüpfend oder kontrastierend. Das erste Kapitel trägt die Überschrift: »Woraus bemerkenswerter Weise nichts hervorgeht.« Es beginnt mit genauen barometrischen Angaben für diesen Tag und weist auf die Eingeschlossenheit des Menschen in den kosmisch-atmosphärischen Zusammenhang und seine Abhängigkeit von ihm hin. Josef Nadler gibt folgende zusammenfassende Darstellung des Romans: »Die Weltwende, die den Untergang der Monarchie herbeiführt, erscheint hier nicht als eine Kette von gewaltigen Umstürzen, sondern als eine leichte Veränderung des Luftdrucks, die alles Leben verändert. Der junge Mensch, an dem dieser Witterungsumschlag spürbar gemacht wird, hat den unterscheidenden Glauben zwischen Wirklichkeit und Möglichkeit verloren. Er denkt die wirklichen Dinge ebenso wie die möglichen und lebt unterschiedlos zwischen beiden. Er hat keine Eigenschaften. Er ist der unpersönlich gewordene Mensch. Er ist der bedingungslose Zweifler aus Übermaß an Erfahrung und Kultur, ein schöpferischer Mensch, der sich für keines der hundert Angesichte einer Sache zu entscheiden vermag, ein hochgezüchteter Verstand, der sich im Spiel des Unwirklichen verspielt. Das ist der menschliche Begriff der Monarchie ... Vollkommene Ironie ist der Stil des Buches. Man bewegt sich in einem schwingenden Licht, das jeden Augenblick Farbe, Stärke und Zielpunkt wechselt, das Stand, Gestalt und Bedeutung der Dinge unablässig verändert und bewußt im Zweifel läßt, was jeweils bejaht oder verneint werden soll. Nur eines ist ausgemacht: der Dichter will diese Welt ernstgenommen haben.« –

Robert Musil lebte bis 1938 in Wien, im Herbst dieses Jahres übersiedelte, nicht emigrierte er in die Schweiz, wo er bis zu seinem Tod 1942 blieb. Doch auch in diesen Jahren lebte er durch die Arbeit an seinem Hauptwerk in Wien, in der alten Monarchie des Vorkriegs weiter, die 1918 und 1938 längst andere Formen angenommen hatte. Er war von der alten, labyrinthischen, zum Untergang bestimmten Monarchie eingefangen und wurde auch nicht freigegeben, als sie nicht mehr bestand; er war mit ihr verbunden in einer traumatischen Verfallenheit, die bei Franz Kafka wiederkehrt. Österreich wie die ihm engverbundenen Länder Böhmen und Mähren spürten, witterten den Wetterumschlag der Zeit weit mehr als das Deutsche Reich; er lag in der Luft. Die Werke Kafkas, aus der Atmosphäre Böhmens und Prags, die Werke Musils, aus der Atmosphäre Wiens und Österreichs lebend, vermitteln die feinsten Stimmungen und Tendenzen der Zeit und gleichsam die Essenz dieser Länder und Städte.

Die Empfindsamkeit für die Essenz Österreichs zeigt sich übrigens auch in Robert Musils Totengedenkrede für R. M. Rilke, die er in Berlin hielt. Jede Rasse, jedes Volk, jeder Stamm, ist vielschichtig und vielgesichtig, sie haben über viele Nuancen hinweg ihre Tiefen, Höhen und Mittelmaße.

Der Literaturbetrachter muß alle drei Niveaus aufzeigen und darf nicht nur in den Tiefen und Höhen verharren. Gerade in Österreich zeigt sich diese Vielschichtigkeit und Vielgesichtigkeit, auch bei denen, die, aus Böhmen-Mähren kommend, im Umkreis, im Bannkreis Österreichs lebten und schufen.
Die Vorfahren Franz KARL GINZKEYS(1871 Pola–1963 Wien) stammen aus Dörfl bei Reichenberg. Franz Karl Ginzkey erzählte von seinem Vater und dessen Heimatdorf in »Zeit und Menschen meiner Jugend« (1942) und »Der Heimatsucher« (1947). Der Vater hatte sich aus kümmerlichen Verhältnissen als Hütbube und Weber zum Offizier emporgearbeitet und wurde Beamter im militärgeographischen Institut in Wien; dort wurden Strich um Strich die künftigen Kriegsschauplätze in die Generalstabskarten eingezeichnet.
Franz Karl Ginzkey wurde der am meisten österreichische Dichter unter denen, die aus Böhmen nach Wien kamen. Nahezu alle seine Romane und Erzählungen, zart und umsichtig geschrieben, handeln in verhaltener Art von Frauen und Liebe. »Jakobus und die Frauen« (1908) und »Geschichte einer stillen Frau« (1909) zeigen die Thematik und den Stil des Dichters an, die sich im Laufe vieler Jahre kaum verändern sollten. Ihm lag, wie er bekannte, »die große Gebärde nicht und nicht die Komplizierung des Wortes, die Markierung des dröhnenden Schrittes nicht und noch weniger die hypnotisierende Gleichnishäuferei«. Seine Bücher, die der damals für die österreichische und sudetendeutsche Literatur führende Staackmann Verlag veröffentlichte, fanden eine große Lesergemeinde.
Franz Karl Ginzkey erzählt von Leid, Sorge und Schmerz der Liebe, von Verzicht und Entsagung, die das Schwere ertragen helfen; weiß darum, »wie auch aus betrüblichen Dingen Erfreuliches, aus Mangel Fülle, aus dunkler Verneinung eine große helle Bejahung entstehen kann«.

Glück ist: schau'n nach fernen Hügeln,
wo noch Abendsonne liegt,
und das unerfüllte Warten,
still an einen Baum geschmiegt.

Güte und Liebe gelten umfassend:

Denn Güte nur beschließt den Ring
um Geist und Gott und jeglich Ding.

Ginzkeys Prosa hält sich an die altmeisterliche Erzählkunst eines Gottfried Keller, ist Feingoldschmiedearbeit. Das Licht des Südens, Italiens, hat sie berührt. Die Erzählung »Rositta« (1920) ist »das Märchen vom Weib, das Italien bedeutet, und von einem deutschen Manne, der ausgezogen war, sie für sich zu erobern, ihre Schönheit, ihre Liebe, ihr Land«. Der Dichter malt die südliche Landschaft: »An klaren Tagen blitzte auf der Höhe das weiße Kirchlein von Albisana auf, wobei die dunklen Feuerlinien der Zypressen und Pinien sich harmonisch dem Bilde einordneten.« Impressionistisch sieht er Wien in Vers und Prosa, wobei eines ins andere übergeht. Die Stadt

in seidne Weiten ruht geschmiegt,
umflort vom Dämmergrün der Au'n.

»Vom blendenden Sande flirrte sichtbar die Hitze auf, alles an Farben sprang uns fast tropisch an, Wasser und seidiges Grün der Auen schlugen ihr machtvolles Trio.« Geschichtliches wird wie auf das Braungold alter Pergamente geschrieben; der Roman »Der von der Vogelweide« (1912) hat die zärtlich einfache und sichere Kontur des Minnesangs; »Der Gaukler von Bolgna« (1916) ist die schelmische Geschichte von dem als Student verkleideten Mädchen; »Der Wiesenzaun« (1913) erzählt Albrecht Dürers Kupferstich »Maria am Wiesenzaun« in der Umwelt Nürnbergs.

Das reiche Prosaschaffen Franz Karl Ginzkeys wird durch drei Jahrzehnte von Lyrik begleitet, beginnend mit dem Band »Das heimliche Läuten« (1906) bis zu dem Band »Vom tieferen Leben« (1938). In der Form wirken die Gedichte wie absichtslos vor sich hingesprochen, hingesungen; ihre heile Welt der Natur, des Urbanen und Dörfischen, ist durchklungen von den Molltönen einer schwermütigen Nachdenklichkeit. Etwa in dem Gedicht »Dunkle Stunde«:

Braucht man eine Zelle,
um ein Mönch zu sein?
Mitten in der Menschheit Strom,
unter Gottes hohem Dom
bin ich ganz allein.

Einsam sind wir alle,
Mann und Weib und Kind.
Bleibe jedem fern der Tag,
da er trüb erkennen mag,
wie wir einsam sind.

Robert Michel (1876 Chabeřice/Böhmen–1957 Wien) kam als Berufsoffizier neunzehnjährig nach Wien. Sehr früh wurde er in den Kreis um Leopold Andrian, dem Verfasser des zauberhaften kleinen Buches »Der Garten der Erkenntnis«, und Hugo von Hofmannsthal aufgenommen. Impressionismus, Neuromantik, Dekadenz sind nur Hilfsworte, um die subtile und sublime Art der Dichter jenes Kreises zu umschreiben. Aus dem Geist jenes Kreises wurde Robert Michels Roman »Der steinerne Mann« (1909) geboren. Für Robert Michel wurde der südöstliche Randbezirk der Monarchie zum landschaftlichen, menschlichen und seinen Stil beeinflussenden Erlebnis: Bosnien und die Herzegowina, wo er als Offizier seinem Dienst oblag. Seine Betrachtungsweise formte sich an der fremdartigen und starken Landschaft, ihren Menschen und ihrer Lebensart. Seine Prosa vereinigt Schwebendes und sicheren Umriß, Buntheit und Rätselhaftes, Ungestüm und Verhaltenheit des Balkans. Sie ist spannkräftig und zugleich leicht – so wie die alte Brücke über die Neretva in Mostar, die er beschreibt: »So leicht und wohlgekrümmt wie ein Bogen, von dem ein Pfeil in die Wolken geschossen werden soll.«

Robert Michels bosnisch-türkische Erzählungen und Romane haben etwas von der Glut an sich, die noch nachts aus dem weißen kahlen Gestein des Karstgebirges leuchtet, von der Buntheit der Volkskunst, von der herben Schönheit des südslawischen Volkslieds und von der Düsternis der Balladen, von dem Geheimnis der unterirdisch fließenden Wasser (»Die Häuser an der Džamja«, 1915, »Die geliebte Stimme«, 1928).

Der Krieg brachte für den Offizier Michel auch die Bewährung als Mensch und Dichter. Er schrieb Kriegsbücher, die neben Hans Carossas rumänischem Kriegstagebuch bestehen können: »Briefe eines Hauptmanns an seinen Sohn« (1916) und »Briefe eines Landsturmleutnants an Frauen« (1918).

Nach dem Zusammenbruch wandte sich Robert Michels Dichten wieder seiner böhmischen Heimat zu. Seine große Erzählung »Jesus im Böhmerwald« (1928), ein knabenhafter Bruder neben Gerhart Hauptmanns »Narr in Christo Emanuel Quint«, ist eine Legende; eine Sage ist »Die Burg der Frauen« (1934), aus der Frühgeschichte Böhmens, der Zeit des slawischen Matriarchats.

Natur und Mensch gehören bei Robert Michel in einen unangezweifelten Zusammenhang, sie sind ineinander verwoben wie die Fäden eines Teppichs. Wie ein solcher Teppich wirken seine bosnischen Erzählungen. Unter ihnen entstanden schon früh die »Geschichten von Insekten« (1911), später wählte er die größere Form, den Roman: »Die Augen des Waldes« (1946) ist voll der Magie des Waldes, des grünen Gottes. Schließlich begnügte sich Robert Michel wieder mit knappen Geschichten, jetzt von den Geheimnissen der menschlichen Seele in dem Band »Menschen in Flammen«. Die abgründige Glut der Erlebnisse wird in einer Prosa eingefangen, die hart und durchsichtig wie Glas ist.

Robert Michel starb 1957 in Wien als der letzte einer österreichisch-böhmischen Dichtergeneration.

Nachdem er als junger Mensch im kleinen Kreis aus seinen Geschichten von bosnischen Hirten vorgelesen hatte, sagte Hugo von Hofmannsthal: »So würde offenbar Adalbert Stifter schreiben, wenn er heute lebte.«

Robert Michels Bücher erschienen im Insel- und S. Fischer Verlag und wurden mit dem Kleist-Preis und dem tschechoslowakischen Staatspreis ausgezeichnet. Es ist möglich, daß einmal einzelne Dichtungen Robert Michels aus den Scherben einer »demolierten Literatur« (so ein Wort von Karl Kraus) als Schmuckstücke aufgelesen werden.

Verwandt den Dichtungen Robert Michels sind die OSKAR WALTER CISEKS (1897 Bukarest–1966 Bukarest), sind es über die Form hinaus durch ihre Bindung an eine fremde Landschaft und deren Menschen, an Rumänen. Damit entfernt sich Cisek nicht aus dem Umraum Österreichs; denn es war, nicht zuletzt durch die Donau, dem Balkan eng verbunden. Oskar Walter Ciseks Vater war als Kaufmann aus Böhmen nach Rumänien gekommen, die Mutter stammte aus Krossen an der Elbe, der Geburtsstadt Klabunds. Cisek besuchte das deutsche Gymnasium in Bukarest, seine Romane schrieb er in deutscher Sprache, einem filigranen und sensiblen Deutsch von großer Strahlkraft und Festigkeit, wie es sich oft in Grenzländern herausbildet. Geistig war er ein Weltmann; welterfahren durch seine Tätigkeit als Diplomat in

Prag und Bern und als Presseattaché rumänischer Botschaften und durch seine Aufenthalte in Paris und Deutschland. Er war ein hervorragender Kenner Goethes, dessen Lyrik er ins Rumänische übersetzte, wie er den rumänischen Dichter Tudor Arghezi, den Träger des Wiener Herderpreises, ins Deutsche übertrug – Vermittlertätigkeit zwischen Völkern, die die politisch-polemischen Gegensätze und nationalen Auseinandersetzungen überwölbt.

Hans Bergel charakterisiert seinen väterlichen Freund Cisek als Menschen mit »glasklarem, analytischem Verstand und unerbittlicher Intellektualität«; Oskar Walter Cisek hing nicht an der Großstadt, an Bukarest, dem »Paris des Balkans«; seine beiden Hauptwerke, die Romane »Der Strom ohne Ende« (1937) und »Vor den Toren« (1950), spielen unter den ungebärdigen Fischern des Donau-Deltas und den Bauern des sogenannten Oascher Landes. Die ikonenhafte Bildkraft des Bauernromanes ist der Prosa Hans Carossas in seinem »Rumänischen Tagebuch« verwandt. Vom Stoff, von der Landschaft her formt sich bei beiden der Stil.

Cisek ist kein plastischer Gestalter, seine Romane leben aus der intensiven Wiedergabe von Einzelheiten, wobei Steinchen um Steinchen sich zu einem Mosaik zusammensetzt; sie wirken wie gewebte Teppiche – Teppichweben ist eine dem rumänischen Volke eigene Kunstfertigkeit. Der Mensch ist in der Natur und dem Ablauf der Jahreszeiten eingeschlossen; Schimmer und Schatten, Duft der Erde, der Vegetation, des Wassers werden mit einer Feinheit eingefangen, die an Marcel Proust erinnert.

Es ist nicht von ungefähr, daß vor allem der Roman »Der Strom ohne Ende« Thomas Mann begeisterte, und daß Oskar Loerke als Lektor des S. Fischer-Verlages Ciseks Dichtungen förderte.

Robert Hohlbaum, Karl Hans Strobl und Rudolf Haas bilden

in ihrer Eigenart eine einheitliche Gruppe, deren Losung Volk und Heimat ist.

Auf Robert Hohlbaum (1886 Jägerndorf–1955 Graz) übten die Erlebnisse als Burschenschaftler, die Erfahrungen im Grenzland und die alldeutsche Bewegung Wiens einen entscheidenden Einfluß aus. Die in seinen Werken ausgesprochene Sehnsucht nach dem geeinten Reich der Deutschen hielt sich noch im politischen Rahmen der Monarchie; sein Nationalismus hat noch nicht die Schärfe, die bald allgemein werden sollte. Immerhin siedelte er 1937 ins Deutsche Reich über. Doch kehrte er nach dem Zusammenbruch von 1945 nach Österreich zurück, das er jetzt mehr als vorher als Zuflucht und Heimat schätzte.

Die frühen sechs Erzählungen, als »Der ewige Lenzkampf« (1913) zusammengefaßt, später »Die Prager« genannt, stellen das akademische Leben vom Auszug der Prager Studenten (1409) bis 1848 dar. Die späteren Romane »Das Vorspiel« (1918), »Die Raben des Kyffhäuser« (1927) und »Zweikampf um Deutschland« (1938) stehen zwischen zwei Romantrilogien aus der deutschen Geschichte. Die Trilogie »Frühlingssturm« (1924–1926) enthält »Die deutsche Passion«, »Der Weg nach Emmaus«, »Die Pfingsten von Weimar«; sie umfaßt die Zeit vom Dreißigjährigen Krieg bis Goethe. Die Trilogie »Volk und Mann« (1931–1935) reicht von der Französischen Revolution über Napoleon zu den Befreiungskriegen. (»König Volk«, »Der Mann aus dem Chaos«, »Stein«)

Robert Hohlbaum war Bibliothekar an der Universität in Wien, seit 1937 an der Stadtbibliothek Duisburg, später Direktor der Weimarer Landesbibliothek. Von dorther floß ihm das Material zu seinen historischen Romanen zu. Die weitausgreifende Anordnung erinnert an die historischen Romane E. G. Kolbenheyers. Beiden Dichtern geht es um die Darstellung deutschen Volkstums aus der Geschichte, so verschieden Gesichtspunkte, Ausblicke und Stil auch sind. Hohlbaums Prosa ist aus der Freude am Erzählen flüssig und lebensnah in der Darstellung der Menschen, Landschaften und Epochen bis ins Atmosphärische hinein. Er entgeht nicht immer der lockeren Gefälligkeit; aber sie war es, die ihm eine große Leserschaft sicherte. Das gilt auch für die Sonette des Bandes »Deutschland«, die wiederum deutsche Kultur der Vergangenheit aufzeigen wollen.

Rokoko

Die Geigen jubeln jauchzende Gavotten,
die Bratsche singt ein süßes Menuett,
rauschender Reifrock, knisternde Culotten,
schmachtender Baß und kicherndes Falsett.

Da wird kandiert, gebraten und gesotten,
Marquis und Graf schwimmt in Bordeaux und Fett,
ihr Degen blitzt für reizende Kokotten,
die ganze Welt ist ein damastnes Bett!

Die Tiere aber, die im Staube kriechen,
sie brauchen nur ein Tröpflein Blut zu riechen,
die Bestie brüllt, die Welt wird zum Schafott,
das köpft Marquis und Graf, König und Gott,
der jüngste Tag! . . . Nein, Mozarts Seele tönt.
Sein Lied hat uns mit dieser Zeit versöhnt.

Deutlicher wird die Leichtigkeit, Frische und Lebensnähe Hohlbaums in den Werken, die nicht dem Nationalen verpflichtet sind, wie der Roman »Die Amouren des Magister Döderlein« (1920) und vor allem die Erzählungen der Bände »Unsterbliche« (1919), »Fallbeil und Reifrock« (1923), »Himmlisches Orchester« (1923) und »Frühlingswalzer« (1924). Diese Erzählungen wachsen aus dem Anekdotischen zu farbigen, beschwingten kleinen Prosastücken, vielfach aus der österreichischen Geschichte, und sind bedeutenden Komponisten gewidmet; das Musikalische spielt bei Hohlbaum eine wichtige Rolle (Bruckner, Strauß, Mahler).

Die Ergänzung zu den Romanen sind die Gedichtbände »Deutsche Gedichte« (1816), »Vaterland« und die »Volksdeutsche Kantate«.

Das sind Tribute an die Zeit, der sich Robert Hohlbaum gleichwohl zu entfremden begann, weil er weder zu Preußen noch zu Sachsen paßte. 1945 kehrte er heim nach Österreich. Einige Jahre war er gezwungen, als Gärtner zu arbeiten. Seine letzten Werke sind ein Buch über Bruckner, »Tedeum« (1950), sechzehn Erzählungen um Goethe, »Sonnenspektrum« (1951), ein Roman um die Musikerfamilie Strauß, »Der König von Österreich« (1956), und das Geschichtswerk »Hellas, Ahnen des Abendlands«. Nachgelassen wurde das Stanzenepos »Abendland«. Der Weg ins größere geistige Vaterland wurde also versucht, ähnlich wie von Bruno Brehm. Anschließend an die Sonette »Von den kleinen Dingen« 1943, entstanden die geläuterten Gedichte des posthum erschienenen Bandes »Des reifsten Weines später Segen« (1967).

Das schriftstellerische Werk KARL HANS STROBLS (1877 Iglau–1946 Perchtoldsdorf/Wien), das nahezu 80 Bände umfaßt, zeigt in den Anfängen und in der Wahl der Themen eine ähnliche Struktur wie das Werk Robert Hohlbaums, wächst aber in andere Bereiche. Zunächst: O alte Burschenherrlichkeit! Auch für Karl Hans Strobl war das Burschenschaftlertum des farbentragenden Studenten das Erlebnis, das den Stoff für seine Prager Studentenromane hergab, die die Namen historisch gewordener Gasthäuser als Titel tragen, »Die Václavbude« (1902), »Der Schipkapaß« (1908), später »Der Flamänder von Prag« genannt, und »Das Wirtshaus zum Kö-

nig Przemysl« (1913). Sie halten einen Aspekt fest, der für das Prag jener Zeit ebenso gültig ist, wie der dunklere, rätselvolle Aspekt im Werk Franz Kafkas. Franz Kafkas Prag aber lebt weiter, auch wenn es in Prag keine Deutschen und Juden mehr gibt, Karl Hans Strobls Prag dagegen ist vergangen; das Leben und Treiben der farbentragenden Studenten mit ihren Kneiplokalen als Mittelpunkt und mit den Raufereien zwischen Tschechen und Deutschen als besonderen Erlebnissen. Anton Altrichter, der Biograph Karl Hans Strobls, schrieb: »Strobl trank auf dem Schipkapaß Bier und Romantik, wie er auch in Prag Bier und Romantik trank.« Strobls Studenten sind allesamt »Könige der Durstleider«, brüderliche Zechkumpane von Gargantua und Pantagruel; lebenübersprühend bis ins Groteske, von so deftiger Realistik, daß sie ins Phantastische umschlagen. Doch man sollte sie nicht mit den Figuren E. Th. A. Hoffmanns vergleichen, dazu fehlt ihnen die Hintergründigkeit. E. Th. A. Hoffmann war eben kein Biertrinker! Etwas von der Spukwelt Meyrinks haftet ihnen an, aber mehr hinzugefügter Spuk als dazugehörender; auch etwas vom Abenteuerlichen eines E. E. Kisch.
Die Burschenschaft ist es, die Strobl den Weg zu Bismarck weist, dessen Leben er in einer Trilogie (1915–1919) zu gestalten versucht: »Der wilde Bismarck«, »Menschen und Mächte«, »Die Runen Gottes«; alldeutsche Sehnsucht, allerdings in Bismarck hineingedichtet, der aus politischen Gründen kein Großdeutscher war und den Anschluß des vielsprachigen Österreich ans Reich nicht wünschte.
Auch seiner geliebten Heimatstadt Iglau widmete Strobl eine Trilogie – er fand wie manche seiner Zeitgenossen mit Erzählen und Schreiben kein Ende. Die Teile der Heimattrilogie (1921–1927) sind: »Die alten Türme«, »Wir hatten gebauet«, »Erasmus und die Wünschelrute«. Wieder ist der Heimatromantiker am Werk, aber anders als Hans Nikolaus Krauss mit

seiner Egerlandtrilogie und Jakob Julius David mit den stark realistischen mährischen Romanen. Strobl setzte mit seinen Romanen der Stadt Iglau ein liebevolles Erinnerungsdenkmal.

Die Strobls sind seit dem 14. Jahrhundert in Iglau nachweisbar. Zuerst waren die Bewohner dieser deutschen Sprachinsel Bergleute, später Tuchmacher. Der Meistersang blüht und grünt in Strobls Romanen in mehr als einem Zweig weiter. Strobls einer Großvater war ein Schalk, der zu erzählen verstand, der zweite ein Mann, der bis ans Ende seines Lebens einen Zopf und Kniehosen trug. Der Oheim Nessl war der letzte Scharfrichter Iglaus.

Wie Karl Hans Strobl eine alte Gasse zu beschreiben weiß – als führte sie aus Jahrhunderten herauf! Und dabei wird frisch, bunt, mit einem schelmischen Lächeln erzählt.

Der Grenzlandkampf in der eigenen Heimat und in Kärnten findet in Erzählungen und Romanen Karl Hans Strobls seinen Niederschlag. Den »Mährischen Wandertagen« (1905) folgen später die Erinnerungen »Verlorene Heimat« (1922).

Über die heimatliche Idyllik greift Strobl in seinem Roman »Fenriswolf« (1903) hinaus, in welchem er Dumpfheit, Stumpfheit und Elend einer Kleinstadt darstellt. Aber auch hier zeigt sich Strobls Liebe zur Miniatur und zum Biedermeier: die Gestalt des dichtenden Postmeisters Klapperbach ist wie eine Spitzwegfigur. (Strobl selbst war in Brünn Finanzbeamter gewesen, bevor er sich der Dichtung verschrieb.)

In Strobls frühen Werken liegen Ansätze zu Bedeutendem, die verschüttet wurden, aber in dem Roman »Eleagabal Kuperus« (1910) zum Durchbruch kamen. Bevor dieser Roman eingehender gewürdigt wird, sei kurz auf die letzten Werke eingegangen. Das sind die Erinnerungen »Heimat im frühen Licht« (1942), »Glückhafte Wanderschaft« (1942) und »Die Weltgeschichte und das Igelhaus« (1942).

Strobls Wanderschaft endete nicht glückhaft. »Das Igelhaus« war das Haus, das er sich in der Erinnerung an seine Heimatstadt in Perchtoldsdorf bei Wien gebaut hatte. 1945 wurde es ausgeplündert und kurz darauf beschlagnahmt. Ein Jahr später starb Karl Hans Strobl im Armenhaus. –
In dem phantastischen und visionären Roman »Eleagabal Kuperus« (1910) ist Strobl ein Werk gelungen, das zu Unrecht vergessen ist. In der übergroßen Zahl der Romane und Erzählungen ist es das herausragende Werk, bedeutsam auch im Zusammenhang mit der Zeit des Vorkriegs. Schon in den frühen Romanen um Prag hatte Strobl einen veristischen Realismus ins Phantastische gesteigert. »Eleagabal Kuperus« schildert, dem etwa gleichzeitig erschienenen »Golem« Meyrinks verwandt, die Macht des Bösen und ist voll Endzeitschauern. Äußerlich ein Ungetüm von nicht leicht überschaubarer Fülle grotesk-fantastischer Gestalten und Vorgänge, entwirft es das Schreckensbild einer sich selbst zerstörenden Menschheit. Die ins Über- und Unmenschliche gesteigerte Gestalt des Thomas Bezug zerquält sich in der wahnwitzigen Gier, Macht über die Menschheit und Welt zu gewinnen. Er will sich die Menschheit durch die verführerische Macht des Geldes untertänig machen; das mißglückt ihm. Da faßt er den Entschluß, die Erde mitsamt den Menschen zu vernichten. Ihm aber, dem Urbösen, tritt Eleagabal Kuperus entgegen. Allmählich beginnt die Macht den Händen von Thomas Bezug zu entgleiten. Doch durch Prophezeiungen vom bevorstehenden Weltuntergang treibt er die Menschen in Verwirrung und Wahn. Diese kehren sich schließlich gegen ihn selbst. Ein schwachsinniger Greis überwältigt ihn; bei einer Orgie der rasenden Menge wird ihm der Kopf abgeschlagen.
Daß Strobl auch historische Stoffe mit visionärer Kraft darzustellen vermag, zeigt seine Renaissancenovelle »Das Frauenhaus von Brescia« (1912). Sie handelt um das Jahr 1311, als

Kaiser Heinrich VII. die eiserne Krone der Lombarden erobert, wobei bei der Belagerung von Brescia seine Frau in Gefangenschaft gerät und vom Feind in ein Frauenhaus gesteckt wird; die ihr ähnelnde Edeldame Roswitha nimmt der Kaiserin das schändliche Schicksal ab und spielt deren Rolle bis zu ihrem Tod.

Ein Jahr vor »Eleagabal Kuperus« erschien Alfred Kubins Vision eines Weltangsttraumes und einer Menschheitsdämmerung, »Die andere Seite« (1909); die andere Seite des Daseins ist die Welt der Dämonen, des Bösen und der Vernichtung.

ALFRED KUBIN (1879 Leitmeritz–1959 Zwickledt/Oberösterreich), aus einer der anmutigsten Landschaften Böhmens kommend, verbrachte seine Jugend und sein weiteres Leben, mit Ausnahme seiner Münchner Studienjahre, in Österreich (Zell am See, Salzburg, Klagenfurt, Laibach), seit 1906 auf dem Herrensitz Zwickledt bei Wernstein in Oberösterreich. Innerhalb der bildenden Künste ist bei den Sudetendeutschen vor allem die Graphik ausgeprägt; neben Kubin sind hier der ebenfalls aus Nordböhmen stammende Josef Hegenbarth und der in Iglau geborene Ferdinand Staeger, der lange in Prag gelebt hat, zu nennen. Ihre Graphik neigt zur Thematik der »Dämonen und Nachtgesichte«, alle haben Dichtungen aus Böhmen-Mähren illustriert, vor allem von Adalbert Stifter und Franz Kafka, mit dem Alfred Kubin befreundet war. »Dämonen und Nachtgesichte« hatte Alfred Kubin seine Lebensbeschreibung genannt, darin er einen Besuch in seiner Heimatstadt Leitmeritz schildert.

Das Nebeneinander von Karl Hans Strobls »Eleagabal Kuperus« und Alfred Kubins »Die andere Seite« wirft ein Licht auf die Situation der Zeit. Beide ahnen verhängnisvolle Ereignisse und Veränderungen voraus. Ernst Jünger hat in seinem Essay über Alfred Kubin darauf hingewiesen.

Mit der traumhaften Schärfe des Graphikers sieht Alfred Kubin in »Die andere Seite« das unheimlich-grausige Geschehen in dem visionären Ort Perle, einer von schemenhaften, chimärischen Menschen besiedelten, öden, trostlosen Wüstenei der Vernichtung, über die Claus Patera herrscht. Auch Patera fällt seiner eigenen Zerstörungsgier zum Opfer.
Alfred Kubins »Andere Seite« gilt als das zeitprogrammatische Werk des Graphikers Kubin. Stimmen und Gegenstimmen, Höhen und Abgründe, unbeschwerte Lebensfreude und Untergangsvisionen stehen im Raum und in der Zeit nebeneinander, auch das Gültige neben dem Flachen. Aber auch das weniger Gültige darf in dieser Übersicht nicht fehlen.
Als dritter gehört RUDOLF HAAS (1977 Mies–1943 Villach) zu Robert Hohlbaum und Karl Hans Strobl. Rudolf Haas erscheint von den in Österreich seßhaft gewordenen Sudetendeutschen am meisten eingewienert; er besitzt einen sonnigen Froh- und Leichtsinn, der die Woche aus sieben Sonntagen wünscht. Er nennt seine Romangestalten »Verächter der Schwere, sorglose Wanderburschen«; einer dieser Art, zumal auch noch ein Musterknabe, der sein liebreizendes Mädchen findet, ist »Michel Blank und seine Liesel« (1919). Die Namen Michel und Blank sind schon vielsagend in diesem Roman mit »viel gut« und »viel Sonne«. Die Schatten bleiben blaß. Das gilt auch für den Roman eines verbummelten Studenten, der sich treiben läßt, allerlei Unheil anrichtet, sich schließlich doch noch vor dem Scheitern retten kann; ferner für die Lehr- und Wanderjahre à la Haas: »Matthias Triebl« (1915) und »Triebl der Wanderer« (1919). Diese Romangestalten wurden Leitbilder im sudetendeutschen Bürgertum des Vorkriegs, vor allem unter der Jugend.
Genauso ein Volksbeglücker möchte Rudolf Haas sein, wie er ihn in seinem ersten, so genannten Roman schildert; aber sein deutscher Idealismus ist dünnflüssig. Dem »Volksbeglücker«

(1910) folgt der weit bessere Egerländer Kleinstadtroman »Heimat in Ketten« (1924), schließlich der Roman »Egerländer« (1931). Den Grenzlandkampf in Kärnten schildern die Romane »Der lange Christoph« (1930) und »Der stumme Konrad« (1936). Doch, so bekennt Haas, »die Kunst ist nicht nur dazu da, schwere Probleme zu wälzen, überspitzte Seelenzustände zu zergliedern oder abgrundtiefe Leidenschaften aufzuzeigen, sie hat noch eine andere Aufgabe: Freude zu machen! Klar, volkstümlich, ein wirkliches Volksbuch zu schreiben, ist das Hauptziel meines Schaffens« – dabei macht Haas offensichtlich aus einem Unvermögen eine Tugend.

Rudolf Haas wurde mit dem österreichischen Dichter Rudolf Hans Bartsch verglichen; dieser Vergleich »hinkt«. Der Philosoph Theodor Lessing zählte Rudolf Hans Bartsch zu den von ihm bevorzugten Dichtern der Zeit. (Theodor Lessing wurde als erster Emigrant 1933 von Nationalsozialisten in Marienbad ermordet – ein warnendes Vorzeichen des Kommenden.)

Das, was Rudolf Haas für den Dichter ablehnte, überspitzte Seelenzustände zu schildern und abgrundtiefe Leidenschaften aufzuzeigen, wurde das Anliegen FRANZ NABLS (1883 Lautschin/Böhmen–1974 Graz). Bei ihm spielen die damals bevorzugten Themen Heimat, Grenzlandkampf, Heiligung des Volkstums keine Rolle, sein Hauptanliegen ist existenzieller Art: Wie ist das schwere, harte Leben ertragbar? Ist sein Dunkel erhellbar?

Nabls Vater war Domänenrat der fürstlich Thurn- und Taxischen Güter im Kreis Jungbunzlau; auf Schloß Lautschin hielten sich Rudolf Kassner und R. M. Rilke, zuweilen gemeinsam, oft auf. Nabls bedeutendster Roman »Ödhof« (1911) schöpft aus dieser Umwelt und aus Nabls Erfahrungen mit seinem Vater mancherlei Motive. Nach dem Studium in Wien lebte Nabl bis 1939 in Wien und in Baden bei Wien, dann wurde die Steiermark seine Wahlheimat; in Graz war er als Redakteur tätig.

Die Feststellung, daß sein Prosawerk aus dem Naturalismus hervorging, der sich in Österreich schon früh unprogrammatisch entwickelt hatte, besagt nicht viel. Als Epiker wählte Ludwig Anzengruber, ein Vorläufer Franz Nabls, den Lebenskreis des Bauern, weil er bei ihm »nicht erst notwendig habe, die Kulturschminke des modernen Menschen abzukratzen«. Anzengrubers Roman »Der Sternsteinhof« (1883) liegt auch zeitlich Nabls »Ödhof« (1911) nicht fern, doch Nabl gräbt tiefer. Er stößt von der intensiv und peinlich genau gesehenen Wirklichkeit (insofern ist er tatsächlich Naturalist) zu den Grenzfragen des Lebens und des Seelischen vor. Seiner Lehrmeisterin, Marie von Ebner-Eschenbach, hat er eine Studie gewidmet. Er übernimmt von ihr das ihm entsprechende Hinter- und Untergründige, die ausweglose Verdüsterung mancher Gestalten und Schicksale, durchbricht sie aber nicht ins Dennoch und Trotzdem. Mit grimmiger Härte ergründet er das, was bei Marie von Ebner-Eschenbach nicht das Böse, sondern das Schlechte und das Schädliche genannt wird. Im Gegensatz zu Dostojewskij, mit dem er manchmal verglichen wird, fehlt ihm die Frömmigkeit, der Glaube an eine mögliche Erlösung. Liebe, was immer darunter verstanden werden kann, klärt bei ihm nicht, sie stürzt den Menschen in unauflösbare Verstrickungen, in Verhängnis und Untergang. Der Titel seiner Erzählung »Der Griff ins Dunkle« deutet das Leitmotiv seines Schaffens an, auch die Titel der anderen Werke: »Narrentanz«, »Grab des Lebendigen«, »Galgenfrist« und eben »Ödhof«.

Seine Schilderung der Menschen und ihrer Umwelt ist von oft penetranter Genauigkeit, die zu epischer Breite führt. Alle Einzelheiten werden abgetastet – man kann nicht wissen, welche von ihnen das Unheil heraufbeschwört. Das Werk entfaltet sich nicht aus Begebenheiten, sondern aus dem schwierig erfaßbaren Sosein der Menschen. Sie schleppen sich noch an den Schatten ab, die sie werfen. »Es ist das Seelenleben ungewöhnlicher Menschen, das den Dichter fesselt. Es ist eine harte und düstere Kunst der Menschenkenntnis« (Josef Nadler). Man wird an Hermann Stehr erinnert.

Franz Nabl hat eine verdeckte, tiefe Schicht des Österreichtums bloßgelegt. Wir finden sie bereits in Karl Heinrich Waggerls erst jetzt veröffentlichter frühen Prosa, dem Gegenteil einer heilen Welt, bei Heimito von Doderer und der heutigen mittleren österreichischen Generation, so bei Thomas Bernhard. Im Hinblick auf die sudetendeutschen Dichter zeigt sich eine nahe Verwandtschaft Franz Nabls zu dem Böhmerwalddichter Josef Gangl (1868 Deutsch-Beneschau–1916 Wien), mit dem die Liebhaber gängiger Heimatliteratur ebenfalls nichts anzufangen wußten.

Dem Roman »Ödhof« (1911), einem dunklen Basaltblock vergleichbar, gingen der Roman »Hans Jäkels erstes Liebesjahr« (1908), voll der Qual zwischen Entsagung und auflodernder Liebesleidenschaft, und die Erzählungen »Narrentanz« (1911) voraus. Den »Ödhof« nennt Nabl »Bilder aus der Familie Arlet«. Beklemmend ragt die düstere Gestalt des Johannes Arlet aus der Umwelt seines Bauerngutes mit der Sucht nach Alleinsein und Einsamkeit empor, die im Grund starre Ichsucht ist; ihr fallen die Familie, Verwandte und Freunde zum Opfer. Immer mehr setzt sich Johannes in sich selbst gefangen; der Sohn erträgt die menschliche Härte und Verödung nicht und tötet sich.

Im »Grab des Lebendigen« (1917), später »Die Ortliebschen Frauen« genannt, schließt die Schwester, wiederum aus starrer Eigensucht, den Hausstand von der Außenwelt ab, zerstört die Familie und setzt den Bruder aus wahnwitziger Eifersucht im Keller gefangen. Grab des Lebendigen, eingemauertes Leben, das Ich im Gefängnis seiner selbst, aus dem es keine Flucht in die Freiheit gibt – der Mensch sich selber der schlimmste Feind. Nie hebt der Dichter den moralischen Zeigefinger. Die Darstellung überwältigt durch ihre harte Faktizität. Nabls Menschen werden sich ihrer Schuld und Versündigung nicht bewußt, sie sind ihnen verfallen.

Leben als Verhängnis – auch Gutgemeintes führt zum Scheitern, so in einer Erzählung des Bandes »Der Tag der Erkenntnis« (1918). Ein Arzt, der selber einmal Großes gewollt, aber in der engen, gehegten Umwelt einer Provinzstadt strandet, rät dem begabten Sohne eines Lehrers, von dem Mädchen, das ihn an die kleinen Verhältnisse binden würde, abzulassen, und sich der Musik zu widmen, für die er hochbegabt ist. Die Ratschläge haben Erfolg. Der Lehrerssohn sagt sich von dem Mädchen los, um für seine Kunst frei zu sein – er zerbricht und begeht Selbstmord. Das führt den Arzt zu einer Erkenntnis, die seine Zweifel an sich und an seiner eng begrenzten Lebenslage niederzwingt. Durch den Tod des jungen Menschen hat er zu sich und zum Genügen zurückgefunden.

Immer wieder geht es um Liebe, die nicht gut endet. In dem Drama »Trieschübel« (1925) zeigt sich die Tragik eines Alternden, der sich qualvoll nach Nachkommenschaft sehnt – ein Leid-motiv Adalberts Stifters; in der »Kindernovelle« (1932) geht es um die Liebe eines Knaben zu einer reifen Frau, an der er zerbricht; im »Mann von gestern« (1935) um die Liebe eines alternden Mannes zu einem Mädchen. Es geht dabei immer um mehr als die Irrwege der Liebe, nämlich um das böse Spiel, das das Leben mit den Menschen treibt, im Sinn der Worte, die Marie von Ebner-Eschenbach am Anfang ihrer Erzählung »Nach dem Tod« sprechen läßt: »Still, mein guter Fürst! Sie wissen, ich halte die Liebe für das grausamste von allen Mitteln, welche die zürnende Gottheit erfunden hat, um ihre armen Geschöpfe heimzusuchen.« –

Zum Gesamtwerk Franz Nabls gehören Schilderungen Österreichs, besonders der Steiermark, die Lebenserinnerungen »Spiel mit Blättern« (1973) und »Meine Wohnstätten« (1975), schließlich der Gedichtband »Spätlese« (1943); darin steht das Gedicht »Das gute Wort«:

Wenn sich ein gutes Wort zum Mund dir drängt,
geh' nicht vorüber, ohne es zu sprechen.
Ein Aug', das heut' noch fragend an dir hängt
– bedenk es wohl –, kann über Nacht schon brechen.
Ein gutes Wort ist wie ein linder Hauch,
herwehend aus dem sonnenhellen Süden.
Es tröstet nicht allein den Wegemüden,
es tröstet und beglückt dich selber auch.
Versäumst du es, dies gute Wort zu sagen,
dann wächst es an zu ungeheurer Last,
und lebenslange mußt du daran tragen,
daß du es einmal nicht gesprochen hast.

Vor der Jahrhundertwende spitzten sich die politischen, die nationalen und sozialen Verhältnisse in Österreich zu, in aller Heftigkeit wurden die böhmischen Länder von Konflikten ergriffen. Das blieb nicht ohne Einfluß auf die Literatur, die sich in zunehmendem Maße politisierte. In Wien konzentrierten sich nach dem Rückgang der großbürgerlichen Liberalen und der Konservativen die politischen nationalen Kräfte und Gegenkräfte und prallten gegeneinander.
Die von Georg von Schoenerer (1842–1921) ins Leben gerufene groß- und alldeutsche Bewegung forderte nicht mehr nur die Neugestaltung der Monarchie, sondern drängte auf die Vereinigung mit dem Deutschen Reich. Die alldeutsche Bewegung wurde durch eine antisemitische Welle und die Los-von-Rom-Forderung hochgespült. (»Gegen Juda, gegen Rom / Bauen wir den deutschen Dom!«) Schoenerer wurde nach

der Verkündigung des »Linzer Programms« (1881) »Führer und Retter der Deutschösterreicher« genannt. Sein treuer Paladin im Sudetenland war Karl Heinrich Wolf.

Die Christlich-soziale Partei, angeführt von Karl Lueger, der aus der Bewegung Schoenerers hervorgegangen war, war ebenfalls nationalistisch gesinnt und gegenjüdisch, weswegen der Kaiser Karl Lueger erst nach der dritten Wahl als Bürgermeister von Wien bestätigte (1897). Luegers Kampf galt auch dem Schutz des kleinen Mannes gegen die Korruption, womit in erster Linie das großjüdische Kapital gemeint war. Aber der kleine Mann spielte in Luegers Partei nur eine untergeordnete Rolle. Der Christlich-sozialen Partei hatten sich in zunehmendem Maße mittlere und Großunternehmen angeschlossen, Bankiers, Großgrundbesitzer und ein Teil des Adels. Der Katholizismus selbst steigerte sich zum Ultramontanismus.

Die durch die neuen wirtschaftlichen Verhältnisse und das zunehmende Arbeiterelend rasch angewachsene Sozialdemokratie unter der Führung Viktor Adlers, der ebenfalls aus der Bewegung Schoenerers hervorgegangen war, war seit dem Einigungsparteitag von Hainfeld (1889) übernational und nicht antisemitisch.

Die Bewegung Schoenerers nahm ab, aber ihr Ziel hatte sie erreicht; vom Bürgertum aufwärts dachten die Deutschen alldeutsch.

Der Nationalismus der slawischen Völker, vorweg der Tschechen, erstarkte und radikalisierte sich, standen doch in der Monarchie 10 Millionen Deutschen, die das Staatsvolk bleiben wollten, 30 Millionen anderssprachige Völker gegenüber. Die Tschechen erlebten einen raschen politischen Aufstieg, auch in Wien, wo unter 1,5 Millionen Einwohnern um 1900 64 000 Tschechen lebten, die sich durch Zuzug ständig vermehrten. Die Alttschechen unter Führung Franz L. Riegers wurden von den radikalen Jungtschechen, die die Loslösung von Österreich und einen eigenen Staat forderten, in den Hintergrund gedrängt. Durch den starken Zuzug aus den Ostprovinzen stieg die Zahl der Juden Wiens auf 119 000. Nationalismus, Antisemitismus, Antikatholizismus, Ultramontanismus, Sozialismus kämpften, organisiert in den Parteien und weltanschaulichen Gruppierungen, gegeneinander. Die Risse im Staatsbau wurden tiefer. Unter diesen Vorzeichen stand die Zeit vor Ausbruch des Ersten Weltkriegs.

Der entfesselte Kulturkampf wurde vielfach von Männern aus Böhmen und Mähren auch literarisch in Wien ausgetragen. Der Wortführer RICHARD VON KRALIK (1862 Eleonorenheim–1934 Wien) beschwor das christliche Mittelalter und Abendland als Vorbild dessen, was die Gegenwart zu ihrer Rettung vollbringen sollte; das war seine Antwort auf die Los-von-Rom-Bewegung Schoenerers. Im Denken Kraliks vereinigten sich germanische Sagenwelt mit Richard Wagners Fest- und Weihespielen. Es führte zur Gründung des Gralsbundes (1905) mit seiner Zeitschrift »Der Gral«, die gegen die tiefer fundierte katholische Münchner Zeitschrift »Das Hochland« Carl Muths, der im Dritten Reich Mitglied der Widerstandsgruppe »Weiße Rose« wurde, aggressiv polemisierte.

Auch andere Kräfte regten sich. Theodor Herzl (1860 Budapest–1904 Edlach/Niederösterreich) gründete, um den Ideen seiner programmatischen Schriften »Der Judenstaat« und »Altneuland« Nachdruck zu verleihen, 1897 die »Zionistische Vereinigung«, während sich, ebenfalls von Wien aus, Martin Buber (1878 Wien – 1953 Jerusalem) um die Wiederbelebung der inneren Bereiche und Glaubensinhalte der jüdischen Mystik und des Chassidismus bemühte. Er wirkte, ähnlich wie Albert Schweitzer für das Christentum, weit und fruchtbar über das Jüdische hinaus.

Im Gefolge Richard von Kraliks befanden sich der aus Mähren stammende EDUARD HLATKY (1843 Brünn – 1933 Wien) mit dem phantasmagorischen pathetischen Erlöserepos »Weltenmorgen« (1896), und der aus Nordböhmen kommende FFRANZ EICHERT (1857 Schneeberg–1926 Breitenfurt/Wien), der Herausgeber der Zeitschrift »Der Gral«, mit seiner christlich-nationalen Kampflyrik »Kreuz und Schwert« (1907), »Wenn der Gral erglüht« (1914), »Der Jugend Sturmgesang« (1925); darin entpuppt sich als Vereinsrednerpathos, was männliche Frömmigkeit sein sollte.
Das alles war weder religiös noch literarisch wertvoll, war militanter Klerikalismus. Richard von Kralik starb im selben Jahr, als Engelbert Dollfuß, seit 1932 österreichischer Bundeskanzler, unter Ausschluß des Parlaments ständisch-christlich-autoritär regierend, ermordet wurde. Karl Kraus, der Fackel-Kraus, ein böhmischer Jude, hatte Dollfuß im Kampf gegen die Sozialdemokratie Gefolgschaft geleistet, weil Karl Kraus nur durch die Dollfußsche Politik eine erfolgreiche Abwehr des Nationalsozialismus gewährleistet sah.
Ein Dokument jener bewegten Jahre ist Richard von Kraliks Selbstbiographie »Tage und Werke« (1922–1927).
Einen anderen Weg zum religiösen Gedicht, fort von Phrase und Historizismus, fort von Politik und Polemik, ging HEINRICH SUSO WALDECK (August Popp, 1873 Wscherau–1943 St. Veit/Oberösterreich). Er stammte von Egerländer Bauern ab, gehörte dem Redemptoristenorden an, war Kaplan in Niederösterreich und in der Steiermark und kehrte auf dem Umweg in den Beruf des Bankangestellten und Redakteurs zum Priesteramt nach Wien zurück. Seine Lyrik sammeln die Bände »Antlitzgedichte« (1927) und »Die milde Stunde« (1933).
Bei Waldecks Lyrik glaubt man die Weltwirklichkeit wie mit Händen greifen zu können; man spürt an ihrer gedrängten

und gefüllten Form das Wirken eines bildenden Künstlers; sie ist nahe dem Alltäglichen und doch ins Geheimnis der Welt gehoben. Die geschaffenen Dinge offenbaren Waldeck das Antlitz der Schöpfung und damit des Schöpfers. Vom Antlitz der Dinge liest er Lächeln und Beglückung ab und beglückt seinerseits durch seine dichterische Gestaltungskraft; seine Gedichte sind Sage und Legende zugleich, Ur-kunde von Gott im Menschen und in der Natur.
»Immer singen die Grillen ich weiß nicht was: kleine eintönige Geigen aus Glas.« Das Lied der Grille ist ihm »ein Lied aus Gras und Glas«. Die wurzelfesten und wurzeldunklen Verse lassen schon die kommende Blüte und Frucht ahnen. Er sieht im Antlitz der Dinge, der Menschen, der Welt auch die Falten des Grames, als Runen des Leids und der Kümmernisse eingezeichnet, die Furchen von Unzulänglichkeit, Entgleisungen bis zum Bösen hin. Er sieht die Welt nicht heil, aber sie ist ihm heilig, denn auch das Dunkle und Schwere legt er in Gottes Hände. Er richtet dieses »Geheimniswort an Gott«:

Weil Du mich drückst, erheb ich mich.
Weil Du mich tötest, erleb ich Dich.
Und weil ich fliehe, ergibst du Dich.
Und weil ich sündige, liebst Du mich.

Die Nähe zum Dinglichen, das Hinfinden in die Tiefe der Dinge und ihre Neugestaltung im Wort macht Heinrich Suso Waldecks Lyrik der Dingverehrung und Ehrfurcht vor den Dingen Adalbert Stifters und R. M. Rilkes Dichtung verwandt; es ist auch die Sicht und der Ton, die sich aus Georg Trakls Lyrik offenbaren. In Waldecks Lyrik spricht Bäuerliches mit, das bei allen Ländern und Völkern urverwandt ist; das stellt seine Gedichte in die Nähe der Lyrik, z. B. des schwäbischen Bauerndichters Christian Wagner, der ohne Mundart die Atmosphäre seiner Heimat einzufangen weiß. In den Stundengedichten Waldecks hält etwa ein Bauer seine Fruchtschau; in der Prozession, die um Regen und Segen bittet, schreitet Gottvater als Bauer unter Bauern mit und singt mit den Bittenden den »Psalm zu Gott«. Stunde, Tag, Jahreszeiten werden zu Augenblicken der Ewigkeit.

Der Ahn

Er schlurft gelassen den täglichen Bogen,
wenn Holler und Kirschbaum blühen,
wenn Tiere und Jungvolk ungezogen
von Blut und Frühling sprühen.

Denn Lust am Blust und Geflunk und Geflimmer,
die ruht beim lange Verlernten;
auch denkt er gewesener Frühlinge nimmer,
vielleicht noch der Wetter und Ernten.

Und streift er an die Friedhofmauer,
so wärmt er die Hand an den Steinen;
die Ahnin grüßt er ohne Trauer,
und geht mit gestreckten Beinen.

Es steht das Pestmal morsch vergittert,
ein Holz voll Schaden und Scharte;
da schaut Gott Vater arg verwittert
aus seinem gewaltigen Barte.

Die Krone zerbrochen, das Zepter zersplittert,
ein Loch im heiligen Kleide;
er lächelt so ernst, doch unverbittert;
herüber das grüne Getreide.

Ihn liebt der Ahn und grüßt er leise
hinüber das junge Getreide,
denn Er und er sind alt und weise
und wunderbar einsam beide.

Die hohe, feierliche, aber unpathetische Sprechweise der Lyrik ist in der Prosa umleuchtet von Humor, der zugleich Güte und Weisheit ist; so in Waldecks Roman »Lumpen und Liebende« (1930). »Er fischt mit dem Schleppnetz Gottes Gewimmel aus dem Großstadtgewässer Wiens, Käuze, Schufte und Engel, alles Menschen und Miteinander die Schöpfung, Geglückte und Mißratene. Das schönste Buch solcher burlesker Laune ist ›Heidemichel‹ (1933), Märchen von Brentanos Art. Mit spielerischer Willkür sind sie erfunden, echte Märchenmotive nachgewoben, gearbeitet, wie das Märchen zu arbeiten pflegt.« (Josef Nadler)
Innerhalb der katholischen Dichtung steht Heinrich Suso Waldeck neben dem bedeutendsten religiösen Dramatiker aus Böhmen, Anton Franz Dietzenschmidt; doch das Angstvolle und die Sündenqual der Dramen Dietzenschmidts kennt Waldecks Lyrik und Prosa nicht.
Erwin Guido Kolbenheyer gehört zu den hervorragenden literarischen Persönlichkeiten des Sudetendeutschtums; sein dichterisches Werk und seine Weltanschauung haben gleichermaßen Verehrung und Ablehnung geweckt. Vielleicht gelingt es, durch die Gegenüberstellung von Positivem und Negativem ein objektives Bild zu zeichnen.
Erwin Guido Kolbenheyer (1878 Budapest – 1962 Geretsried-Gartenberg), als Sohn eines Baumeisters in Budapest geboren, gehörte dem Karpaten- wie dem Sudetendeutschtum an; auch durch Vorfahren aus Siebenbürgen und der Zips, durch ungarischen und slawischen Einschlag ist er im umfassenden Sinn der Donaumonarchie verpflichtet und verbunden. Mit drei Jahren kam Kolbenheyer nach dem Tod des Vaters in die Heimat der Mutter, nach Karlsbad, dann an das Gymnasium in Eger, zum Hochschulstudium nach Wien, lebte seit 1919 in Tübingen, seit 1932 in München-Solln. Die Grundlage seines Lebens und Schaffens ist gesamtösterrei-

chisch, an Wien bewahrte er sich eine dauernde Anhänglichkeit.

Im Mittelpunkt seines Denkens und Dichtens steht die Gedankenwelt der »Bauhütte, Elemente einer Metaphysik der Gegenwart« (1925); auf diese Gedankenwelt führen die frühen Arbeiten hin, aus ihr sind die späteren gespeist.

Kolbenheyer sah in der klassischen Philosophie, dem philosophischen Rationalismus mit idealistischen Prinzipien eine überlebte Form der Metaphysik. Er suchte einen neuen Weg des Denkens, eine antilogische Orientierungsweise im Sinne eines »inneren Naturalismus«; diese antilogische Orientierung soll die »unangreifbar logische Sterilität« Kants durch Einbeziehung der Naturwissenschaften überwinden. Sie führt zu Kolbenheyers biologischer Metaphysik. Idealistische Ordnungsbefangenheit wird durch den naturalistischen Erkenntnistrieb abgelöst.

Im deutschen Volk, so Kolbenheyer, ist die plasmatische Lebenssubstanz noch wenig ausdifferenziert, wodurch gerade dem deutschen Volk eine Wirkung in der Zukunft bevorsteht. Im Gegensatz dazu stehen die plasmatisch schon weit ausdifferenzierten Mittelmeer- und romanischen Völker, deren ehemalige Lebensmächtigkeit zugunsten von Ordnungen erstarrt ist. Die plasmatische Lebensmächtigkeit der Deutschen offenbart sich in ihrer Mystik als Protest gegen den starren Dogmatismus und in der protestantischen Revolte gegen den römischen Katholizismus, in welchem der metaphysische Trieb durch eine logisch-dogmatische Orientierung verschüttet oder erstickt wurde.

Um Kolbenheyer selbst sprechen zu lassen: »Dem deutschen Christentum ist eigen, daß es am Dogma wund wird und sich wider das Dogma erhebt. Es sucht den Frieden in der eigenen Brust. Nur wenn es durch innere oder äußere Bedrängnisse von diesem Eigensein losgerissen wird, sucht es im Dogma seine Zuflucht. Das deutsche Wesen kann sich nichts schenken lassen, um dabei zur Ruhe zu kommen, auch im Religiösen nicht. Es trägt sein Gesetz in sich und kann es nicht von außen her gewinnen. Das ist aller Kulturkämpfe im deutschen Volke biologischer Grund. Hierin ist seit der deutschen Mystik und über die Reformation hinaus die Krise des Katholizismus auf deutschem Lebensboden zu finden. Darum hat der Katholizismus mehr als anderswo *politisch radikale* Formen annehmen müssen und dabei an metaphysischer Wirksamkeit verloren. Der politische Katholizismus ist eine Krisenlage, über die Rom im deutschen Volke nicht hinausgelangen wird.«

Die Auffassung der deutschen Volkheit im Sinn Kolbenheyers fordert eine neue Einordnung des Einzelmenschen in die Gemeinschaft seines Volkes, fern allem Egoismus, Individualismus und Liberalismus. Infolge der Absage an die klassisch-idealistische Philosophie wird der Einzelmensch nicht mehr als Mittelpunkt seiner Lebenswelt gesehen. Der in der mittelmeerischen Renaissance herausgebildete Individualismus wird von Kolbenheyers These abgelehnt, nach der dem Einzelmenschen Berechtigung und Bedeutung nur als Glied einer größeren Gemeinschaft, vor allem seines Volkes, zukommt. Der Einzelmensch ist mit seinem Leben und Tun nicht sich selbst, sondern seinen Vorfahren und Nachfahren verpflichtet, stellt nur eine Funktion innerhalb der Geschlechterreihe seines Volkes dar. Kolbenheyer meint keine uniformierte und gedrillte Menschengleichmacherei – ebendies brachte ihn mit zeitgenössischen Kollektivierungstendenzen, auch mit dem Nationalsozialismus in Konflikt.

Das Vorwort zu seiner »Bauhütte« schließt Kolbenheyer mit dem Spruch von Angelus Silesius:

> Räum weg und mache Luft, das Fünklein liegt in dir,
> Du flammest es leicht auf mit heilger Liebsbegier.

Einerseits also findet man bei Kolbenheyer eine Betonung des Mystischen, andererseits versucht er durch die Heranziehung der Naturwissenschaft über Idealismus und Rationalismus hinaus zu einer biologischen Weltsicht zu gelangen, das Ich als Funktion des Plasmas zu begreifen: Auch Geist bedeutet ihm eine »spezifische biologische Funktion«, »auch Weltgeschichte gehört vor allem der Biologie«.

In der Mystik findet Kolbenheyer den im germanisch-deutschen Wesen »lang gesuchten, den lebenden Gott, erkennt er das Wachsen vom Ich zum Selbst, und über das Selbst hinaus ins göttliche Weltleben. Verbunden ist das mit dem Streben nach Ungebundenheit an den religiösen Kult mit seinen Dogmen. Er will die Überhöhung des Ich durch die Hereinnahme des Göttlichen mit gleichzeitiger Entthronung des persönlichen Gottes, die Heilserwartung durch Loslösung des germanischen Menschen vom Mittelmeermenschen mit seiner gläsern eingesargten Latinität, und damit vom Kirchlichen«. Dadurch ist E. G. Kolbenheyer »eine, von dogmatischen Bindungen aus gesehen, ungläubige Natur. Dennoch gehören seine Dichtungen zu den wenigen, die ganz und durchaus von Religiosität getragen sind« (Franz Koch). Kolbenheyers biologische Metaphysik wurde ihm »zum Ausdruck weltanschaulicher Gegensätze, die für ihn im Ringen der germanisch-volkhaften Erlebniskräfte gegen eine christlich-romanische mittelmeerische Welt gipfeln« (Fritz Martini).

Für ein Denken, das aus dem Weltganzen nur einen Teil herauslöst und diesen verabsolutiert, besteht stets die Gefahr des Sektierertums, dem Kolbenheyer, wie auch sein Gegenspieler Max Brod, nicht entgeht.

Die Gedankenwelt Kolbenheyers wird überdies zum Programm vieler seiner Dichtungen; erst dort, wo er sich davon löst, entstehen seine gültigen Werke.

Die Forderung nach einer Rückkehr zur germanischen Religiosität hat E. G. Kolbenheyer immer wieder in seinen Werken, vor allem in den historischen Romanen, erhoben, so im Prolog zur »Kindheit des Paracelsus« – »Einaug (Wodan) und Bettler (Christus)« – deutlicher noch im Prolog zum »Dritten Reich des Paracelsus«, »Requiem« überschrieben: Aus dem Dom in Augsburg, als 1530 die von Melanchthon ausgearbeitete lutherische Konfession an Kaiser Karl V. übergeben wurde, bringt der Wanderer (Odin) den Gekreuzigten über die Alpen, begräbt ihn in einer Gletscherspalte und hält ihm die Totenrede.

Steht hier der Denker dem Dichter im Weg, der Dichter dem Denker, der Historiker dem Menschen der Gegenwart? Schränkt eine programmatische Ideologie das Weltganze ein und verhindert die dichterische Gestaltung? Der Wanderer-Odin, der Christus im Eis der Alpen begräbt, spricht wie ein Kulturphilosoph, wie eine germanische Göttergestalt in einem Musikdrama Richard Wagners. Sollen also die Dichtungen nur das Exempel auf die biologische Metaphysik sein, die man oft als contradictio in adjecto empfand und abwertete? Es handelt sich um Dichtungen, die die »Schwellenzeit«, die Zeit der Mystik, beschreiben. Gleichen sie in ihrem historischen Kostüm nicht zu sehr den Historienbildern des 19. Jahrhunderts, eines Karl von Piloty? Folgt Kolbenheyer in seiner Verehrung der Gotik einer falschen Spur, da doch die Gotik aus Nordfrankreich nach Deutschland kam, allerdings aus einem normannisch-germanischen Landstrich? Mystik gibt es bei allen Völkern und Rassen, sie ist nicht nur germanisch-deutscher Art. Fragen über Fragen, die zum Werk Kolbenheyers gestellt wurden und werden. Wird schon Vorgeformtes nur nachgeformt, nahe dem Kunstgewerbe, aus der nostalgischen Neigung zum Alten, Antiquarischen? Nein, der Dichter hat Kraft genug, aus tausend Einzelheiten bis in die Sprache der beschriebenen Zeit das Vergangene zu beleben, die vergilbten Blätter grünen zu machen, das Vergangene und Vergängliche zum Gleichnis umzugestalten. Schließlich hat er auch nicht nur historische Romane geschrieben.

Nach den noch umfassenderen ersten Werken, dem Drama um Giordano Bruno (1903) und dem Roman um Spinoza (1908) reduzierte Kolbenheyer die Weltsicht auf das Germanisch-Deutsche und verabsolutierte es, zugleich mit Ausschluß und Ablehnung des Mittelmeerisch-Romanischen, auch des Katholizismus und des Christentums überhaupt, trotz seiner beschaulichen Weihnachtserzählungen »Rorate Coeli« und »Ölberg, Krippe und Kerzenschein«. Im Einklang mit der in der Zeit liegenden Betonung des Nationalen, das auch die nicht von vornherein nationalistische Heimatdichtung zunehmend beanspruchte, stellte E. G. Kolbenheyer das deutsche Volk kraft dessen biologischer Mächtigkeit, kraft dessen noch wenig ausdifferenzierten, daher zukunftsträchtigen Plasmas als wegweisend in den Vordergrund des Weltgeschehens. Ein ähnlicher reduzierender Vorgang vollzog sich bei Kolbenheyers Widerpartner, bei Max Brod, der in seiner Untersuchung »Heidentum, Judentum, Christentum« (1921) und später in »Diesseits und Jenseits« dem Judentum den Vorrang zusprach, weil es Diesseits und Jenseits als Einheit erlebe. Kolbenheyer proklamierte diese Einheit seinerseits für die germanische Religiosität.

Folgerichtig entfaltete sich die Reihe der historischen Romane von »Giordano Bruno« (1903, in der Umarbeitung 1921 »Heroische Leidenschaften« benannt), dem Bekenntnis zu dem »in jedem Wesen schlummernden Funken des göttlichen Urlichts, das danach drängt, mit seinem Ur-quell vereinigt zu werden – Sehnsucht, die das Gefängnis des Ich und Du sprengt«, bis hin zu »Gregor und Heinrich« (1924, dem Drama zwischen Papst und Kaiser, dem Kampf aus politischen und weltanschaulichen nord-südlichen Gegensätzen.

Dazwischen liegen die Romane der Mystik und Mystiker. »Amor Dei« (1906), der Roman um die Gottesliebe und Weltverantwortlichkeit des Dogmenzerstörers, von seinem Väterglauben abgefallenen und von seiner Glaubensgemeinschaft verfluchten Juden Spinoza im Amsterdam Rembrandts; »Meister Joachim Pausewang« (1910), der Roman um Jakob Böhme; die Paracelsustrilogie (1917–1921) mit den Teilen »Die Kindheit des Paracelsus, »Das Gestirn des Paracelsus«, »Das dritte Reich des Paracelsus«; schließlich »Das gottgelobte Herz« (1938), der Roman um die gottberauschte Mystikerin aus Wörth, in dem Kolbenheyer die Gottheit mit ihrer Kirche vergleicht: »Doch will ich dir ein Gleichnis sagen von unseres Herrn Schöne: Und wär eine Kirche aus lauterem geschlagenen Golde und schienen hundert Sonnen darein und wäre jede Sonne siebenmal so schön und klar, als sie jetzt ist: das wäre der geringsten Schöne nicht gleich, die an Gott liegt.«

Kolbenheyer schuf gleichzeitig mit Max Brod (»Tycho Brahes Weg zu Gott«, 1915) eine neue Form des historischen Romans. Anläßlich des Erscheinens von Kolbenheyers »Gestirn des Paracelsus« sonderte Stefan Zweig das Werk von den historischen Romanen der alten Schule ab, »in denen so ziemlich alle Größen der Vergangenheit auf Romanhelden umgeschneidert worden sind«; Stefan Zweig nennt Kolbenheyers Roman »eine wirkliche historische Menschheitsdichtung, die ganz auf Dauer gestellt ist, aus tiefstem Drange gestaltet und mit reiner Kunst vollendet«. –

In seinen in der Gegenwart handelnden Werken beschäftigt sich der Dichter über das Historische hinaus mit Fragen der Zeit. Doch auch hier bestehen enge Zusammenhänge mit der Bauhütten-Philosophie.

In einer Dreiheit von Gegenwartsdramen (»Die Brücke«, 1929, »Jagt ihn – ein Mensch!«, 1931, »Das Gesetz in dir«,

1931) geht es um Aufgabe und Sinn des Einzelmenschen; um die Brücke zwischen Überlieferung und einer veränderten Gegenwart, das Einordnen des Persönlichen in den Zusammenhang von Vergangenheit und Gegenwart; um die Verantwortung des Einzelnen gegenüber der Gemeinschaft, die nicht mehr Ibsens »Gesellschaft« ist, um die Befreiung des Ich aus selbstherrlichem Egoismus, um die Verantwortung gegenüber dem überpersönlichen Leben.
Kolbenheyer schreibt über diese in der Gegenwart handelnden Dramen: »Von drei Stoffgebieten habe ich den Angriff auf die ethische Korruption unternommen. ›Die Brücke‹: wachsende intellektuelle Ungebundenheit der Jugend, über das Leistungsethos der früheren Generationen hinwegzuflügeln, auf dem ihr eigenes Schaffen und ihr Dasein beruht. – ›Jagt ihn – ein Mensch!‹: die Zügellosigkeit industrialisierter Gewinnsucht und die Leidenschaft, das wechselnde Lebensbehagen der Stunde wie einen Daseinszweck zu behandeln, kalt das Schaffensethos eines Geistes zu hemmen und zu vernichten, der über den Entwicklungszustand (zum Beispiel der Kräftewirtschaft) hinausgreift. – ›Das Gesetz in dir‹: die Entfesseltheit der Liebesleidenschaft, die jene Schranken durchbrochen hat, die dem Kulturmenschen zum inneren Gesetz geworden sind, die also in ethische Verwahrlosung fällt, eine Verwahrlosung, die jene Sühne fordert, bei der über das legale Recht hinausgegriffen und das Gericht dem Gewissen überantwortet werden muß. Das waren drei Gestaltungsmotive einer Kampfansage gegen das, was von der Bühne her zuweilen unter großer könnerischer Wirksamkeit in das Volk geschüttet wurde.«
Die beiden Romane »Montsalvasch« (1910) und »Das Lächeln der Penaten« (1927) verhalten sich wie die beiden Schalen einer Waage. Sie nehmen die Thematik der Dramen vorweg. »Montsalvasch«, mit Bezug auf das Parzival-Epos,

handelt im Vorkriegsösterreich, in Wien und in Karlsbad, »Das Lächeln der Penaten« in Wien während der dem ersten Krieg folgenden Inflation. Im ersten Roman reift der Student Ulrich Bihander am Versagen seiner Geliebten, die ihr Kind vor der Geburt tötet. Auch in der Zweisamkeit der Liebe – so der Tenor des Romans – ist der Mensch nicht nur sich und dem Partner gegenüber verantwortlich, es geht um eine Verantwortung, die über beide hinausreicht und von beiden getragen werden muß. Liebe ist nicht Begierde als »eine in Gefühlswerten ausgedrückte menschliche Funktion«, vielmehr »eine Sprache unserer Unsterblichkeitssehnsucht«.
Die Verheißung des Montsalvasch-Romans wird im »Lächeln der Penaten«, im Lächeln der Hausgötter zur Erfüllung im hohen Lied auf die Frau als Gattin und Mutter.
In den Erzählungen des Bandes »Ahalibama« (1913) wird der Name des Weibes Esaus, Ahalibama, durch die »monströse Orgie von Konsonanten und Vokalen« zum Sinnbild der Übertreibung, der übersteigerten Wichtignahme des Ich, die der Schuster Wenzel Tiegel verachtet, ja haßt, bis er sich auf komische Weise in diese Ablehnung verrennt und tragisch endet. Das Gegenteil des Wenzel Tiegel ist der in sein Ich, in sein sich übersteigerndes Selbstbewußtsein vernarrte Kleinbürger Reps in dem gleichnamigen Roman (»Reps«, 1932). Auf ihn trifft die Bemerkung in der späten Erzählung »Begegnung auf dem Riesengebirge« (1936) zu: »Persönlichkeiten alle, alle Persönlichkeiten. Ein dickes Gewölke beruhigender Lügen atmen wir ein und aus, sehen nicht mehr die eigene Hand vor den Augen, so persönlich sind wir geworden, so sehr Ich und Ich und Ich. Eitle Marionetten . . . fühlen die Schnüre nicht, die von den Fingern des Spielers spielen.«
»Wer ist eigentlich Reps, den meine Leser scheuten?«, fragt Kolbenheyer und antwortet: »Reps ist der Deutsche, der Immer-wieder-und-überall-Deutsche, der sich so viel angelesen

hat, daß er über alles, was ihm und seiner Umwelt auffällt, so zungenfertig hinwegschwätzen kann, daß man ihm im Augenblick seiner Suade nicht hinter den Wind kommt ... Maximilian Reps ist ja nicht dumm. Gerade das ist es, was die Galle erhitzt. Er ist nur faul, hat sich allerhand Klugheiten an ihren Oberflächen zusammengestohlen ... Das ist das Ärgerliche an Reps, man muß ihn, wenn man ihm nicht auszuweichen vermag, über sich ergehen lassen. Von solchen Leuten heißt es, sie reden einem ein Loch in den Bauch. Und Reps tut das seinem Schwiegervater, dem tragischen Herrn Struwe. Er redet ihm tatsächlich ein Loch in den Bauch, das Magengeschwür, das durchbricht und den Tod herbeiführt. Das Geschwür ist die biologische Reaktion auf den Ärger, den Reps seinem sonst hilflos anständigen Schwiegervater bereitet.«
Der Dichter hat seinen Roman über den geschwätzigen Hochstapler Reps geschätzt und – geliebt. Dem unvoreingenommenen und gründlichen Leser der Selbstbiographie »Sebastian Karst« mit drei Bänden von insgesamt mehr als 1500 Seiten mag sich die Tragikomik offenbaren, daß dem Reps manche Züge des Autors anhaften, der, wie er selber schreibt, sich oft die Suppe selber versalzen hat, die er dann auslöffeln mußte – durch seine zähe und geduldige Hartnäckigkeit.
Alfred Rosenberg, der Verfasser des »Mythos des 20. Jahrhunderts«, sprach davon, daß gewisse geistige Schichten den Wirkungsraum eines Philisterdaseins in die nationale Revolution verlegen wollten. Auch Kolbenheyer und Rosenberg waren aufeinander nicht gut zu sprechen.
Da und dort läßt sich hinter die Kulissen des politischen Programmatikers Kolbenheyer blicken. Was da zutage tritt, dürfte nicht übersehen werden von denen, die ihn für einen bedingungslosen Nationalsozialisten halten. Er hat Goebbels »in seiner intellektuellen Überspitztheit stets für Hitlers bösen Geist gehalten«; »zwischen ihm und seinem Amt bestand

eine offen bekundete Spannung«. An Adolf Hitler stellte Kolbenheyer unvoreingenommen eine Zunahme seiner pathologischen Züge fest. Er gibt zu, daß »das moralische Gleichgewicht der Welt auch vom deutschen Regime gestört worden ist«, und Kolbenheyer bedauert, »daß die politische Kulturpropaganda des Nationalsozialismus durch Plumpheit und künstlerische Unfähigkeit diesem Ethos« – dem »erbbedingten Lebensethos«, wie es Kolbenheyer versteht – »ebensosehr geschadet hat, als sie es zu fördern strebte«.
Der Schuster Wenzel Tiegel meditiert über das Wort Volk: »Was war eigentlich das ›Volk‹ . . . für wen war es ›Volk‹? Er witterte hinter dem oft und begeistert ausgesprochenen Wort eine gewaltige Übertreibung.« Wenzel Tiegel hatte an der Volksuniversität den Vortrag eines Dozenten über »Ausdrucksformen im allgemeinen und die Kunst der Rede im besonderen« angehört und sich in der folgenden Diskussion heftig dagegen aufgelehnt. (Er stirbt an dieser Aufregung.) In der Widerrede gegen den Dozenten fallen diese Bemerkungen Wenzel Tiegels:
»Alle haben Sie bewundert. Man bewundert immer den Verführer . . . Aber die schöngesetzte Rede ist Teufelskram. Wie jede Kunst. Betrug . . . Der Redner wagt sich nicht an den einzelnen, steht nicht Mann gegen Mann, nicht Aug' in Aug'. Er baut auf Massenerregung. Er weiß gut, daß ein einzelner in der Masse befangen ist. Er weiß, daß die Menge ein plumper Körper ist, der im Augenblick der Erregung auch urteilsschwach wird . . . In jedem Redner steckt der Demagog . . . Sie wollen uns zu Demagogen erziehen.«
Beachtenswert ist die Unterredung in dem Roman »Montsalvasch« zwischen Ulrich Bihander und dem Couleurstudenten Pöllner, der Bihander für seine Korporation »keilen« möchte. Ulrich Bihander entgegnet: »Deutschtum war Politik geworden . . . Man hatte vergessen, daß die heißeste, die unver-

gänglichste Liebe zur Nation und zur Freiheit des Gedankens in der lebensvollen Erkenntnis deutscher Geistestat ruht. Aber die war nicht unter Schlagworten zu gewinnen.«
Das ist ein denkwürdiges Wort in Kolbenheyers erstem Roman (1912). Anders klingt es in seinen Aufsätzen zur Stunde der Zeit und Stunde der Kunst in dem Sammelband »Stimme« (1931). Diese Aufsätze können als die praktische Nutzanwendung der Bauhütten-Ideologie, aber auch als deren Verhärtung gelten. Hugo von Hofmannsthal warnte: »Der Begriff der Nation darf nicht überanstrengt werden. Wer ihn gebraucht, muß wissen, daß er keine scharfe Grenze der Anwendung hat, sein ins Unendliche sich verlierender Hintergrund muß mitgedacht werden.« –
Hugo von Hofmannsthal hat ein Schema »Preuße und Österreicher« ausgearbeitet, das auf zwei Druckseiten eine tiefgreifende Strukturanalyse darstellt. Kolbenheyers Novelle »Begegnung auf dem Riesengebirge« (1936) kann als Illustration dieses Schemas gelten.
Der junge reichsdeutsche (preußische) Dozent Gregor Arthaber aus Breslau ist mit der Absicht ins winterliche Riesengebirge hinaufgestiegen, sich wegen Berufsschwierigkeiten das Leben zu nehmen. Er begegnet einer aus Mähren stammenden jungen Österreicherin, die ihn von Daseinsüberdruß und Selbstmordplänen heilt. Die österreichische Baronin sagt: »Sie dürfen glauben, daß wir in Österreich darum doch Deutschland nicht weniger lieben. Wir lieben Deutschland mehr, als Deutschland uns lieben kann, weil wir wissen, daß der Deutsche aus einer, Sie sagen ganz gut: barbarischen – ich sag lieber aus einer jungenhaften Befangenheit arrogant ist.« Gregor Arthaber: »Ich bin ein Deutscher. Ja, natürlich, das sind Sie auch. Auch eine Deutsche. Aber ich bin einer von den deutschen Kulturbarbaren, und die stehen einem Freimut, wie Sie ihn aus österreichischem Lebensboden empfan-

gen haben und spielerisch verschenken, mit der Befangenheit ihrer unkünstlerischen Blöße gegenüber ... Wir stehen Ihrem österreichischen Freimut und Herzenstakt mit der Gefühlswidrigkeit der Unbegabten gegenüber ...« Die Baronin: »Sie wollen Ihr Leben nicht aus der spielerischen Hand einer Österreicherin zurücknehmen. Da möcht es nicht viel wert sein. Wenn ich groß, dürr, blondzopfig, brillentragend wäre und von einer Befangenheit in die andere fiele, mir keinen Rat wüßte vor Ihnen, da ging' die Uhr recht. – Sie vertragen keine Grazie.«

Es wird zunehmend klar, daß Dichtung, die auf einem ideologischen Programm aufgebaut ist, eingeengt wird und an Leben verliert. Aber neben ideologischer Programmatik haben die Werke Kolbenheyers auch dichterische Qualität. Seine Gestaltungskraft ist beträchtlich. Selbst die Nebengestalten sind nicht nur skizziert, sondern anschaulich herausmodelliert – der spitzwegische Justizrat in »Montsalvasch«, der Schuster Wenzel Tiegel –, zumeist sind sie in eine festgefügte, spätbürgerliche Umwelt mit Altväterhausrat hineingestellt; atemnah die Menschen, greifbar die Dinge, von einem gewissenhaften Handwerker geschaffen; auch die Gezeiten des Tages und des Jahres, die Natur, die Landschaften, ob das öde Galizien oder die freundliche Umwelt Karlsbads und Wiens, nie werden sie allgemein und schablonenhaft beschrieben (»blühende Kartoffeln in vollem Safte«); die Schwäbische Alb, von Tübingen aus gesehen, in einer Sonate versifiziert, oder die Hymne an den heißen Sprudel Karlsbads, den »Kämpfenden Quell«, den Fons Carolinus, der an die nächtliche Flucht Goethes aus Karlsbad nach Italien erinnert und zum Symbol für den Durchbruch der Quellen im Innern des Dichters wird; auch Häusliches, ja Hausbackenes fehlt nicht (»Das ganze Zimmer duftete nach Küche und Willkommen, und es kann in einen Kuchen mehr Zärtlichkeit, Liebe und Wohlwollen hineingebacken sein als in eine dreibändige Moralphilosophie.«). Heimelig und innig sind die Advent- und Weihnachtsgeschichten, etwa »Klein Rega« (1914). Menschen und Umwelt um die Jahrhundertwende mit dem Gepräge des Spätbürgerlichen, Konservativen, Welt von gestern oder gar vorgestern – Kolbenheyer kann sie beschwören und gestalten.

Der Dichter wurde und wird mit Wilhelm Raabe verglichen, auch wegen des Humors, der bei ihm oft scharf wird, und wegen der gedrechselten Namen. Näher noch steht er Otto Ludwig, vor allem dessen Erzählungen aus Thüringen und der kleinstädtischen Novelle »Zwischen Himmel und Erde«. Nahe auch K. L. Immermann, nicht nur wegen dessen mythischem »Merlin« aus dem keltischen Sagenkreis, sondern auch in seinem »poetischen Realismus« nach einer Formulierung Schellings –, ferner mit dem bürgerlichen Ethos in einer aus den Fugen geratenden Welt, und schließlich im Hinblick auf das Leitwort aus Immermanns Roman »Die Epigonen« (1836), das, ein Jahrhundert alt, bei Kolbenheyer weiterklingt: »Wir sind, um mit einem Wort das ganze Elend auszusprechen, Epigonen und tragen an der Last, die jeder Erb- und Nachkommenschaft anzukleben pflegt.«

Die Gedichte des »Lyrischen Breviers« (1928) und der »Vox humana« (1941) sind sicher und fest geformt, dicht, eins in Denken und Leben, am ähnlichsten den Gedichten Friedrich Hebbels. Die »Stutzuhr« kehrt in der Prosa wieder, so in dem Salettl, in welchem Ulrich Bihander in Wien haust; ihr Stundenschlag klingt in die Verse herein:

> Von deinen Rufen in meine Zeit,
> deinen dunklen und hellen,
> glitten die meisten auf schwingenden Wellen
> ungehört in die Ewigkeit.

Ich war in Buch- und Schriftwerk versunken,
(was sollte dein Schlagen!),
war von den ringenden Menschheitstagen
weiter Gesichte trunken.

Du hast den treuen Schritt deiner Zeit,
den sonnebemeßnen,
stetig erfüllt, dem, im Traum vergeßnen,
stets zu künden bereit.

Ewiger Sterne voll ist dein Gang
und er huschte vorüber.
Fand zu den endlosen Maßen hinüber,
was mir gelang?

Die weiteste und folgenreichste Wirkung eines aus Böhmen nach Wien gekommenen Mannes ging von Karl Kraus aus. Karl Kraus (1874 Jičín – 1936 Wien) verließ seinen Geburtsort, die ehemalige Hauptstadt des Wallensteinschen Herzogtums, schon als Kind und kam mit seinen wohlhabenden Eltern nach Wien. Sein Wunsch nach der Tätigkeit eines Redakteurs in einer der Wiener Zeitungen erfüllte sich nicht – weil keine Zeitung ihn mochte oder weil Karl Kraus in keiner der Zeitungen tätig sein wollte –, auch die Laufbahn als Schauspieler, womöglich als Regisseur, mußte er abbrechen. Bei beiden Versuchen hatte er, überaus hellhörig, Erfahrungen gesammelt, um sogleich in seinem ersten Buch »Die demolierte Literatur« (1896) seine Fähigkeit zur kritischen Satire auszuspielen. Das Buch des erst Zweiundzwanzigjährigen, das den späteren unerbittlichen Kritiker ankündigte, hatte einen großen Erfolg. Seine Zielscheibe waren vor allem die jungen Wiener Dichter, in erster Linie Hermann Bahr, und die dichtende »Meschpoche« Prags. Er ließ nur Peter Altenberg von den neuen, von den älteren neben Goethe Jean Paul und Adalbert Stifter gelten. Zwei Jahre danach folgte das ebenso Aufsehen erregende antijüdische Buch »Eine Krone für Zion« (1898). (Dies nahmen Kritiker später zum Anlaß, Karl Kraus als Wegbereiter Hitlers zu bewerten, zumal auch noch Houston St. Chamberlain Mitarbeiter der »Fackel« wurde.) Karl Kraus trat zum Katholizismus über, den er 1918 wieder verließ.

Hier ist ein allgemeiner Hinweis notwendig. Die Gegensätze, die sich in der Zeit vor dem ersten Weltkrieg herausgebildet und rasch gesteigert hatten, stießen sich im Raum, vor allem in Wien: politische, religiöse, soziale, besonders nationale und rassische Gegensätze. Das Nationale war in einer hybriden Übersteigerung zu einem beherrschenden Wert, zu einer Ersatzreligion geworden, die absolute Anerkennung und Unterwerfung forderte. Aber kein Volk, keine Rasse ist kollektiv gut oder schlecht. Jedoch die Nationalisten proklamierten das jeweils eigene Volk als durchweg gut, die anderen Völker als schlecht oder böse. Wehe dem Überlegenden, der diese kollektive Wertschätzung anzweifelte oder gar wagte, auf das Schlechte im eigenen Volk hinzuweisen. Er galt und gilt als Nestbeschmutzer, auch wenn er ein aufrichtiger Nestreiniger war und ist.

Nicht anders verfuhren die nationalistischen Juden. Nicht wenige Juden bekannten sich bewußt, zuweilen auch überbetont, zu dem Volk, in welchem sie lebten. Da öffnete sich eine Kluft zwischen diesen Juden, die eine Assimilation befürworteten, und jenen, die, vor allem im Zionismus, eine Absonderung der Juden und eine Verstärkung der orthodoxen Glaubenswerte forderten.

Karl Kraus hatte im Judentum Wiens auch dessen üble Lebensäußerungen und Verhaltensweisen kennengelernt und bekämpfte sie, andererseits sah er im Zionismus eine gefährliche Regettoisierung des Judentums, die den Antisemitismus noch steigern würde. Eine Kritik an seinem Verhalten soll hier nicht geübt, auch nicht die Frage gestellt werden, ob er richtig oder falsch argumentierte. Mit dem Wort Theodor Lessings vom Selbsthaß der Juden ist wenig erklärt, es gibt den Selbsthaß auch unter anderen Völkern. Den zweimaligen Glaubenswechsel von Karl Kraus zu beurteilen, steht uns nicht zu; er sei lediglich erwähnt. Jedenfalls fand Kraus an keinem der beiden Glaubensbekenntnisse sein Genügen. – Weil diese Fragen ein bewegendes Element bei ihm bildeten, mußten sie berührt werden. –

Nach seinem Scheitern als Redakteur und Schauspieler gründete er 1899 die Zeitschrift »Die Fackel«, die seit 1904 von ihm allein geschrieben wurde; das letzte Heft erschien 1936 als die Nummern 917 bis 922. Die »Fackel« wurde und blieb der Kampfplatz, auf dem manche Angegriffenen erbarmungslos zur Strecke gebracht wurden, wurde und blieb die Grundlage für die Bücher von Karl Kraus.

Als verhinderter Schauspieler schuf er sein Einmanntheater (»Theater der Dichtung«), das auf den Vortragstisch beschränkt blieb, von dem aus er Shakespeare, dessen Dramen und Sonette er übersetzte, Nestroy und die Operetten Offenbachs in seiner Bearbeitung vortrug. Bis kurz vor seinem Tod hatte er 700 Vorlesungen eigener Arbeiten und Lesungen von Dramen in Wien, Berlin, Prag und einigen anderen Städten gehalten.

Wogegen kämpfte die »Fackel« mit einer Unerbittlichkeit, durch die Kraus zum Hexenverbrenner einer literarischen Inquisition, zum politischen und gesellschaftskritischen Amokläufer wurde? Gegen den österreichischen Staat und gegen die Stadt Wien – man warf ihm Haßliebe vor –, gegen alles, was ihm faul und falsch, morsch und fragwürdig erschien, vor allem gegen die Zeitung und den Journalismus insgesamt, den er wegen Bestechung, Korruption, Falschmünzerei und Sprachschluderei als Journaille zu karikieren nicht müde wurde. Er »warf den Maulkorb in den Papierkorb und bellte nicht nur, er biß mit scharfen Zähnen zu«; er eiferte gegen das Papier- und Zeitungsdeutsch, das »Papiergeld der Phrase«, und versuchte die »Trockenlegung eines Phrasensumpfes«. Von der Presse sagte er, ihr Schmutz mache noch den Kot schmutzig. Wegen eines Kommas, das beim Abdruck eines seiner Gedichte weggelassen worden war, führte er einen langwierigen Gerichtsprozeß; er polemisierte um das Wort »dorten« gegenüber »dort«. Er spielte den Sprachmeister, war aber auch Sprachzuchtmeister, der in seiner besessenen Griffelspitzerei den anderen gegenüber übersah, daß auch sein eigenes Deutsch oft schulmeisterlich trocken daherstelzte. Ein falsches Wort in einer Zeitungsannonce konnte bei ihm einen Sturm an Verhöhnung entfesseln – dann wiederum ging es um bedeutsame Dinge, die gesellschaftlich und politisch die Zeit bewegten.

Er stellte sich gegen die Pro-Dreyfus-Kampagne wegen der Art der Austragung des Prozesses; er griff in den Sittlichkeitsprozeß ein, den Maximilian Harden, der Herausgeber der Berliner »Zukunft«, durch Angriffe gegen den Fürsten Philipp zu Eulenburg und den Grafen Kuno von Moltke, Männer aus dem Kreis um Kaiser Wilhelm II., heraufbeschworen hatte, und er hetzte Maximilian Harden in die geistige Verbannung. Er polemisierte scharf gegen antiquierte Moralbegriffe, gegen paragraphierte Sittlichkeit, gegen die Sexualschnüffelei der Polizei, gegen die Einmischung ins intime Private. Aus dieser Polemik, die in der »Fackel« ausgetragen wurde, entstand das Buch »Sittlichkeit und Kriminalität« (1908), neben Otto Weiningers »Geschlecht und Charakter« (1903) eines der Bücher, die das beginnende 20. Jahrhundert bewegten.

Aus der »Fackel« gingen die kritisch-satirischen Untersuchungen »Heine und die Folgen« (1910), die Aphorismen »Pro domo et mundo« (1912), »Untergang durch schwarze Magie«, wiederum gegen die Presse, schließlich »Literatur und Lüge« hervor.

Ab 1952 erschien der größte Teil der Werke in neuen Auflagen. Werden sie zu einer Karl-Kraus-Renaissance führen? Ist der Zustand der Presse und der Literatur unserer Zeit nicht schon so weit gediehen, daß das Werk von Kraus keine Wirkung mehr ausüben kann? Welchen fruchtbaren Nährboden für seine Kritik und Satire fände Karl Kraus heute vor!

Er war von einem beißenden und bissigen Spott, ja Hohn, nicht immer gerecht. Er war einseitig und unberechenbar; er veröffentlichte mit überschwenglichem Lob die ersten Gedichte Franz Werfels, gegen den er später heftig polemisierte. Den Prager Kreis ironisierte er:

> Solchem Wesenswandel wehrt kein Veto,
> hin zu Goethen geht es aus dem Getto
> in der Zeiten Lauf,
> aus dem Orkus in das Café Arco,
> dorten, Freunde, liegt der Nachruhm, stark o
> liegt er dort am jüngsten Tage auf.

In der Reihe »Der Jüngste Tag« des Verlags Kurt Wolff waren Beiträge der Dichter aus Prag erschienen. Darauf bezog sich das obige Gedicht. Aber das genügte Kraus noch nicht. Die Treibjagd gegen die Prager ging weiter. In zehn Strophen rügte er den Verleger, indem er die Mischung aus hochtrabender Poesie und Prager Jargon, Schiller-Tönen und Gejüdel, wie sie »Der Jüngste Tag« seiner Meinung nach bot, ironisiert.

> Literatur, das ist ein Katzensprung
> von der Fürstengruft zum Prager Graben,

und von Moritz Schiller dürfte mancher Jung
Goethes himmelhohe Socken haben.

Karl Kraus hatte ins Wespennest gestochen. Die Prager wehrten sich, allerdings ohne Erfolg, dafür verfolgten sie, vor allem Max Brod, Kraus lange über seinen Tod hinaus. Willy Haas, in Berlin Herausgeber der »Literarischen Welt«, nicht immer zuverlässig sachlich, auch mit Giftzähnen ausgestattet, schrieb Karl Kraus noch 1957 einen racheerfüllten Nekrolog: »Wir haben unter diesem Menschen vielleicht mehr gelitten als unter irgendeinem anderen. Wenige heute noch Lebende haben diesen sonst eher scheuen Mann so früh und so gut gekannt wie wir, und so ist es heute an der Zeit, eine Summe zu ziehen – ohne bewußte Bosheit, aber auch ohne besondere Rücksicht auf den Toten, dem menschliche Rücksicht nur ein Gegenstand des Hohnes sein konnte. Ich bin heute, aus der Distanz von Jahrzehnten, fest davon überzeugt, daß Karl Kraus ein geborener Sadist war, mit den feinsten Instinkten des Sadisten begabt, dort wehe zu tun, wo es am meisten schmerzt. . . . Ich bin ganz sicher, daß dieser Sadismus in ihm zuletzt auf eine tief verborgene, unerfüllte homosexuelle Komponente zurückzuführen ist . . . Sein Triumph war unerschöpflich, sobald er leiden spürte. Ich habe Beweise dafür, daß er, völlig besinnungslos, weit über die Grenzen der bloßen Satire hinausgegangen ist, um Menschen zu kränken, die er einmal in seinen Samtpfötchen wußte . . . Aber es war unmöglich, gegen diesen echten sadistischen Satiriker aufzukommen, der – mit der flackernden Suggestion des Satirikers – aller Welt um sich bewies, daß alle Welt um ihn hysterisch war und er der einzige gesunde, normale gradlinige und geradezu köstliche Charakter.«
Karl Kraus, der so viele Verrisse austeilte, war wie eine Gestalt seines geliebten Nestroy ein »Zerrissener«. Ins Maßlose

gerieten seine 1065 Briefe, Karten und Telegramme an Sidonie Nádherný-Borutín (1931–1936); ihre Lektüre ist qualvoll. Er schrieb über sich selbst: »Aber die Berechtigung dazu, ein unerbittlicher Sachwalter zu sein, erbringe ich dadurch, daß ich es am schonungslosesten gegen mich selbst anwende und weiß Gott ein selbstzersetzendes Element bin.« Was suchte er letztlich? Zwei Verse aus dem langen Gedicht »Nach zwanzig Jahren« könnten darauf eine Antwort geben:

> Und hinter allem der entsühnte Mensch,
> der magisch seine Sprache wiederfindet.

Kritiker, die ihm persönlich nicht nahestanden und nicht Opfer seiner Satire wurden, urteilen anders. Emil Schönauer kommt in seinem Essay »Über Karl Kraus« (in »Zeittafel zur ›Fackel‹«, 1965) zu diesem Ergebnis: »Muß also eine Satire als eine zum Ideal weisende Dichtung verstanden werden, so bestehen die oft gegen ihn (Karl Kraus) erhobenen Vorwürfe der Ungerechtigkeit, der Widersprüche, der Subjektivität nicht zurecht. Geht es ihr (der Satire) um den wahren Menschen, kann sie gegen den einzelnen ungerecht sein . . . Steht über ihr ein menschliches Ideal, dann ist im Ideal des Dichters das Ideal für alle Menschen berufen. Eine solche Satire geht vom Einzelfall zum Ganzen und trifft im Individuum die Menschheit. Sie zitiert eine Zeitungsstelle, und jegliche Zeitung ist von uns in ihrem Schwindel durchschaut, sie mauschelt im Tonfall des Handelsjuden, und uns umschauert das geistige Elend unserer geldgierigen Welt; sie führt uns den tollen Reigen unserer Kulturveranstaltungen vor, und die ganze Bildungswelt tanzt ihren Totentanz. In ihr wird unser wirkliches Leben zu einem unwirklichen, unser mechanischer Betrieb zu einem geistverlorenen Schwanken, unsere geschäftige Hast zu einem Irren und Wirren von Gespenstern. Wir existieren nicht mehr als Wesen im Gesetz der Natur, sondern

als – in einer Mißordnung künstlich erhaltene – Mißgeschöpfe. So verwandelt sich in dieser Satire unsere wirkliche Welt zu einer unwirklichen Spukwelt.
Wenn uns so im verzerrenden Spiegel der Satire unsere Welt als unwirklich erscheint, entsteht uns im Geiste ihr Gegenbild, die Umwelt des Menschen als wahr . . . Keine Frage ist, daß ihm (Karl Kraus) sein dichterisches Wirken eine sittliche Aufgabe und ein Werk der Sühne in einer sinnlos und reuelos von Sünde zu Sünde taumelnden Menschheit bedeutet . . . Denn das Gesetz der Sprache ist das Gesetz des Lebens. Sie offenbart den Irrtum und Makel der Zeit . . . So wurde er, dank seiner Sprach- und Witzbegabung, der Schöpfer einer Satire von einer unheimlichen Sprengkraft, die sich in seinem Glauben an das Wahre und Edle entzündet hatte und die immer wieder aufflammte, wenn er an eine das ursprüngliche Leben verfälschende Versündigung stieß.«
Dies beurteilt einen Menschen fast als messianisch, den andere als Luzifer verdammten. Werner Kraft zieht in seinem Buch mit Beiträgen zum Verständnis von Karl Kraus (1956) die Schlußfolgerung: »Wo das Gefühl von Schuld in Karl Kraus vorhanden ist, da ist es die fremde Schuld, die er zu büßen bereit ist. In der gesunden Welt seines Geistes hat die Schuld keinen Platz.« –

Den Ausbruch des Ersten Weltkriegs begleitete ein Orgasmus der Zustimmung nahezu aller österreichischen und reichsdeutschen Dichter. Liest man eine Zusammenstellung jener kriegsbegeisterten Produkte, so wirkt der Krampf der üblen Versifikationen grauenerregend lächerlich. Zu den von der Kriegsbegeisterung ergriffenen Dichtern gehören Hugo von Hofmannsthal, R. M. Rilke, Anton Wildgans; Hermann Bahr schrieb: »Alle deutschen Wunden schließen sich. Wir sind genesen. Geliebt sei dieser Krieg!«

Richard Schaukals Lobpreisung des Krieges enthält die Verse:

> Da wir denn Barbaren sind,
> Wollen wir's auch bleiben.

Franz Karl Ginzkey besingt in einem Kriegslied das »Gluckgluck« der in den masurischen Sümpfen ertrinkenden russischen Soldaten. Die Stimmung schlägt schnell um. Aus den österreichischen Kriegsgedichten ragt eines durch seine Todesbangigkeit und volksliedhafte Schlichtheit heraus, das »Österreichische Reiterlied« von Hugo Zuckermann (1881 Eger – 1914).

> Drüben am Wiesenrand
> Hocken zwei Dohlen . . .

Zuckermann war Zionist und ist zu Beginn des Krieges in Galizien gefallen.
Karl von Eisenstein (1889 Prag–?) hielt seine Kriegserlebnisse in dem Gedichtband »Lieder vom Kampf« (1916) fest; das Gedicht über einen Nahkampf auf der Dielec-Höhe schließt:

> Und der liebste Freund zerrissen . . .
> Nun, das war's nicht, was uns schmerzte.
> Aber daß in all das Bangen
> Helle Vogelstimmen sangen,
> Das tat bitter weh.

Das Epos »Der Heerzug Gottes« (1908) von KARL EMERICH HIRT (1866 Troppau – 1963 Innsbruck) ist erfüllt von der Vorahnung eines kommenden Krieges. »Pfingsten einer Bergandacht« (1916) klingt in die Bitte aus, Gott möge den Krieg beenden, »damit alle Völker sich im Hochgesang vereinen und dem Himmelssohn folgen, der das neue Reich des Segens unserm Stern verheißen«. Hirt gab seinem Kriegstagebuch in Versen den zuversichtlichen Titel »Gott bleibt Sieger«.

Anders FRANZ JANOWITZ (1892 Poděbrad – 1917). Er sieht den Völkerhaß, der zum Krieg führte, in seinen grimmigen Aphorismen »Das Reglement des Teufels« als Werk der bösen Mächte, von denen die Menschheit besessen und blind gemacht wird. Janowitz fiel 25jährig an der italienischen Front. Seine Dichtungen werden im Abschnitt über Prag behandelt.

GEORGE SAIKO (1892 Seestadtl/Böhmen – 1962 Rekawinkel/Niederösterreich) veröffentlicht seine Prosadichtungen erst spät, darunter die beiden Romane »Auf dem Floß« und »Der Mann im Schilf«. In einigen Erzählungen hat er dem Krieg ein hartes Verdammungsurteil gesprochen, dem Soldatentum überhaupt als Entmenschlichung in einer erbarmungslosen Hierarchie, die den Menschen der Persönlichkeit beraubt und ihn versklavt. Saiko hat in seiner Prosa zu einer unverwechselbaren Form gefunden, die die Geschehnisse und Handlungen vor einem dunklen, mythisch anmutenden Hintergrund nur andeutet, aber um so eindringlicher in ein gespenstisches Zwielicht hebt. Stockend wird erzählt, vieles bleibt Umriß im Gestrüpp unberechenbarer Schicksale unter dem Zeichen eines schäbigen Todes. Seine Schwarz-Weiß-Zeichnung und die Schilderung der Sinnlosigkeit und der Grausamkeit des Krieges erinnern nicht von ungefähr an die Blätter Goyas zu den »Desastres de la Guerra« – Saiko war Leiter der Albertina in Wien.

Er wurde noch der Generation Hermann Broch, Robert Musil und Heimito von Doderer zugerechnet, aber die jüngere Generation, so Thomas Bernhard, erscheint bei ihm vorweggenommen. Im Soldatenwesen, gar erst im Krieg sieht er die Welt auf die Schattenseite »umgestülpt«. In der Erzählung »In den Klauen des Doppeladlers« führt die Apparatur des

Befehlens und unbedingten Gehorchens in einen Dschungel von unbeherrschten und unbeherrschbaren Gefühlen, mit Spionage im Bordell und sinnlosem Verschleiß von Menschen an der Front der istrischen Küste – in einer verkarsteten Landschaft und Seelenlandschaft. Heldentum und Soldatenehre werden in der Erzählung »Die Badewanne« in grotesker Weise absurd: Ein General schickt im Partisanenkrieg auf dem Balkan seine Leute ins Feuer, um eine Badewanne zu »erobern«, die sich die Maitresse wünscht, mit der er in einem Möbelwagen der Feldbahn hinter der zusammenbrechenden Front haust. Das gesamte Werk George Saikos, einschließlich der Erzählungen aus dem Krieg, blieb weithin unbekannt, obwohl es sich um große Dichtung handelt.

Es soll nicht so scheinen, als würde GEORG TRAKL (1887 Salzburg – 1914 Krakau) aus landsmännischem Sentiment annektiert, wenn er in das Blickfeld dieses Zusammenhangs gerückt wird. Denn die väterlichen Vorfahren Trakls kamen aus Ungarn, die mütterlichen aus Prag. Der Vater wurde in Sopron (Ödenburg) geboren. »Auf einem Altersbild erinnert das Antlitz des Vaters mit den geschlitzten Augen und dem strähnigen, lang herabreichenden Bart fast an einen chinesischen Weisen. Das Bild der Mutter ist typisch slawisch wie ihr Herkommen. Sie ist eine geborene Halík, ihr Vater war noch Bürger der Stadt Prag« (Wolfgang Schneditz). Maria Halík war eine schwermütige, überaus kunstsinnige Frau. Wenn man wirklich hinhört und hinschaut, erkennt man, wie stark Trakl von seiner tschechischen Herkunft geprägt ist.

Er ist seiner Mutter aufs Haar ähnlich. Aus seinen Versen klingt nicht nur »böhmischen Volkes Weise«, manche seiner Gedichte, sowohl die ländlichen wie die schwermütigen, gleichen denen der tschechischen Dichter František Halas und František Hrubín. Wer hörte aus Georg Trakls Gedichten nicht Nikolaus Lenau heraus?

Trakl gehört in den Lebensraum Österreichs, auch schicksalhaft. Er wurde eines der frühen Opfer des Krieges in der kriegsgeschichtlich denkwürdigen Schlacht bei der galizischen Stadt, die einem der letzten Gedichte den Titel gab: »Grodek« »Alle Straßen münden in schwarze Verwesung . . .«

GUSTAV LERCH (1891 Röhrsdorf/Deutsch Gabel – 1975 Strub/Berchtesgaden) erlebte den Weltkrieg am Isonzo, in Albanien und Rußland. Er war nach dem Krieg Redakteur der »Deutschen Arbeit«. Seine Kriegserlebnisse schildert er in dem Roman »Rückzug vom Balkan« (1935), seine abenteuerliche Flucht aus russischer Kriegsgefangenschaft durch die wolhynischen Sümpfe und Bessarabien in die Bukovina in dem Roman »Die Heimkehr« (1936). Dramatik der Erzählweise und eindringliche Schilderung von Menschen und Landschaften zeichnen die beiden epischen Werke aus.

In allen diesen Werken tritt der in der allgemeinen deutschen Kriegsliteratur wenig beachtete und vernachlässigte österreichische Aspekt in den Vordergrund, auch im Hinblick auf die Kriegsschauplätze Galizien, Balkan und Isonzo. Die österreichische Kriegsdichtung steht weniger im Zeichen des soldatischen Heldentums, als eines bedrängend geahnten Verhängnisses. Man fühlte wohl, daß der Erste Weltkrieg zur Zerstörung und Auflösung der alten Monarchie mit allen einschneidenden Folgen führen sollte, während der Bestand des Reichs 1918 nahezu vollständig erhalten blieb. –

Wie verhielt sich KARL KRAUS in jener Zeit? Vor Kriegsausbruch schrieb er in seiner »Fackel« von seiner »Gewißheit, daß dem auf den Glanz hergerichteten Menschheitspofel, der jetzt allerorten zu sehen ist, der große Ausverkauf bevorsteht«. Er schrieb das Gedicht »Zum ewigen Frieden« mit dem Schluß:

> Bis an die Grenze reichte einst ein Zwerg,
> sein irdisch Reich war nur sein Königsberg.

Doch über jedes Königs Burg und Wahn
schritt seines Weltalls treuer Untertan.

Sein Wort gebietet über Schwert und Macht,
und seine Bürgschaft löst aus Schuld und Nacht.

Und seines Herzens heiliger Morgenröte
Blutschande weicht: daß Mensch den Menschen töte.

Im Weltbrand bleibt das Wort ihr eingebrannt:
Zum ewigen Frieden von Immanuel Kant.

Den großen Ausverkauf durch den Ersten Weltkrieg gestaltete Kraus als gigantisches Pandämonium in seiner Tragödie »Die letzten Tage der Menschheit«, die 1915 bis 1918 entstand. Sie reißt Szene für Szene – es sind deren 213 – alle Wunden und Greuel an den Fronten und im Hinterland in einer beklemmenden Nähe zu Gestalten, Geschehnissen und Schauplätzen auf, ist in ein apokalyptisches Zwielicht getaucht. Diese Tragödie ist das schrecklich gültigste Werk von Karl Kraus, zugleich eines der großen Werke der Weltliteratur, bei aller Zeitgebundenheit ein zeitloses Menetekel des Kriegswahns und der Menschheitsdämmerung, mit brennendem Herzen und eiskaltem Verstand geschrieben. In einem aber irrte Kraus: im Titel. Der Erste Weltkrieg brachte noch nicht die letzten Tage der Menschheit, sondern erst die vorletzten. Oder hat Karl Kraus das, was nachfolgen sollte, schon mit einbegriffen? Denn 1918 und 1945 bilden folgerichtig eine unheilvoll unlösbare Einheit.
Was Kraus weiterhin schrieb, galt wieder der Literatur, der er noch mehr als früher mißtraute. Eine magische Operette nannte er sein Drama »Literatur oder Man wird doch sehen« (1921); ihm folgten das »Traumstück« (1923), »Wolkenkuckucksheim« (1923), das »Traumtheater« (1924) und »Die Unüberwindlichen«, Bühnenwerke als sarkastische Satiren,

Worttheater, zum Vorlesen bestimmt. Schließlich der letzte Schlag mit »Literatur und Lüge« (1929); diese Arbeit gedieh nicht über den ersten Band hinaus.

Sein allerletztes Werk, 1933 bis 1934 für die »Fackel« geschrieben, dort auch schon gedruckt, hielt Karl Kraus zurück; es erschien erst posthum 1952. Das Grauen der ersten Jahre des Dritten Reichs hatte es ihm diktiert: »Die dritte Walpurgisnacht«, anschließend an Goethes zwei Walpurgisnächte des »Faust«.

Zum Kreis der Werke von Karl Kraus gehören noch die neun Bände »Worte in Versen«. Es sind teils versifizierte Satiren, Polemiken, Pamphlete, neben denen die vox humana aus den inneren und persönlichen Bereichen des Dichters aufklingt:

Der Tag

Wie der Tag sich durch das Fenster traut,
schau ich auf den Platz,
staunend, daß der Nacht
noch ein Morgen graut,
die ich so durchwacht
ohne Freudenlaut,
aber immer bauend Satz auf Satz.

Wie der Blick sich durch das Fenster traut,
geht ein Wagen, geht,
langsam geht er hin
ohne Klagelaut.
Liegt ein Toter drin,
eine arme Haut.
Und ich geh zurück an mein Gebet.

Finis Austriae. Am Schluß des Kaiserlieds wurde gesungen: »Österreich wird ewig stehen«. Karl Kraus hat den Anfang dieses Kaiserliedes variiert:

Gott erhalte, Gott beschütze
vor dem Kaiser unser Land!

Er hat dem Ende Österreichs eine erschreckende Nänie in seinen »Letzten Tagen der Menschheit« gedichtet. Eine Totenklage widmete Österreich auch Reinhold Schneider in seinem denkwürdig-seltsamen letzten Buch »Winter in Wien« (1958). Darin heißt es: »Man kann das gesamte österreichische Schrifttum seit 1900, vielleicht schon seit 1848 bis heute . . . um die Katastrophe von 1918 gruppieren; wir können die Wucht dieses Ereignisses kaum mehr noch empfinden. Um so mehr sollte uns begreiflich werden, wie groß das Phänomen war, das damals erlosch. Dem gegenüber ist das von 1918 erfüllte Schrifttum Deutschlands von geringerer Bedeutung . . . In Österreich aber ist es, als habe der Sturm ein Saatfeld geschüttelt und ausgeschüttet. Das Ende der Monarchie war grandios.«

In diesem Kapitel ist versucht worden, den Anteil des deutschen Schrifttums aus Böhmen-Mähren an diesem »Saatfeld« aufzuzeigen. Für die Sudetendeutschen bedeutete das Ende Österreichs das Ende des Staates, in dem sie geborgen waren. Der Anfang nach diesem Ende löste sie aus dem jahrhundertelangen Zusammenhang und Zusammenhalt und verwies sie auf ihre engeren Heimatlandschaften, die die neu errichtete Tschechoslowakische Republik in Besitz nahm. Diese war wieder ein Vielvölkerstaat, ein Konglomerat, dem das Schicksal Österreichs drohte: auseinanderzufallen. In dem neuen Staat übernahmen die Tschechen als Staatsvolk die Herrschaft; das alte böse Spiel der Nationen begann von neuem. »Wer die Jahre von 1918 bis 1938 – dem Zusammenbruch der Tschechoslowakei nach nur zwanzigjährigem Bestand – nicht selbst bewußt erlebt hat . . ., kann sich keine Vorstellung machen von dem permanenten, sinn- und geist- und hoffnungslosen Untergang, der zwischen den beiden großen Kriegen stattfand« (Hans Weigel in seiner Monographie über Karl Kraus, 1968). In diesen Untergang war das deutsche Schrifttum aus Böhmen-Mähren mit einbezogen. Die Feststellung von Herbert Cysarz bestätigte sich: »Der Zusammenbruch von 1918 birgt ein tieferes Gesamtverhängnis der österreichischen Literatur und mehr Verhängnis einzelner Autoren, als die neueste Geschichtsschreibung wahrhat.«

BERLIN

Die Dichter, die in der zweiten Hälfte des 19. Jahrhunderts aus Böhmen nach Berlin kamen, traten in eine andere Umwelt, als jene Dichter, die im Umkreis Wiens lebten und schufen. Beide Städte waren durch Alter, geschichtliche Entwicklung, geographische Lage und Wesensart unvergleichbar verschieden. Obwohl Landeshauptstadt Preußens, stand Berlin literarisch hinter Dresden, Leipzig, Weimar, Frankfurt, Stuttgart und München. Fontane sah in Berlin preußische Essenz gemischt mit französischer Würze und jüdischem Geist. Nicht nur durch die franzözische Gemeinde der Hugenotten war das Französische mitgestaltend in der Literatur und Kultur Berlins aufgetreten. Es wirkte auch, seit der Zeit Friedrichs des Großen durch sein kulturelles Übergewicht. Das blieb so sogar nach 1870/1871, denn das militärisch besiegte Frankreich war geistig unbesiegt geblieben.
In der zweiten Hälfte des 19. Jahrhunderts stand Berlin im Glanz der Siege von 1864, 1866 und 1870/1871 und der Reichsgründung, durch die Berlin, nicht zuletzt auf Grund der hohen französischen Kriegsentschädigung, einen raschen wirtschaftlichen Aufstieg, die Gründerjahre, mit allen Schattenseiten erlebte. Konstant blieb die soldatisch-militärische Dominante und die Vorherrschaft des Junkertums, während die bürgerliche Gesellschaft nach der mißglückten Revolution 1848 zu zerfallen begann und das neue Proletariat in den Vordergrund drängte. Geprägt wurde die Epoche durch Otto von Bismarck, Reichskanzler von 1871 bis 1890, und durch den Geist und Ungeist, die Art und Unart Kaiser Wilhelms II. (1888–1918). In ihm und in Kaiser Franz Joseph I. (1848–1916) standen zwei sehr verschiedene Herrscherpersönlichkeiten als Leitbilder neben- und gegeneinander.
In seinem Essay »Der Geist von Berlin« (1927) stellte Arthur Eloesser, selbst Berliner, fest, schon zum Regierungsantritt König Wilhelms IV. 1840 hätten die Musen Berlin verlassen.

Er charakterisiert die Berliner: »Dem Berliner wird nichts leicht gemacht, weil er nicht als Künstler geboren ist, weil ihm sozusagen nichts im Traume einfällt. Wir sind nicht vom Ursprung Musiker und Tänzer, wir lernen erst überlegend und vergleichend, was gute Musik und was guter Tanz ist . . . In Berlin werden Dichter nur gelegentlich geboren, und die aus Schlesien, Österreich, Schwaben, Bayern zu uns kommen, pflegen nach harten Berliner Dienstjahren weicheren Boden und milderes Klima zu suchen.«

Ludwig Tieck (1773–1833), Sohn eines Berliner Handwerkers, hatte die Nachromantik überlebt und fand in seinen letzten Dichtungen, in Anlehnung an Goethe, den Weg zu einem biedermeierlich-bürgerlichen Realismus. Jahre vor Tiecks Ableben war 1818 E.Th.A. Hoffmann nach Berlin gekommen; seiner Traum- und Spukwelt hatten Bamberg, selbst Warschau mehr entsprochen als das nüchterne Berlin, in das er seine innere Welt hineinversetzte. In seinem Sterbejahr 1827 entstand jenes kleine Prosastück, das über die Romantik hinaus in eine neue Richtung weist, das Kabinettstück exakter Beobachtung des Gendarmenmarktes und seines puppenspielhaften Lebens, »Des Vetters Eckfenster«.

Schon Adalbert von Chamisso hatte auf solche Weise dem Realen Irreales verknüpft; in »Peter Schlemihls wundersamer Geschichte« (1814) wird Überwirkliches als wirklich erzählt. Das Schicksal des Mannes ohne Schatten wurzelt nicht in Berlin, sondern in der Heimat- und Vaterlandslosigkeit des Dichters. Peter Schlemihl – der Name wird als jüdisch gedeutet – nimmt die Ängste des Meyrinkschen »Golem« voraus. In manchen Gedichten Chamissos meldet sich das soziale Gewissen (»Die alte Waschfrau«).

Der 1830 in Berlin geborene Paul Heyse hatte schon 1854, einem Ruf König Maximilians II. nach München folgend, die Stadt verlassen. In der Weltliteratur daheim, weitumspannend

in seinem klassizistisch strengen Werk, wurde er nicht nur der Mittelpunkt des Münchner Dichterkreises, sondern auch zum angesehenen Vertreter der deutschen Literatur. Sein Weggang von Berlin war ein Verlust für die Stadt, aber für Heyse notwendig; er paßte nicht nach Berlin.
Wie für so manche war auch für Wilhelm Raabe Berlin seit 1854 nur eine Zwischenstation. Ihm verdankt die Stadt die frühe »Chronik der Sperlingsgasse«, eigentlich Spreegasse (1854), auch seine späteren drei großen Erzählungen: »Deutscher Adel« (1877) geht um den Krieg von 1870/1871, »Villa Schönow« (1883) um das Bürgertum im Wirtschaftswunder der Gründerzeit, »Im alten Eisen« (1886) um das Elend der Proletarier. Letztere Erzählung nimmt Heinrich Zille und Käthe Kollwitz vorweg.
Theodor Fontane (1819–1898) war seiner franzözischen Herkunft nicht mehr so nahe wie Chamisso; aber er blieb wie der Vater im Herzen ein Gascogner. Zu seiner literarischen Lehrzeit gehörte die Mitgliedschaft in der 1827 gegründeten literarischen Gesellschaft »Der Tunnel über der Spree«. 1851 erschienen in den »Gedichten« seine schottischen Balladen; sie sind trotz des historischen Inhalts ein Griff ins Vollmenschliche, verglichen mit der damals viel gelesenen spätestromantischen Goldschnittlyrik in Otto Roquettes »Waldmeisters Brautfahrt«, die im selben Jahr erschien. Fontane löste sich bald von den englischen Einflüssen und begann seine »Wanderungen durch die Mark Brandenburg«; ein großer Teil seines Werkes wurzelt in diesen »Wanderungen«. Fontanes Werk ist das gültigste von allen, die aus Berlin entstanden. Er galt und gilt als der Prototyp des Preußen in Berlin, aber er hat Preußen und Berlin nicht geliebt. Er bekannte sich ausdrücklich zum Brandenburgischen und Märkischen. Im Roman »Der Stechlin«, der 1898, im Sterbejahr des Dichters, erschien, spricht er von der Zuneigung zu denen, »die vor den

Hohenzollern« hier waren, und grollt: »Der ganze Borrussismus ist die niedrigste Kulturform, die je war.« Ebenfalls im »Stechlin« heißt es: »Es ist doch merkwürdig, sowie die Menschen dies Nest, dies Berlin erst hinter sich haben, fängt Vernunft wieder an zu sprechen.« Er spricht davon, daß es »in Berlin nur Nachahmung, guten Durchschnitt, respektable Mittelmäßigkeit gibt«.

Das änderte sich durch den starken Zuzug aus den Provinzen. Er belebte die stagnierende Literatur und veränderte ihre Richtung. Das geschah in einer Zeit, in der in Frankreich, in den skandinavischen Ländern und in Rußland Höhepunkte der Weltdichtung erreicht worden waren. Ab 1875 kamen Arno Holz, die Brüder Hart, Johannes Schlaf und Hermann Sudermann nach Berlin, bald folgte Gerhart Hauptmann. Das erste Werk dieses Schlesiers aus dem Riesengebirge ist die märkische Erzählung »Bahnwärter Thiel« (1889), im selben Jahr wurde durch die »Freie Bühne« in Berlin sein Drama mit dem symbolischen Titel »Vor Sonnenaufgang« aufgeführt. Einer der ersten, die das skandalumwitterte Drama des 27jährigen Dichters begrüßten, war der 79 Jahre alte Fontane. Im Hinblick auf Gerhart Hauptmann sagte er von den Dichtern der jungen Generation:

Sie haben den Tag, sie haben die Stunde,
Der Mohr kann gehn, neu Spiel hebt an,
sie beherrschen die Szene, *sie* sind dran.

Der Naturalismus, der Berlin mehr entsprach als Wien und dort einen Aufbruch nach neuen Ufern auslöste, rief zahlreiche Einzelgänger aus den ihnen zu eng gewordenen Provinzen nach Berlin, um an dem literarischen Aufschwung teilzunehmen. Auch aus Böhmen fand ein Zuzug statt, dessen Männer nicht nur nahmen, sondern auch gaben.

1890 zog der 29jährige Hans Nikolaus Krauss (1861 Neuhaus – 1906 Berlin) aus Eger nach Berlin. Vorher hatte er als Beilage zur »Egerländer Zeitung« von 1887 bis 1890 die »Deutschen Blätter« geleitet, ebenbürtig der von M.G. Conrad in Berlin herausgegebenen Zeitschrift »Die Gesellschaft«. Durch die »Deutschen Blätter« wurde Hans Nikolaus Krauss bereits in der Heimat ein Wegbereiter der neuen deutschen Literatur des Naturalismus. In Berlin, dahin es ihn aus der provinziellen Enge der Heimat zog, leitete er das Unterhaltungsblatt des sozialdemokratischen »Vorwärts« von 1896 bis 1906 und stand damit an einer führenden Stelle innerhalb des literarischen Lebens in Berlin.

Daheim war Krauss mit Alois John der Mittelpunkt der Egerländer Dichter und Literaturfreunde gewesen und hatte mit dem Schriftsteller G.N. Dümml das Buch »Echalanderisch« (1885) herausgegeben. In seinen »Deutschen Blättern« veröffentlichte er seinen Entwicklungsroman »Maulwürfe« (1887), der in Wiener Arbeiterkreisen handelt.

Seine frühen Dorfgeschichten sammeln die Bände »Der Bilmazschnitter«, »Der Brummtoni«, »Im Hochsommer«, die durch Schilderungen von Kindheitseindrücken ergänzt werden (»Im Försterhaus«, »Weihnacht im Wald«). Schon in diesen Dorfgeschichten merkt man den am Naturalismus geschulten Zugriff, der Krauss' Werk von den »Schwarzwälder Dorfgeschichten« Berthold Auerbachs und vom Predigerton Jeremias Gotthelfs unterscheidet.

Sein schon in Berlin geschriebenes Hauptwerk ist die Romantrilogie um die Stadt Eger und das Egerland, »Die Heimat« (1897–1902). Der erste Band »Lene« schildert das Leben in einem Egerländer Dorf mit Arbeitsweise und Lebensgewohnheiten, Sitte, Brauchtum und Aberglauben, aber auch mit dem Einfluß des Städtischen auf das Dörfische, in dem Herkommen und alte Ordnungen zu verfallen beginnen. Der zweite Teil, »Der Förster von Konradsreuth«, zeigt den Un-

tergang eines Dorfes im Kaiserwald durch die veränderten wirtschaftlichen Verhältnisse. Der dritte, farbigste und reichste Teil, »Die Stadt«, führt nach Eger mit Stadtklatsch, Wirtshaus- und Studentenleben, dem Grünzeugmarkt am »Stöckl«, dem Vinzenzifest, dem Schützenfest beim Siechenhaus. Zusammengehalten werden die drei Romane durch die Gestalt Lenes, der starken Dulderin und Überwinderin, die zum Leben nein sagt, weil es sie dazu zwingt, die aber innerlich dennoch die Siegerin bleibt.
Krauss' »Heimat« ist eines der bedeutendsten Werke der sudetendeutschen Heimatkunst in der Form und aus dem Geist des Naturalismus: genau gesehen, sicher gestaltet, ohne Schönfärberei, aus den Realitäten und der Fülle des Daseins schöpfend, kritisch im Wissen um die Veränderungen in einer Zeitenwende. Man spürt den in der Literatur bewanderten Dichter, der drei Essays (»Wie ich sie sah«) über Detlev von Liliencron, Hermann Bahr und Ludwig Jacobowski schrieb. Aus seinen letzten Lebensjahren stammen die wiederum in der Umwelt der Heimat handelnden meisterhaften Novellen »Wolfgang Wifling« (vom alternden Förster, der seine Wirtschafterin heiratet) und »Martin Sölde« (von dem Bauern, der den Nachbarn um seinen Besitz bringen will). Die Novellen erinnern an Gerhart Hauptmanns schlesische Dramen.
Nur ein Roman, »Zigeuner«, verarbeitet die Berliner Eindrücke und Erfahrungen von Krauss. Die Pragerin Auguste Hauschner (1851 Prag – 1928 Berlin) lebte meist in Berlin, verlor aber die Verbindung mit Prag nicht; einige ihrer Romane handeln dort und in böhmischer Umwelt. In ihrem Berliner Salon trafen sich die bedeutendsten Männer der Stadt und der Zeit, unter ihnen ihr von ihr sehr verehrter Oheim Fritz Mauthner, der auf das geistige Leben Berlins einen bedeutenden Einfluß ausübte. Die Dichterin wird in dem Abschnitt »Frauen« gewürdigt.

Fritz Mauthner (1849 Hořice – 1923 Meersburg/Bodensee) stammt aus einem ostböhmischen »kleinen Landstädtchen zwischen Königgrätz und Trautenau«, das mit seinem Umland an der Sprachgrenze durch ihn »zum Denkmal einer ganzen politischen Epoche wurde« (Hugo Rokyta). Er kam 1855 nach Prag, von wo er nach seiner Schul- und Studienzeit 1876 nach Berlin ging. Hier begann er seine journalistische Tätigkeit am »Magazin für Literatur«, wurde Feuilletonredakteur des »Berliner Tageblatts« und Mitbegründer der »Freien Bühne«.

Am Anfang schien es, als würde er die satirisch-kritische Richtung seines Landsmanns Karl Kraus einschlagen. 1878 erschienen seine Parodien »Nach berühmten Mustern«; in ihnen wurden Formen und Inhalte zeitgenössischer Dichter nachgebildet, humorvoll, nicht aggressiv, wie es später Kraus tat.

Dem nach orientalischen Mustern unter dem Pseudonym Mirza Schaffy dichtenden Friedrich Bodenstett, der vom bayerischen König Maximilian als Professor nach München berufen, später als Leiter des Meininger Hoftheaters geadelt wurde, widmete Fritz Mauthner dieses Ghasel (Lobgedicht):

Ein arger Feind der persischen Priester ist er,
ein kühner Jäger persischer Biester ist er,
ein starker Gegner der Parsenminister ist er:
zu Hause nur ein trister Philister ist er.

Schon die frühen scherzhaft-schelmischen Kritiken zeigen die Wegrichtung an: fort von Konvention, vom Verstaubten, Nachgeahmten, Verhärteten, Leblosen, von allem, was Karl Kraus monomanisch verfolgen sollte; aber der Ton bei Mauthner ist anders. Auch seine Sprachforschungen fußen auf anderen Voraussetzungen als die Angriffe des sprachbesessenen Karl Kraus.

In seinen Erinnerungen nennt sich Mauthner »ohne Sprache und ohne Religion«. Der emanzipierte Jude fühlte sich als deutscher Patriot, verfocht die Assimilierung der Juden, fand den Zionismus unverständlich, die Anmaßung, als Volk auserwählt zu sein, unverschämt. Er verehrte den Dichter Otto Ludwig, Nietzsche – was schon genügte, um von Max Brod angefeindet zu werden – und Bismarck. (»Sodann schwebte mir – in Berlin – das nächste erstrebenswerte Ziel vor, Bismarck einmal im Reichstag reden zu hören«.)
Fritz Mauthner verfaßte ein dreibändiges »Wörterbuch der Philosophie« und schrieb eine »Geschichte des Atheismus im Abendland« im Sinn einer Mystik ohne persönlichen Gott.
Seine bedeutendsten Werke sind die drei Bände seiner »Beiträge zur Kritik der Sprache« (seit 1901), deren Titel er nach Kant wählte.
Wenn Mauthner sagte, er sei »ohne Sprache« aufgewachsen, so gilt das nur bedingt. In Wirklichkeit war er zwischen mehreren Sprachen aufgewachsen, und das gerade gab ihm den Anstoß zu seiner Kritik der Sprache. Er schreibt darüber in humvorvoll-überlegener Art in seinen Erinnerungen. Aufgewachsen sei er nicht nur zwischen zwei Sprachen, der tschechischen und deutschen; auch zwischen dem Deutsch der Provinz und dem sterilen Hochdeutsch Prags, auch zwischen dem »Kuchelböhmisch«, einem Gemisch und Kauderwelsch aus Deutsch und Tschechisch, schließlich zwischen dem »Mauscheldeutsch« der Juden.
Seine Sprachforschung geht von der Erfahrung und Erkenntnis aus, daß sich die Sprache nicht mit der Realität decke. »Unser Wissen, unser Denken schlägt sich in einer Sprache nieder, die praktisch an der Wirklichkeit orientiert ist, die aber so wenig zur Weltkenntnis geeignet ist, wie das Bewußtsein ein Organ für sich selber hat.« Dieses Dilemma der Kluft zwischen dem Konkreten und der davon abstrahierenden

Sprache untersucht Mauthner und versucht ihm auf den Grund zu kommen; denn eine Sprache, die mit den Dingen nicht zur Deckung gebracht werden kann, ist ein Schaden für die Wissenschaft, für die Politik, für die Dichtung und fürs Leben. So können die Resultate unseres Handelns nur ungenau oder überhaupt falsch sein.

Ob Ernst Jünger den Zweifel und die Kritik Mauthners kennt oder nicht, er läßt sie in seinem Buch »Eumeswil« durch den Grammatiker Thofern in derselben Weise aussprechen. (»Das Wort hat Bedeutung, doch nicht mehr Sinn . . . Es wird unfähig zur Dichtung, unwirksam im Gebet.«)

Letzten Endes ging es Mauthner bei seinen Sprachforschungen, die ihn bis ans Lebensende beschäftigten, um das Unheil, das durch die Sprache angerichtet werden kann. Er stellt Schillers Sprache gegen die Shakespeares – »Schönheit der Sprache am unechten Ort wird zum Fehler und damit zur Unschönheit . . . Schiller muß gegen einen Näheren gestellt werden, der Dichter der schönen Sprache gegen den Dichter an sich, gegen Goethe«. Also: Schillers Sprache, die er vom höfischen Barock übernommen, gegen die natürliche Sprechweise Goethes.

Fritz Mauthner ist neben Karl Kraus der zweite Jude aus dem gemischtsprachigen Böhmen, den das Problem der Sprache zeitlebens beschäftigt hat. Die Ergebnisse seiner Forschungen sind noch lange nicht ausgeschöpft, soweit sie überhaupt noch bekannt sind.

Das Organische, das Echte und Gewachsene im Ohr und im Blick, wandte sich Mauthner gegen Nachahmung und Verfälschung. In einer Studie bekämpfte er die Nachahmung der Antike, und deren Erstarrung und Entleerung zum Klischee, und das in der Zeit Theodor Mommsens und Ulrich von Wilamowitz-Moellendorfs. Er verwirft die Nachahmung der Griechen und fordert für unsere Zeit ein Denken und Dichten

aus ihrem Geist. In diese Forderung für die Gegenwartskunst schließt er die Heimatkunst ein. Wir werden seine Ansicht hierüber im folgenden Abschnitt zitieren. –
Nicht nur als Literaturkritiker des »Berliner Tageblatts« und Mitbegründer der »Freien Bühne«, die den zeitgenössischen Bestrebungen und Formen die Wege bahnte, wirkte Mauthner, sondern auch durch seine unpolemische Darstellung »Von Keller zu Zola« (1887), in welcher er eine epochale literarische Wende begriff.
Seine eigene schriftstellerische Tätigkeit umfaßt neben historischen Romanen – in Alexandrien spielend »Hypatia«, »Xanthippe«, die, humorvoll dargestellt, gegen Sokrates recht behält, den Roman »Der neue Ahasver« (1879) und die drei Berliner Romane »Quartett« (1886), »Die Fanfare« (1888) und »Der Villenhof« (1890).
Fritz Mauthner ist seiner Heimat eng verbunden geblieben, so wie Hans Nikolaus Krauss, der zur selben Zeit in Berlin wirkte. Prag stellte Mauthner aus dem Blickkreis eines armen slowakischen Jungen dar, der sich in die Großstadt verirrt hat; die Erzählungen »Vom armen Franischko« (1879) gehören zu seinen schönsten, lebendigsten und herzlichsten Prosawerken.
In seinen Dichtungen bekennt Mauthner, daß er kein Freund der Tschechen war und sie wenig schätzte. »Ich bin Deutsch-Böhme genug, um nur mit Zorn den Gedanken fassen zu können, daß Prag bereits heute eine slawische Stadt geworden ist, in der die Deutschen als gehaßte Fremde leben, daß ganz Böhmen in absehbarer Zeit der Herrschaft der Tschechen anheimfallen wird. Wenn nicht ein Wunder geschieht.« Aus dieser Einstellung heraus schrieb er den Roman »Der letzte Deutsche von Blatna« (1887), dessen Vorausschau, die Verdrängung der Deutschen, sich verwirklichen sollte. Den hartnäckigen Kampf der Tschechen um die gefälschte Königinho-

fer Handschrift, die eine große tschechische Vergangenheit vortäuschen wollte, beschreibt er in dem Roman »Die böhmische Handschrift« (1897).
Auch Rilke spricht von dieser Affäre in seinen beiden »Prager Geschichten«. Denselben Stoff bearbeitete zwanzig Jahre später Hans Watzlik in seinem Roman »O Böhmen!« Angesichts des Kampfes um die Handschrift schrieb Mauthner über Böhmen: »Ich habe dieses Land so lieb. Wie Rosenblätter liegt es über all den dumpfen Kämpfen, schöner als ein Regenbogen ... So friedlich, und darunter die dummen, dummen Menschen.«
Der geistig weit und unbeirrbar denkende Mann bekam in Berlin Heimweh: »Eigentlich fehlt mir noch heute etwas in jeder Landschaft, wenn die Berge fehlen und die Tannen. Die Berge meiner Kindheit. Und ich bin dann imstande, Verse aus der gefälschten Königinhofer Handschrift zu zitieren. Und nenne mich einen sentimentalen Esel; und meine es gar nicht so schlimm.«
1905 ging Mauthner nach Freiburg im Breisgau. Hier schrieb er seine, von Zweifeln an der abendländischen Kultur bewegten »Totengespräche« (1906), darin sich Ironie und Schwermut verbinden. Er läßt den Kundschafter des Dalai Lama von Tibet berichten: »Aber gelernt habe ich nicht einmal das, ob die Theater der Abendländer zu den Anstalten der Priester oder der Bajaderen gehören.«
Fritz Mauthner sehnte sich nach Frieden, der höher ist als Vernunft und Wissen, der aber erst durch Vernunft und Wissen erreicht werden kann. 1913 schrieb er »Die Tage des Gautama Buddha« , ging also einen Weg wie Rudolf Kassner. Dem Werk waren, noch in Berlin, wieder im Geist des alternden Rudolf Kassner, die Gleichnisreden »Aus dem Märchenbuch der Wahrheit« (1896) vorangegangen.
Jetzt weilte Mauthner schon in Meersburg am Bodensee.

Eines seiner letzten Bücher sind seine Erinnerungen »Prager Jugendjahre« (1918), die mit der Kindheit in Hořice beginnen und mit dem Fortzug nach Berlin schließen. Dieses Buch ist ein Vermächtnis.

Mauthner wechselte bis in seinen letzten Tagen Briefe mit Auguste Hauschner in Berlin; sie bewahrte ihm die Hochachtung, obwohl Max Brod sie vor ihm warnte. 1923 starb Fritz Mauthner in Meersburg. Auf seinem Grabstein stehen die Worte: »Endlich vom Menschsein erlöst.«

Aus Böhmen und Mähren kamen einige Männer für kürzere oder längere Zeit nach Berlin, ohne hier seßhaft zu werden, so R.M. Rilke, der hier seinen »Cornet« dichtete (1899), Franz Werfel, der im Lessingtheater 1916 mit seinen »Troerinnen« durch mehr als fünfzig Aufführungen einen großen Erfolg hatte, Franz Kafka, Ernst Weiß, Paul Kornfeld, Robert Musil. Von Wien aus hatte Karl Kraus einen starken Einfluß auf die literarischen und gesellschaftlichen Verhältnisse Berlins, besonders während seines Kampfes gegen Maximilian Harden im Eulenberg-Prozeß. Franz Werfel siedelte 1917 nach Wien über. Nur Franz Anton Dietzenschmidt blieb 26 Jahre in Berlin und schuf dort sein gesamtes dramatisches Werk.

Was mochte DIETZENSCHMIDT (1893 Teplitz-Schönau – 1955 Esslingen/Neckar) nach Berlin gelockt und dort festgehalten haben? Er bekannte: »Nur in Berlin kann man arbeiten.« Große und laute Erfolge wurden ihm gerade von Berlin aus zuteil, dennoch blieb sein Werk, bis auf zwei Dramen, der Stadt fremd. War es das turbulente literarische Leben im Zeichen des Expressionismus, das ihn nach Berlin gezogen hatte? Gewiß, Dietzenschmidts Dramen sind nicht zuletzt durch Übersteigerungen und krasse Züge, auch durch das zuweilen ekstatische Anrufen eines neuen Menschentums dem Expressionismus verwandt, aber das Expressive, vor allem der religiöse Grundgehalt sind anderer Herkunft und formen sich anders aus als im Berliner Expressionismus. Auch die Verwandtschaft zu den dramatischen Mysterien des zum Katholizismus übergetretenen Reinhard Sorge ist nur oberflächlich. Dietzenschmidt wurde zum einzigen ausgeprägten katholischen Dichter und zum bedeutendsten Dramatiker der an Dramen armen sudetendeutschen Dichtung.

Dietzenschmidt gehört in die neukatholische Richtung der Zeit, die allerdings weit mehr in Frankreich als in Deutschland durch Rück- oder Umkehr zur Einkehr in den Katholizismus wird. Aber auch im Neokatholizismus bleibt er durch das Erbe aus seinem Herkommen ein Besonderer. Den stärksten Einfluß empfängt er in Berlin durch die sozialpolitische Tätigkeit Carl Sonnenscheins, die von einer tief verankerten Gläubigkeit getragen wurde; auch aus dem Geist einer allumfassenden Katholizität, die Irdisches und Himmlisches, Sünde und Gnade ineinander verflochten sieht. Das Besondere an Dietzenschmidt ist die starke Beziehung zur Realität mit ihren Dunkelheiten, Häßlichkeiten und Abgründen; das bewahrt ihn vor allem dramatischen Devotionalienkult, unterscheidet ihn von dem eifernden Paul Claudel und rückt ihn in die Nähe von Georges Bernanos, François Mauriac, Gabriel Marcel und Graham Greene. Eines seiner Leitworte ist: »Mein Amt sei Liebe – aller Menschen Amt sei Liebe!« Über die Gnade von oben läßt er in dem Drama »Der Verräter Gottes« sagen: »Jetzt weiß ich, Herr, daß deine Liebe zu mir jene auswählende, schreckliche Gnade der Gottheit war, die den Menschen zerschmettert, auf den sie fällt.«

Die Dramen Dietzenschmidts wurzeln nicht in den alten religiösen Spielen der Gotik, sondern in den barocken Mysterienspielen der Gegenreformation, der ecclesia triumphans. So stellt er in einem, auf einer mittelniederländischen Vorlage fußenden, Mysterienspiel nicht die sieben Schmerzen, sondern »Mariens siebente Herrlichkeit«, ihre Himmelfahrt, dar.

Barockes Spiel, das führt in die böhmisch-österreichische Umwelt zurück, in die Nähe Hugo von Hofmannsthals, zum »Jedermann«, zum »Großen Welttheater«, aber Dietzenschmidt ist realer und mehr gegenwartsbezogen.
Die Themen entnimmt er dem Alten und Neuen Testament, der Hagiographie und der unmittelbaren Wirklichkeit der Großstadt.
Es geht immer um die These und Antithese von Göttlichem und Irdischem, um »Frau Welt« und deren Sündhaftigkeit, es geht um Verstrickung ins Geschlechtliche. Durch die Verdammung dieses Urtriebs als sündhaft gerät auch Dietzenschmidt in jenen seelischen Zwiespalt, mit dem sich die stärksten christlichen Charaktere immer wieder auseinanderzusetzen hatten. Aber auch das Geschlechtliche bezieht er in die »felix culpa« des Augustinus ein; die Befreiung, Läuterung und Erlösung von geschlechtlicher Bedrohung, Versuchung und Verführung unterstehen der Gnade Gottes. Hier besitzt Dietzenschmidt Paul Claudels Gewißheit unter dem Zeichen des Kreuzes, daß »Gott auch auf krummen Zeilen gerade schreibt«. Er ringt um die Synthese, darum, daß der Regenbogen der Versöhnung Gottes mit dem Menschen und des Menschen mit Gott über dem reinigenden Kampf aufleuchten möge.
Eines der ersten Dramen des Dichters ist dem damals beliebten Dirnenmilieu verpflichtet. In die »Kleine Sklavin« (1918) entkleidet es Dietzenschmidt jeder sexuellen Sensation und geißelt in der Darstellung der Verkuppelung eines minderjährigen Mädchens die gesellschaftliche Unmoral seiner Zeit. Die Tragikomödie konnte erst 1919, nachdem das Zensurverbot aufgehoben worden war, auf mehr als zweihundert Bühnen aufgeführt werden.
In seinen frühen Dramen gestaltet er alttestamentarische Stoffe, »Die Vertreibung des Hagar« (1916), die Tragödie

der alt und einsam gewordenen Sarah; die Tragikomödie »Jeruschalajims Königin« (1919), mit der Tante der berühmt-berüchtigten Salome als Hauptfigur. Neutestamentarisch ist die Tragödie um die Rechtfertigung des Judas als »Verräter Gottes« (1930), eines der letzten Dramen des Dichters.
Dietzenschmidt schrieb einige Legendenspiele. »Christopher« (1920), um den dumpen Riesen Offerus, den Christusträger Christophorus, der auszog, den Herrn zu suchen. Der »Sankt Jakobsfahrt« (1920) liegt des Straßburgers Kunz Kistener Erzählung aus dem 14. Jahrhundert vom höchsten Freundschaftsopfer zweier Jakobspilger zugrunde. Das Drama »Die Nächte des Bruders Vitalis« (1922) schöpft aus einer Erzählung der Legenda aurea; nach ihr hatte Gottfried Keller die »Legende vom schlimmheiligen Mönch Vitalis« geschrieben. Dietzenschmidt überträgt sie in die Gegenwart; soziales und sexuelles Elend prallen in »verbrennender Religiosität« zusammen. In »Regiswindis« (1924) handelt es sich wieder um Sünde und Eifersucht und Erlösung durch wahre Liebe. Die schwäbische Heilige Regiswindis ruht in einer frühgotischen Kapelle in Lauffen am Neckar.
Wie eine Entspannung nach den geistlichen und Legendenspielen mutet die Volkskomödie um den ausgelassenen Dudelsackpfeifer im Wien der Pest, der Türkenbefreiung und des Abraham a Sancta Clara an. Damit kehrt Dietzenschmidt in seine Heimat zurück. »Vom lieben Augustin« (1925) ist eine farbige, turbulente und deftige Volkskomödie, zu der Ernst Křenek die Musik schuf. Das Pestweiblein, das Dietzenschmidt dem lieben Augustin gesellt, ist eine seiner köstlichsten Gestalten.
Frei von Dogmatik, uneingeengt durch Vorbilder, mitten aus der Gegenwart heraus schafft er sein bedeutendstes Drama. Der Dichter nannte es »Mord im Hinterhaus«, Leopold Jessner gab ihm den Titel »Hinterhauslegende« (1928). Darin

wird der in einem Berliner Hinterhaus nistende Jude Simon zum Märtyrer; sein Gegenspieler ist der junge Antisemit Engelhard. Der Jude Simon ist der Vertreter der Religiosität schlechthin. Hier wird der Einfluß Martin Bubers und seiner chassidischen Gläubigkeit deutlich. Worte Simons: »Ich bin, ich bleibe in der Bindung. Was einmal gebunden ist an Gott, können die andern nicht lösen. Zwicken Se mich, wird mein Körper ‚Au' schreien: – was geht das mich an? Das bleibt außen.«

Dietzenschmidt erlebte mit seinen Dramen, die in vielen Städten und oft aufgeführt wurden, Ruhm und Anfechtungen, auch von kirchlicher Seite. Er erhielt 1919 den Kleist-Preis, 1928 den Teschechoslowakischen Staatspreis für deutsche Dichtung. 1933 wurde er zum Schweigen gezwungen, als er auf die Liste »unerwünschter Autoren« gesetzt wurde.

Seitdem schwieg er bis zu seinem Tod 1955. Die glühende Frömmigkeit, die aus einer inbrünstigen Gläubigkeit Himmel und Erde zu verschmelzen suchte, mochte erkaltet sein. Doch nicht nur im Dichter, sondern auch in der Zeit nach 1945, denn keines seiner Dramen wurde auf die Bühne zurückgeholt.

Es ist das Los des Literaturhistorikers, der aus einem begrenzten Raum und einer begrenzten Zeit nicht nur das überragend Große, sondern die ganze Vielfalt aufzuzeigen hat, daß er auch einen Friedhof mit vielen Grabsteinen über vergessenen Namen und Werken zu durchschreiten hat. Darunter sind manche erlauchte Namen und Werke.

Aus Brünn kam LEO GREINER (1876 Brünn – 1928 Berlin) nach Berlin. Weltoffen, Weltgeschichte gestaltend, fand er zur demütigen Hinnahme der umfragten Rätsel von Leben und Welt.

Er begann im Kreis um Wedekind als Mitbegründer und künstlerischer Leiter der Münchner »Elf Scharfrichter«, löste sich früh aus der Zeitgebundenheit. Aus dem Geist des Neuklassizismus schuf er ein Versepos, »Das Jahrtausend« (1900), um Kaiser Otto III., der, ein Wunder an Gelehrsamkeit, beseelt vom Geist seiner byzantinischen Mutter Theophanu und der Weltreichsidee mit Rom als Mittelpunkt, 1002 starb. Greiners Drama »Der Liebeskönig« (1905) ist eine Tragödie der Häßlichkeit.

Weiter sammelte er die Ernten ein, von der Nacherzählung »Altdeutscher Novellen« (1912) bis zu den »Chinesischen Abenden« (1914); dazwischen steht die Nachdichtung der »Lysistrata« des Aristophanes. Sein Eigenes gab er in seiner Lyrik (»Tagebuch«). Geheimnis und Fülle des Lebens verwirren nicht mehr, sie werden als Geheimnis angenommen und hingenommen, in das der Mensch zurückmündet. Leben und Denken, Geist und Natur verschmelzen. Greiner schuf eines der schönsten Waldgedichte, daß das Vorurteil, Juden hätten keine Beziehung zur Natur, Lügen straft. Sein Gedicht: »Der Wald« beginnt:

> Ob ich, du Finstrer, einzutreten wage?
> Wirst du nicht zürnen der Vermessenheit,
> daß ich den unruhvollen Funken Zeit
> unter das Dach des ewigen Schattens trage?

In einem seiner späten Gedichte findet sich diese Strophe:

> Deute die Sterne nicht! Sie reden irr.
> Deute die Nächte nicht! Sie schweigen. Deute
> nicht all der Laute dunkelndes Gewirr!
> Trink aus das stille rätsellose Heute,
> dann schlafen alle Wünsche tief in dir
> wie überm Feld verklungenes Geläute.

Wie schon erwähnt, hielt sich der unstete junge Rilke einige Male in Berlin auf. Er blieb nie länger als wenige Monate. Er fühlte sich hier freier als in Prag, wenngleich er kein näheres Verhältnis zu Berlin gewann.

Zum ersten Male kam er 24jährig im Juli 1899 nach seiner Rußlandreise nach Berlin und schrieb im damals noch ländlichen Schmargendorf in einer Nacht die Urfassung des »Cornet«, auch den ersten Teil des »Stundenbuchs«. Er lernte zahlreiche bedeutende Männer, die damals in Berlin wirkten, kennen und wurde Mitarbeiter einiger junger literarischer Zeitschriften, der »Monatsschrift für neue Literatur und Kunst«, des »Pan«, der »Zukunft« Maximilian Hardens und der »Dramatischen Blätter« Rudolf Steiners, für das »Literarische Echo« schrieb er Rezensionen. Er bemühte sich eifrig darum, Anschluß an das literarische Leben zu finden, von dem er sich später entschieden abwandte.

Auch für das Theater interessierte er sich. Schon 1897 war in Prag vom Berliner Ensemble mit dem jungen Max Reinhardt sein Drama »Frühfrost« (»Ein Stück Dämmerung – Drei Vorgänge«) mit mäßigem Erfolg aufgeführt worden. Das zweiaktige Drama »Das tägliche Leben« brachte mit seiner Aufführung im Berliner Residenz-Theater einen Mißerfolg – es wurde ausgelacht. Die frühen Dramen Rilkes sind alles andere als zeitgebunden, naturalistisch; sie sind weit mehr Seelendramen aus dem Geiste Tschechows und Maeterlincks. Schließlich entsprach das Dramatische nicht der Wesensart Rilkes.

Wie ebenfalls schon erwähnt, zogen in der Zeit des schon herrschenden Expressionismus, einige Prager Dichter nach Berlin. Längere Zeit blieben der Lyriker Viktor Hadwiger, der 1911 jung in Berlin starb, der Dramatiker Paul Kornfeld und der Romancier Ernst Weiß, vorübergehend hielt sich Rober Musil zu philosophischem Studium in Berlin auf. Alfred Kerr hatte 1906 im »Berliner Tag« eine sechs Spalten lange begeisterte Besprechung über Musils »Verwirrung des

Zöglings Törleß« geschrieben; Kerr schrieb auch die Rezension über die Premiere von Musils Posse »Vinzenz und die Freundin bedeutender Männer« 1923 in Berlin.
Franz Kafka besuchte wegen seiner unglückseligen Beziehung zu Felice Bauer (1912–1917) Berlin einige Male; erschütternde und qualvolle Berichte über diese Besuche stehen in seinen Briefen an Felice, die erst 1970 erschienen.
Durch seine Agilität und flotte Feder, durch seine Fähigkeit literarischer Vermittlung fand Willy Haas in Berlin ein weites und fruchtbares Betätigungsfeld.
WILLY HAAS war 1891 in Prag geboren worden, ein Jahr nach Franz Werfel, dessen Schulfreund er wurde. 1910 gab er die »Herder-Blätter« in Prag heraus, die es nur auf vier Hefte brachten, aber schon die literarische Richtung andeuteten, die Willy Haas einschlug. Mit Werfel begründete er die Reihe »Der Jüngste Tag« im Verlag Kurt Wolff in Leipzig. Mit Ernst Rowohlt gab er ab 1925 in Berlin als Wochenzeitung die »Literarische Welt« heraus.
Der Expressionismus hatte seinen Höhepunkt erreicht, vor allem im Theaterleben mit einer Reihe bedeutender Regisseure, Leopold Jessner, Jürgen Fehling, Erwin Piscator, Max Reinhardt, und mit den Kritikern Otto Brahm, Paul Lindau, Maximilian Harden, Alfred Kerr und Fritz Mauthner. So gut wie alle waren Juden. Berlin erlebte seine »Goldenen zwanziger Jahre« – aber nicht alles, was da glänzte, war Gold.
In seinen Erinnerungen »Die literarische Welt« (1957) hat Willy Haas auch seine Berliner Zeit und deren Männer festgehalten; ein Abschnitt ist der »glücklichen Berliner Zeit« gewidmet, der mit einer weitläufigen Würdigung der Berliner Schnulze beginnt. Willy Haas fand Berlin »ziemlich geschmacklos – aber doch herrlich«. »In Berlin konnte man von allem leben, was man wirklich konnte« – Willy Haas lebte von seinem umfassenden Wissen und seiner redaktionellen Routi-

ne. In seinen Erinnerungen rekapituliert Willy Haas ausführlich und mit Proben den Inhalt seiner »Literarischen Welt« von ihren Anfängen bis zum Ende (1925–1933) als einen wichtigen Faktor des Geisteslebens seiner Zeit, nicht nur Deutschlands; die Weltliteratur gab sich in dem Wochenblatt ein Stelldichein. Es gab dabei mancherlei scharfe Polemik. Die Auseinandersetzung mit Karl Kraus wurde bereits dargestellt. Willy Haas berichtet, daß Paul Kornfeld, der zwei Jahre vor Haas ebenfalls in Prag geboren worden war, Karl Kraus in seinem ersten Drama »Die Räuber« »für den tiefsten Abgrund der Verworfenheit hielt«.
Nach dem Reichstagsbrand 1933 beendete Willy Haas seine Tätigkeit an der »Literarischen Welt«. Er fühlte, daß eine literarische Epoche endete und daß seine Zeit in Berlin abgelaufen war. Er kehrte nach Prag zurück, das er 1939 verließ, um nach Indien auszuwandern.

LANDSCHAFTEN UND STÄDTE I

Von den ehemaligen Elbslawen haben sich die Tschechen als selbständiges Volk erhalten. Wegen der frühen Cristianisierung und des frühen Anschlusses ans Deutsche Reich, die freiwillig erfolgten, blieben sie von einer gewaltsamen Christianisierung und Germanisierung verschont. Sie schoben sich von allen slawischen Völkern am weitesten nach Mitteleuropa herein. In Böhmen bewohnten sie das Innere des Landes, um das sich wie ein Kranz die deutschen Gebiete legten, die durch Gebirge (Böhmerwald, Erzgebirge, Riesengebirge) von Deutschland getrennt waren. In Mähren durchdrangen einander die verschiedensprachigen Siedlungsgebiete.
Die Deutschen, die von den böhmischen Königen ins Land gerufen worden waren und die Randgebiete auf friedliche Weise kolonisierten, gehörten verschiedenen Stämmen an. Das größte und geschlossenste deutsche Siedlungsgebiet war das Egerland, das erst 1322 an Böhmen angegliedert worden war.
Um 1900, dem Ausgangspunkt unserer Betrachtung, lebten in Böhmen 62 v. H. Tschechen und 37 v. H. Deutsche, in Mähren 70 v. H. Tschechen und Slowaken und 29 v. H. Deutsche. In den deutschen Stammeslandschaften entwickelte sich ein heimatlich gebundenes Schrifttum, das sich aber differenzierte und in den Städten anders war als in den beharrenden bäuerlichen Gebieten. Die Dichtung, die aus der heimatlichen Umwelt schöpfte, zeigte ursprünglich bei den Sudetendeutschen eine beachtliche Breite, Frische und Buntheit. Sie verengte sich vor allem nach 1918 in eine zunehmende Isolierung und Nationalisierung, verlor auch an Wahrheitsgehalt durch Schönfärberei.
Die sich immer mehr intellektualisierende Literaturbetrachtung distanziert sich heute von der Heimatdichtung auch dort, wo einzelne Dichter ein geschlossenes und gültiges Gesamtwerk schufen. Um Mißverständnissen vorzubeugen, seien Ur-

teile über die Heimatkunst angeführt, die vor Vorurteilen bewahren können.
Hugo von Hofmannsthal äußert sich mit Bezug auf Jeremias Gotthelf und Gerhart Hauptmann: »Das in einzelnen Stammeslandschaften aufgehäufte Geistes- und Gemütsgut zutiefst religiöser Prägung, im beharrenden Dialekt mit seinen Sprichwörtern und Redensarten schon gestalt-nahe, wird durch einen wachen, wahrhaft berufenen Dichter völlig gestaltete Welt und führt nun von den Augen der Gesamtnation ein nach oben und unten verbürgtes Dasein.«Fritz Mauthner weist im Hinblick auf Ludwig Anzengruber auf einen anderen Zusammenhang hin: »Die Griechen der großen Zeit verdienen sicherlich, unsere Lehrer zu heißen, wie in so vielen Dingen, also auch in der Poesie. Es kommt nur darauf an, was wir von ihnen lernen wollen. Hätten die Griechen, wie wir das seit fünfhundert Jahren treiben, sklavisch ihre Vorgänger nachgeahmt, so hätten sie irgendwelche asiatischen oder ägyptischen Stilarten beibehalten oder eingeführt. Die Griechen stellten sich auf eigene Füße, schufen sich mit ihrem unerhörten Genie eine Heimatkunst, eine Gegenwartskunst. Das ist es, was wir von ihnen lernen sollten, wenn sich nur das dazugehörige Genie gleich mitlernen ließe. Die Griechen waren vor allem Griechen; wir ahmen sie also am besten nach, wenn wir ganz und gar nicht mehr griechisch sind, wenn wir als Deutsche eine Heimatkunst, eine Gegenwartskunst zu gewinnen trachten.«
Heinrich Heine stellt neben das Vaterland die Heimat als Mutterland: »Wie wir unsere Mutter lieben, so lieben wir auch den Boden, worauf wir geboren sind, so lieben wir die Blumen, den Duft, die Sprache und die Menschen, die aus diesem Boden hervorgeblüht sind, keine Religion ist so schlecht und keine Politik ist so gut, daß sie im Herzen ihrer Bekenner solche Liebe ersticken könnte.«

In seiner Betrachtung über Johann Peter Hebel und Jeremias Gotthelf spricht Ernst Bloch von einem »bäuerischen Tao«. – Das beginnende 20. Jahrhundert fand zu anderen Inhalten und Formen hin als das verflossene Jahrhundert. Die Reste des alten und veralteten Schrifttums blieben wie unzeitgemäße Findlinge aus einer früheren literarischen Landschaft liegen. Bei näherer Betrachtung zeigt sich aber, daß das, was überholt schien, beharrlich fortdauerte, ja sogar nach und nach wieder in die so andere Gegenwart zurückgeholt wurde. Ein Beispiel dafür ist Anton Ohorn.

ANTON OHORN (1846 Theresienstadt – 1925 Chemnitz) besuchte nach der Schulzeit im Stift Tepl die Prager Universität, schloß sich der alldeutschen und Los-von-Rom-Bewegung Georg von Schoenerers an und wurde, weil dies als deutsches Bekenntnis galt, evangelisch. In seinen nahezu hundert Veröffentlichungen, die viel gelesen wurden, begann er mit historischen Verserzählungen; »Tschechische Wetter« schildert die Studentenwirren in Prag zur Zeit des Jan Hus. »Deutsches Erbe« eröffnet die lange Reihe von Grenzlandromanen. Der Geschichte galt Ohorns Vorliebe an Romanen und Erzählungen – »Aus Tagen deutscher Not« (1898) –, lobpreist er deutsche Treue und Zucht, deutschen Mannesmut. Er schreibt einen Roman »Los von Rom« (1903) und berichtet über seine Erlebnisse als Klosterschüler. Sein Schauspiel »Die Brüder von Sankt Bernhard« (1905) brachte ihm einen spektakulären Erfolg. 1921 erschien sein Roman um den Dichter Johann Christian Günther.

Ohorns nationalpolemische Thematik veraltete nicht, auch nicht sein einseitiger Historizismus; sie lebten in neuen Formen weiter. Ohorns Gedichte, gesammelt in den Bänden »Von deutscher Art« (1887) und »Ruhland« (1904), fehlten bei keinem Anlaß. Kein Fest, kein Kalender, kein neuer Jahrgang einer Zeitschrift wollte auf ein Gedicht von Ohorn verzichten. Diese Gedichte klingen, als seien sie in den Jahren kurz vor 1938 geschrieben worden.

Nicht Fremde sind wir in dem Böhmerlande,
Und Lüge ist's, daß wir geduldet nur;
Uns knüpfen an die Scholle heil'ge Bande,
Und jeder Schritt zeigt uns der Ahnen Spur;
Was sie dem Lande einstens lieh'n zum Pfande,
Das hüten und verteid'gen wir: Kultur;
Wo immer Blüten heut' in Böhmen prangen,
's ist deutsche Saat, die herrlich aufgegangen.

Im Hinblick auf das Geburtsjahr steht Gustav Leutelt Anton Ohorn nicht fern, aber er steht fern dessen veralteten Formen und nationalem Pathos. GUSTAV LEUTELT (1860 Josefsthal – 1947 Seefelden/Gotha) erreicht mit seinem Werk einen Höhepunkt der Heimatdichtung. Seine Meisterschaft erwächst aus der Beschränkung. Er schrieb nur Prosa. Seine Dichtungen sind von gedanklichen, weltanschaulichen und politischen Problemen unbelastetes, behutsam und klar erzähltes Leben. Form und Gesinnung seiner Romane und Erzählungen atmen Ruhe und Gelassenheit, in die auch harte und dunkle Schicksale aufgenommen werden; eine zurückhaltende Nüchternheit haftet ihnen an. Begrenzt ist ihre Umwelt und Thematik: das Isergebirge und seine Menschen, Bauern, Glasarbeiter, das rasche Wachstum der Kleinbetriebe zu einer weltweiten Industrie und der dadurch der Natur und den Menschen zugefügte Schaden; sie schildern den Ausbeuter und den ausgebeuteten Menschen mit seiner Not und Mühsal, aber ohne sozialpolitische Tendenz, schildern die Landschaft der weiten, stillen Wälder in ihrer Schönheit, Unberührtheit und Einsamkeit.
Leutelt nannte sich einen Waldgänger, aber er ist kein Naturschwärmer und flieht nicht in eine Idylle. Geheimnisvoll ver-

schmelzen Mensch und Natur. »Der alte Rauner, der Wald, spricht: ›Tauch in meine Dämmerung, sie beruhigt; hör auf die Wipfel, sie künden Leben; trink meinen Atem, er gesundet dich; ruh aus auf meiner Scholle; sie ist Heimatboden.‹ Der Wald spricht es zu den Menschen; die hören auf anderes.« Denken, wie der Wald rauscht, hatte sich Adalbert Stifter gewünscht. »Und durch mein ganzes Wesen ward's unaussprechlich klar«, sagte Eichendorff in seinem Gedicht »O Täler weit, o Höhen, O schöner grüner Wald«, einem Lieblingsgedicht Franz Kafkas, der, um sein Wort auch hier zu zitieren, in einem Brief schrieb: »In den Wäldern sind Dinge, über die nachzudenken man jahrelang im Moos liegen könnte.«

Gustav Leutelt, einer der wachen, wahrhaft berufenen Dichter einer Stammeslandschaft, steht in der Überlieferung der großen Erzähler des 19. Jahrhunderts, der späten Klassik und österreichisch-josephinischen Gedankenwelt.

Er hat nahezu ein halbes Jahrhundert lang Land und Leute seiner Heimat erlebt und in sich aufgenommen, bevor er, vorbereitet durch seine schlichten »Schilderungen aus dem Isergebirge« (1899) seinen ersten Roman schrieb. Dieser erschien, wie die folgenden Bücher, in einem der größten Verlage Deutschlands, im S. Fischer Verlag. Der Roman »Die Königshäuser« (1906) schildert den Kampf zweier benachbarter verfeindeter Bauernhöfe bis zur gegenseitigen Vernichtung; dunkle Mächte weben am menschlichen Schicksal mit (das unheilverkündende Dornstweib). In dem Roman »Das zweite Gesicht« (1911) ist der Mensch ihnen ausgeliefert. »Es gibt eine Macht, die so gut in meinem Blute rinnt wie im Waldquell, die im Wolkenschatten fliegt und durch meine Gedanken kreist und selbst in den Träumen oft wie ein ehern Gesetz über mir ist. Der Macht kann ich nicht entrinnen, sie führt mich seltsame Wege.« In einem Roman aus der alltäglichen Arbeitswelt »Hüttenheimat« (1919) wird der Untergang der bisherigen Glasmachersiedlungen, der Heimarbeiter durch die Industrialisierung dargestellt. Auch der Roman »Der Glaswald« (1925) zeigt den Unsegen der Industrialisierung auf. Er schildert in drei Generationen drei Epochen, die alte patriarchalische Gesinnung, das Ausbeutertum einzelner, die Hinfindung zur sozialen und menschlichen Verantwortung im Dienst an der Gemeinschaft. In der Mitte des Romans steht, Sinnbild der Natur zerstörenden und menschenmißachtenden Selbstsucht, der Bruch des Staudamms, den menschliche Habgier der Natur abtrotzen wollte.

Die kleinen Erzählungen Gustav Leutelts wirken wie gute Handarbeit, glasklar und mit feinem Schliff, behutsam jeweils durch Skizzenbücher vorbereitet: »Aus den Iserbergen« (1920), »Das Buch vom Walde« (1928), »Bilder aus dem Leben der Glasarbeiter« (1929).

Leutelt schließt die stillen und großen Schicksale seiner Menschen in Vorgänge der Natur ein, in »Wetterleuchten« und »Johannisnacht«. Hier kehrt die gescheiterte Tochter in einem bitteren Bußgang durchs Dorf in die Hütte der Eltern zurück. An einem »Sonntagmorgen« begibt sich, daß ein junger Ehemann aus dem Bruch Steine für die Treppe seines mühselig erbauten Hauses holen will und durch einen verspäteten Sprengschuß getötet wird. Wie eine Legende ist die Begebenheit »Abseits vom Kriege«. Der durch seine Arbeit entstellte »Einzieher« (er muß im Beruf ein Silbersalz verwenden, wodurch sein Gesicht negerhaft wird) überwindet die Demütigung, deswegen bei der Musterung zurückgewiesen worden zu sein.

Bei einem Waldgang, auf drei Seiten erzählt, begegnet der Dichter zwei jungen, fröhlichen Mädchen: »Jedes trägt ein umfangreiches Bündel, aus dem es mit hellem Goldglanz hervorleuchtet. Eines in der Rechten, das andere in der Linken,

hält seine Last so mühelos, daß es verwunderlich erscheinen mag, um so mehr, als sie sich bei den einander zugewendeten Händen gefaßt halten und die so verschlungenen Arme in jugendlicher Lust hin und her schwenken. Der Kenner weiß freilich, daß die Mädchen nur federleichte Glasperlenreihen gebündelt haben, die sie zum Abfeilen und Anreihen nach Hause tragen.« »Aber auf der Seite des Weges ist bereits das Schattengrau zwischen den Stämmen« – hier sitzt ein müder Alter, der Vagabund, barfüßig, in Lumpen, einmal zum Aufstieg im Leben bestimmt, aber entgleist und gescheitert. Nach dem kurzen Gespräch, das der Waldgänger mit dem Vagabunden geführt, krächzt dieser vor sich hin: »Tamen – homo.« Der Dichter fährt fort: »Doch – ein Mensch? Das Bindeglied konnte nur etiam gewesen sein. ›Doch noch ein Mensch!‹ Das war es.«
Gustav Leutelt, der seinem Vater an dessen Dienstort als Lehrer nachgefolgt war, schrieb 1930 seine Selbstbiographie »Siebzig Jahre meines Lebens«. Als Fünfundsiebzigjähriger wurde er aus seinem Isergebirge vertrieben. Er überlebte die Loslösung von seiner Heimat nur zwei Jahre.
In den verschiedenen sudetendeutschen Landschaften wurde, zumeist von Lehrern, Volkskunde betrieben. Leicht folgte dieser Tätigkeit der Versuch einer dichterischen Gestaltung. JOHANN PETER (1858 Buchwald – 1935 Winterberg) kam von der Volkskunde her und begann mit den zeitüblichen »Sittenbildern aus dem Böhmerwald« (1886), schrieb »Dorfgeschichten aus dem Böhmerwald« (1890) und »Es war im Böhmerwald« (1903), ferner einen Roman »Der Richterbub« (1914). Auch ANTON SCHOTT (1866 Hinterhäuser – 1945 Hueb/Ober-Österreich) wertete die Volkskunde für seine schriftstellerische Tätigkeit als Heimatdichter aus; er verfaßte Bände mit Erzählungen und Romane in einer Zahl, die so groß ist wie die seiner Lebensjahre.

Josef Blau (1872 Neuern – 1960 Straubing) erweiterte die volkskundliche Forschung und die Heimatdichtung beträchtlich und führte sie nahe an die große dichterische Gestaltung. Auf seinen Leistungen, so auf der Geschichte der künischen Freibauern und der Glasmacher, konnte Hans Watzlik aufbauen.

Der stärkste und auch kühnste Gestalter der Menschen und der Landschaft des Böhmerwaldes wurde Josef Gangl (1868 Deutsch-Beneschau – 1916 Wien). Er ist mit dem zeitgenössischen Franz Nabl und dem späteren Emil Merker einer der bedeutendsten sudetendeutschen Epiker. Mit Nabl verbindet ihn das Thema des Dunkels und der Tragik des Menschseins, mit Merker das Thema der Irrungen und Wirrungen der menschlichen Seele. Bei diesen drei Dichtern sind Herkunft und heimatliche Landschaft zwar im Werk einbeschlossen, aber nicht in den Vordergrund gerückt. Das sonst meist auffällige nationale Element fehlt bei Josef Gangl. Er bedarf keiner forschenden Heimatkunde, er erlebt seine Landschaft und trägt die Erlebnisse ohne Umwege in seine Dichtung; er braucht keine Historie als Hintergrund, ihm gilt der Mensch in seiner Gegenwart; er braucht keine romantischen Verzauberungen, keine heimatlichen Sagen und Märchen. Seinen Romanen und Erzählungen ist die Heimat selbstverständliche Lebenswelt. Wo er sie schildert, meint man in einen Urwald geraten zu sein. Gleichermaßen ursprünglich sind seine Menschen und ihre Schicksale, die aus dem Urgestein des Seelischen hervorwachsen.

Auch Josef Gangl beginnt mit »Geschichten aus dem Böhmerwald« (1894), Erzählungen von so ungestümem Temperament, daß sie damals ihresgleichen nicht hatten. Gangl ist kein glatter Erzähler, er erzählt stockend, ruckweise, manchmal unbeholfen. Seine Landschaftsbeschreibungen sind, jenseits jeder Idyllik, grobe Kohlenstiftzeichnungen. Die Erzäh-

lungen »Am Ende der Welt« (1907), »Mein Berg« (1912) sind balladenhaft knapp, sie umfassen jeweils nur wenige Seiten, auch wenn ein ganzes Menschenschicksal berichtet wird, wie in der kurzen Geschichte »Allermanns Lies«. Sie beginnt: »Das schwarze Geäst des nächtigenden Tannes hob sich wie ein wunderliches Spitzengewebe von dem roten Abendhimmel ab. Diese Malerei hatte mitten in dem alten Bergforste einen weißklaffenden Riß: das war der neue Holzschlag. Auf das bloßgelegte Stück des Waldbodens warf eine hoch oben schwebende, zarte Federwolke ihren Widerschein. Das rosige Dämmerlicht wob um den Unterschlupf, welchen sich die Holzknechte für den Sommer geschaffen hatten. Es gab mancherlei Vieh im Walde, welches künstlichere Bauten herstellte. Aber die zwölf Männer fanden es in der tausendlukigen Reisighütte gerade wohnlich genug. Und Allermanns Lies, die ihnen die Wirtschaft führte, war das Hausen unter schlechten Dächern gewöhnt. Allermanns Lies, das war ein Spottname. Das brachte eine giftzüngige Alte dem Mädchen auf, als es mit den Holzknechten in den Wald zog. Die Menschen im Tale sagten so ein Wort lieber als ein ehrendes . . . «
Der Roman »Der letzte Baum« (1908) schildert in fester epischer Form den Niedergang einer Bauernfamilie durch drei Geschlechter. Der letzte Bauer fällt den letzten Baum des schon geschlagenen Waldes und schneidet sich einen Stock für die Wanderung in die Stadt. Wird er sein Bettelstab?
In der Erzählung »Das heilsame Verbrechen« wird ein junger Zitherspieler beschrieben: »Ein schlanker, etwas schwächlicher Bursche, mit einem fast weiblich zarten Gesicht und seltsam träumerischen blauen Augen.« Zwischen ihn und einen Wilderer tritt ein Weib. Die beiden Männer entbrennen in Eifersucht. Da verstümmelt der Wilderer dem Zitherspieler die Hand, indem er sie mit dem Dolch an den Tisch heftet. Beide wenden sich von dem Weib ab, um für- und miteinander

zu leben. Der Wilderer ist glücklich, den verstümmelten Zitherspieler durch seine Arbeit zu erhalten.
Der Roman »Markus der Tor« (1912) enthält viele autobiographische Züge des Dichters, der in Wien als Schauspieler, dann als freier Schriftsteller lebte und sich ähnlich wie Jakob Julius David armselig durchs Leben bringen mußte. Josef Gangl war nur Epiker. Im Jahr seines frühen Todes erschienen die Erzählungen »Mein Amsellied« (1916).
Der um elf Jahre jüngere HANS WATZLIK (1879 Unterhaid – 1948 Tremmelshausen/Regensburg) gilt mit Gustav Leutelt als der bedeutendste sudetendeutsche Heimatdichter. Beider Werke wurzeln in weiten Waldlandschaften und ihren Menschen, im Isergebirge und Böhmerwald. Aber der Wuchs ist bei beiden anders.
So stark die Landschaft das Schaffen eines Dichters beeinflussen mag, so wirkt dieser Einfluß doch immer gebrochen durch die Persönlichkeit des Dichters. Erst sie ist es, die die Umwelt aus ihrer eigenen Art heraus formt. Der Isergebirgler Leutelt ist weit mehr dem Böhmerwäldler Adalbert Stifter verwandt als der Böhmerwäldler Watzlik. Leutelt haftet etwas von der schlesischen Mystik an, sein Stil ist der der deutschen Prosa seit Goethe. Der Stil Watzliks ist dem böhmisch-bajuwarischen Barock verbunden. Der größte Teil seiner Romane und Erzählungen handelt in der Vergangenheit, vorweg um den Dreißigjährigen Krieg, der in Böhmen tiefe Spuren hinterlassen hat. Es ist keineswegs nur eine heile Heimatwelt, die Watzlik schildert.
Leutelts Prosa wirkt legendenhaft, die Watzliks sagenhaft. Das andere Element Watzliks ist das Romantische. Es liegt im Böhmerwald selbst, in der Eigenart seiner Menschen, in ihrer Glaubens- und Aberglaubenswelt, auch in der Familientradition des Dichters – der Urgroßvater war Postillion –, in den Gassen Prags, wo Watzlik studierte, in Andreasberg, dem

höchstgelegenen einsamen Dorf des Böhmerwalds, wohin Watzlik als Lehrer geschickt wurde. Er fühlte sich dem Boden seiner Landschaft verbunden:

Strömend steigt die Kraft aus diesem Bauernboden,
Strömend bin von ihr durchlebt ich und durchflossen,
Aus den Schollen wächst der Schatten meiner toten
Ahnen, deren Pflug einst dieses Land erschlossen.

Der Germanist an der Prager Universität, August Sauer, charakterisiert den Dichter: »Er fühlt sich dem Nächtlichen, Ungebändigten, Urwaldverworrenen verbunden. Weniger die Schönheit des Urwalds schildert er wie sein geistiger Vorfahr (Adalbert Stifter), alles Furchtbare und Dämonische, alles geheimnisvoll Lockende und Gleißende dunkler Wasser und verwirrender Elemente verdichtet sich in seinen Schöpfungen. Die romantische Waldeinsamkeit wird bei ihm zur erzenen Urstille. Über die Jahrtausende gleitet sein Blick bis zu der tierischen Erdgebundenheit des Naturmenschen.«

Watzliks Sprache ist mundartlich eingefärbt, sein Bilderreichtum kann sich zum barocken Schwulst der Schlesischen Schulen und des Pegnitzordens übersteigern, seine Religiosität ist Bauernfrömmigkeit. »Hast ein Lichtlein in dir, feiner als alle Sterne draußen«, sagt der Besenbinder im Spiel »Das Sankt Martini-Haus« – das klingt wie aus Gerhart Hauptmanns »Webern« und: »Gott will in uns aufblüh'n, 's ist ihm bange drüben unter den Geistern. Er will in uns lachen und leiden.« – »Leben: du ruheloses Wandern von Heimweh zu Heimweh.«

Die Erzählungen des ersten Buches »Im Ring des Ossers« (1913) machten sogleich auf die Eigenart des Dichters aufmerksam; sie veränderte sich kaum in seinem vielbändigen Werk, variierte nur. Im »Alp« (1918) erzählt er Geschichten des wäldlerischen Aberglaubens und der menschlichen

Urängste; im Dreißigjährigen Krieg handeln die Romane »Aus wilder Wurzel« (1920) und »Der Pfarrer von Dornloh« (1930), dem der tschechoslowakische Staatspreis für Deutsche zugesprochen wurde; »Ums Gotteswort« (1926) schildert den Freiheitskampf der oberösterreichischen Bauern unter Stefan Fadinger. Romane um berühmte Gestalten sind der »Phönix« (1916) (es geht um den Dichter Johannes von Saaz), »Der Meister von Regensburg« (1940): er erzählt das Leben des Malers Albrecht Altdorfer; »Die Krönungsoper« (1935): sie schildert noch einmal Mozarts Reise nach Prag, diesmal zur Aufführung seiner Oper »Titus« anläßlich der Krönung Kaiser Leopolds zum König von Böhmen, »Die romantische Reise des Herrn Carl Maria von Weber« (1932): sie schildert dessen Weg durch den Böhmerwald, auf dem er die Anregungen zum »Freischütz« erhielt. Nicht auf die geschichtsgetreue Darstellung kommt es dabei Watzlik an, sondern darauf, zu finden und zu erfinden, auf die Fabulierlust. Die lebt sich auch aus in einer Dreiheit von Romanen: »Schloß Weltfern« (1921) wiederholt noch einmal Adalbert Stifters »Narrenburg«; vom Geist des Eichendorffschen »Taugenichts« ist, was sich in den »Abenteuern des Florian Regenborgner« (1919) unterm Weltfernen Schloß begibt; schließlich überschlagen sich im Bergwalddorf die Eulenspiegeleien, die deftigen Schelmereien und der strotzende Lebensübermut des »Fuxloh« (1922) in grotesker Derbheit.

Watzlik hat gern den Mund voller Späße, sein Lachen kann toll und ausgelassen werden, der Spott zum Schaden grimmig. »He, Gregor, wenn du einmal heiratest, dein Weib wird es gut haben, sie kann dich zweimal halsen, einmal überm Kropf, das anderemal unterm Kropf.« Er hat eine Fülle humoristischer Gestalten geschaffen; sie gleichen verschroben geschnitzten Dorfheiligen, grellfarbenen Krippenmännlein oder Bienenstöcken, die Heilige darstellen, durch deren Nabel die Bienen ein und aus fliegen. Sie stehen in langer Reihe vom derben Kaspar Dullhäubel bis zu den Dorfmusikanten in »Schloß Weltfern«, die Ferdinand Staeger in einer Radierung festgehalten hat.

Umrankt werden die Hauptwerke von vielen Sagen-, Legenden- und Märchenbüchern.

Barock kündigt sich die Lyrik schon durch den Titel des Bandes »Der flammende Garten« (1921) an, barock und romantisch, dazwischen singt es volksliedhaft von Liebe und Lust und zum Preis der Heimat.

Nun brennt der Mond geruhig
über die Wälder hinaus
Und legt die funkelnde Heimat
Wie einen Kronschatz aus.

Des Dorfes weiße Mauern,
Die Firste silbergesäumt,
Und silbrige Ährenwipfel –
Gedämpft der Brunnen träumt.

Ein letztes Einödglöcklein
Zagt fernwo und verhallt.
Vergessene Schwedenschanzen
Umschlummert der schwarze Wald.

Heimat, du meine Erde,
Du muttereinziger Ort!
Heimat, du wundervolles,
Du starkes, gutes Wort.

Nur selten nähert sich Hans Watzlik der Gegenwart, so in dem Roman »Das Glück von Dürrnstauden« (1929), in welchem arme Bauern durch Graphitfunde reich werden, um in noch tiefere Armut zu verfallen; in der »Letturner Hütte«

(1932); vor allem in dem frühen Roman »O Böhmen!« (1917), der die Thematik zweier Romane Fritz Mauthners aufgreift. »O Böhmen!« ist kein einseitiger nationaler Tendenzroman; er versucht, auch das andere Volk in seiner Eigenart darzustellen, und ist echt in der Schilderung der Prager Verhältnisse am Anfang des 20. Jahrhunderts und der gegensätzlichen Welt eines Böhmerwalddorfes. »O Böhmen! Zwei Völker flammen in gleicher Inbrunst zu dir hin, ihre Sehnsucht aber wird zum Fluch, der ewig wuchernd auf dir ruht. Land des Vaters, Land der Mutter, Land der kommenden Kinder! Wie liebe ich dich! Wie bange ich um dich!«

Jakob Julius David, dessen Dichtungen der mährischen Landschaft verbunden sind, und Hans Nikolaus Krauss, der die Stadt Eger und das Egerland in einer Romantrilogie geschildert hat, sind schon in einem anderen Zusammenhang dargestellt.

Die Reihe der in der Kleinstadt handelnden Romane eröffnet HERMANN WAGNER (1880 Tanndorf/Nordböhmen – 1927 Großschönau/Sachsen). Er sieht die Kleinstadt abgeschnürt, eingeengt und engstirnig, großmannssüchtig, voll stickiger Luft und angefüllt mit all den großen und kleinen Lastern. Wagner wurde in einem Prager Kloster erzogen, arbeitete sich vom Kontoristen und Kohlenhändler zum Schriftsteller empor, lebte bis 1910 in Warnsdorf, später in Sachsen. Zunächst erscheinen seine Gestalten hilflos und ratlos dem Geschlechtlichen ausgeliefert; die klösterliche Erziehung mochte dem Dichter diese Last aufgebürdet haben. Einer der ersten und einer der letzten Romane Wagners tragen leitmotivische Titel: »Das dunkle Tor« (1912) und »Der Abgrund« (1921). Wagner steht der verdüsterten Welt Franz Nabls nahe; auch ihm ist die Liebe eine übermenschlich schwere Last, die dem Menschen zu tragen aufgezwungen wird. Die ersten Erzählungen, genaue Seelenschilderungen in knapper Form, »Die rote Flamme« (1908) und »Feindliche Mächte« (1909) stellen Irrungen und Wirrungen des Geschlechtlichen dar, wie auch der Roman »Aus der Tiefe« (1914): Zwei Junggesellen werden durch ein Weib auseinandergerissen; der eine verfällt einer Dirne, das Erlebnis mit ihr befreit ihn und wird ihm zur Erfüllung. Die Erzählungen greifen über die modische »Bordellpoesie« hinaus. Da ist die Dirne, die Geld sammelt, um den geliebten Mann heiraten zu können. Da ist das uneheliche Kind, das seinen Vater sucht, und ihn, da es ihn heimlich durchs Fenster gesehen, hassen muß, weil er die Mutter im Stich gelassen hat. – Zwei todgeweihte Menschen treffen einander und finden in einer Liebesnacht ihre erste und letzte Erfüllung. Der Roman »Bekenntnisse« (1915) gipfelt in der Erkenntnis des treulosen Mannes an der Bahre der Frau, die er verlassen hat – der Erkenntnis, was Liebe sei. Man erinnert sich der Erzählung »Die Totenwacht« von Marie von Ebner-Eschenbach. Während in dem Roman »Die Rächer« zwei Verbrecher im Gefängnis einander ihr Leben und ihre Untaten erzählen, erkennen sie, wohin ihre Herz- und Lieblosigkeit sie gebracht hat.

Wagner ist ein großer Seelenkenner und sicherer Gestalter. Es geht ihm um die Abgründe des menschlichen Daseins, die er mit innerer Anteilnahme, aber ohne Gefühlsüberschwang aufzudecken versteht. Als eine Idylle beginnt der Roman »Das dunkle Tor« (1912) mit der erwachenden Liebe eines jungen Gymnasiasten. Die Idylle löst sich auf, der Junge versagt und scheitert an seiner Liebe; das Ende ist sein Tod in einer trostlosen Winternacht. Der Roman hat Leitmeritz zum Hintergrund. Wie auch sonst, steht Wagner hier Dostojewskij nahe, z. B. dessen Erzählung »Ein kleiner Held«.

Der Roman »Schiestl« ist eine Anklage gegen die rücksichtslosen Menschen und ihre Profitgier in der verwahrlosten Zeit nach dem Ersten Weltkrieg.

Hermann Wagner starb früh, sein Werk ist vergessen. Es fügte sich nicht in die gängige Heimatpoesie. Auch ein ihm nahestehender Dichter starb früh, auch sein Werk ist vergessen. Im selben Jahr, in welchem Wagner seinen Nachkriegsroman schrieb, erschien Johannes Thummerers Roman »Krämer der Seelen« über das Treiben von Wucherern und Schiebern nach dem Krieg.

Auch JOHANNES THUMMERER (1888 Marienbad – 1921 Leipzig) sieht die Kleinstadt als alles andere denn idyllisch.

Thummerer hatte das Gymnasium in Komotau besucht, dann die Universität in Prag. 1915 kam er als Bibliothekar an die Deutsche Bibliothek nach Leipzig. Er wurde zweimal zum Kriegsdienst eingezogen und erlag 33jährig der Tuberkulose. Die früheste Prosadichtung Thummerers ist »Der letzte Brief des Grafen von B.« (1909). Sie ist erfüllt von der Unruhe der Zeitenwende, vom Überdruß und Ungenügen am ausgelaugten Alltagsleben, Ausdruck einer Zeit- und Lebenskrise. Thummerers Brieferzählung ist abhängig von den beiden zeitkritischen Dokumenten Hugo von Hofmannsthals, dem »Brief des Lord Chandos an Francis Bacon« und den »Briefen eines Zurückgekehrten« (1907). Thummerers »Letzter Brief des Grafen von B.« schließt: »Und wer siegt? Der gewöhnliche, der Alltagsmensch! Der Mensch mit den gesunden Lebensinstinkten; sie leiten ihn leicht über alle Fährlichkeiten hinweg . . . Und was ist das: gesund leben? Das ist Gemüse züchten oder ein ehrbares Handwerk treiben, sich redlich mühen und den Bauch streichen. Ich kann Ihnen sagen, wie mir davor graut.« – Aus Ekel vor einem solchen Leben erschießt sich der junge Graf von B. »Gott weint in uns«, hieß ursprünglich der Roman »Hannerle« (1914), die Geschichte der verwaisten blinden Ennepeer, der Sehenden unter seelisch Blinden und hartherzigen, eigensüchtigen Kleinbürgern; die Blinde rettet sich in ein reines und erfülltes Leben.

Auch im zweiten Roman, »Die tanzende Familie Holderbusch« (1918), geht es um eine Rettung zweier Menschen aus der dumpfen Gemütlichkeit, dem Absinken in die stumpfe Stammtischseligkeit. Das Milieu kannte Thummerer aus dem väterlichen Gasthof in Marienbad und dem der Großeltern in dem nachbarlichen Kleinsichdichfür.
Während der Militärzeit entstand der Roman »Barbiemädel« (1917), in welchem Thummerer das Bild des späten Österreichs mit seinen verschiedenen Gesellschaftsschichten und Völkern in feinhöriger Sprachunterscheidung wie in einem Zerrspiegel wiedergibt.
Schließlich der Roman »Krämer der Seelen« (1921), der das trübe und verfallende Leben nach dem Weltkrieg in einer Großstadt (Leipzig) festhält. Nun ist dem Dichter das Leben nicht mehr nur fragwürdig, sondern zerscherbt, ein Dasein voller Rücksichtslosigkeit, voll der nackten Geld- und Überlebensgier und des Seelentodes.
Die nachgelassenen Werke blieben unveröffentlicht, der Roman »Der Herr aus dem Spiegel« und die Erzählungen »Der Scheibenputzer Joachim Janke« und »Die schwarze Stadt«.
Johannes Thummerer war aus dem neuromantischen Spätimpressionismus zum Expressionismus gelangt, wurde dem früh gestorbenen, heute vergessenen Prager Lyriker Victor Hadwiger (1879–1911) ähnlich, der zu den frühesten Expressionisten gezählt wird.
Die Lyrik Thummerers sammelt der Band »Menschen–Städte–Feierklang« (1920). Es sind unruhige, schmerzvolle Verse und Anklage gegen das verdorbene Leben in den Städten, gegen deren Häßlichkeit und Heimatlosigkeit. Sie erinnern an die Gedichte um Armut und Tod in R.M. Rilkes »Stundenbuch«. Thummerer war Rilke auf Schloß Duino als Bibliothekar des Fürsten von Thurn und Taxis begegnet.

O Du, der Schnee und Hagel auf die Erde
und Weh auf Menschenherzen fallen läßt,
der ewig sendet alles Nichtbegehrte,
in Trauer wendet jedes Freudenfest –
wann sagst Du mit erlösender Gebärde:
»Nun sei beendet Leiden und Gebrest!«
So beten seit Jahrtausenden und meinen
die Menschen, dieses Wort sei nimmer weit;
aber ich weiß, die Zeit, in der Du Deinen
Entschluß bekundest, ist nach unsern kleinen
beengten Sinnen eine Ewigkeit.
Und eh sich zur erlösenden Gebärde
nur einer Deiner milden Hände hebt,
wurden wir alle längst zu Staub und Erde,
und tausend andre, die nach uns gelebt.

In dem Gedicht »In einer fremden Stadt« steht der Vers: »Durch schwarze Gassen die dunklen Krüge der Trauer schleppen.« Was bleibt in der Entfremdung einer heillos erscheinenden Welt?, fragt der Dichter. Er antwortet sich: »Mein Herz soll die Welt sein.«

Für VIKTOR FLEISCHER (1882 Komotau – 1952 England) bedeutete das Erzgebirge das, was das Egerland, das Isergebirge und der Böhmerwald für Hans Nikolaus Krauss, Hans Watzlik und Gustav Leutelt war. Viktor Fleischers Romane und Erzählungen ergeben in der Darstellung des herben Erzgebirges und seiner Menschen ein geschlossenes Ganzes. Fleischer war Arzt und Jude, Jude aus der Provinz mit Anhänglichkeit an die Heimatlandschaft, zugleich mit kritischem Blick für bestehende Verhältnisse und zeitbedingte Veränderungen. Ihn plagten nicht weltanschauliche Fragen wie die Prager Dichter, er stellte das Leben dar, wie es sich ihm darbot, und prüfte es.

Am Anfang stehen die heiteren »Geschichten vom Löffler« (1912), einem hinterwäldlerischen Bauern, daneben die Skizzen »Der Himmel voller Wolken« (1910), die von Leid und Kümmernissen in den armseligen Hütten, vom harten Schicksal kleiner Leute berichten, knapp in der Darstellung und ergreifend. Im Roman »Das Steinmetzdorf« (1906) bringt die Prozeßsucht der Bauern ein Dorf an den Rand des Abgrundes. Ein ähnliches Motiv wie Johannes Thummerer greift Viktor Fleischer in dem Roman »Der Krug zum grünen Kranze« auf; das allmähliche Versinken eines jungen Gymnasiallehrers ins stumpfe Bierphilisterium und in hohle Großsprecherei. Der Titel des Romans ist der erste Vers eines Studentenlieds – die Hauptgestalt des Romans kann aus der alten Burschenherrlichkeit nicht herausfinden. Hier begegnet wieder die Welt von Karl Hans Strobls Studentenromanen. Im selben Milieu handelt der Roman »Der Wirt vom Berge« (1912) – welche verhängnisvolle Rolle haben die Wirtshäuser in den kleinen Städten gespielt! Eine halbverhungerte Schauspielergesellschaft kommt in ein Gebirgsdorf (diese herumziehenden Schauspielergruppen waren typisch für die sudetendeutschen Kleinstädte, Vermittler der Kunst in einer wunderlichen Form). Die verwitwete Wirtin vom Berge verliebt sich in einen der Schauspieler und gibt ihn nicht mehr frei – der armselige Weltenbummler wird nach allerlei Kämpfen zum dörfischen Gastwirt.

»Wendelin und sein Dorf« ist Fleischers bedeutendstes Werk. Wendelin Bachseits, der Sohn eines Bauern, entfremdet sich durch sein Studium der Heimat, aber in der Großstadt erfaßt ihn eines Tages beim Anblick eines kleinen Kramladens Heimweh. Er kehrt als Arzt in sein Dorf zurück. Dort muß er erleben, wie sich das Dorf sich selbst entfremdet, die ländliche Kultur abstirbt. Mietskasernen werden gebaut, Fabriken errichtet. »Sie zerstören mir so viel, sie zerwühlen mir den

Boden, sie zersetzen mir die Bevölkerung, sie fressen mir die Tradition auf.« – »Und das Fachwerk schau dir an: wie nobel das ist . . . man spürt ordentlich, es gehört dazu wie die Knochen zum Körper.« – Obwohl Wendelin den Dörflern viel Liebe entgegenbringt, muß er sich eines Tages eingestehen, daß sie ihm fremd geworden sind. Auch er ist den Dörflern fremd geworden, wegen seiner jüdischen Frau muß er schließlich das Dorf verlassen.

Viktor Fleischer hat sein eigenes Schicksal schon früh vorausgeschildert. Die Novellen seiner Bände »Der Absturz« (1925) und »Nächtliche Begegnung« (1929) sind düster. Fleischer mußte 1938 die Heimat, der er sein dichterisches Lebenswerk gewidmet, verlassen; ihm glückte die Flucht nach England.

Seinen Bruder MAX FLEISCHER (1880 Komotau – 1941 gestorben in einem Konzentrationslager) ereilte das Schicksal. Max Fleischer, von Beruf Bankbeamter in Komotau, war Lyriker. Seine Gedichte sind formstreng, zart durchklungen, erfüllt von einer magischen Gemeinsamkeit des Menschen mit der Natur und dem dörflichen Leben.

> Farbige Formen, armselige eckige Steine!
> Über die bräunlichen Brocken
> des Ackers zittern die Strahlen.
> Strähne schweben vom Wocken,
> selig spinn ich am All.

Seine Gedichtbände tragen die Titel »Traum und Schöpfung« und »Sommer – ein Erntekranz«; »Der Prozellanpavillon« enthält Nachdichtungen aus dem Chinesischen.

Wie sehr Max Fleischer in der ländlich-bäuerlichen Welt verwurzelt war, zeigt das Gedicht »Reiche Ernte«:

> Die Garben sind schon reif zum Binden.
> Die Teiche liegen kühl und klar.

In dunstverhüllten Ackergründen
Entzündet sich ein reiches Jahr.

Wetz deine Sense, feg' die Tenne;
Der Sommer flieht schon wälderwärts.
Schür deine Herzglut, daß sie brenne,
Der Winter naht, mein Sommerherz.

Denn ist die Garbenpracht geschnitten
Und eingeheimst von brauner Hand,
Rütteln die Winde die Wipfel und schütten
Rostrote Blätter auf dein Land.

Dann kommt der Herbst herab vom Hügel
Und reitet, reitet sonder Rast
Und ist davon, eh du der Bügel
Goldblitzen aufgetrunken hast.

Dein Haus ist groß. Die Speicher tragen.
Du bautest alles hoch und breit.
Drum wärm' dich, Herz, in diesen Tagen
An deiner reichen Erntezeit.

FERDINAND BERNT (1876 Milschoves – 1915 Kruschewatz/Serbien) befand sich jahrzehntelang auf Wanderschaft. Sie begann schon in der Kindheit, da der Vater Pächter verschiedener Dorfwirtshäuser war. Ferdinand Bernt besuchte einige Dorfvolksschulen, erlernte in Komotau die Holzbildhauerei (die Lehrerbildungsanstalt mußte er wegen wirtschaftlicher Schwierigkeiten der Eltern verlassen), arbeitete als Xylograph, Knecht und Kellner, wurde schließlich in Wien Lehrer und schloß sich der Arbeiterbewegung an. Er starb an einer Kriegsverwundung in einem serbischen Feldlazarett.
Dieses harte und unruhige Leben fand zu Dichtungen von großer Zartheit. Seinen frühen Gedichtband nannte Bernt »Moderne Stimmungsbildchen« (1893); modern, das hieß da-

mals neuromantisch, impressionistisch. Dieser Stil ist breitangelegten Romanen wenig günstig. So nehmen die seelenvollen Landschaftsbilder in Bernts Roman »Tills Irrgänge« (1907) zu großen Raum ein und verhindern eine durchgestaltete Prosa. Auch den Problemen seines in Reichenberg handelnden Romans »Der Bund der Freien« (1910) war Bernt nicht gewachsen. Mit dem Roman »Suchende Seelen« (1909) kehrte er zum Stil seines ersten Werks zurück und setzte es in den Erzählungen »Die Liebe suchen« (1913) fort. Dazwischen liegt, veranlaßt durch die Studentenkrawalle in Prag, die Tragödie »Zwischen zwei Sprachen« (1906), ein Dokument des Nationalitätenkampfes. In seinen letzten Erzählungen, »Der Traum des Bruders Severin« (1913) setzt, beeinflußt durch Hans Watzlik, der den Dichter schätzte und förderte, ein Stilbruch zu einer barock aufgewühlten Form ein. Ferdinand Bernts Schaffen wurde aufmerksam verfolgt und vielfach gewürdigt. Rudolf Wolkan behandelte ihn in seiner »Geschichte der Literatur in Böhmen und in den Sudetenländern« (1925), der Prager Dichter Paul Leppin schrieb über Bernts Erstling »Tills Irrgänge«: »Nicht im Inhalt liegt das Wertvolle des Buches, vielmehr in seiner Art. Den Atem der böhmischen Ebene, die halblaute, wehmütige Sprache der Landschaft hat Bernt eingefangen, seine Menschen haben jene rührende Beziehung zu den Wolken, den Feldern, dem Regen, die uns bei Hermann Hesse so wundersam anmutet.«
JOSEF JOHANN HORSCHIK(1874 Schönhof – 1955 Dresden) stammt wie Ferdinand Bernt aus der Saazer Landschaft, deren verdüsterte Schwermut später Emil Merker gestalten sollte. Hier bei Horschik ist diese Schwermut noch Wehmut, ratlose Trauer, leises Abschiednehmen.

Die Zeit schleicht müd an mir vorbei, die Zeit,
Und ihre Züge werden welk und müder,

heißt es in Horschiks »Liedern des Wanderers« (1905). Noch macht sich der später starke Einfluß R. M. Rilkes nicht bemerkbar, aber um so mehr der Einfluß Gustav Falkes in »Herddämmerlicht, Herddämmerglück«. In der Nachfolge von Hermann Hesses ersten Büchern, »Unterm Rad« und »Peter Camenzind«, steht Horschiks Künstlerroman »Johann Lister«; er schließt: »Von den Bergen waren sie gekommen und gingen nun im Tale; eben sind ihre Wege, und die Luft singt und ist heiter. Sie schauen nicht die Feuer der Firnen und nicht das Glühen der Gipfel, sie gehen in tiefen, heimlichen Gärten und wandeln langsam. Fern ist die Welt mit ihrer Hast, nahe die Traulichkeit der Stille. Flieder sinkt auf die Gartenbeete, Rosen glühen, welken. Sie wandeln langsam. Die hohen Sonnenblumen berühren ihre Scheitel und streifen sie schwesterlich; die Stille schaut mit gelassenen Augen zu ihnen hinüber; leise spielt der Wind in den Kronen, Lister beugt sich zu seinem Weib und spricht mit Beben von seiner großen Liebe.«

In der Prosa des früh gestorbenen JOSEF SCHICHT (1880–1909) klingt das Volkslied mit. Die Erzählungen »Reif im Frühling« (1906) und »Böhmischen Volkes Weise« mischen sich mit traumversponnener Lyrik: »Tiefe Stunde« und »Cello am Abend«.

Kein Laut der aufgeregten Zeit klingt noch in der sommerlichen Stille der Erzählung »Es waren zwei Königskinder« von JOSEF STIBITZ (1872 Křešnic-Leitmeritz – 1947 Grafenau/Bayern). Theodor Storms »Immensee« ist hier noch einmal erzählt. Auch bei Stibitz handelt es sich um eine Rahmenerzählung, darinnen ist die Liebe zur Heidelandschaft, sind die beerensuchenden Kinder, das Zigeunermädchen, Thymianduft, das Volkslied – »Wenn die Nachtigallen nicht mehr schlagen ...« und »Der Reigen« (1905) bringen »Heimatskizzen aus deutschböhmischen Geländen«, wie das Bändchen gleichen Namens. In den »Liedern und Weisen« stehen Mundartgedichte von großer Kraft des Ausdrucks und der Bilder, so »Vor dar Ernta«:

> Es brüht und schwühlt da Sunna
> Ein Feldern hees und worm.
> Dar Wind, dar wühlt eim Korna
> Mit guldichrut'n Orm.
> Su wie e Pauernweibsbild,
> Dos warkt und bock'n tut . . .
> Ma spürt a schun 'n Broud'n
> Ols wie vo frischn Brut.

Ein Prototyp des Heimatdichters ist Josef Hofmann (1858 Karlsbad – 1943 Karlsbad). Er schrieb nur in der Mundart; da das Egerländische schwierig ist, blieb seine Wirkung auf das Egerland, vor allem auf Karlsbad beschränkt. Hier waren seine Vorfahren seit dem 16. Jahrhundert als Handwerker ansässig. Er war Schullehrer, zwei seiner Schüler waren E.G. Kolbenheyer und der Holzschneider Walther Klemm.

Wie viele Heimatdichter ging auch Hofmann von der von ihm mit betriebenen Volkskunde aus. Seine zahlreichen Bücher mit Gedichten und Erzählungen tragen die Untertitel Scherze, Plaudereien, Schwänke, Schnurren und Scherzreime, von »Puaplrausn« (1901) über »A Lediezerl« (1914) bis »Mir riadn üachalandrisch« (1922). Seine meist heiteren Volksspiele sind ebenfalls in der Mundart verfaßt.

Seine Landsleute verehrten ihn. Er wurde Ehrenbürger von Karlsbad und vielen anderen Egerländer Städten und Ehrensenator der Deutschen Universität in Prag; beigesetzt wurde er in einem Ehrengrab der Stadt Karlsbad. Kolbenheyer widmete ihm zum 80. Geburtstag ein Gedicht, Josef Hofmann schrieb seinem Schüler die Verse »Oin va mein Schöllbouwan ins Ståmmböichl«; das Gedicht schließt:

Da(n) Volk, dös soll da's Häichsta sa(n),
U gang aa-r ålls af Scherbm;
A Eghalanda gi(b)t si(ch) niat,
U möißt ea(r) drüwa sterbm!

Die Erinnerung an Josef Hofmann hält Otto Zerlik in seinem Gedenkbuch »Egerland mein Heimatland, Josef Hofmanns Art und Erbe« (1955) wach.

Immer ist es der Kreislauf des Jahres, den die Heimatdichter, mit der Natur eng verbunden, Kranz um Kranz in Versen flechten, so auch ANTON HAUBNER (1879 Neuhaimhausen/Tachau – 1961 Coburg) in den Büchern »Sonnenschein« (1924), »Frohe Erntezeit« (1925), »Winters Herrlichkeit« (1926). In dem grünen Jahreskranz leuchten, wie auf Bauernmöbel gemalt, die bunten Blumen des Brauchtums, das das Jahr der Arbeit und die Feste begleitet. Die Fabulierfreudigkeit der Dörfler lebt in Haubners »Erzählungen vom blinden Märchenmann« (1922) fort und in den für Kinder erfundenen Märchen. Haubner verfaßte überdies das Egerländer Mundartenbilderbuch »Unna Hausal«.

Das Erzgebirge singt sich aus in den selbstvertonten Liedern ANTON GÜNTHERS (1876 Gottesgab – 1937 Gottesgab), die, wie das Feierabendlied und »Wu da Wälder haamlich rauschen« zu Volksliedern wurden und Jahrzehnte nach der Vertreibung noch gesungen werden. Diese Lieder sammelte Anton Günther im »Erzgebirgischen Liederbuch« (1906) und in »Vergaß die Haamit net!« (1912). Sein Leben als Bauer und Volkssänger erzählt er in dem Buch »D'r Tolerhans-Tonl« (1919). Als die Wogen der lauten und unbarmherzigen, politisch aufgewühlten Zeit über dem schlichten Volkssänger hochschlugen, beging er Selbstmord.

MAX TANDLER (1893 Zinnwald) sammelte die Spruchweisheit des Erzgebirges, verfaßte einen Spruchkalender und besang die karge und herbe Erzgebirgslandschaft in den Mundartgedichten »Mei Gebarcha du!« (1936) und »Bargwind« (1937).

Die verschiedenen, auch in der Mundart und Eigenart unterschiedlichen sudetendeutschen Landschaften waren reich an Brauchtum, Spruchweisheit, Sagen, Märchen und Liedern, die schon früh erforscht und gesammelt wurden. Johannes Urzidil hat in seinem gründlichen Buch »Goethe in Böhmen« über das Interesse Goethes an der Volkskunde im Raum zwischen Karlsbad und Eger berichtet; der Egerer Magistrats- und Kriminalrat Josef Sebastian Grüner hatte gründlich geforscht und konnte Goethe viele Auskünfte geben. Allenthalben wurde gesammelt und festgehalten. Ein Beispiel dafür ist Josef Georg Meinert, der als Gymnasiallehrer an die Deutsche Universität in Prag berufen wurde, wo schon früh ein Lehrstuhl für Volkskunde bestand. Er hat die Volkslieder aus dem Kuhländchen (1817) gesammelt, wobei sich der Einfluß Herders geltend machte. Im liederreichen Mähren ist übrigens die sudetendeutsche Singbewegung verwurzelt. Walther *Hensel* (Janitschek) (1887 Mährisch-Trübau) begründete durch die Finkensteiner Singwoche 1923 die Neubelebung des Volkslieds.

RICHARD SOKL (1884 Trübenz/Mährisch Neustadt – 1966 Wien) schrieb, schon in Wien lebend, in der Mundart seiner Heimat »Bliemlan ond Krättich« (1924) und »Gedichtlan aus Räwerschdorf« (1926) und erzählte in zwei Bänden die heiteren »Geschichtlan vom Schmiedeseff« (1929–1931). JOSEF HAUPTMANN (1882 Deutsch-Jassnik – 1929 Neutitschein) sammelte seine Mundartlyrik in den Bänden »Die Bauerntruhe« (1922) und »Die bunte Almer« (1925). RICHARD HAUPTMANN (1908 Oderfurt – 1970 Coburg) erzählte und dichtete eine »Kuhländer Hauspostille«.

Es grünte, blühte und fruchtete in Erzählungen und Versen

rund um das tschechische Binnenland, sang von häuslichem Glück und dörfischer Geborgenheit. JOSEF BENESCH (1873 Haindorf – 1939 Friedland), heimatkundlicher Forscher und Sammler aus Nordostböhmen, brachte eine reiche Ernte an mundartlichen Erzählungen und Gedichten ein, »Orlnblätter on Buchnloub« (1903), »Iserklänge« (1905–1907), »Sißholz on Sauerhoampf« (1912), »Vo drhejm« (1928), »Vo Rübzuajls Kanzl« (1933). JOSEF SCHWAAB (1856 Böhmisch Kamnitz – 1932 Bensen) erzählte heitere Geschichten aus seiner nordböhmischen Heimat, »Die Muhme Rese« (1894), »Pachnaz« (1894), »Da Ruschlbuschl« (1911), »Gemens'l« (1911), »Die Bittner Lene« (1928). Das Volk lachte gern und liebte heitere Gedichte und Geschichten. Die Mundartdichter, zumeist Lehrer, zeigten oft eine Vorliebe für alte, klassische Formen, denen wir noch begegnen werden; Josef Schwaab schrieb ein Epos über »Die Bürger von Rufach« (1904). – Die abgelegenen sudetendeutschen Kleinstädte waren keineswegs von der gesamtdeutschen Literatur abgeschnitten; die Bücher der meisten Autoren erschienen in Österreich oder in Deutschland. FERDINAND GRUNER (1872 Freudenstadt – 1920 Trautenau) schuf ein umfangreiches Gesamtwerk in Komödien, Romanen und Erzählungen aus der kleinstädtischen Umwelt, humorvoll, mit einem Schuß Ironie. Man merkt den Einfluß Wilhelm Raabes und Theodor Fontanes. Der Blick in die große Welt, und die ist vor allem Wien, fehlt nicht. »Man sprach angeregt und noch mit jener milden Gleichgültigkeit über diese Tage: Praterfeste, Burgtheaterabende und Ausstellungen.« – »Dieses Zürich, das immer lustig ist, immer ein fröhliches Gesicht hat. Das tanzt und lacht, reitet und ficht und trinkt gemütlich bei Konzerten seinen Kaffee.«

Der erste Roman, »Der Limauer Kollege« (1902), in der Nähe zur »Chronik der Sperlingsgasse« entstanden, blieb Ferdinand Gruners bestes Buch. Es ist ein Journalistenroman, mit einem lungenkranken Knaben im Mittelpunkt. Der Roman »Schulrat Lerchbaums Onkelschaft« (1915) ist ein köstliches Buch, das genug komische Figuren einer Kleinstadt enthält, um die lustigsten Verwicklungen zuwege zu bringen. »Sieg« (1917) schildert in kurzen, von August Brömse illustrierten Impressionen das kleinstädtische Leben während des Weltkriegs. Man merkt ihnen die Hand des Feuilletonisten an. »Alle waren in der feldgrauen Uniform, die so sehr an herbstliche Fluren erinnert«, sagt er von verwundeten Soldaten, die von der Front in das Heimatlazarett gebracht werden; während sich ein erblindeter Verwundeter aus dem Wagen zu steigen abmüht, bricht die Sonne durchs Gewölk, »eine junge Birke, die neben dem Magazin stand, war davon in flüssig Feuer getaucht.«

Die Lebensbejahung durchzittert eine heimliche Wehmut. Gruners letztes Buch, »Im Zauber der Schneekoppe« (1920), schließt: »Nun wird es ruhig in meiner Brust. Wenn dieses lachende Märchen des Lebens durch die Fenster hinausschwirrt, dann beginnt es zu singen und zu blühen auch in mir. Denn alles Leben ist doch ein Märchen nur.«

In Mähren wurden bedeutende Wissenschaftler geboren; der Mathematiker, Physiker und Philosoph Ernst Mach (1838 in Turas – 1916), der Arzt und Psychologe Sigmund Freud (1852 Freiberg – 1939) und der Phänomenologe Edmund Husserl (1859 Proßnitz – 1938). Sie übten auf die Literatur einen maßgebenden Einfluß aus. Brünn hat im Gegensatz zu Prag keine überragende dichterische Persönlichkeit hervorgebracht, geschweige denn so etwas wie einen Brünner Kreis. Soweit die Dichter aus Mähren und Brünn nicht in dem Abschnitt »Im Umkreis Österreichs« behandelt wurden, sollen sie hier nachgetragen werden.

Hieronymus Lorm (Heinrich Landesmann) (1821 Nikolsburg – 1902 Brünn) kam erst spät, taub und halbblind aus

Wien nach Brünn. Seine schriftstellerischen Werke sind epigonal, in seiner Lyrik (»Nachsommer«) spricht er eine Gedankenwelt aus, die sich aus tiefstem Pessimismus immer mehr erhellt, indem der Schwerpunkt des Lebens nach innen verlagert wird. Zunächst sieht er den Menschen aus der Heimat verstoßen, die Erde als ein Jammertal, nur ein teuflisches Wesen kann die Erde geschaffen haben. Aber Entsagung und Auslöschen des Irdischen sind der Weg zu innerem Frieden:

Eins nur läßt zur Not sich lehren:
Machst du frei dich von Begehren,
Fällt der Zwang auch der Natur.
Aber nur nach tausend Wunden
Fühlst du in erhobnen Stunden
Solcher Freiheit leise Spur.

Noch vor Eduard von Hartmann begann Lorm die Erforschung des Unbewußten. In seinem denkerischen Hauptwerk »Der grundlose Optimismus« wird eine unerklärliche, rätselhafte Kraft erfühlt, die dem Menschen zu leben hilft; auch Franz Kafka spricht von dieser Kraft des grundlosen Optimismus. Ein undeutbarer Klang ist im Menschen, irgendwoher, ein »unvernünftiger« Glanz legt sich über die Dinge.

Und droht auch Nacht der Schmerzen ganz
Mein Leben zu umfassen,
Ein unvernünftiger Sonnenglanz
Will nicht mein Herz verlassen.

In Mähren verteilen sich Gaben und Begabung auf verschiedene Schriftsteller, ohne zu bedeutenden Leistungen zu führen. Einige seien aus der großen Zahl angeführt. Neben Gedichten, Romanen und Schauspielen gab Pankraz Schuk (1877 Proßnitz – 1951 Maria-Enzersdorf/Niederösterreich) Darstellungen österreichischer Persönlichkeiten: Haydns,

Kaiser Josephs II., des Erzherzogs Rudolf, Adalbert Stifters.
WILFRIED VON PROSKOWETZ (1887 Kwassitz – 1972 München) schrieb die neuklassischen Dramen »Die Versuchung des Pescara« (nach C. F. Meyer) (1942) und »Thermidor«. Auch seine Lyrik bevorzugt die klassische Form des Sonetts.
Der Lebenslauf KARL ADOLF MAYERS (1889 Mährisch-Rothwasser – 1957 Graz) zeigt schon geographisch das geistige Wachstum des Dichters ins Breite an. Nach dem Besuch des Gymnasiums in Mährisch-Trübau studierte Karl Adolf Mayer in Paris, Dijon und Wien und lehrte in Triest und Graz. Nach dem der Heimat verbundene Roman »Frühlingsopfer« (1925) und der freundlichen Novelle »Amir im Biedermeier« (1925) schrieb er aus seiner Liebe zu Frankreich die Romane »Das Jahr in Dijon« (1935) und »Einkehr in Paris« (1938), zu einer Zeit, als die Wogen der Politik hochschlugen und in Böhmen-Mähren die meisten nationalen Grenzlanddichtungen entstanden. Karl Adolf Mayer wurde zum Offizier der »Académie« ernannt. Sein letzter Gedichtband trägt den Titel »Besonnte Steine«.
KARL MICHAEL VON LEVETZOW (1871 Dobromieletz – 1945 Mürau in tschechischer Gefangenschaft), ein Urgroßneffe von Ulrike von Levetzow, lebte auf Schloß Divaky in Mähren. Er war ein Gegner des Naturalismus und bekämpfte ihn in Arno Holz. Mit Ernst von Wolzogen war er am Berliner »Überbrettl« beteiligt. In Stoffen und Formen pflegte er die antike Klassik; er übersetzte »Kirke« nach Aristophanes und schrieb die Dramen »Der Bogen des Philoktet« (1910) und »Meister Gottfried und die Sphinx« (1913). Er ist der Verfasser einiger Opernlibretti für Eugène d'Albert, »Sciwecco« (1912), »Die schwarze Orchidee« (1927), »Mister Wu« (1931).
Aus Mähren stammt der zu seiner Zeit berühmte Opernsänger LEO SLEZAK (1874 Mährisch-Schönberg – 1946 Egern/Tegernsee). Sein nachgelassenes Buch heißt »Mein Lebens-

märchen«; voran gingen diesem Buch »Meine gesammelten Werke« (1921), »Der Wortbruch« (1927) und »Rückfall« (1940). Alle sind autobiographisch, erzählen den Aufstieg zum Sänger an der Wiener Staatsoper, den Abschied vom Ruhm vieler Jahre und den Abstieg zum Charakterdarsteller komischer Gestalten auf der Bühne und im Film. Tannhäuser endete als clownhafter Bajazzo. Alles das nannte Slezak sein Lebensmärchen.

Leo Slezak war ein Mensch mit einem vor Leben übersprühenden Herzen. Er schöpfte nur aus seinem Lebenskreis und gab damit zugleich ein gut Stück Zeitgeschichte und eine frische und fröhliche Darstellung seiner Heimat. Er schrieb deutsch, aber der Ton ist mährisch. Der Humor geht mit unaufdringlicher Nachdenklichkeit Hand in Hand. Leo Slezak ist neben dem böhmischen der mährische Švejk des J. Hašék.

»In meiner Jugendzeit war in Brünn noch nichts von Nationalhaß zu spüren. Deutsche und Tschechen lebten in Harmonie neben- und miteinander. Beide Sprachen waren Landessprache, die jeder Brünner bis zu einem bestimmten Grade beherrschte. Erst die Politiker, Advokaten und Zeitungen, deutscher und tschechischer Prägung, die davon lebten, sich daran zu bereichern, säten Zwiespalt in die Bevölkerung, vergifteten die Jugend, und auf einmal brannte es lichterloh. Die Studenten der Hochschulen provozierten sich gegenseitig, schlugen sich auf der Straße die Schädel ein. Es wurde ein Deutsches Haus gebaut, riesengroß und prunkvoll, gegen das das »Besední dům«, das tschechische Vereinshaus, winzig und traurig wirkte, da ja das Kapital bei den Deutschen war ... Gift und Galle wurde auf beiden Seiten verspritzt, und einer sah in dem anderen seiner Sprache wegen einen Todfeind, der erschlagen werden mußte. Es war für mich sehr traurig, da ich so gar keine Entschuldigung für diesen sinnlosen Haß aufbringen konnte. Als ich von meinem geliebten Lehrer, dem großen Künstler und gütigen Menschen Adolf Robinson, entdeckt wurde, ging ich, um leben zu können, zum Militär.«

KARL NORBERT MRASEK (1892 Brünn) war beamteter Direktionsrat, Theater- und Kunstkritiker und Schriftsteller – eine spätösterreichische Mischung. Er schrieb viele Werke mit bedeutsamen Stoffen, im Grunde aber ist er der Brünner, dessen Taschen mit Brünner Historie und Geschichten vollgestopft waren. Seine »Histörchen aus Brünn« (1928) setzte er nach der Vertreibung in einigen Büchern fort, die die Erinnerung an die alte Heimat wach halten.

Den Übergang von der Monarchie zur Tschechoslowakischen Republik schildert FRIEDRICH WINTERHOLLER (1882 Brünn – 1945 Wien) in seinem Roman »Die Kaiserhöhe« (1931). In dem Roman »Laudon« (1934) zeichnet er das bewegte Leben des kaiserlichen Feldherrn, des Siegers über Friedrich den Großen bei Kunersdorf.

HANS MÜLLER (1882 Brünn – 1950 Einigen/Schweiz) hatte sich, vor allem als Dramatiker, in Wien eingebürgert. Er huldigte der leichten Muse; vielgespielt war sein Lustspiel »Der Tokaier« (1924), weithin populär wurde er durch sein Singspiel »Im weißen Rößl« (1930). In der Emigration war er Chefdramaturg in Hollywood. Über seine weiten Reisen berichtet er in dem Buch »Geliebte Erde« (1939), preist »Das Glück, da zu sein« (1940) und erzählt von seiner »Jugend in Wien«.

Sein Bruder ERNST LOTHAR MÜLLER (Pseudonym Ernst Lothar, 1890 Brünn – 1974 Wien) kehrte aus der Emigration, wo er am College in Colorado Springs als Professor für vergleichende Literatur gelehrt hatte, nach Wien zurück. Er war als Jurist am Oberlandgericht und, zum Hofrat ernannt, nach 1918 im Handelsministerium in Wien tätig gewesen. Er war Lyriker (»Der ruhige Hain«, 1908, »Die Rast«, 1910), Novellist (»Drei Tage und eine Nacht«, 1926), Romanschriftsteller und schrieb Essays über das Theater (»Macht und Ohnmacht des Theaters«). Seine Autobiographie trug den Titel »Das Wunder des Überlebens«.

Ebenfalls aus Brünn stammt der Lyriker HANS GIEBISCH (1889 Brünn – 1966 Waidhofen/Niederösterreich), der, wie schon viele Dichter vor ihm, in Wien seine zweite Heimat gefunden hatte. In seiner schlichten, aber innigen Lyrik schließt sich der Kreis sudetendeutscher Lyrik seit Richard von Schaukal. (»Wenn sich der Tag will neigen« 1934). Der neuen Heimat huldigte er mit den »Waldviertler Sonetten« (1938).

Als Teil der Welt, als Geborgenheit in ihr erscheint die Heimat bei dem Volkskundler und Volksbildner EMIL LEHMANN (1880 Turn – 1964 Dresden). Er sieht seine Jugend und Heimatlandschaft in der Jugend Hölderlins und dessen Liebe zu Schwaben gespiegelt (»Hyperions Jugend«, 1931, »Der Schüler Emilius«, 1931), und gestaltet sie in antiken Versen; sieht in behutsamen Gedichten »Die Welt hinterm goldenen Netz« (1933). »Auf grüner Erde und im Schönhengstgau« (1933) lobpreist die Heimatlandschaft. Seinen Lebensbericht nennt er »Herbstfeier« (1934). Emil Lehmanns Gedichte umgibt ein stilles Leuchten.

KARL BACHER (1884 Waltrowitz/Znaim – 1954 Steyr) hat die anmutige mährische Thaya-Landschaft und das Leben ihrer Menschen in knappen Mundartgedichten eingefangen, von den »Südmährischen Gedichten« (1922), »Zeitigen Ähan« (1926), »Schnitthohn« (1931) bis zu den Bänden »Lesweinbeern« (1937), »A Loabl Brot von dahoam« (1951), »Ausklabte Äpfln« (1952) und »Herdfeuer vo dohoam« (1954). Er flicht dem anmutigen und gesegneten Weinland den Jahres- und Erntekranz.

Bachers Dichtungen verloren sich nicht in Heimatschwärmerei; die Volkstümer, das Volkskundliche einer Landschaft

gingen ein in die künstlerische Gestaltung, eine Verbindung, wie sie Goethe an Johann Peter Hebels alemannischen Gedichten gelobt hat.
So wie Johann Bachmann das Egerland in einem Versepos festhielt, begann auch Karl Bacher mit dem Mundartepos »Dos Liad vo der Thaya«, das mit dem 13. Gesang (9000 Hexameter) abbricht. – Bacher schrieb auch einige Dramen und Lustspiele in der Mundart.
KARL HÜBL (1892 Dreihöf/Landskron – 1968 Eschenbach/Opf.) war Bauer, verfaßte zahlreiche volks- und heimatkundliche Arbeiten und schrieb schlichte, echte Gedichte, in denen das Volkslied weiterklingt: »Das stille Jahr« (1929), »Das Schönhengster Bauernjahr« (1935) und »Der Bauer« (1938).

Früher Winterabend

Die alte Uhr am Wandsims tickt,
Die Großmutter am Ofen nickt,
Die Katze schläft auf weichem Pfühl,
Die Kinder ruhn vom wilden Spiel.

Die Magd beim Federschleißen singt,
Die Dämmerung ganz heimlich trinkt
Dem Tag die lichten Augen aus –
Die Nacht tritt schläfrig in das Haus.

ARBEITERDICHTER

Böhmen-Mähren waren die am meisten industrialisierten Kronländer Österreichs. Mit dem raschen Wachstum der Industrie seit der Mitte des 19. Jahrhunderts vergrößerte sich das Elend des Proletariats. Notgedrungen erfolgte der Zusammenschluß der Arbeiter im Kampf um bessere Lebensbedingungen. Die erste böhmische sozialdemokratische Parteikonferenz fand 1876 in Reichenberg statt. Der »Einigungs-Parteitag« von 1889 in Hainfeld schuf eine einheitliche österreichische Arbeiterbewegung, wobei die Trennung der Partei nach Ländern und Nationen aufgehoben wurde.
Früh schon beschäftigte die soziale Frage die Dichter aus Böhmen-Mähren. Sie nahm in den Romanen der Marie von Ebner-Eschenbach einen breiten Raum ein. Viele Dichter über Gustav Leutelt und R.M. Rilke bis zu Franz Werfel widmeten sich sozialen Themen. Marie von Ebner-Eschenbach hat sich über die soziale Frage oft direkt ausgesprochen: »In frühen Zeiten konnte einer ruhig vor seinem vollen Teller sitzen und sich's ruhig schmecken lassen, ohne sich darum zu kümmern, daß der Teller seines Nachbarn leer war. Das geht jetzt nicht mehr, außer bei den geistig völlig Blinden. Allen übrigen wird der leere Teller des Nachbarn den Appetit verderben – dem Braven aus Rechtsgefühl, dem Feigen aus Angst.«
Karl Kraus richtete ein Gedicht »An den Bürger«:

Daß im Dunkel die dort leben,
So du selbst nur Sonne hast;
Daß für dich sie Lasten heben,
Neben ihrer eignen Last;

Daß du frei durch ihre Ketten,
Tag erlangst durch ihre Nacht:
Was wird von der Schuld dich retten,
Daß du daran nicht gedacht!

Die Arbeiterbewegung rief einen heftigen Widerstand herauf. Zunächst kämpften die staatlichen Institutionen, deren feudalistische und absolutistische Tradition noch vorherrschte, mit harten Mitteln gegen die Sozialdemokratie und versuchten sie zu unterdrücken. Das Besitzbürgertum wollte seine Vorrechte nicht aufgeben und verteidigte sie. Schließlich wurden die Arbeiter als vaterlandslose Gesellen diskriminiert; in der schon national aufgewühlten Zeit wurde ihnen Verrat an Nationalen vorgeworfen, obwohl die Sozialdemokratie die Erhaltung des nationalen Bestandes forderte. Sie führte ihren Kampf um bessere Lebensverhältnisse des Arbeiters nicht gegen die Nationen, sondern gemeinsam mit ihnen.

Von den Anfängen an wurde die Arbeiterbewegung von vielen dichterischen Stimmen aus ihrem Kreis selbst begleitet. Auf sie will dieser Abschnitt hinweisen, nicht auf die soziale Dichtung im allgemeinen.

Das meiste blieb, vor allem im Anfang, gereimtes Pathos, diente dem Programmatischen und der Agitation und begleitete Tagungen und Feste. Die Arbeiterdichtung blieb in Anlehnung an Ferdinand Freiligrath und Georg Herwegh epigonal, das Freiheits-Ethos Friedrich Schillers, dessen Werke in Arbeiterkreisen viel gelesen wurden, wirkte nach. Adolf Unger umschrieb jene Gesinnung und Formen in seinem Gedicht »Arbeiterdichter«:

Du bist nur ein Prolet, Dichtung ist dir Drang,
Das Wort wird dir zur Waffe, Klage wird zum Klang.

Du ringst noch mit der Sprache, kämpfst um jedes Wort,
Du suchst noch nach Begriffen, und wirfst die wieder fort.

Du mußt noch Mehrwert schinden und hast zu wenig Zeit;
Die Arbeit ist der Tage, das Buch der Nächte Kleid.

Nur schaffen willst du, schaffen, und wahr und einfach sein,
Und schreiben für die Brüder, denn ihr Leid ist deine Pein.

Und was sie selbst verschweigen, verschweigst du dennoch
nicht;
Des Leidens Mund zu werden, ist deine heil'ge Pflicht.

Du bist der Hoffnung Ausdruck, der Brüder Herz und
Blut,
Geh hin und ruf und schreie und rede voller Mut!

Schon früh erschienen Sammlungen der Arbeiterdichtung, Heinrich Bartels' »Nordböhmische Känge« (1898), Konrad Beißwangers »Stimmen der Freiheit« (1900) und Gustav Kränkls »Rote Nelken« (1901). JOSEF SCHILLER (1846 Reichenberg – 1897 USA), von Beruf Weber, später Redakteur, war einer der ersten Vorkämpfer in der jungen Arbeiterbewegung; seine Tätigkeit brachte ihn zwölfmal ins Gefängnis. Es war ihm nicht mehr möglich, Arbeit zu finden. Daher wanderte er 1896 in die USA aus, wo er schon im folgenden Jahr starb. Seine Gedichte und Prosaarbeiten erschienen 1928 in einer Gesamtausgabe. Seine Erinnerungen »Blätter und Blüten« sind der wertvollste Teil seiner schriftstellerischen Tätigkeit.

Der erste Roman »Maulwürfe« (1887) des Egerländer Schriftstellers Hans Nikolaus Krauss, der Redakteur des Berliner »Vorwärts« war, handelte in Wiener Arbeiterkreisen. 1897 wurde im Wiener Burgtheater das soziale Drama »Bartel Turaser« von PHILIPP LANGMANN (1862 Brünn – 1931 Wien) mit so starkem Erfolg aufgeführt, daß Philipp Langmann als österreichischer Gerhart Hauptmann gerühmt wurde. Seine Erzählungen sammelte der Band »Arbeiterleben«.

An den unmittelbar aus dem Arbeiterleben schöpfenden Prosadichtungen von FERDINAND HANUSCH (1866 Wigstadtl – 1923 Wien) ist die soziale Entwicklung ablesbar. Er gehört mit seinem Roman »Der arme Lazarus« (1912) und seinen

Erzählungen »Leibeigene« und »Die Namenlosen« (1910) zu den besten Darstellern der Welt der Arbeiter in seiner Heimat. Aus den Mundarterzählungen spricht die Anhänglichkeit auch des Sozialisten an die Heimat: »In der Heimat« (1916), »Aus der grünen Schles'« (1917) und »Allerlei Menschen« (1920). Mit sozialen Fragen beschäftigen sich auch seine Schauspiele »Schattenseite«, »Die Enterbten«, »Dunkle Nächte«, »Der Kampf«. Als erster Fürsorgeminister der jungen österreichischen Republik war Ferdinand Hanusch an der Sozialgesetzgebung wesentlich beteiligt.

Der bedeutendste sudetendeutsche, in der Mundart des Riesen- und Isergebirges schreibende Humorist ist FRANZ GRUNDMANN (1863 Brettgrund/Schatlar – 1921 Tannwald). Seine Eltern, Häusler im Riesengebirge, schickten den Sohn an die Lehrerbildungsanstalt in Trautenau, aus welcher der Sechzehnjährige wegen eines satirischen Gedichts über die Lehrer ausgeschlossen wurde. Glasarbeiter im Isergebirge geworden, lernte er auf der Wanderschaft Land und Leute quer durch Deutschland, in der Schweiz und in Frankreich kennen. Neben seiner Arbeit als Glasarbeiter und der Tätigkeit in der Arbeiterbewegung schuf er Prosa und Dramen von literarischem Rang.

In Franz Grundmann steckte etwas Rübezählisches, ein Gemisch aus Ernst und schnakischer Schelmerei, ein Humor, der nie grob oder verletztend wirkte; er nannte seine kleinen Mundartgeschichten »Narreteien« und »Tommheeten«, die er mit einem weinenden und einem lachenden Auge, aus einem übervollen Herzen erzählte.

Von 1899 bis 1906 gab er die Zeitschrift »Rübezahl« für Volkshumor, Mundart und Heimatkunde heraus, in der viele seiner Prosaarbeiten erschienen: z. B. die »Geschichten vom langen Fabian«, »Aus 'm Schleiferlandl« (1928), Geschichten aus der Lebenswelt der Glasarbeiter und kleinen armen

Leute. Es ist derselbe Bereich, den Gustav Leutelt in seinem Werk festhielt.

Mit sarkastischem Humor berichtet Grundmann über die wechselvollen politischen Vorgänge im Lande, vor allem in der turbulenten Badeni-Zeit, greift aber über die heimischen Verhältnisse hinaus. Er läßt Frau Sponer, die Hebamme aus Gablonz, von ihrem Besuch beim serbischen König berichten, erzählt, wie der Schleifer-Franz für drei Tage norwegischer König wurde, und wird, die Narrenkappe auf dem Kopf, Reporter im russisch-japanischen Krieg. In einem drastischen Humor führt er die große Politik und die Großen der Politik ad absurdum. Eines seiner schönsten Prosastücke ist sein Zwiegespräch mit dem Herrgott über den Krieg.

Sein bedeutendstes Werk ist die mundartliche Nacherzählung des Alten Testaments (»Aus 'm alen Testamente, wie's Schleifer-Seff drzählt«). Er verlegt das Alte Testament in die heimatliche Umwelt und erzählt aus der Vorstellung des kleinen Mannes. Die Mundart hat verhindert, daß das Werk in die Literatur eingegangen ist.

Franz Grundmann war auch Dramatiker. Er schrieb das Schauspiel »Schier-Naz« (1900), das hart gezeichnete Bild eines gescheiterten Glasarbeiters zur Zeit des Streiks von 1898. »Edelwild« wurde zehn Jahre nach Gerhart Hauptmanns »Webern« in Wien aufgeführt, die Komödie »'s Terno« ist der Traum eines armen Mannes von einem herrlichen Leben und dem Gewinn des großen Loses, und das Erwachen in die Wirklichkeit; die Komödie erinnert an Gerhart Hauptmanns »Schluck und Jau«. Ein düsteres Nachtstück, gleich einer Szene Gorkis, ist der sicher und knapp gestaltete Einakter »Der Fiedler-Mäurer«, das Schicksal eines wegen Trunksucht gescheiterten Arbeiters. Der Prager Germanist August Sauer nahm das Stück in die damals führende Zeitschrift »Deutsche Arbeit« auf.

Franz Grundmann war in der zeitgenössischen Literatur bewandert. Er erwähnte in der »Epistel an unsere Landsleute« Fritz Reuter, Zola und die Brüder Hauptmann, schrieb in seinem »Rübezahl« eine frühe Würdigung Hermann Stehrs, stellte seinen Landsleuten den Dichter Gustav Leutelt vor und druckte Carl Hauptmanns Roman »Die Heimstätte« in seiner Zeitschrift ab.

Einer seiner Mitarbeiter war ROBERT PREUSSLER (1866 Antoniwald – 1942 Salzburg). Wegen seiner kämpferischen und satirischen Prosa »Geschichten und Schnurren« (1902) geriet er mit den staatlichen Behörden in Konflikt; die Anklage hob belastend hervor , daß er viele Bücher besitze, sich Zeitungen halte und sogar soziale Gedichte verfasse.

FRANZ LINKS »Erzählungen aus dem Arbeiterleben« (1910) schildern das Elend der Weber im österreichischen Schlesien. Die Weltwirtschaftskrise, die auch die Tschechoslowakische Republik heimsuchte und sich in den stark industrialisierten deutschen Teilen verheerend auswirkte, stellt JOSEF HOFBAUER in seinem Roman »Der Marsch ins Chaos« (1930) dar.

Unter den Emigranten, die Böhmen-Mähren vor dem Anschluß ans Dritte Reich verließen, sind zwei Frauen, deren lyrisches Werk erst spät gesammelt wurde. »Opfergang« heißt der Gedichtband von ERNA HABERZETTEL (1901 Bischofteinitz – 1945 Wien); sie endete , politisch verfolgt, durch Selbstmord. ERNA KÜNASTS Gedichtband »Stille Stunde« enthält dieses Heimwehgedicht, daß sie in Schweden schrieb:

Weißt du noch, wie tief die Berge blauten,
Wenn der Abend aus den Wäldern kam
und das Dorf wie ein geliebtes Wesen
zärtlich in den dunklen Mantel nahm?

Alle Häuser standen traumverloren,
nur der Kirchturm hob sich seltsam klar

auf zum Himmel, der in manchen Nächten
wie aus dunkelblauer Seide war.

Sanfter rauschten dann die alten Brunnen,
wenn das Mondlicht sich darin verfing,
und die Luft mit tausend Sommerdüften
kosend durch die trauten Gassen ging.

Ferne liegt die Zeit verträumter Stunden.
Schicksal zog uns aus gewohnter Bahn
in die Fremde. Doch noch immer rührt uns,
Heimatdorf, sein stiller Zauber an.

Manche Dichter verstummten, als sich hinter ihnen die Tore zu einem Konzentrationslager geschlossen hatten. Nur von wenigen kam dorther noch eine dichterische Kunde. HEINRICH STEINITZ (1879 Bielitz – 1942 Auschwitz) kam als jüdischer Sozialist 1938 nach Dachau, dann nach Buchenwald und Auschwitz. Ein Gedicht, in welchem er das Los gefangener Raubvögel beklagt, schließt:

Nie konnt' ich ohne heißes Erbarmen und Grauen
diese furchtbare Hilflosigkeit schauen,
immer war mir, als ob diese vergrämten
traurigen Blicke uns selbst beschämten,
die vor so viel Schmach und Entsetzen
müßig sich stellten zu Gaffen und Schwätzen!
Immer sind sie mir als Bild
der tiefsten Erniedrigung erschienen,
immer schon sie – und jetzt gleich ich selber ihnen.

Der junge jüdische Arbeiterdichter ADOLF UNGER, der 1935 den Julius-Reich-Preis der Wiener Universität erhalten hatte, flüchtete 1938 nach Frankreich, wurde von der Gestapo gefangengenommen und getötet. Mit zwei Verszeilen seines Gedichtes »Der Song von uns« umschreibt er das Schicksal derer, die nach 1938 in die Hände der Gegner fielen:

> Wir sind der ewige Kalender;
> Man reißt uns langsam ab.

Die 34 kleinen Prosastücke des Bandes »Böhmen ist mein Heimatland« von ERNST PAUL (1897 Steindorf – 1979 Esslingen/Neckar) sind das Bilderbuch eines langen und bewegten Lebens. Die Schilderung des Heimatdorfes, der Weg des jungen Mannes zur politischen Tätigkeit, der Erste Weltkrieg, Prag, das Exil, die Rückkehr, das ist anschaulich und sparsam gezeichnet, überlegen, Zeugnis einer ausgereiften und lächelnden Altersweisheit, in einem Altersstil, der mit dem Wort umsichtig umzugehen versteht. Bei aller Lebendigkeit getragen von dem Grundanliegen, in dessen Dienst dieses Leben stand: »Ich versuchte, der Demokratie, der Freiheit und der Völkerverständigung zu dienen.« Auf Grund der zeit- und wirklichkeitsnahen Darstellung haben einige autobiographische Werke dokumentarische Bedeutung: »Aus meinen Wanderjahren« und »Auf der Walz« (1907) von Ferdinand Hanusch, Robert Köhlers »Erinnerungen eines Proletariers« (1913), Florian Gröers »Von unten auf« (1926), Wenzel Holeks »Lebensgang eines Handarbeiters« (1924), Heinrich Holeks »Unterwegs« (1927), Alfred Trotzauers »Erlebnisse im Weltkrieg« (1923).

PRAG

Die deutschsprachige Dichtung Prags in der ersten Hälfte des 20. Jahrhunderts ist eines der bemerkenswertesten Phänomene der Weltliteratur. In knapp drei Jahrzehnten erstand in Prag eine große Anzahl von Dichtern und dichterischen Werken, die Weltgeltung erlangten. Die Dichter waren mit wenigen Ausnahmen in Prag eingebürgerte Juden, ihre Eltern waren dorthin zugewandert. Prag hielt wie ein Magnet die Juden fest, die aus deutschen oder tschechischen Kleinstädten und Dörfern, aus Mähren oder Böhmen, gekommen waren.
In Prag lebten 1880 15,5% Deutsche, 1900 prozentual nur noch die Hälfte, die sich weiterhin verminderte; in Prag, das 1918 aus einer Landeshauptstadt zur Hauptstadt des neuen Tschechoslowakischen Staates geworden war und aus einer Provinzstadt rasch zu einer Großstadt weiterwuchs, waren 1921 von 676 657 Einwohnern nur noch 30 429 Deutsche und 5959 Juden. Von den Juden hatten sich 1900 44,4% zum Deutschtum, 55% zum Tschechentum bekannt. 1921 deklarierten sich die Juden mit 20,1% als eigene Nation, mit 25,3% als Deutsche, mit 53,5% als Tschechen. Schon aus diesen Zahlen und der Aufteilung in eigennationale, deutsche und tschechische Juden erhellt, daß die Juden keine einheitliche »Gemeinde« bildeten, was im alten Getto noch selbstverständlich gewesen war. Auch die Aufspaltung in Zionisten, Assimilationisten und Juden, die sich dem Judentum entfremdet hatten, verhinderte in den ständig sich verändernden Verhältnissen das Gefühl der Zusammengehörigkeit. Dazu kamen noch weltanschauliche Gegensätze. Die 1907 gegründete zionistische Prager Wochenzeitung »Selbstwehr«, an der in erster Linie Max Brod mitwirkte, redete nicht dieselbe Sprache wie z. B. Martin Buber, der 1901 aus Wien kommend mit seinen Vorträgen in Prag begann.
Die Prager Deutschen und Juden gehörten dem Bürgertum und der Hochfinanz an, nicht dem rasch anwachsenden Stand

der Arbeiter, von den Bauern ganz zu schweigen. Auch die tschechischen Dichter – die tschechische Literatur nahm damals einen erstaunlichen Aufschwung – kamen durchwegs aus dem tschechischen Umland nach Prag, aber sie waren hier national zu Hause und brachten in die Stadt ein bäuerliches Element. Die Deutschen wie die Juden hatten in Prag keinen Wurzelgrund, keinen tragfähigen Humus. Deutsche und Juden lebten zwischen den Tschechen in einem mauerlosen Getto. Im »Marktplatz der Eitelkeiten« von Egon Erwin Kisch steht ein aufschlußreiches Kapitel »Deutsche und Tschechen«; darin heißt es: »Wer keinen Titel hatte und nicht reich war, gehörte nicht zu den Deutschen. Das deutsche Prag! Das waren fast ausschließlich Großbürger, Besitzer von Braunkohlengruben, Verwaltungsräte der Montanunternehmungen und der Škodaschen Waffenfabrik, Hopfenhändler, die zwischen Saaz und Nordamerika hin und her fuhren, Zukker-, Textil- und Papierfabrikanten sowie Bankdirektoren; in ihrem Kreis verkehrten Professoren, höhere Offiziere und Staatsbeamte. Ein deutsches Proletariat gab es nicht.«

Auf die Art, wie die deutschsprachigen Dichter Prags, ohne Kontakt mit dem tschechischen Volk lebend, in ihren Werken die Tschechen darstellten, reagierten die Tschechen allergisch. Den Prager deutschen Dichtern wurde vorgeworfen, sie wählten ihre tschechischen Gestalten nur aus den sozial niedrigstehenden Gesellschaftsschichten, ignorierten das Volk als Ganzes, und nähmen ihre Zuflucht zu einem pseudoromantischen Prag; sie hätten eine Vorliebe für geheime Schlupfwinkel des Elends und des Untergrunds, der Prostituierten und der Verbrecher. Deutsch bedeute ihnen reich, tschechisch hingegen arm und deklassiert.

Diese Vorstellung von den »armen« Tschechen wurde von der raschen wirtschaftlichen und geistigen Entwicklung und dem erstaunlichen Aufstieg des tschechischen Volkes seit der

Mitte des vorigen Jahrhunderts Lügen gestraft. Aber sie war in früheren Zeiten tatsächlich berechtigt. Die Übervölkerung des tschechischen Binnenlandes verursachte im frühen 19. Jahrhundert eine Abwanderung der arbeitsuchenden tschechischen Jugend, vor allem als Dienstmädchen, Köchinnen und Kinderfrauen in gutbürgerliche deutsche Familien, als Handwerker, die geschätzt wurden, vor allem als Schuster, Schneider und Kellner, in erster Linie nach Wien. 1896 lebten dort 65 000 Tschechen, 1913 waren es 100 000.

Mit diesen sozial niedrigen Schichten, die ihre Heimat verlassen hatten, um Arbeit zu finden, kamen die Deutschen in erster Linie in Verbindung. Sie wurden von den deutschen Dichtern in ihren Werken gestaltet. Gegen Max Brods frühen Roman »Ein tschechisches Dienstmädchen« (1907) erhoben sich tschechische Proteste, ebenso gegen den Roman »Der Mädchenhirt« von Egon Erwin Kisch, in welchem ein tschechisches Flößerweib, eine Zola'sche Nana, in den Vordergrund tritt. Oft werden Tschechinnen als Geliebte Deutscher geschildert, besonders in Studentenromanen. Der in nationalen Belangen einsichtige Paul Eisner hat in seiner Untersuchung »Milenky« (Geliebte, 1920) diese Beziehungen über nationale Empfindlichkeit und nationalen Chauvinismus hinaus ins richtige Licht gerückt; es ist der stärkere slawische Eros, durch den der Deutsche angezogen wurde.

Marie von Ebner-Eschenbach, deren Kindheitssprache tschechisch war, hat in ihren Dichtungen oft slawische Menschen aus den niedrigen, ja niedrigsten Volksschichten geschildert, so in einem Roman das verwaiste »Gemeindekind« Pavel, das hin und her gestoßen und mißachtet wird, und aus dem doch etwas Rechtes wird. Welche Bedeutung den in deutschen Familien dienenden Tschechinnen innerhalb der deutschen Dichtung in Böhmen und Mähren, vor allem Prags, zukommt, müßte in einer besonderen Untersuchung dargestellt werden.

Die dienende Tschechin wurde seit dem Roman »Božena« der Marie von Ebner-Eschenbach, Franz Werfels Roman »Barbara« mit dem beziehungsreichen Untertitel – »oder die Frömmigkeit« und Franz Werfels Teta Línek in dem Roman »Der veruntreute Himmel« geradezu bis zur Magd des Herrn erhöht. Sie ist erfüllt von slawischer Dienstwilligkeit und Opferbereitschaft.
Die meist bis ins hohe Alter in deutschen Familien verbliebene tschechische Dienstmagd war oft nicht nur Stütze, sondern Erhalterin zerfallender wohlhabender Familien, und die tschechische Kindsmagd wurde deutschen Kindern häufig zur eigentlichen Mutter neben der »gnädigen Frau«, die von anderen Interessen als von der Obsorge um ihre Kinder beansprucht wurde. So hat z. B. Hermann Grab seiner Kindsfrau in einer Erzählung einen Nachruf gewidmet. In allen diesen Dienst- und Kindermädchen und Ammen verbirgt sich etwas vom slawischen Matriarchat.
Die Verunglimpfung des tschechischen Volkes hat ihren härtesten und »berühmt« gewordenen Ausdruck in einem Gedicht Friedrich Hebbels, das er 1861 Kaiser Wilhelm I. widmete, gefunden:

> Auch die Bedientenvölker rütteln
> Am Bau, den jeder tot geglaubt,
> Die Czechen und die Polen schütteln
> Ihr strupp'ges Karyatidenhaupt.

Die letzte Bemerkung spielt auf die Vorliebe vieler tschechischer Männer an, den Vollbart Kaiser Franz Josephs I. zu tragen.
Beide, Deutsche und Juden Prags, wurden 1918 aus der Verbundenheit mit Gesamtösterreich herausgelöst und in einem gewissen Sinn obdachlos, zumal bei den Tschechen nach der

Gründung ihres eigenen Staates Nationalismus und Antisemitismus wuchsen.
Am 1. Juli schrieb Ludwig Winder in der »Deutschen Zeitung Bohemia«, einem deutschnationalen Blatt, an dem er als Jude tätig war. (Die »Bohemia« war eine der drei großen deutschen Zeitungen Prags neben dem »Prager Tagblatt« mit Max Brod und der »Prager Presse« mit Otto Pick): »Wir Österreicher wissen, was unser nach dem Kriege harrt«, und am 17. Oktober desselben Jahres in einem Artikel »Abschied von Österreich«: »Vater Haydn steht heute auf allen Straßen und spielt sein schönstes Lied. (Gemeint ist die österreichische Nationalhymne, das Kaiserlied.) Wir hören die verschwebende Melodie, den Hut in der Hand, und schämen uns nicht, eine Träne im Auge zu haben. Es ist die erste und letzte, die wir um Österreich weinen.«
Um die Jahrhundertwende hatten sich die Juden als Minderheit an die Deutschen angeschlossen, manche von ihnen waren radikale Deutschnationale geworden. Nach 1918 näherten sich die Juden wieder mehr dem tschechischen Staatsvolk. Aber das brachte ihnen, die auf den ersten Präsidenten der Tschechoslowakischen Republik große Hoffnungen gesetzt hatten, keinen Segen. Die Tschechen waren nicht minder antisemitisch als die Deutschen. Der tschechische Antisemitismus verursachte im November 1920 eine pogromartige Revolte gegen die Juden, die, wie 1897 die Badeni-Stürme der Tschechen gegen die Juden, mit militärischer Gewalt unterdrückt werden mußte. Jenes Pogrom von 1897 war für viele jüdische Dichter ein unvergessenes schreckliches Kindererlebnis; nun wiederholte es sich 1920.
Die Verbindung der Juden mit den Tschechen vollzog sich nicht im lebendigen Volkstum, vielmehr auf der Ebene des Intellektuellen und Literarischen. Viele Juden wurden als Übersetzer die Vermittler der bedeutenden tschechischen Li-

teratur an Deutschland und Europa: Max Brod, Franz Werfel, Otto Pick, Paul Eisner und Rudolf Fuchs.

Zu der deutschböhmischen und deutschmährischen Literatur fanden die Juden Prags nur geringen Kontakt, was auch umgekehrt der Fall war. Bestenfalls standen Juden und Deutsche auf literarischem Gebiet einander gleichgültig gegenüber. Die deutsche Dichtung des böhmischen und mährischen Umlandes kam aus einer anderen Umwelt und Mentalität als die der deutschsprachigen Juden Prags. Die deutschen Dichter lebten in den überwiegend deutschen, von deutschen Dörfern umschlossenen Städten; sie waren verbunden mit den Bauern und einem friedlich arbeitenden Bürgertum, auch mit den Arbeitern, die später einen das Leben mitbestimmenden Stand bildeten. Die Juden waren ohne eigenes Land und auf sich selber angewiesen; beide Völker, in deren Mitte sie lebten, begegneten ihnen mit Mißtrauen und Haß. Dieses Leben auf einer Insel hat ihr Denken und Dichten weitgehend mitbestimmt. Es vollzog sich auf der intellektuellen Ebene, die ihnen kraft einer langen Überlieferung besonders vertraut war.

Die deutschsprachigen jüdischen Dichter Prags wurden insgesamt, wenngleich in verschiedenen Formen, von denselben Gedanken und Grübeleien um Gott, Menschentum, Leben, Sünde und Schuld, um Diesseits und Jenseits, um eine conditio humana in ihrem seit Jahrhunderten bedrohten Dasein bewegt. Franz Werfel hat in diesem Sinn von einer »talmudisch gewundenen Übergescheitheit« gesprochen. Nach der Ursache des ethischen und theologischen Intellektualismus der Juden, vor allem Prags, ist noch kaum gefragt worden, so sehr er auffällt. Er beruht auf einer jahrhundertelangen intellektuellen Schulung, die bei den Juden in Europa, und nicht nur hier, im Vergleich zu anderen Völkern, einzigartig war. Schon bald nach der Vertreibung der Juden aus ihrem Land

70 n. Chr. und ihrer Zerstreuung in alle Welt gab es, um den Zusammenhalt im Glauben zu bewahren, in den Gettos, ob in Dörfern oder den verlassenen römischen Städten, in Verbindung mit der Synagoge eine »Judenschul«, in der die jungen Juden durch Jahrhunderte einen sehr genauen und strengen religiösen Unterricht erhielten. Sie wurden in der Glaubenslehre und der Einhaltung der vielen Alltags- und Feiertagsgebote unterrichtet, vor allem: sie lernten lesen und schreiben, mit einer Genauigkeit, die jeden Punkt berücksichtigte, denn die geringste Fehlschreibung auch nur eines Buchstabens kränkte und beleidigte Gott. Die Folge der sich bis in Details verlierenden Kommentierungen und Diskussionen innerhalb der Judenschul war ein ausdifferenzierter Intellektualismus, der sich nach der Emanzipation der Juden auf alle Wissensgebiete erstreckte. Das lag auch noch im 20. Jahrhundert den säkularisierten westeuropäischen Juden im Blut. Im Grunde war jeder der deutschsprachigen jüdischen Dichter ein Talmudschüler.

Juden waren in den böhmischen Ländern schon lange vor der deutschen Kolonisation ansässig, nicht nur in Prag, sondern auch an verschiedenen Handels- und Umschlagplätzen, so in Leitmeritz.

Als die Juden in Deutschland schon längst ihre Schulen besaßen, versuchte Karl der Große in seinem Reich weltliche Schulen zu gründen, scheiterte aber. Es gab nur Klosterschulen, in denen Kleriker ausgebildet wurden, aber keine Schulen fürs Volk. Der Versuch einer Gründung von Schulen für Laien wurde in Deutschland erst im Spätmittelalter wieder aufgegriffen, und zwar von den Bürgern in den aufsteigenden Städten. Dieser Versuch setzte sich mit mancherlei Unterbrechungen fort. Aber zu den Anfängen einer regulären Schulausbildung kam es in Deutschland erst im 18. Jahrhundert.

Das Deutschtum Böhmens und Mährens, das sich in seiner

Dichtung nach 1918 zunehmend der landschaftlichen und nationalen Heimatkunst verschrieb, geriet auch politisch in eine provinzielle Enge. Der Provinzialismus verhärtete sich in dem Maße, in dem alle Lebensbereiche politisiert wurden. Blut und Boden galten den Grenzlanddeutschen schon vor der Verallgemeinerung dieser Begriffe als besondere, ja geheiligte Werte. Die Kluft zwischen diesen und dem Intellektualismus der deutschsprachigen jüdischen Literatur Prags wurde durch den Antisemitismus auf der einen, den Zionismus auf der anderen Seite ständig breiter bis hin zur Katastrophe von 1939.

So stark die Anteilnahme einzelner jüdischer Dichter Prags an der sozialen Frage war, blieb doch auch sie abstrakt, denn das Proletariat Prags war tschechisch. Die tschechische Dichtung war stark sozialistisch betont, nicht erst in jener Epoche. Einzelne deutsche Juden, wie F. C. Weiskopf, gingen den Weg vom Sozialismus zum übernationalen und überrassischen Kommunismus weiter; auch Egon Erwin Kisch ging diesen Weg. Diese beiden und Louis Fürnberg kehrten als einzige prominente jüdische Literaten nach 1945 nach Prag zurück. Paul Kornfeld, der schon früh Prag verließ, nannte als Grund für seinen Fortgang, Prag sei für einen Deutschen nur eine Kleinstadt, und sprach sich gegen seine »überhitzte und vorwiegend destruktive Intelligenz, die im Mißverständnis zu allem übrigen stand«, aus. 1931 kehrte er aus Berlin doch wieder zurück und nannte nun Prag eine der schönsten Städte Europas.

In einzelnen jüdischen Schichten fand auf Grund der Isolation und wachsenden Bedrohung eine Rückwendung zum jüdischen Volkstum und Glauben statt. Die Sehnsucht nach Gemeinsamkeit und Sicherheit in einem eigenen Land, die im Zionismus ihren Ausdruck fand, zeigt sich betont bei Max Brod. Diesen national-religiösen Weg, der sich national steigerte und dogmatisch erstarrte, schlugen andere nicht ein, so Franz Werfel, der in den Prager Verhältnissen die Heimatlosigkeit des Juden tief empfand und in seinem Gedicht »Das Bleibende« beklagte:

Solang noch der Tatrawind leicht
Slowakische Blumen bestreicht,
Solang wirken Mädchen sie ein
In trauliche Buntstickerein.

Solang noch im Bayrischen Wald
Die Axt im Morgengraun hallt,
Solang noch der Einsame sitzt,
Der Gott und die Heiligen schnitzt.

Solang auf ligurischer Fahrt
Das Meer seine Fischer gewahrt,
Solang wird am Strande es schau'n
Die spitzenklöppelnden Fraun.

Ihr Völker der Erde, mich rührt
Das Bleibende, das ihr vollführt.
Ich, ohne Volk, ohne Land,
Stütz' meine Stirn in die Hand.

Franz Werfel hat Prag schon 1911 verlassen und sich in Wien niedergelassen, damit war er in den größeren, national weniger aufgespalteten Raum Österreichs eingetreten. Er nannte als Grund seines Fortgangs: »Für den Nichttschechen, so scheint es mir, hat diese Stadt keine Wirklichkeit, sie ist ihm ein Tagtraum, der kein Erlebnis gibt, ein lähmendes Getto, eine dumpfe Welt.«
Schon in seiner Frühzeit schrieb Rilke, einer der wenigen nichtjüdischen Dichter Prags: »Denn der Tag ist gar laut und wichtig in der Stadt der vielen Feindschaften und Falschhei-

ten, und es gehen allmorgendlich zwei Sonnen auf über dem Hradschin: eine deutsche und eine – andere.« Rilke entfremdete sich seiner Geburtsstadt immer mehr bis zur heftigen Ablehnung; Prag war ihm »gespenstisch« geworden.
Damit stand er unmittelbar neben Franz Kafka. Aber Rilke floh, Franz Kafka blieb. 1902 schrieb er an Oskar Pollak: »Prag läßt nicht los. Uns beide nicht. Dieses Mütterchen hat Krallen. Da muß man sich fügen oder –. An zwei Seiten müßten wir es anzünden, am Vyšehrad und am Hradschin, dann wäre es möglich, daß wir loskommen.«
Franz Kafka kam nicht los. Keines Dichters Werk ist so sehr Prag verbunden wie das Franz Kafkas. Die Wirklichkeit der geschichtsträchtigen Gegenwart Prags steigerte sich ihm ins Überwirkliche und Zeitlose im Gefühl der Heimatlosigkeit und der Ängste ums nackte Dasein, nicht anders als bei Paul Kornfeld in dessen nachgelassenem und erst sehr spät erschienenen Roman »Blanche oder das Atelier im Garten«. Das jüdische Schicksal der Heimatlosigheit wird bei Franz Kafka als Sage und Fabel, als Märchen und Mythe zum Gleichnis gesamtmenschlichen Daseins. Auch der Christ birgt ein Stück Ahasver, jeder Mensch birgt es in sich. Franz Kafkas K. im »Schloß« ist ein *landloser* Landvermesser, der aus keiner Heimat kommt und in dem Dorf, wo er sie sucht, keine Heimat finden kann, zumal in einem Dorf *ohne Bauern*. Die Situation des Juden in Prag ist zugleich die Situation des ungeborgenen Menschen, den Franz Kafka visionär aus seiner Zeit für unsere Zeit vorausgeschaut hat.
Innerhalb der denkerisch überfrachteten deutschsprachigen Literatur Prags spielt Franz Kafka eine besondere Rolle. Prag und Böhmen gehen reflexionslos in die Sinnbildwelt seines Werkes über; eben deswegen entstand über sein Werk eine Flut von Reflexionen. Franz Kafkas Werk ist in einem reinen Deutsch ohne Abstrakta geschrieben. Prag und Böhmen, von

wo die Juden auswandern mußten oder in Lager deportiert und vernichtet wurden, Böhmen und Prag, woraus die Deutschen vertrieben wurden, Prag und Böhmen, die Stadt und das Land tödlichen Hasses, sind der Hintergrund, vor dem Franz Kafka das Menetekel an die Stirn unserer Zeit und Welt eingezeichnet hat. (Franz Kafka selbst sprach und schrieb übrigens ein einwandfreies Tschechisch.) Auch Franz Werfel verlor die »atavistische Verbindung« mit Prag nicht, wie Richard Specht in seiner Monographie über Werfel (1926) schreibt; bei Werfel tritt der engere Zusammenhang mit Österreichischem und seine Neigung zum barocken Katholizismus hinzu, so wie R. M. Rilke von Böhmen her unmittelbaren Zugang zu Rußland fand und noch in Paris Prag sah. Immer ist es »Böhmischen Volkes« Weise, das musikalische Element, das in allen Dichtern Prags weiterklingt.

Nur insofern kann bei der deutschsprachigen Dichtung im Prag dieser Zeit von einem »Prager Kreis« gesprochen werden. Aus der Sicht des Literaturhistorikers sind die Unterschiede zwischen den einzelnen Dichtern eigentlich zu groß, als daß man sie auf einen gemeinsamen Nenner bringen dürfte. Die – freilich sehr wesentliche – Gemeinsamkeit unter ihnen liegt lediglich im gemeinsamen Hintergrund Prag und Böhmen, in welcher Art dieser Hintergrund sich auch auswirkt, ob positiv oder negativ, ob als Gegenwart oder Vergangenheit. Die Stadt wurde den Dichtern in der Emigration zur »Verlorenen Geliebten«, wie sie Johannes Urzidil in verklärender Erinnerung genannt hat. Bei aller Verschiedenheit und Mannigfaltigkeit bleibt den Dichtern gemeinsam Prags Genius loci, der auch ein Daimon loci gewesen ist.

Um 1900 waren die Prager Juden deutschnational, und sie waren es betont, ja radikal. Friedrich Jodl, der als Ordinarius für Philosophie aus Wien nach Prag kam, nannte zwei Dinge »obligat« für die Haltung eines Deutschen in Prag: »Kein

Liebäugeln mit dem Slawentum und keine Feindseligkeit gegen die Juden.«
Die Dichtergeneration, die in der Mitte des 19. Jahrhunderts geboren worden war, stand an der Schwelle zu der Zeit, mit der unsere Betrachtung beginnt, also um 1900, im vorgerückten Mannesalter und beherrschte das geistige Leben einer Stadt, die zwar Landeshauptstadt war, aber ihren provinziellen Charakter noch nicht verloren hatte. Es war noch immer die Stadt, wie sie Carl Spitzweg bei seinem Aufenthalt gesehen und mit ihren Menschen gezeichnet hatte. Die Literaten, meist Männer der Zeitung, waren gemütliche Herrn einer noch geruhsamen Zeit.
JOSEPH WILLOMITZER (1849 Bensen/Böhmen – 1900 Prag), Redakteur an der »Bohemia«, hat nur humorvolle Bücher geschrieben, deren Grundton Behaglichkeit ist. Er hatte das Studentenlied »Stoß an, du blasser Junge« gedichtet – die Prager Juden trugen damals noch Kappe und Band irgendeiner deutschen Verbindung oder Burschenschaft. Auch Joseph Willomitzer machte aus seiner alldeutschen Gesinnung kein Hehl:

> Wir schielen nicht, wir schauen –
> hinüber frank und frei.

Jene alten Herrn waren gut und kollegial zueinander. HEINRICH TEWELES (1856 Prag – 1927 Prein am Semmering) hat »Erinnerungen an Joseph Willomitzer« (1922) geschrieben. Er erinnerte sich überhaupt gern – es ist stets eine gute Zeit, in der man sich gern zurückerinnert. Er war Direktor des deutschen Theaters und kam vom bescheidenen »Morgenblatt aus Böhmen« über die »Bohemia« zum Prager »Tagblatt«, an dem alsbald Max Brod als Redakteur tätig wurde. Welche Art von Dichtungen Heinrich Teweles liebte, bezeugt sein Gedenkbuch an Georg Karl Herloßsohn (Herloß, 1802 Prag – 1849 Leipzig), dessen Lieder, in der Vertonung von

Franz Abt, lange Zeit beliebte Schlager blieben: »Wenn die Schwalben heimwärts ziehn und die Rosen nicht mehr blühn« und »Ob ich dich liebe, frage die Sterne!« Ein dokumentarisches Werk für die deutschsprachige Dichtung Prags ist Teweles' »Prager Dichterbuch« (1893). Als kaum 18 Jahre später die »Herderblätter«, an denen sich Willy Haas zwanzigjährig als Herausgeber versuchte, und 1913 das von Max Brod redigierte Jahrbuch »Arkadia« erschienen, trat die junge Generation auf den Plan, Franz Werfel, Franz Kafka und Max Brod. In so kurzer Zeit hatte sich das Blatt gewendet. In den folgenden 25 Jahren entwickelte sich aus dieser Generation die große deutschsprachige Literatur Prags, die für Prag mit der Vertreibung oder Verhaftung der Juden endete.
Aber vorläufig noch einmal zurück zur älteren Generation. Der Nestor der Prager Dichter, um die Jahrhundertwende, war FRIEDRICH ADLER (1857 in Amschelberg – 1938 Prag); als solcher fühlte er sich und wurde er, auch in seiner Haltung in der Nachfolge Goethes, anerkannt. Sein ungeliebter Beruf war der des Rechtsanwalts, später des juristischen Beamten, seine Liebe galt in vollem Maße der Dichtung. Seinen ersten frühen Ruhm erlangte er durch die Aufnahme in die in ihrer Zeit richtungsweisende, von Hermann Conradi und Karl Henckel 1884 herausgegebene »Moderne Dichter-Anthologie«. Modern – es mischte sich darin vielerlei, auch bei Friedrich Adler, einem Dichter auf der Schwelle zwischen Gestern und Heute. R. M. Rilke hat Friedrich Adler als einen »reifen und überlegenen Mann« verehrt. Adler träumte Verse wie:

Fremd und irrend schwebe
Durch das klare Sein,
Leeren Träumen lebe,
Selbstgebautem Schein –

Demgegenüber stehen Verse sozialer Gesinnung; in dem Gedicht »Mons sacer« verläßt das versklavte Volk das sündige und hochmütige Rom. Genie-Kult flammt auf, wenn Friedrich Adler Motive Beethovens in Versen weiterspinnt:

> Laß sie zersplittern, die morsche Welt!
> Ich bau sie aus Nichts
> Herrlicher, reiner,
> Und alles das, was im Traum ich ersehnt,
> Gibst du mir, meine Kunst.

Gegen solches Pathos klingt ein anderer Ton in den satirischen Sonetten »Vom goldenen Kragen« (1907). Sie richteten sich gegen das dünkelhafte Beamtentum. (Die österreichischen Beamten trugen am schwarzen Tuchrock einen hohen steifen, goldbestickten Kragen.)
Friedrich Adler verkörpert den deutschnationalen Juden:

> In deutscher Rede lernt' ich träumen,
> Die Brust erzittert ihrem Wort,
> Und zu den fernsten Himmelsräumen
> Trug mich das deutsche Denken fort.

Die deutschnationale Gesinnung hinderte Friedrich Adler nicht an der Freundschaft zu Jaroslav Vrchlický (1853–1912), dessen Lyrik er übersetzte, dem übrigens auch Rilke in einem Gedicht huldigte. Jaroslav Vrchlický hat dem tschechischen Volk durch seine Übersetzungen viele Werke der Weltliteratur erschlossen, auch Goethes »Faust«.
Friedrich Adler hatte mit seinen Übertragungen mehr Erfolg als mit seinen eigenen Dramen, dem Lustspiel »Zwei Eisen im Feuer« (1900) und dem Schauspiel »Der gläserne Magister« (1910). Seine Übersetzung »Don Gil von den grünen Hosen« des Tirso de Molina wurde im Wiener Burgtheater aufgeführt und von vielen deutschen Bühnen übernommen. Die Über-

tragung steht noch im Zusammenhang mit den spanischen Einflüssen in Österreich, denen Grillparzer viel verdankt. Die späten Verse Friedrich Adlers, der in einer Anthologie des Naturalismus debütiert hatte, gelangen über eine zeitgebundene Form hinaus.

Dämmerstunde

Sprich nur, sprich!
Ich höre die Rede rinnen,
Ich höre dich.

Durch das Ohr nach innen
Gleitet die Welle;
Frieden trägt sie und Helle
Tönend mit sich.

Ich höre die Worte rinnen –
Ich will mich auf keines besinnen:
Ich höre dich.

Hugo Salus (1866 Böhmisch Leipa – 1929 Prag), der Rivale Friedrich Adlers, war eine in Prag stadtbekannte Erscheinung: groß, hager, mit bleichem Gesicht und langen Haaren unter dem schwarzen runden Hut. Er war Frauenarzt und hat die kommende Dichtergeneration zur Welt gebracht. Über ihn ging, die U betonend, der Spruch um: »Hugo Salus war ein Geburtshelfer und Poet dazu.«
Zehn Jahre nach Friedrich Adler geboren, wandte sich Salus von einer eklektischen Spätklassik ab und verschrieb sich impressionistisch einer biedermeierlichen Neuromantik. Er wurde durch seine Veröffentlichungen im »Simplicissimus« und in der »Jugend« weithin bekannt. Ferdinand Staeger hat den selig dahinschwärmenden Dichter im »Baumgarten« in einem Gemälde festgehalten, wie übrigens auch den dem Wahnsinn verfallenen Jaroslav Vrchlický von der Teyn-Kir-

che in einem graphischen Blatt zu Jan Nerudas »Kleinseitner Geschichten«.

Hugo Salus blieb Lyriker auch in den kleinen elegisch-ironischen Prosastücken der Bände »Das blaue Fenster« (1906), »Schwache Helden« (1910), »Seele und Sinne« (1913), »Nachdenkliche Geschichten« (1914), »Sommerabende« (1916), »Vergangenheit« (1921). Die Titel der langen Reihe seiner Gedichtbände weisen auf Form und Thematik seiner Lyrik; zunächst lauteten sie noch einfach »Gedichte« (1898) und »Neue Gedichte« (1899). Ihnen folgte der Band »Ehefrühling«, von dem Worpsweder Maler Heinrich Vogeler illustriert, eines der beliebtesten Bücher des vielgelesenen Autors; dann die Bände »Ernte« (1903), »Neue Garben« (1904), »Die Blumenschale« (1908), »Klarer Klang« (1922), »Die Harfe Gottes« (1928), schließlich »Helle Träume«, Variationen derselben Thematik und auch Melodie.

Albert Soergel hat Hugo Salus im ersten Band von »Dichtung und Dichter der Zeit« fünf Seiten gewidmet und seine Lyrik so umschrieben: »Mühelos fliegen ihm die Stoffe zu: die Linie eines Mädchennackens oder ein Sommerhut, ein Falter oder ein Glockenklang, ein einsames Dorf oder ein Abend am Meer, ein im Dunkel sich hochreckender Baum oder Glokkenblumen, Schwäne im nächtlichen Parkteich, Teppichklopferinnen im Hof oder Praterleben in Wien, ein Bild oder Gedicht eines Meisters, ein paar traurige Augen, Legenden der Juden, Christen und Heiden – das alles wird ihm zu ›Liederseelen‹.« Hugo Salus kennzeichnet seine Verse:

> . . . die nichts erfinden und nichts berichten,
> Die, wie mit schlanken, blassen, weichen
> Fingern über die Stirn dir streichen,
> Die, wie ein Hauch mit zagem Wehn,
> Träumend öffnen der Seele Türen.

Das ist schon der Vorklang zum frühen Rilke, der Hugo Salus mit »schwärmerischer Dankbarkeit« verehrte.

C. F. Meyers Gedichte nannte Hugo Salus sein »Wunderbuch« und »Sonntagsbrevier«; an Meyers Vorbild gewann die verschwebende Musikalität der eigenen Gedichte Kontur und konnte sich zur Plastik verfestigen. Hugo Salus liebte Antonín Dvořak; Arnold Schönberg vertonte sein »Einfältiges Lied«, Max Brod das Gedicht »Die alte Uhr in Prag«. Immer auf der Suche nach Schönheit fand Salus in der gleichnamigen Novelle das »Evangelium in der Schönheit Christi« – für einen Juden ungewöhnlich. Sein Schönheitsideal streifte kleinbürgerliche Sentimentalität, war, wie es im damaligen Prag nicht anders sein konnte, ein wenig Rokoko, anakreontisch, in der Sehnsucht nach Beschaulichkeit und häuslichem Glück ein wenig Hölty und J. P. Uz.

Junge Mädchen sind immer noch Rokoko,
Weiße Kleidchen und zierliche Schrittchen,
Träume von Königssohn und Schneewittchen,
Seufzer und Tränen, bang und froh;
Junge Mädchen sind Rokoko.

Schönheit wird dekorative Antike, an Anselm Feuerbach erinnernd; so in dem neoklassizistisch anmutenden Gedicht »Der schöne Knabe«:

Freund, gib acht auf deinen holden Knaben;
Er ist schlank und schön wie Raphael,
Und der Frauen streichelnd weiche Blicke
Wecken bald in ihm die Leidenschaften,
Also, daß ihm seine Schönheit schadet.
Lächle nicht! Ich hab ihn heut' beachtet,
Als wir nach dem Mahle uns ergötzten,
Und in hocherhobner Silberschale
Deine schöne Magd die Früchte brachte.

Die Neigung zur Idyllik machte Hugo Salus bei den bürgerlichen Lesern beliebt; sein Gedicht »Kammermusik« gehörte zu den bekanntesten Gedichten der Zeit, sein »Trostbüchlein für Kinderlose« wurde zum Hausbrevier. Er nahm Josef Weinhebers Jahreszeitengedichte vorweg:

Zu schnei'n am ersten Dezember fing's an,
Schneite weiter zum neuen Jahre dann:
Durch Stöbern und Schnei'n
Reiten die heiligen drei König' ein.

Auch in diesem deutschnationalen Juden wohnten zwei Seelen. Als die Zionisten Prags bei einer Gemeinderatswahl, ohne Aussicht auf Erfolg, mit einer eigenen Liste kandidierten, empörte sich Hugo Salus:

Heute gibt es nur Deutsche!
Wer nicht deutsch wählt,
Verdient die Peitsche!

Es entbehrt nicht einer tragischen Ironie, daß sich hier erst ein reiner Reim herstellt, wenn man die bei Juden übliche Bezeichnung für Deutsche, nämlich »Deitsche«, einsetzt. – In seiner »Prager Elegie« (1902) nannte er die Tschechen ein »spät erwachtes Mähervolk, dessen Saat mein Ahn besorgte«.

Ich aber bin so tief im sichern Herzen deutsch,
Als stünde mein Häuschen irgendwo am grünen Rhein.

In dem 1914 erschienenen, von Oskar Wiener und Johann Pilz besorgten Sammelband »Der Heimat zum Gruß«, sah Hugo Salus, ihrer gedenkend, seine Ahnen anders; nämlich als die, »die ihr Bündel durchs Land getragen« –

Elend, Verfolgung, Jammer und Not,
Dunkel ihr Leben, dunkel ihr Tod.

Im Alter hat Max Brod Hugo Salus ein Gedenkblatt gewidmet; Franz Werfel hat seine Erscheinung und Gestalt als Erinnerung an seine Prager Jugend in sein letztes Werk, »Stern des Ungeborenen«, aufgenommen.
Das Urteil Hanns W. Eppelsheimer, VICTOR HADWIGER (1876 Prag – 1911 Berlin) sei der erste Expressionist gewesen, wurde, soweit der Dichter in der Erinnerung überhaupt weiterlebt, nachgesprochen und hat sich verhärtet. Beruht diese Einstufung darauf, daß Victor Hadwiger mit vielen anderen, auch Max Brod, sogleich im ersten Heft von Franz Pfemferts »Aktion« (1910) erschienen war? Schon ein Jahr später starb er 35jährig. Nur einige Gedichte Victor Hadwigers überlebten in dem Sammelband »Zu unrecht vergessen« (1957); daher ist geboten, ihn gebührend zu würdigen.
Wirklich expressionistisch im Status nascendi, in der Aufgewühltheit, in Ekstase und greller Farbigkeit ist seine Prosa, die Erzählungen »Blanche, des Affen Liebe und Hochzeit« (1911), »Der Empfangstag« (1911), »Aus Abraham Abts Vorleben« (1912). Das liest sich wie die rauschhaften Dramen Oskar Kokoschkas: Die äußere Form ist aufgerissen, und vulkanisch glühend quellen Leidenschaften des Geschlechtlichen, Bilder des Entsetzens und Grauens aus grenzenlosen Untiefen. In den »Pariser Phantasien« recken sich, schon vor Georg Heym und Rilke, die verfluchten, der Verdammung preisgegebenen großen Städte in voller Häßlichkeit ins nebelige Grau. Da ist auch schon Paul Leppins »Gang in die Finsternis« (1914) vorweggenommen. Die schmutzigbunte Umwelt eines Zirkus mit Verzerrungen ins Unmenschliche, bei Hadwiger drastisch geschildert, kehrt später im Rummelplatz in Franz Werfels »Nicht der Mörder, der Ermordete ist schuldig« (1920) wieder. – Einen Roman um das verfallende römische Reich hat Victor Hadwiger nur begonnen.
In die zerklüftete Prosa kehrt aber bald eine durchklärte

Ruhe ein. Der traumwandlerische blasse Daniel in den Erzählungen aus »Abraham Abts Vorleben« sieht die südliche Landschaft: »Weiße Möven, brandendes Meer, die feuerroten Pelargonien und die flammenden Safranblüten eines südlichen Kirchhofs, und das alles getaucht in die Stimmung eines strahlenden Sonnenunterganges und begleitet vom heißsatten Abendläuten der Glocke in Porto Re.«

Immer mehr besänftigt sich die Prosa, ein ruhiges Dahinfließen legt sich um das Geheimnis der Welt, vor allem in der Natur, die in Victor Hadwigers Schaffen in den Vordergrund tritt. Das ist nahe der Prosa Robert Walsers, den die Prager für sich entdeckten und den Franz Kafka schätzte. Ein Beispiel: »Ich kann einen Ton finden für mein Einsames und darf alle Worte verschmähen, über die Schwelle meiner Lippen kommt ein Ton, ungewollt, unenträtselt. Ich bin ohne Altar, ich habe nicht in mir, was ich unkeuschen Göttern opfern könnte, ich habe nicht das Lob Gottes zu singen. Meine Saite ist der Halm, der aus dem Felde wuchert, meine Lehrer sind die Harmlosen, die Nachtigallen ohne Heimat. Sie sind die Vögel der Verkündigung, o sie flattern über die Kronen mit hellen Stimmen und erfüllen mein Frühlingsherz. Das dumpfe Rauschen der Waldbäume durchbrechen sie mit dem feinen Klang ihres Gesanges. – Hab' ich je Nachtigallen erhört in meines Vaters Hütte? Was war zwischen den schweigenden Zweigen der sich unter einem schweren Segen beugenden Äste, war je eine süße Stimme zwischen den Zweigen der grünenden Obstbäume? Große Vögel mit schwarzen Flügeln störten manchmal mit heiserem Gelächter den stummen Grübler.« –

In einer frühen Vision, die an Georg Trakl erinnert, hatte Victor Hadwiger einmal gesehen, wie Raben, die in sturmgepeitschten Silberpappeln wohnten, sein Herz zerfleischen. – Auch in Hadwigers Lyrik – »Gedichte« (1900), »Ich bin«

(1903), »Wenn unter uns ein Wandrer ist« (1912) – liegt mehr als bloßer Expressionismus. Die folgenden Hinweise wollen nicht Abhängigkeiten behaupten, sondern auf Vorwegnahmen und auf die Verflochtenheit des schmalen Werks mit der Dichtung seiner Zeit hindeuten.
Hadwiger fühlte sich in seinen Gedichten als Einzelner im Sinn Max Stirners und Nietzsches, dessen Zarathustra wie bei Rilke seinen Schatten über die Verse legt. Ihm fehlte das Du-Bewußtsein des Expressionismus; zehn Jahre nach Hadwigers »Ich bin« erschienen Franz Werfels Gedichte »Wir sind«. Hadwiger war sich seiner Sendung als einzelner bewußt: »Wehrt mir die Ratten ab, ich bin gesalbt!« Er sieht sich als einzelgängerischen Wanderer:

Wenn unter uns ein Wand'rer ist –
Dem schrieben es die Sterne in die Seele,
Der hat es in den Augen tief geprägt:
Weil ich ein Wand'rer bin.

Er sucht wie Rilke im »Stundenbuch« den Tag plastisch zu erfassen:

Und tausend Nächte hatten mich genarrt,
Da leuchtend, lachend kam der Tag.

Am Schluß des Gedichts »Wandlung« tagt es:

Es rötet sich mein Tag! Die Götter kehren um,
Dein feierlicher Mund wird stumm,
Das Land wird licht vor mir und uferlos die Glut,
Ich bin der Bach, ich bin die Flut,
Sanft neigt sich das Gelände meinem Lauf.
Horch, Lerchen! Hörst du, Lerchen flattern auf.

Vor seiner Fischerhütte sitzend, erlebt er »seinen« Tag:

Es klang die dunkelblaue Flut,
Wie Glocken klang das Meer.
Die Dörfer lauschten auf aus ihrem Schlaf.
Mich aber trieb ein Gott.
Die Welt war nur ein Fischerdorf,
Ein Möventraum,
Ein weißer Weg im Windgewölk.
Es geht ein Feiern an.

Das ist ähnlich wie Theodor Däubler beim Ausblick über das Meer und die abendlich ausfahrenden Schiffe empfindet: »Es kommt mir alles heilig vor.« Auch bei Hadwiger wächst die Natur in eine heroische Idylle.
In »Die kleinen Gräber« wird ihm das Gedicht zum Kinderlied, wird märchen- und volksliedhaft:

Ein schlankes Märchen wiegt der Tann,
Das drückt ein Kranz, das drückt ein Weh. –
Ich weiß nicht wo, ich weiß nicht wann. –
Und draußen schläft der Klee.

Viele Formen vereinigen sich im Gedicht Hadwigers zur Einheit. Seinem früh endenden Leben sang er im feierlichen Ton Stefan Georgs den Abschied voraus:

Dort müssen die Alleen sich ergießen
Und, immer bleicher, suchen sie ein Ende.
Sie werden sich verirren im Gelände
Und ferneren Geschicken sich verschließen.

Die dunkelroten Rosen liegen
Mit ihren Küssen schwer auf dieser Stunde;
Tot ist mein Schloß, nur auf den weißen Stiegen
Bewegen sich die Schatten meiner Hunde.

Man rüste mir ein Roß, es gilt ein Reiten,
Die Raben rufen auf den magern Saaten.
Es kommt ein Abend allen Taten,
Ein spätes aus-dem-Sattel-Gleiten.

Die Geburtsjahre von Friedrich Adler, Hugo Salus und Victor Hadwiger, 1857, 1866, 1876, markieren drei Einschnitte. Die lyrischen Werke dieser drei Dichter sind die Stufen, auf denen RAINER MARIA RILKE (1875 Prag – 1926 Val Mont/Schweiz) zu seinem Werk emporstieg.

Eine Erkenntnis aus Goethes »Italienischer Reise« gilt wörtlich für Rilke: »Wir ahnen die furchtbaren Bedingungen, unter welchen allein sich selbst das entschiedenste Naturell zum letztmöglichen Gelingen erheben kann.«

Mit exakter Philosophie, rationaler philologischer und psychologischer Analyse ist Rilke nicht erschließbar, bei ihm tritt nach dem Durchbruch durch die Frühzeit zunehmend ein unliterarisches, ein über das Denken hinausweisendes Element in Erscheinung, das für sein Leben und Schaffen wesentlich ist. Ausgesprochen hat er es, soweit es aussprechbar ist, in den zwei Prosaaufzeichnungen »Erlebnis« (1913) und »Ur-Geräusche« (1919): das Hinfinden aus den irdisch-materiellen Erscheinungen in den »Weltinnenraum«. Das Unbewußte, aus dem Rilkes Werk sich nährt, offenbarte sich ihm aus dem Zu- und Ineinanderfließen mit einem Baum, an den gelehnt er stand; »es war, als ob aus dem Innern des Baumes fast unmerklich Schwingungen in ihn übergingen«. ». . . sein Körper wurde gewissermaßen wie eine Seele behandelt und in den Stand gesetzt, einen Grad von Einfluß aufzunehmen, der bei der sonstigen Deutlichkeit leiblicher Verhältnisse eigentlich gar nicht hätte empfunden werden können.« Er fühlte, »auf die andere Seite der Natur geraten« zu sein. Die »einst so unentbehrlich genommene Welt (der äußeren Dinge)

wurde vom Unbewußten überspült«. Er gelangte zur »Überzähligkeit der Gestaltungen«. »Vollzähligkeit« war eine der Forderungen Rilkes ans Gedicht, die er aus dem Baumerlebnis in dem sich gegen das Meer neigenden Garten von Duino ableitete. Nicht mehr »durch die Kontur seines Leibes beirrt«, »ging das Unendliche von allen Seiten vertraulich in ihn über«. Die Seele findet über die Schranken des Körpers hinweg zur Weltseele, die in den Dingen schlummert und geweckt werden will. Aus der Weltseele empfängt er sein Gedicht; er ist nur Sprachrohr des Unbewußten, das er mühselig in Worte zu fassen versucht. Es ist ein medialer Vorgang, und nicht nur die Gedichte »Aus dem Nachlaß des Grafen C. W.« wurden auf diese Weise empfangen.
Später sich dieses Baumerlebnisses erinnernd, meinte Rilke, in ihm sei die Kraft des Zukünftigen enthalten gewesen. Rilkes Leben und Werk waren nichts anderes als das Durchbrechen der Schale zum Kern, das Hinfinden aus der Einzähligkeit des irdisch-materiell beschränkten Daseins in die Voll-, ja Überzähligkeit welthaften Seins. Übrigens war auch seine Frühzeit schon so, wenngleich noch verhüllt.
Die Befindlichkeit, aus der Rilke lebte und dichtete, entspricht einer Feststellung C. G. Jungs: »Das kollektive Unbewußte ist allen gemeinsam, es ist das Fundament, was das Altertum als ›Sympathie aller Dinge‹ bezeichnet hat.« –
Die dichterischen Anfänge Rilkes waren dürftig, ja kümmerlich, und eitel. Mit einer gewissen Keckheit suchte er sich als Dichter durchzusetzen. Seine Anfänge griffen auf das zurück, was schon zu seiner Zeit Staub angesetzt hatte und als veraltet galt. Peter Demetz hat das Material zum frühen Rilke in seinem Buch »René Rilkes Prager Jahre« (1953) zusammengetragen. Schon am Beginn ist, auch aus dem Negativen heraus, der Weg erkennbar, und noch in unbeholfenen oder überschwenglichen Versen ist Präexistenz von Künftigem

ahnbar. Bereits in den Heften der »Wegwarten« (»Lieder dem Volk geschenkt«, 1896) hebt der Gesang an, sind die Verse erfüllt von Musikalität und Traum.

Meine Tage gingen golden
Durch der Seele Heiligtum,
Und auf meiner Träume Dolden
Wiegte sich der Falter Ruhm.

Wenn Rilke später den Dichter vor dem Ruhm als angehäuften Mißverständnissen warnt: »Ruhm, dieser öffentliche Abbruch eines Werdenden« –, so ist daran der Weg zu erkennen, der von der Frühzeit wegführt; auch in der späteren Warnung vor Gefühlen im Gedicht; denn nicht aus Gefühlen, sondern aus unendlich langen und vielen Erfahrungen entsteht das Gedicht.

Es gibt am Anfang epigonale heimatliche Schauerballaden (»Der Sühneversuch«), gibt patriotisches Pathos, so in dem Gedicht gegen Bertha von Suttners Buch »Die Waffen nieder!«

Darum haltet fest den Säbel in der Rechten,
Laßt nimmer ihn entsinken eurer Hand,
Und ruft die Not, dann seid bereit zu fechten,
Bereit zu sterben für das Vaterland.

Abgesehen davon, daß Rilke in seiner Militärschulzeit, an der er nahezu zerbrochen wäre, von solchem Patriotismus gründlich geheilt wurde, war das keine nationale, sondern eine monarchisch-österreichische Begeisterung.

Rilke hat an der Zweisprachigkeit Prags und Böhmens nicht gelitten. Das Gegenteil ist der Fall. Er lebte noch aus der Epoche des Bohemismus, in der Tschechen wie Deutsche Böhmen als gemeinsame Heimat empfanden. Überdies sprach Rilke, so berichtet der tschechische Dichter Jiří Kará-

sek ze Lvovic, mit den tschechischen Dichtern tschechisch; »er sprach das Tschechisch für einen Deutschen recht gut.« In den »Larenopfern« (1896), der lyrischen Topographie Prags, besang er einige Gestalten und Episoden der tschechischen Geschichte, die, so Jan Hus, den Deutschböhmen suspekt waren; er rühmte zeitgenössische tschechische Dichter und reimte deutsche Wörter auf tschechische. Bei seinem Bemühen um »Vielzähligkeit« war ihm jede feindselige Trennung der Nationen fremd. Er bewegte sich zeit seines Lebens in nationalen Grenzländern, auch in deren Sprachen, und blieb der Dichter eines großartigen Deutsch. Er schrieb Gedichte in Russisch und Französisch, er lebte sich so intensiv in fremde Kulturen ein, daß sie ihm nicht mehr fremd waren. Rilke kannte nicht jene »Distanzliebe« Max Brods zu anderen Völkern. Der Schweizer J. R. von Salis betont die »Pluralität des kulturellen Erlebens« bei Rilke: »Was Rilke so bemerkenswert macht, ist der Umstand, daß er von einem festgefügten Mittelpunkt aus seine Gewölbebogen sowohl nach dem slawischen Osten wie nach dem romanischen Westen und Süden schwingt.« Eben: »Poète de Prague et d'Europe.« »Rilke ist ein einzigartiges Grenzphänomen. Schon äußerlich: geboren in Prag, an der Grenze, wo Deutschtum und Slawentum sich treffen; die letzten Jahre im Wallis, wo an der deutsch-französischen Sprachgrenze zwei Wesensarten natürlich und reibungslos ineinander übergehen« (Max Rychner).
Von seinen Landsleuten aus der deutschböhmischen Provinz wurde Rilke angegriffen, und er hat unter deren »nationaler Entrüstung gegen die kulturelle Blutschande, die ein sich deutsch nennender Dichter mit der Sprache der Erbfeinde treibt«, gelitten. (Walter Mehring, »Die verlorene Bibliothek«, 1964). Man hat Rilke als dekadent verrufen, schließlich auf eine jüdische Abstammung hingewiesen, die es nicht gibt.

Rilke hat sich zu seiner Ergriffenheit durch »böhmischen Volkes Weise« bekannt. Er liebte vor allem das bäuerliche Umland, von dem er dichtete:

Gott war guter Laune, Geizen
Ist doch wohl nicht seine Art;
Und er lächelte; da ward
Böhmen, reich an tausend Reizen.

Die Erzählungen der ersten Prosabücher »Am Leben hin« (1898) und »Die Letzten« (1901), der ganze Rilke schon in den Titeln, enthalten Deutsch-Tschechisches aus Prag, die »Zwei Prager Geschichten« (1899) sind voll davon, auch an profunden Einsichten über das tschechische Volk. Diese frühen Erzählungen, zu unrecht wenig beachtet, weisen in Inhalt und Form Elemente auf, die in den »Aufzeichnungen des Malte Laurids Brigge« wiederkehren. Rilke sah auch in Paris Pragerisches. Josef Nadler hat festgestellt: »Die Pyramide seines Werkes ist bis in die Spitze aus Prager Steinen gebrochen.«
Der deutschen Sprache galt nicht nur die Liebe Rilkes, sondern auch seine Mühe, und er widmete ihr ein genaues Studium. Immer wieder holte er sich aus Grimms Deutschem Wörterbuch Auskunft. Robert Musil sagte in seiner Berliner Totenrede auf Rilke: »Dieser große Lyriker hat nichts getan, als daß er das deutsche Gedicht zum erstenmal vollkommen gemacht hat, er war kein Gipfel dieser Zeit, er war eine der Erhöhungen, auf welchen das Schicksal des Geistes über Zeiten wegschreitet . . . Er gehört zu den Jahrhundertzusammenhängen der deutschen Dichtung.«
Prag, Böhmen und das Tschechische hat Rilke bis an sein Lebensende in sich getragen. Aber aus einem seismographischen Überempfinden wandte er sich von Prag ab, es brauchte ihn auf, es nahm ihn von sich selber fort. Er konnte die Welt,

von der er sich umstellt und bedroht fühlte, nicht aus sich tilgen, was auch Kafka gewollt und nicht gekonnt hatte. Rilke verließ Prag, wenn nicht von Flucht zu reden wäre; Franz Kafka blieb.

Beteiligt an der wachsenden Ablehnung Rilkes Prag gegenüber ist in erster Linie der Widerwille gegen seine Mutter, eine adelssüchtige, nach Ansehen und Geltung in der Gesellschaft gierige Frau, die doch nur einen Eisenbahnbeamten zum Manne hatte, vor allem gegen ihr bigottes Wesen, das ihm die christliche Religion verleidete und ihn zeit seines Lebens verwirrte. Sie hatte den Knaben, weil sie sich ein Mädchen gewünscht hatte, als Mädchen gekleidet und erzogen. Mit Härte spricht Rilke von der Verlogenheit seiner Mutter: »Mir graut vor ihrer zerstreuten Frömmigkeit, vor ihrem eigensinnigen Glauben, vor all diesem Verzerrten und Entstellten, daran sie sich gehängt hat, selber leer wie ein Kleid, gespenstig und schrecklich.« Er hatte tatsächlich kein Vaterhaus – die Eltern lebten getrennt –, so trat der Enge der mütterlichen Umwelt der Drang ins Welthafte gegenüber.

Ich habe kein Vaterhaus,
Und habe auch keines verloren;
Meine Mutter hat mich in die Welt hinaus geboren.

Von seiner Ablehnung Prags spricht er bis an sein Lebensende, auch von der dort erlebten schweren Kindheit, die er nie los wird, vom absterbenden Österreich in einer Scheinnachblüte, das ihm in seiner unseligen Militärschulzeit – die Mutter wollte ihren Sohn als Offizier – jene Ängste und Qualen bereitete, die Robert Musil in seinem Törleß-Roman festgehalten hat. Rilke bekennt: »Es ist nicht zu sagen, wie mir alles Österreichische zuwider ist« – dennoch galt er im Ausland, vor allem in Frankreich, äußerlich und innerlich als typischer Österreicher.

Vieles, was ihn von seiner Mutter und Umwelt abstieß, trug er in sich selber, so das Spiel mit seinen adeligen Vorfahren, den Kult des Adels überhaupt, auch den Kult des Katholizismus, dem er huldigte, obwohl er zum Protestantismus übergetreten war.

Nach einem Besuch Prags 1907 schreibt er: »Mehr als je fühle ich heute die Gegenwart der Stadt als Unbegreifliches und Verwirrung. Sie müßte entweder mit meiner Kindheit verschwunden sein, oder meine Kindheit müßte von ihr abgeflossen sein später, sie zurücklassend, wirklich neben aller Wirklichkeit, zu sehen und anzusagen wie ein Cézannesches Bild, unbegreiflich meinetwegen, aber begreifbar. So aber ist sie gespenstisch.«

Rilke beschreibt damit zugleich Franz Kafkas Prag, aber mehr noch eine dem Leben widerstreitende Welt, für die ihm Prag nur eines von vielen Abbildern ist. Trost liegt nur im Begreifbaren und Greifbaren, in der Ruhe der Dinge, die er immer wieder als zuverlässig preist, wie er es bei Adalbert Stifter und J. P. Jacobsen erfahren hatte.

Zwei Jahre vor seinem Tod schreibt er: »Das alles ist so traurig, wie man nur im alten Österreich und im engen Prag sein konnte. La province engourdie.« Was er brauchte, konnte ihm Prag nicht geben: »Force, espoir et nourriture.« »Die Stadt, in der ich aufwuchs, bot keinen rechten Boden dafür (ein Heimatbewußtsein entwickeln zu können), ihre Luft war weder die meines Atems, noch die meines Pfluges.«

Die den »Larenopfern«, dem den Hausgöttern Prags geweihten Gedichtband, folgenden Gedichtbände tragen die leitmotivischen Titel »Traumgekrönt« (1897) und »Advent« (1898) – Erwartung eines geahnten Kommenden, das die »Bruchstellen« seines Lebens heilen und die zutiefst empfundene Gottesferne mildern helfen könnte.

Eine erste Befreiung brachten ihm die beiden Reisen nach

Rußland (1899 und 1900). Summarisch faßte er das Ergebnis zusammen: »Daß Rußland meine Heimat ist, gehört zu den großen und geheimnisvollen Sicherheiten, aus denen ich lebe.« Die beiden Reisen, auf die er sprachlich und auch sonst durch seine böhmische Herkunft vorbereitet war, brachten ihm das Erlebnis einer großen Landschaft, Frömmigkeit und Gottesnähe (»Rußland, das an Gott grenzt«) und die Begegnung mit zwei Dichtern, mit dem Bauern Spiridon Dimitrijewitsch Droschin und dessen Gutsherrn Tolstoj in Jasnaja Poljana. Von der »reifen Einfachheit« der Verse des Bauerndichters Droschin war er so tief beeindruckt, daß er sie übersetzte und aus ihrer Art eigene Dichtungen in russischer Sprache zu schreiben begann. Die Weite und Unberührtheit der russischen Landschaft, vor allem an der Wolga, kamen seinem Bedürfnis nach ungebrochener Natur entgegen. In Rußland hatte er »Heimat und Himmel« gefunden. Später gab Rilke im Nachklang des russischen Erlebnisses in seinem Buch über Worpswede (1902/1903) Landschaftsbeschreibungen und Naturbetrachtungen, die zu den schönsten und tiefsten in der deutschen Literatur gehören.

Wenn Rilke unaufhörlich die Vollzähligkeit des Daseins suchte, war das zugleich ein Suchen nach Gott. Rilke blieb, wohl zugunsten der Dichtung ein systematisches philosophisches und theologisches Denken versagt. Das »Stundenbuch« (1899/1903), das im Ansturm des russischen Erlebnisses, vor allem angeregt durch den Besuch des Klosters Peterschkaja Lawra überm Dnjepr und des »heiligen« Kiew und durch das Osterfest in Moskau, entstand, ist nur eine Station im Gotteserleben Rilkes, das in märchenhafter Verschlüsselung bereits in den aus feinsten Fäden gewobenen »Geschichten vom lieben Gott« (1900) ausgesprochen ist. Das »Stundenbuch« zeigt Rilke in unmittelbarer Nähe zum »Nachbarn« Gott, und auch hier bedeutet ihm die Nähe zu Gott die Nähe zum

Leben. Rilke löste Gott nicht vom irdischen Leben los, stellte ihn nicht über das Leben.

Alle, welche dich suchen, versuchen dich.
Und die, so dich finden, binden dich
an Bild und Gebärde.

Ich aber will dich begreifen,
Wie dich die Erde begreift;
Mit meinem Reifen
Reift
Dein Reich.

Rilke lehnt eine dogmatische Bindung für religiöses Empfinden und für ein gotterfülltes Leben ab. In diesem Sinn lehnt er auch Christus als Mittler ab. Er stehe ihm, so sagt er später, überall im Wege. Am heftigsten spricht er die Ablehnung Christi in dem »Brief des jungen Arbeiters« (1922) aus. Hier ist der Einfluß Nietzsches bemerkbar; Rilke hatte dessen Werk durch die Nietzsche-Freundin Lou Andreas-Salomé, mit der er nach Rußland reiste, genau kennengelernt. Rudolf Kassner, in dessen Denken der Gottmensch Christus im Mittelpunkt stand, nannte Rilkes Auffassung von Christus dilettantisch. Robert Musil: »Er war in gewissem Sinn der religiöseste Dichter seit Novalis, aber ich bin nicht sicher, ob er überhaupt Religion hatte. Er sah anders, in einer neuen, inneren Weise.«

»Ist er (Gott) ein Hiesiger?« fragt Rilke in den »Sonetten an Orpheus« und antwortet: »Nein, aus beiden Reichen erwuchs seine weite Natur.« Aus dem hiesigen irdischen Bereich und aus dem dortigen überirdischen. Auch Mensch und Gott sind ihm so Eines, daß einer ohne den andern nicht sein kann. Rilkes Variation eines Sinnspruchs des Angelus Silesius steht im »Stundenbuch«:

Was wirst du tun, Gott, wenn ich sterbe?
Ich bin ein Krug (wenn ich zerscherbe?)
Ich bin ein Trank (wenn ich verderbe?)
Bin dein Gewand und dein Gewerbe,
Mit mir verlierst du deinen Sinn.

Bedeutsam ist die später erfolgte Abwendung Rilkes von Tolstoj, den er 1900 besucht hatte. Zwei 1909 geschriebene, erst 1962 veröffentlichte, für den Schluß des »Malte Laurids Brigge« geplante Fragmente sind eine Absage an Tolstoj als den Verenger des Lebens und des Göttlichen, als Bußprediger und Sittenrichter: »Und mit einem Entsetzen ohnegleichen ahnte er, daß sein Inneres kaum angefangen war (in der ersten Fassung: »daß sein eigener, eingeborener Gott kaum angefangen war«); daß er (Tolstoj), wenn er jetzt stürbe, nicht lebensfähig sein würde im Jenseits; daß man sich dort schämen würde für seine rudimentäre Seele und sie in der Ewigkeit verstecken würde wie eine Fehlgeburt.«
Ein anderer Ertrag der Reisen nach Rußland war Rilkes intensive Beschäftigung mit den großen russischen Dichtern. In diesem Zusammenhang übersetzte er die damals in Deutschland noch unbekannten Dramen Tschechows (1860–1904), »Onkel Wanja« und »Die Möwe«, und bemühte sich um deren Aufführung, allerdings vergeblich. Rilke erkannte das Wesen der Tschechowschen Dramen genau, die z. B. Josef Hofmiller gründlich mißverstand. Rilke nannte sie »Tragödien des Alltags mit ihrer banalen Breite, hinter welcher sich die großen Katastrophen entwickeln«. Damit hatte er auch die ebenfalls zu unrecht übergangenen eigenen Dramen seiner Frühzeit gekennzeichnet, die dem Naturalismus zugerechnet wurden, aber Seelendramen im Sinn Tschechows sind. Auch hier sind die Titel aufschlußreich: »Im Frühfrost« (1895), »Jetzt und in der Stunde unseres Absterbens« (1896),

»Ohne Gegenwart«; die beiden letzten Dramen »Das tägliche Leben« (1900) und »Waisenkinder« (1901) sind leiser, aber unerbittlicher und verraten den Einfluß Maeterlincks.
Um die Mitte des »Stundenbuchs« entstanden in »wachsenden Ringen« die drei Gedichtbücher »Das Buch der Bilder« (1902), »Neue Gedichte« (1907) und »Der Neuen Gedichte anderer Teil« (1908). In einem späteren Gedicht wird die Aufgabe des Dichters umschrieben:

Jetzt wird es Zeit, daß Götter träten aus
Bewohnten Dingen.

Bewohnte Dinge als Dinge, an die sich der Mensch durch allzulange Gewohnheit gewöhnt hat, so daß sie ihm starr und stumm wurden; nur noch das stoffliche Außen wird gesehen, nicht ihr Weltinnenraum, den sie umschließen. Als »Schläfer in den Dingen« werden die Götter empfunden, die geweckt werden wollen. Die neuen Gedichte sind die Anrufung der in den Dingen schlummernden Götter. Diese erwachen durch den Anruf zum Lied, wie es Eichendorff in seinem »Talisman« meint:

Schläft ein Lied in allen Dingen,
Die da träumen fort und fort,
Und die Welt hebt an zu singen,
Triffst du nur das Zauberwort.

Rilke trifft das Zauberwort; in seinen Gedichten heben die Dinge der Welt an zu singen. Sie werden Gesang wie später in den »Sonetten an Orpheus«, werden Musik, die der Atem Rilkes ist, so stark auch das formende, das plastische Element hinzutritt, das Rilke seinem Lehrmeister Rodin in Paris abgelernt, abgeschaut hat. Am Anfang der »Neuen Gedichte« und der »Neuen Gedichte anderer Teil« erscheint der Gott des Gesangs, Apollo. Am Anfang der Neuen Gedichte steht die Anrufung an den frühen Apoll:

. . . mit seinem Lächeln etwas trinkend,
Als würde ihm ein Singen eingeflößt.

»Der Neuen Gedichte anderer Teil« wird durch einen »Archaischen Torso Apolls« eröffnet; noch aus dem Bruchstück bricht die ehemalige Ganzheit unversehrt und ungestüm

. . . aus allen seinen Rändern
Aus wie ein Stern: Denn da ist keine Stelle,
Die dich nicht sieht: Du mußt dein Leben ändern.

Das ist die Forderung, die Bruchstellen des eigenen Seins zu heilen und zu ergänzen, um zur Vollzähligkeit hinzufinden. Gerade das gelingt dem Menschen in den »Aufzeichnungen des Malte Laurids Brigge« (1910) nicht. So persönlich diese Aufzeichnungen sich aussprechen, sind sie als Spiegel der allgemeinen existenziellen Situation und Krise der Zeit vor dem Ersten Weltkrieg ein epochales Werk.

Es hat einen Vorläufer in der selbstbiographischen Erzählung »Ewald Tragy« (um 1898), in der kritischen Zeit geschrieben, als Rilke sich von den Eltern und Prag loslöste, in die Welt (München) zog, um ein Dichter zu werden, und sich scheitern fühlte.

Malte Laurids Brigge lebt als ein »Letzter« seines Geschlechts nur gerade noch »am Leben hin«, wovon schon die ersten Erzählungen ahnungsvoll erfüllt waren. Jetzt, in der Mitte seines Lebens steht Rilke wissend wieder dort, von wo er ausgegangen war: erstarrt und verstummt, erschrocken und verschreckt von dem unfaßbaren Grenzenlosen; die Dinge der Welt sind ihm fremd geworden und bedrohen ihn durch solche Fremdheit. Die Menschen in dieser umfangreichsten Prosadichtung Rilkes stehen dem Dasein gegenüber

So erschrocken, wie sie nie erschrocken,
Ohne Ordnung, oft durchlocht und locker,

wie es das »Jüngste Gericht« im »Buch der Bilder« aussagte. Sie stehen vor dem Gericht ihres Versagens. Malte Laurids Brigge ist gefangen in dem Käfig der Welt wie der Panther in den »Neuen Gedichten«:

> Ihm ist, als ob es tausend Stäbe gäbe,
> Und hinter tausend Stäben keine Welt.

Die Ferne zu Gott hat sich bis zur Unerkennbarkeit Gottes und seines Willens vergrößert. Hatte Rilke sich im »Stundenbuch« Gott zu nahe wie einem Nachbarn angebiedert, daß er jetzt nach solchem Unterfangen zurückgestoßen wird?

In einer Herbstnacht des Jahres 1899 hatte Rilke in Berlin-Schmargendorf die erste Fassung der »Weise von Liebe und Tod des Cornets Christoph Rilke« niedergeschrieben. Rilke distanzierte sich zunächst davon und hat sich erst später wieder zu der zwischen Prosa und Vers schwebenden liedhaften Ballade, die durch ihre Popularität gelitten hatte, bekannt, sie als Abbreviatur seines Schaffens anerkennend. Der Titel enthält zwei Hauptthemen in Rilkes Leben und Schaffen: Liebe und Tod.

Liebe, in vollem Umfang auch des Leiblichen, schien Rilke als etwas im Leben kaum zu Leistendes; sie enthielt ihm zu viel Unklares und Unwahres, Ablenkendes und Trübendes, das vom Eigentlichen fortführt. Gepriesen hat er die großen Liebenden, die der Liebe zu entsagen vermochten oder durch Zurückweisung dazu gezwungen wurden, und darum die eigentlichen Liebenden wurden. Sie hat er in der Geschichte aufzuspüren gewußt und hat ihre Bekenntnisse aus verschiedenen Sprachen übersetzt: die Sonette der Elisabeth Barrett-Browning aus dem Portugiesischen, den französischen Sermon »Die Liebe der Magdalena«, die Briefe der Marianna Alcoforado, die vierundzwanzig Sonette der Lyoneserin Louize Labé. Er ruft sie in den »Duineser Elegien« wieder auf

– »ist es nicht Zeit, daß wir liebend uns vom Geliebten befrein und es lebend bestehn?«
Das zweite Motiv, der Tod, wird, nach anfänglicher jugendlicher Melancholie, zunehmend ernster und größer gestaltet. Er wird als der stärkere über dem Leben erkannt, weil er das Leben beherrscht, und wird anerkannt. In den beiden Requiems »Für eine Freundin« und »Für Wolf Graf von Kalckreuth« (1908) steigern sich die Meditationen über den Tod zu Totenfeiern. Im »Stundenbuch« wird ein mittelalterlicher Spruch weitergedichtet:

Der Tod ist groß.
Wir sind die Seinen
Lachenden Munds.
Wenn wir uns mitten im Leben meinen,
Wagt er zu weinen
Mitten in uns.

Im Gebet erhebt sich die Bitte um Erhöhung des allgemeinen Tods zum eigenen Tod jedes Menschen:

O Herr, gib jedem seinen eignen Tod,
Das Sterben, das aus jedem Leben geht,
Darin er Liebe hatte, Sinn und Not.

Denn wir sind nur die Schale und das Blatt.
Der große Tod, den jeder in sich hat,
Der ist die Furcht, um die sich alles dreht.

Beide Motive gehen auch gewaltig durch das Buch mit den Aufzeichnungen des Malte Laurids Brigge; Liebe und Tod, in den Elendsgassen von Paris, in dänischen Schlössern, bei den Großen der Geschichte, am meisten in der Einsamkeit und Ratlosigkeit des jungen Brigge.
Die Aufzeichnungen sind kein in sich geschlossenes, abgerun-

detes Buch, sie sammeln Bruchstücke und Fundstücke und Strandgut aus dem Leben des Dichters, Erkenntnisse und Zweifel, Bilder von vielen Landstrichen Europas, historische Episoden, Gestalten und Begebenheiten aus der Familie des jungen dänischen Aristokraten; das Verstörte und Häßliche des Pariser Alltags verschreckt Brigge wie Prag Rilke verschreckt hatte.

> Denn, Herr, die großen Städte sind Verlorene und Aufgelöste.

Verloren und aufgelöst ist Malte Laurids Brigge in diesem Paris, ein verlorener Sohn, der, auch wenn er heimkehren sollte, nicht geliebt werden möchte. Rilke hatte André Gides »Rückkehr des verlorenen Sohnes« übersetzt, der dänische Dichter J. P. Jacobsen ist durch das ganze Buch hindurch gegenwärtig. Rilke hat später die »Aufzeichnungen des Malte Laurids Brigge« als Tiefpunkt seines Lebens empfunden, und er ermahnte vor allem junge Menschen, das Buch »gewissermaßen gegen den Strom zu lesen«: »Diese Aufzeichnungen, indem sie ein Maß an sehr angewachsene Leiden legen, deuten an, bis zu welcher Höhe die Seligkeit steigen könnte, die mit der Fülle dieser selben Kraft zu leisten wäre.« Zur Höhe dieser Seligkeit steigen die beiden letzten Werke Rilkes empor, die »Duineser Elegien« und »Die Sonette an Orpheus« (1922), die miteinander entstanden.

Es war lange von der »stummen Zeit« Rilkes zwischen 1908 und 1922 die Rede gewesen; das erwies sich als Irrtum, denn aus der Zeit zwischen den »Neuen Gedichten« und den beiden letzten Gedichtbänden stammt ein Übermaß an Gedichten, entstanden »ausgesetzt auf den Bergen des Herzens«; sie füllen in der Gesamtausgabe über 300 Seiten; in ihnen reiht sich eine Kostbarkeit der deutschen Dichtkunst an die andere. Sie offenbaren eine riesige Arbeit im Dienst am Gedicht, durch welches Worte aufhören wollen, »nur schwache, schwankende Brücken über dem wirklichen Sein« zu bleiben, indem Weltwirklichkeit und Weltinnenraum wie zwei Halbkugeln zueinander finden und sich zur Einheit abrunden. Die reife Frucht dieser Arbeit aber wurden die beiden letzten Werke, einem Zwillingsgestirn vergleichbar, das unter den Sternbildern des dichterischen Himmels nicht mehr wegzudenken ist. Die »Duineser Elegien« steigen aus karstigem Bergland über dem windüberwehten Meer in die baumbewachsene, blühende und fruchtende Fülle der »Sonette an Orpheus«.

Nicht Ausdruck von Gefühlen sind beide Werke, sie sammeln lange innere und äußere Erfahrungen und ringen sich zur Lobpreisung durch: »Hiersein ist herrlich« und:

Erde, ist nicht dies, was du willst: unsichtbar
In uns erstehn. – Ist es dein Traum nicht,
Einmal unsichtbar zu sein? – Erde! unsichtbar!
Was, wenn Verwandlung nicht, ist dein drängender
  Auftrag?
Erde, du liebe, ich will!

So in den »Duineser Elegien«. In den »Sonetten an Orpheus«:

Rühmen, das ist's! Ein zum Rühmen Bestellter,
Ging er hervor wie der Erz aus des Steins
Schweigen. Sein Herz, o vergängliche Kelter
Eines den Menschen unendlichen Weins.

Die Gegensätzlichkeiten, auch die zwischen Leben und Tod, sind aufgehoben:

Er ist einer der bleibenden Boten,
Der noch weit in die Türen der Toten
Schalen mit rühmlichen Früchten hält.

Der sich überschlagende Jubel der beiden in dem schweizerischen Château de Muzot vollendeten Gedichtbücher ist die Antwort von der erklommenen Höhe über Klüfte hinweg, die die »Aufzeichnungen des Malte Laurids Brigge« irrend durchmaßen. Wie der Dichter diese erreichte Höhe durchgehalten hätte, wer will das wissen? 51jährig starb er einen schweren Tod.

Sein Leben und Dichten war in einem oft qualvollen und verzweifelten Ringen auf Vollzähligkeit, Ganzheit, Abrundung gerichtet, die dem Leben unmöglich sind. Ringen und Aufbegehren gegen die Bruchstellen des Lebens fanden zur demütigen Einsicht und Hoffnung Hölderlins: »Was hier wir sind, kann dort ein Gott ergänzen.« Das Vermögen des Menschen, schon im Bruchstück das Ganze zu ahnen, war auch Einsicht und Trost Franz Kafkas. »Gekonnt hat's keiner«, hat Rilke dem Leben gegenüber gesagt, und: »Wer spricht von Siegen? Überstehn ist alles.« –

Mit seinem dichterischen Werk schrieb Rilke Tausende von Briefen, die in einigen Bänden gesammelt wurden. Sie stehen nicht neben seinem Werk, sie gehören zu ihm, sind ein Teil seines Werkes, sind, oft monologisch, die Geschichte seines Lebens und Schaffens, die wir bei kaum einem anderen Dichter so genau verfolgen können, sind eine Parabel seines Erdendaseins:

> Dort draußen ist, was ich hier innen lebe,
> Und hier und dort ist alles grenzenlos.

Von Rilke, dem ersten Gipfel in der Literatur Prags, mag der Blick in die Täler des dichterischen Umlands streifen.

Franz Herold (1854–1943 Wien), wie Hugo Salus in Böhmisch Leipa geboren, durch die Zeit seines Studiums und der Tätigkeit als Gymnasialprofessor Prag verbunden, bevor er nach Wien ging, war einer der bekanntesten und beliebtesten

Dichter Böhmens. Er gehörte zur Generation Friedrich Adlers, auch in der nachklassischen Form seiner Lyrik, »Ernte« (1908), »Stilleben« (1914). Beschaulich und der Natur zugewandt, die er in freundlich-nachdenklichen Kleinbildern einfing, galt seine Sehnsucht dem Süden, den er in seinem Reisebuch »Aus sonnigen Ländern« (1924) liebevoll nachzeichnete. Seinen späten Gedichtband »Stimmen und Gestalten des Waldes« (1933) widmete er der heimatlichen Natur. Seine Gedichte eines holden Bescheidens erinnern an die sudetendeutsch-österreichische Tradition Franz Karl Ginzkeys.

Länger als ein tiefes Buch
Lebt ein Lied oft, lebt ein Spruch,
Schwebt mit lichtem Falterflügel
Über der Berühmten Hügel.

»Böhmischen Volkes Weise« klingt aus dem flachen Binnenland in die Musik der Gedichte CAMILL HOFFMANNS (1878 Kolín – 1944 KZ Auschwitz). Der Einfluß tschechischen Volkstums ist vielen deutschen Dichtern aus Prag oder aus dessen Umkreis gemeinsam. Camill Hoffmann lebte zumeist in Prag und wurde Attaché der Tschechoslowakischen Gesandtschaft in Berlin. Er übersetzte Baudelaire und tschechische Lyrik und gab eine Anthologie deutscher Lyrik aus Österreich heraus. Max Brod ist einer der Dichter, die Camill Hoffmann gefördert haben. Hoffmann kam im KZ in Auschwitz ums Leben.

Der Titel seiner Gedichte »Adagio stiller Abende« (1902) weist auf den Stimmungsgehalt seiner Lyrik hin, auf die klare Form der Band »Die Vase« (1911). Auf einfühlsame Art ist das Wesen des Nachbarvolkes mit einbezogen. Aus einer Kaserne hört einmal der Dichter, von einer Ziehharmonika gespielt, ein tschechisches Volkslied, ein Rekrutenlied, das die Abneigung der Tschechen gegen den österreichischen Militärdienst ausspricht; solche Lieder gibt es einige, eines hat F. E. Weiskopf in den von ihm übersetzten Band »Tschechische Lieder« (1925) aufgenommen. Camill Hoffmanns Gedicht »Kasernenfenster« enthält diese Verse:

Oft kenn ich ein Lied, wie aus Kinderzeit
Wacht es im Herzen mir auf wie befreit,
Die Knechte sangen es auf den Fluren,
Wenn sie die Mahd in die Scheune fuhren.
Es dehnt sich darin des Böhmerlands
Schwerkrumiger Acker in trägem Glanz . . .
Die jungen Soldaten brennt es im Stillen,
Sie tragen des Kaisers Rock wider Willen.

Camill Hoffmann zeichnet die ländliche Natur mit den Dörflern in reinen Linien und innig ab.

Vorfrühling

Liebend steigt die Sonne. Noch unbesternt
Grünt der Wiesenplan.
Schwarze Böcklein, noch ungehörnt
Knabbern den knospenden Frühling an.

Unter dem Weidenbaum schnitzt
Pfeifend ein Bauernjunge Tomahawk und Speer.
Über den Himmel ein Kranich blitzt
Regenbogenfarben, vom Süden her.

Tief naturverbunden ist auch die Lyrik JOSEF KALMERS (1898, 1938 nach England emigriert und dort gestorben). Das Gedicht »Herbst in den Alpen« schließt:

Bald wird es Zeit,
Die Rinder von den Almen zu treiben
Und die kurzen Tage im Hause zu bleiben,

Bis wieder Schnee von den Schründen leckt
Und die Frühjahrssonne die Zähne bleckt.

Den kriegsgefallenen Soldaten widmet er das Gedicht »Allerseelen«:

Ehe die Flüsse versiegen
In der Sekunde des Fluchs,
Laß aus allen Kriegen
Voll ihres stumpfen Geruchs,
Die Toten auferstehen,
Die unter jedem Gestirn
Durch die Ewigkeit gehen
Über Wüste und Firn.
Daß die Quellen entspringen
Aus der Tränen Gewinn,
Mußt du die Feuer bringen,
Um zu entfachen den Sinn
Allen, die sich jetzt beugen
Wo sich ein Hügel erhebt:
Laß nicht die Gefallenen zeugen
Wider jeden, der lebt!

Angst und Ende sind zwei immer wiederkehrende Vokabeln in der Lyrik des Jahrhundertanfangs und Vorkriegs, auch bei EUGEN KAHLER (1881–1912). Der Sohn der Verfasserin zarter Novellen, selber Maler, überträgt traumhafte Farbigkeit in seine Gedichte, »Syrinx«, »Die Brücke der Iris« (1905). Aus dem verschwebenden Impressionismus flackern frühexpressionistische Motive und Farben auf. Zweifel an der Natur, Bedenken darüber, »in dieser Welt an solche Pracht zu glauben«. In der sinkenden Dunkelheit einer engen Gasse erscheinen ihm die erleuchteten Fenster als Fieberaugen, die schreckhaft in die Nacht blicken.

Wir stehen am Ende,
Der Frühling beginnt sein Lied,
Wir reichen uns die Hände
Still und müd.

Jubel steigt aus den Gründen,
Lächeln fliegt über den See,
Und in den weckenden Winden
Weint unser Weh.

Blüten heben die Lider,
Blicken wundersam.
Zwischen Rosen und Flieder
Geht Grau und Gram.

Immer wieder dringt in die erlesenen Formen einer an sich ermüdenden Neuromantik der Geruch des Ackers und reifender Ährenfelder, auch die Klage und das Aufbegehren des kleinen und armen Mannes; das macht die Lyrik der deutschen Prager der sozial betonten Lyrik der Tschechen verwandt. Auch im Schaffen EMIL FAKTORS (1876 Prag – 1942 in einem KZ) steht neben Dramatischem die Lyrik im Mittelpunkt, »Was ich suche« (1899), »Jahresringe« (1916). Faktor war Redakteur und Theaterkritiker in Prag und Berlin, 1941 wurde er nach Lodsch deportiert.
Ratloses Umfragen des eigenen Ich, Fragen um den Sinn des Lebens, stimuliert von bedrängender Erotik und erfüllt von Ängsten vor dem Rätsel einer düster geahnten Zukunft. In dem Gedicht »Nacht am Meer« steht der Dichter mit der Geliebten am Rande des tobenden Wassers, dessen Wogen silbern aufleuchten, und das Paar fühlt sich in der Umarmung wie die zwei letzten Menschen:

Und enger schloß ich dich in meine Arme,
Die tiefste Angst mit Leidenschaft berauschend,

Damit zwei Mutige der Urgeist fände,
Die bebend träumen von dem Weltenende.

»Adagio stiller Abende« hieß ein Gedichtband von Camill Hoffmann, »Cello am Abend« ist der Titel der Gedichte des schon erwähnten JOSEF SCHICHT (1880–1909). Er schrieb ein Gedicht »Böhmische Musikanten«, zu denen es eine schöne Radierung von Ferdinand Staeger gibt. Der Dichter hört Stimmen aus dem Dunkel, da, dort – woher klingen sie? Was wollen sie verkünden?

Alle diese Lyrik noch aus dem Umkreis des frühen Rilke mutet so einheitlich an, daß aus den Bildern, den Motiven, der Musik der Verse oft ein bestimmter Autor nicht zu erkennen ist. Wie im Chor klingen diese Gedichte zusammen. Der Lebenskult des Fin de siècle welkt ab. Der erlesenen Schönheit mißtrauend, werden die Autoren von der Ahnung bedrängt, vor einem Ende zu stehen. Aus Bangigkeit und Ängsten züngeln die Flammen des Expressionismus, erhebt sich der Aufschrei nach einem neuen Menschen in einer geläuterten Welt.

Auch in der bildenden Kunst brechen Neuromantik und Impressionismus jäh ab; es vollzieht sich ein heftiges Abwenden und ein heftiges Hinwenden zu neuen Formen und Inhalten: bei dem Prager August Brömse, bei Josef Hegenbarth; Alfred Kubin steht inmitten bedrängender Visionen; Anton Hanak, der Bildhauer, schafft seinen »Letzten Menschen«.

Trotzdem gab es noch einen Lobpreiser, den Bänkelsänger eines noch biedermeierlich erlebten Prag: OSKAR WIENER. Lyrik und Prosa, »Balladen und Schwänke« (1903) dieses Dichters bewegen sich um seinen einzigen Roman »Im Prager Dunstkreis« (1920). In seinen Novellen »Haupt der Medusa« (1919) zeichnete er eine eher liebenswürdige Stadt, in der es genug Originale gab, um sie in einem weiteren Novellenband

»Verstiegene« zu beschreiben. Oskar Wiener, ein durch Böhmen ziehender Spielmann, sammelte deutsche, tschechische und jüdische Sagen (1919), formte sie zu »Balladen und Schwänken« (1903) um und zeigte in seinem »Alt-Prager Guckkasten« (1912) Bilder und Gestalten der Stadt aus einer Zeit, bevor sie aufhörte, romantisch zu sein. Er machte den Stadtführer für Detlev von Liliencron, den oft und gern gesehenen Gast in Prag, von dem Liliencron meinte, er sei dort »entschieden mal geboren«, zeigte ihm die alten Gassen und heimlich-unheimlichen Winkel; dafür dankte ihm Liliencron in seinem sorglosen Versepos »Poggfred« mit den Zeilen, er habe mit dem Dichterherrn Oskar Wiener gern im »Blauen Stern« gespeist. Das war am Anfang des Jahrhunderts, als Detlev von Liliencron der Schutzpatron der jungen Prager Dichter, auch Rilkes, gewesen war.

Wenige Jahre später war es nicht mehr das alte Prag. Noch hatte Oskar Wiener die deutschböhmischen Dichter, die er schon einträchtig in dem Almanach »Der Heimat zum Gruß« (1914) zusammengeführt hatte, in einer weiteren Anthologie die »Deutschen Dichter aus Prag« (1919) versammelt, doch die meisten von ihnen waren längst unterwegs zu anderen Ufern.

Es gab viele einschneidende Veränderungen, so die, daß Prag nicht länger die Stadt Mozarts blieb. Es war von einer anderen Musik im Sturm erobert worden. Durch Angelo Neumann und seine Maifestspiele wurde es zur Stadt Richard Wagners. Das war am Anfang des Jahrhunderts ein Prag aufrüttelndes Ereignis, das vor allem Franz Werfel bis in die Wurzeln seines Schaffens bewegte. Tief saß in ihm Abneigung gegen Wagner. Neben Franz Werfels Verdi-Roman (1924) entstand die von glühender Verehrung für Richard Wagner erfüllte Roman-Trilogie von ZDENKO VON KRAFT (1886 Jičín), »Die Barrikaden« (1920), »Liebestod« (1921) und »Wahnfried« (1922).

Noch in dem Roman »Anasthasa und das Untier Richard Wagner« von WALTER SEIDL (1905 Troppau – 1937 Neapel), der in Prag als Redakteur tätig war, wirkte das Wagner-Fieber nach.

Das große, alles ändernde Ereignis aber, das über Prag hereinbrach, war der Ausbruch des Ersten Weltkriegs. Sein erstes Opfer unter den Prager Dichtern wurde der junge FRANZ JANOWITZ (1892 Poděbrad – 1917 Italien). Seine Gedichte «Auf der Erde« wurden aus dem Nachlaß veröffentlicht. Max Brod beurteilt sie als naiv-rustikal und kosmisch-trunken. Max Brod mag die aphoristische Prosa »Das Reglement des Teufels« von Janowitz, eines der denkwürdigsten Dokumente aus dem ersten Weltkrieg, nicht gekannt haben. Es gehört zum Bösesten und Wahrsten, das in jener Zeit geschrieben wurde, kalt und scharf, den Ungeist des Nationalismus und Krieges enthüllend. Einige Paragraphen dieses satanischen Reglements, das an Karl Kraus denken läßt, müssen angeführt werden:

»Da jede Machtentfaltung die Bürgschaft für einen Krieg in sich trägt, muß den Leuten gesagt werden, daß das Volk die Machtentfaltung will und braucht, ansonsten sie sich vielleicht ungerne für deren Behauptung werden schlachten lassen. –

Man rede jedem Menschen ein, daß seine Nation Gottes Lieblingsnation sei. (Das Nähere hiezu lese man in Chamberlains Schriften nach.) –

Die Fremdheit, die ein Mensch im Anblick des Menschen einer anderen Nation empfindet, werde nicht etwa zum Gegenstand einer ehrfürchtigen Neugierde gemacht, sondern kurzweg als das unbegreifliche Versäumnis angesehen, so zu sein, wie sie selbst. –

Die gesamte Geschichte ist von den Gelehrten der einzelnen Länder zu verfälschen. Die Jugend jeder Nation sehe als ›Geschichte‹ die Aufeinanderfolge der mehr oder minder ge-

lungenen Versuche der Vorsehung, ihrer Nation zur Weltherrschaft zu verhelfen.« –
Rilke schrieb, Dichter seien wie die Wetterfahnen auf den Türmen und Dächern der Häuser, die einen Windwechsel oder Sturm vorausspürten, bevor sie von den Menschen unten in den Gassen bemerkt werden. Schon vor Ausbruch des Ersten Weltkriegs lebten viele Dichter gerade Prags in der Vorahnung einer einschneidenden Veränderung und nahenden Katastrophe. Neue Formen waren plötzlich da, in ihnen der Ruf nach einer geläuterten Menschheit in einer gereinigten Zeit. 1911 erschien Franz Werfels Gedichtband »Der Weltfreund«, 1913 folgte »Einander«.
Noch sind die Talwege der Prager Prosadichtung bis hin zu einer Reihe von Gipfeln, einem ganzen Gebirgszug, zu verfolgen.
Am weitesten reichen Formen und Stoffe zweier Frauen ins neunzehnte Jahrhundert zurück. Auguste Hauschner (1851 Prag – 1924 Berlin) lebte zumeist in Berlin, wo sie eine breite gesellschaftliche Wirkung ausübte. Sie wurde in dem Abschnitt über Berlin dargestellt. Die gleichaltrige Ossip Schubin (Aloisia Kirschner) (1854 Prag – 1934 Schloß Koschatek/Böhmen) repräsentiert in ihrem Leben wie in ihrem Schaffen die spätösterreichische Gesellschaft. Sie wird im folgenden Kapitel über die Schriftstellerinnen behandelt.
In der deutschen Literatur verkörpert sich Prag am deutlichsten in zwei Dichtern, die mit Prag identifiziert werden; bei oberflächlicher Betrachtung erscheinen sie miteinander verwandt und sind dennoch Antipoden: Franz Kafka und Gustav Meyrink.
Herkommen und Leben GUSTAV MEYRINKS (1868 Wien – 1932 Starnberg) sind selbst eine groteske Geschichte. Meyrink wurde auf der Durchreise der Hamburger Schauspielerin Marie Meyer in Wien geboren; sie entstammte dem altsteiri-

schen Adelsgeschlecht der Meyrink; der Vater war der württembergische Staatsminister Freiherr Friedrich Carl Varnbüler von und zu Hemmingen. Siebzehnjährig kam Gustav Meyrink aus Hamburg nach Prag, besuchte die Handelsakademie und trat in das Prager Bankhaus Morgenstern ein. Sein Prager Leben war auf Grund eines Prozesses mit einem sich beleidigt fühlenden hohen Offizier und Gefängnishaft wegen des Verdachts von Geldmanipulationen skandalumwittert.
Auch der Anfang seiner literarischen Laufbahn vollzog sich wunderlich. Meyrink hatte als 36jähriger eine groteske Erzählung um den tschechischen Stabstrompeter Wenzel Zavadil an den »Simplicissimus« eingesandt; Ludwig Thoma rettete das Manuskript aus dem Papierkorb, in welchem es bereits als Produkt eines Wahnsinnigen gelandet war, ließ die Erzählung erscheinen und forderte andere Manuskripte an. Aus ihnen entstand das erste Buch Meyrinks, »Der heiße Soldat« (1903), dem einige Bände mit kurzer Prosa folgten: »Das Wachsfigurenkabinett« (1904), »Des deutschen Spießers Wunderhorn« (1907), schließlich »Fledermäuse« (1916).
In den Erzählungen wird die geordnete, glatte, alltägliche Wirklichkeit als unwahr dargestellt und ihre Kehrseite (bei Alfred Kubin »Die andere Seite«) als ihr eigentliches Wesen aufgezeigt. Die diesseitige Alltagswirklichkeit wird umgestülpt und zeigt ihre Hintergründigkeit als Groteske und unheimliche Komik, die sich zu Phantasmagorien, Spuk und Grausen steigert. Mittels Kritik und Parodie, Hohn und Satire wird ein Kampf gegen Lüge und Dünkel von Philistern, Spießbürgern, Wissenschaftlern und Offizieren, gegen ein verkehrtes Menschsein der Großen und Kleinen ausgetragen. Die Mechanisierung und Merkantilisierung des Menschen durch die Technik wird im Zerrspiegel aufgezeigt: »Wenn die Weiber Fahrräder oder Repetierpistolen gebären würden, statt Kinder, sollten Sie mal sehen, wie flott da plötzlich

drauflosgeheiratet würde. Ja, im güldenen Zeitalter, als die Menschen noch weniger entwickelt waren, da glaubten sie nur das, was sie denken konnten; dann kam allmählich die Epoche, wo sie nur das glaubten, was sie fressen konnten – aber jetzt erklimmen sie den Gipfel der Vollkommenheit, das heißt: sie halten bloß das für wirklich, was sie – verkaufen können.« Ein Mittel, zu parodieren, ist, den Menschen in Tiergestalt darzustellen. Die Medizin wird als alter Tintenfisch verspottet; er sitzt auf einem dicken blauen Buch, das man in einem gescheiterten Schiff gefunden, und saugt langsam die Druckerschwärze heraus, um das Medikament »Blamol« zu erfinden. Wahn und Unsinn der Kriegführung werden in der Erzählung »Die Erstürmung von Sarajewo« zu einer blamablen Groteske. »Das Wildschwein Veronika« karikiert bajuwarisches Volksleben.

Neben scharfer und boshafter Angriffslust sind manche Erzählungen – es sind die besten – von einem tiefen Mitleiden mit dem Menschen erfüllt; so das in der Form abgerundete Prosastück »Das ganze Sein ist flammend Leid.«

Das zentrale Werk im Schaffen Meyrinks ist der Roman »Der Golem« (1915). Golem – das hebräische Wort bedeutet »formlose Masse« – ist nach einer Sage aus dem 16./17. Jahrhundert der sprachlose, künstliche Mensch, der kraft des Gottesnamens von einem Kabbalisten, dem Hohen Rabbi Löw, in Prag geschaffen wurde.

In der Erzählung »Das Wachsfigurenkabinett« läßt Meyrink eine Gestalt meditieren: »Manches Mal gleiten Sekunden an unserem Bewußtsein vorbei, die uns die alltäglichsten Vorgänge so schreckhaft neu erscheinen lassen . . . Es ist, als sei man plötzlich aufgewacht und sofort wieder eingeschlafen und habe währenddessen einen Herzschlag lang in bedeutsame rätselvolle Begebnisse hineingeblickt.« Von solchen bedeutsamen rätselvollen Begebenheiten berichtet »Der Golem«.

Der Graphiker und Maler Hugo Steiner-Prag, der zu dem »Golem« 25 Steinzeichnungen geschaffen hat, beschreibt in einem Brief an Meyrink die Atmosphäre des Romans, die auch die Atmosphäre Prags um die Jahrhundertwende ist: »Sie werden mir beipflichten, daß das Prag von damals schon etwas ganz Merkwürdiges und sehr Seltsames war, eine Stadt, die nicht nur mit Gassen und Häusern, sondern mit ihren Menschen in der Vergangenheit stecken bleiben wollte. Deshalb wuchs auch Gras zwischen dem holprigen Pflaster vieler Gassen und Plätze der Kleinseite, standen hochmütige, gold- und silberbetreßte Türsteher unter den stolzen, wappengeschmückten Torbogen der alten Adelspaläste, und begegnete man in den stillen Gassen merkwürdigen menschlichen Originalen, deren Absonderlichkeiten jeder lächelnd kannte und die so vortrefflich in die damalige Umwelt hineinpaßten: in den Gassen arme, gutmütige Irre, die Geburt oder Lebensschicksal zu tragischen oder komischen Figuren gemacht hatte; auf Märkten und Festen Puppenspieler, Wahrsager und Bänkelsänger, vor Kapellen und Bildsäulen fromme Beter, und merkwürdige Heilige in der singenden Prozession. Auf dem linken Ufer der Moldau die Quartiere der Adeligen, Palast an Palast, auf dem rechten die alte Bürgerstadt, und hingeduckt im Schatten mächtiger Kirchen das ehemalige Getto, die alte Judenstadt, die aus einer streng geschlossenen unfreiwilligen Freistatt im Laufe der Jahrzehnte zum Verbrecherviertel geworden war. Hier standen in seltsamstem Kontrast die uralten dämmrigen Gotteshäuser der Juden neben übelberüchtigten Verbrecherkneipen und zahllosen Bordellen; hier mischte sich oft in frommes Murmeln ekstatischer Beter widerliches Grölen der von schlechtem Schnaps Betrunkenen. Wie ein unheimlich unwahrscheinliches, wildbewegtes Meer von Steinen dehnte sich zwischen den sterbenden Häusern der gespenstische Friedhof der Juden, überdacht von phantastisch verzweigten Holunderbäumen, die im Frühling diese versunkene Welt der tausend und abertausend Grabplatten mit Blüten überdeckten, auch den Sarkophag jenes Hohen Rabbi Löw, der mit geheimen Kräften den Golem geschaffen haben soll.«

Neben die Bände mit Erzählungen trat nach dem »Golem« die Romanreihe »Das grüne Gesicht« (1916), »Walpurgisnacht« (1917), »Der Engel vom westlichen Fenster« (1920) und »Der weiße Dominikaner« (1921). Einige dieser Romane, die aus der Erschütterung des Krieges entstanden, sind Prag verbunden, dessen »Grundwasser Blut« ist. »Das grüne Gesicht« endet mit einer Zukunftsvision, die uns Heutige erschrecken macht. »Die Walpurgisnacht« ist ein grotesker Totentanz (Karl Kraus schrieb seine »Walpurgisnacht« zum Zweiten Weltkrieg). In den weiteren Romanen geht die visionäre Gestaltungskraft Meyrinks verloren, sie wird durch Disputationen und Diskussionen über okkulte Phänomene aus vielen Zeiten und Religionen erstickt.

Kaum ein anderer Autor jener Zeit wurde so viel gelesen wie Meyrink. Die Kritik hielt und hält sich zunehmend zurück. »Den Meister der Kritik hat der Jäger nach Sensationen erschossen«, meint Friedrich von der Leyen. (»Deutsche Dichtung in neuer Zeit«, 1927) Richard M. Meyer stellt fest: »Poe, Hoffmann, Balzac, die Anreger von Meyrinks Phantasie, sind stärker von der Unheimlichkeit der Welt ergriffen worden, deren Mysterien Meyrink allzu lehrhaft und oft ohne Takt erläutert.« Ernst Blochs völlig negative Kritik in seinem »Prinzip Hoffnung« ist zu bissig und gehässig, auch zu verworren, um Meyrink gerecht werden zu können.

Franz Carl Weiskopf (1900 Prag – 1955 Berlin) schuf seinen Roman »Das Slawenlied« (1931) aus den realen Situationen, Strömungen und Konflikten um das Ende des Krieges, den Zusammenbruch Österreichs, die Gründung der Tschechoslowakischen Republik und deren Anfänge. In der Gesinnung eines jungen intellektuellen Kommunisten, der von der Schulbank in den Krieg geholt wurde, entwirft er ein eindringliches Bild dieser aufgewühlten Jahre und übertrifft an lebendiger Schilderung der Wirklichkeit die meisten Romane, die jene sich überstürzenden Ereignisse beschreiben. LEO PERUTZ (1884 Prag – 1957 Bad Ischl) wußte anders als Meyrink mit der Geschichte und dem Phantastischen umzugehen. Geschichte war für ihn ein dunkler, vielverflochtener, vieldeutiger fruchtbarer Stoff, aus dem er seine Gestalten und Begebenheiten formte. Es ging ihm nicht um die Großen in der Geschichte, sondern um die große Geschichte, die er aus einigen Zeitaltern hellsichtig bis ins Kleinste beschwor; in sie stellt er unscheinbare, geschichtlich namenlose Menschen, Statisten auf der turbulenten Weltenbühne, die dennoch ein Zeitalter mitbewegen. Darin liegt nichts Phantastisches, wie man es Leo Perutz nachrühmte, man spräche denn von exakter Phantasie. Darin liegt vielmehr etwas Divinatorisches, dahin der reine Geschichtswissenschaftler nur selten gelangt. Im Gegensatz zu Gustav Meyrink hält sich Leo Perutz vom Erklären, Ausdeuten, Spekulativen zurück. In seiner Erzählweise wird alles lebendig, daher gegenwärtig bis in die Fingerspitzen jeder seiner Gestalten.

»Die dritte Kugel« (1915) schildert Vorgänge um den Conquistador Cortez, »Der Marques de Bolibar« (1929) Ereignisse aus dem spanischen Guerillakrieg gegen Napoleon, im »Turlupin« (1924) entscheidet ein Barbier die Revolte des Adels gegen Richelieu. Atmosphärisch ist an den fernen Zeiten in fernen Ländern dennoch Prag beteiligt, durch seine Geschichtsträchtigkeit schlechthin, als Stadt, die jahrhundertealte Geschichte atmet. Prag erscheint unmittelbar im »Gasthaus zur Kartätsche« (1920) als Sinnbild des schon morschen und zerfallenden Österreich. Prag selbst lebt in den Geschichten von Perutz' letztem Buch »Nachts unter der steinernen Brücke« (1953). Sie spielen zur Zeit des geheimnisvollen Kaisers Rudolf II.; Märchen, Legenden, Geschichten, in denen die alte Karlsbrücke und der Hradschin alles andere als bloße Kulisse bleiben, vielmehr Mithandelnde werden, Prag mit Edelleuten und Ofenheizern, Soldaten und Schnorrern, Künstlern und Scharlatanen, mit Juden wie Mordechai Meisl, dem das Geld nachlief, das dem Kaiser fehlte. »Nacht für Nacht, wenn sich unter der steinernen Moldaubrücke die weiße Blüte des Rosmarins an die rote Rose schmiegt, bannt ein Traumzauber Esther, die schöne Frau des Juden Meisl, in die Arme des Kaisers«, beginnt die Traumvision Rudolfs II. Leo Perutz mußte nach Israel emigrieren. In Tel Aviv fühlte er sich im Exil. Er kehrte, als es möglich wurde, nach Österreich zurück.

PAUL LEPPIN (1878 Prag – 1945 Prag) war eine leibhaftig durch Prag geisternde phantastische Gestalt. Unlösbare sinnliche Verstrickungen führten diesen »Enkel des Golem« – so der Titel einer seiner Erzählungen – ins ausweglose Dunkel. »Glocken, die im Dunkeln rufen« (1903) ist der Titel eines seiner Gedichtbände, »Severins Gang in die Finsternis« (1914) der Titel eines seiner Romane. »Wir sind so arm und von trüben Nachtgespenstern bedrängt.« Seine halt- und wurzellosen Menschen – mehr Phantome als Lebewesen –, Dirnen und Anarchisten, heimatlose Juden und rasende Slawen werden Opfer ihrer Sinnlichkeit; die ausschweifende Sexualität verzehrt sich an sich selber. Severin irrt durch Prag, eine Stadt wie Alfred Kubins »Perle« in der »Anderen Seite«. Von der Stadt Prag sagt Leppin: »Ihre Straßen führen ins Irre, und das Unheil lauert auf allen Schwellen.« Über den Leppin, der seine banal-obszönen und verzweifelten Bänkellieder zur Laute vorsang, schreibt Max Brod: »Ich höre eine heisere Stimme, die fast tonlos war – ein zerbrochener Scherben.«

Und die Menschen sind meschügge,
Und die Hoffnung ist ihr Anker.
Mancher wird beizeiten flügge,
Mancher erst beim zweiten Schanker.

1936 veröffentlichte Leppin den Erinnerungsband »Frühling um 1900«, gemeint ist der Frühling von Prag. In den Prosaskizzen ist Prag Strich um Strich, Gestalt um Gestalt eingefangen. Leppin plaudert nachdenklich über alte Fotografien seiner Verwandten, führt in Weinstuben, träumt von silbernen Dachrinnen, erzählt Uhrmachergeschichten, erinnert sich eines Zuckerbäckers, erweckt den alten Abraham zum Leben, berichtet von der seltsamen Zunft der Zahlkellner in den Cafés. Es ist eines der schönsten unter den zum Abschied vom alten Prag geschriebenen Büchern. Den Schluß bildet ein Gedicht über die Prager Kirchen; die beiden letzten Strophen lauten:

Nun bin ich verdorrt und von Sünde entstellt,
Aber die Kirchen von Prag sind die schönsten der Welt;
Die große Verheißung geht durch den Raum,
Das ewige Gleichnis vom Feigenbaum.

Es ist kein Herz so alt und verbrannt,
Einmal wird wieder Sonntag im Land.
Trübseliger Mensch, o sei nicht beklommen!
Schon läuten die Glocken, die Liebe muß kommen.

Paul Leppin war unheilbar krank und ein gebrochener Mann. Egon Erwin Kisch (1885 Prag – 1948 Prag) war voll überströmender Lebendigkeit und Fabulierfreude. Er ist nicht als Dichter, sondern als »Rasender Reporter« – so der Titel eines seiner Bücher aus dem Jahr 1925 – in die Literatur eingegangen.

Begonnen hat auch er als Lyriker, mit dem Bändchen »Vom

Blütenzweig der Jugend« (1904), der im Dresdener Pierson Verlag gegen Erstattung der Druckkosten durch den Autor erschienen war. Es sind dünnblütige neuromantische Schwärmereien, die damals in Prag gang und gäbe waren. Acht Jahre später hatte Kisch diese lyrische Puppenhülle mit den phantastisch unwahrscheinlich anmutenden, im Kern wahren Geschichten »Aus Prager Gassen und Nächten« (1912) gesprengt, dem Vorspiel zu dem Roman »Der Mädchenhirt« (1914), der unverfrorenen Geschichte eines Zuhälters. Er griff damit ins volle Leben der Prager Unterwelt. Alsbald galt es ein anderes Abenteuer zu bestehen, den Ausbruch des Ersten Weltkriegs, den Kisch an der serbischen Front mitmachen mußte. Dieses Abenteuer entromantisierte ihn von grundauf. »Schreib das auf, Kisch!«, riefen ihm die Kameraden bei besonders schlimmen, lebenbedrohenden Anlässen zu. Er schrieb seine Erlebnisse nieder und veröffentlichte sie als Kriegstagebuch »Soldat im Prager Korps« (1922). Es ist ein unübertroffenes kriegsfeindliches Buch über den Ersten Weltkrieg und seine Folgen.

Es folgten ein Leben als »Hetzjagd durch die Zeit« (1926), Beteiligung am spanischen Bürgerkrieg, Reisen nach Amerika, Rußland, China, Mexiko, festgehalten im »Abenteuer in fünf Kontinenten« (1934). Welche Fülle an Erlebnissen und Erfahrungen seit dem Erscheinen seines Romans »Abenteuer in Prag« (1920)! Prag blieb der Mittelpunkt von Kischs Erdenwanderungen, der Mittelpunkt der »Geschichten aus sieben Gettos« (1932), schließlich auch der Reportagen, die der Band »Jahrmarkt der Sensationen« sammelt. Diese Reportagen sind mißreißend geschriebene Berichte, Feuilleton und Dichtung zugleich. Auf dem Marktplatz steht Prag als Schaubude, in welcher Kisch seine Moritaten und Schauerballaden als Schausteller heruntersingt: die prall vitale und makabre Dirnengeschichte von der »Himmelfahrt der Galgentoni«, die

Hetzjagd nach dem Spion Redl, die Enthüllungen über das Ende des Erzherzogs Rudolf in der »Wasserkatastrophe von Konopischt«, der Hintergrund zur Ermordung des buckligen Mrva durch die Verschwörergruppe der Omladina, über die Rilke eine seiner frühen Prager Geschichten, »König Bohusch«, schrieb.

Die Prager Kollegen und Dichter haben über ihren Freund »Egonek« die Nase gerümpft; er sei zu hektisch, er jage Effekten nach, er übertreibe. Aber Egon Erwin Kisch konnte lebendiger schreiben als die Intellektuellen mit ihren ausgeklügelten Programmatiken über Gott und die Welt, und er war beseelt von einem tiefen Mitempfinden für die Niedrigen und Erniedrigten, die Armen, die abgesunkenen Unglücklichen und Mißbrauchten. Darin, auch in seinem veristischen Stil, steht er Franz Werfel näher, als es auf den ersten Blick erscheinen mag.

Er hat das tschechische Volk besser erkannt und durchschaut als viele seiner Kollegen, und er hat es geliebt. Seine Entscheidung für den Kommunismus war für ihn wie für Franz Carl Weiskopf keine nationale, vielmehr eine politische Frage. In diesem Sinne hatte sich Weiskopf geweigert, in der Emigration der Aufforderung nachzukommen, nicht länger in der deutschen Sprache zu schreiben. Friedrich Hebbel hatte über Prag gesagt: »Es ist ein Glück, in einer solchen Stadt geboren zu sein; denn wenn sie als ein ungeheueres Lebendiges mit ihren Rätseln und Wundern in die früheste Kindheit hineinnickt, so wirkt es durchs ganze Leben fort und nach.« Dieser Ausspruch gilt in besonderem Maße für den journalistischen Kollegen des Egon Erwin Kisch, den stilleren, leiseren, ruhigeren Weltreisenden neben dem »Rasenden Reporter«, für RICHARD KATZ (1888 Prag – 1968 Muralto/ Schweiz), der nach der Emigration in die Schweiz in Brasilien lebte. Nach seinen Reisebüchern »Ein Bummel um die Welt«

(1927), »Heitere Tage mit braunen Menschen« (1929), »Zickzack durch Südamerika« (1931), um nur diese zu nennen, zog er, in der Schweiz lebend, die Summe seiner Welterfahrungen in seinen Selbstbiographien »Ernte« (1934), »Einsames Leben« (1935) und »Gruß aus der Hängematte« (1935). Darin steht das Bekenntnis »Im Herzen: Prag« und die Schilderung dreier Prager Originale, darunter die der Brüder Orlik, des kaiserlichen Rates, des Schneiders und des Graphikers. Der Weltenwanderer, der in seinem Garten zur Liebe zu Pflanzen und Tieren fand (»Von Hund zu Hund«, »Spaß mit Hunden«, »Überm Gartenhang«, 1961), bekannte: »Leicht mag segeln, wer den Hafen kennt.«

Der größte Teil der deutschsprachigen jüdischen Dichter des Prager Umkreises wurde in dem Jahrzehnt zwischen 1880 und 1890 geboren: Ernst Weiß 1882, Oskar Baum 1883, Franz Kafka 1883, Max Brod 1884, Paul Kornfeld 1889, Ludwig Winder 1889, Franz Werfel 1890. Nachzügler sind Hermann Ungar 1893, Johannes Urzidil 1896 und Hermann Grab 1903.

Nicht alle wurden in Prag geboren, doch ihr Werk hängt, vor allem in den grundlegenden Anfängen, mit Prag zusammen. Die meisten von ihnen wurden von Karl Kraus mißachtet. 1916 widmete er den Prager »Arconauten« (nach dem Café Arco, in welchem sie zusammenkamen) und ihrem Verleger Kurt Wolff das zehnstrophige Gedicht »Elysisches« mit dem Untertitel »Melancholie an Kurt Wolf«; Werfel und Max Brod wurden besonders bedacht:

> Dort in Prag, wo neukatholsche Christen
> heimisch sind, teils aber Pantheisten,
> hingeschwellt am Tag,
> dort ertönt manch morgendlicher Triller
> aus der Jugendbrust des andern Schiller;
> ausgerechnet das geschieht in Prag.

Aus dem Orkus in das Grenzenlose
wird gewendet eine alte Hose,
was Ergetzung schafft.
Der dort schaukelt auf der Morgenröte,
der hier hat den Ton des alten Goethe;
denn Gewure heißt auf deutsch die Kraft . . .

Karl Kraus warf den Pragern vor, Agenten des lieben Gottes und Propheten einer Weltenmorgenröte und einer neuen Menschheit zu spielen. Max Brod rechnete sich selber zu den »Delegierten Gottes«. Tatsache bleibt, daß sie allesamt ihr dichterisches Werk ethisch und theologisch programmatisch untermauerten, es mit Kopf und Herz, Denken und Gefühl schufen. Sie wollten durch ihr Schreiben Lehrer und Belehrer der Menschheit sein.

Der Mittelpunkt in diesem Kreis war Max Brod als poeta doctus, mehr noch als homme littré, wobei seine Programmatik vom jugendlichen Indifferentismus bis zum militanten Zionisten verschiedene ungleiche Stationen durchlief.

MAX BROD (1884 Prag – 1968 Tel Aviv) war Erzähler, Lyriker, Dramatiker, Kulturhistoriker, Essayist, Theater- und Musikkritiker, Übersetzer und Komponist. Das nicht vollständige Werkverzeichnis von Werner Kayser und Horst Gronemeyer (1972) umfaßt 852 Nummern, wozu an die hundert Buchveröffentlichungen gehören.

Das Gesamtwerk ist also nicht leicht erschließbar und überschaubar. Das mag der Grund dafür sein, daß wir noch keine umfassende Gesamtdarstellung besitzen. Berndt W. Wesslings »Max Brod – Ein Porträt« (1965) ist nur eine Skizze mit einigen Einsichten und Perspektiven. Auch hier, auf knappem Raum, kann nur eine Übersicht versucht werden, in der die Seitenwege nicht begangen werden können.

In seiner Frühzeit bekannte sich Max Brod zum Indifferentismus, zum neutralen Betrachten und Darstellen von Leben und Welt. Sein Ausgangspunkt war Schopenhauer; darüber spricht er ausführlich in dem späten Roman über seine Prager Jugend, »Die Rosenkoralle« (1961). Der Indifferentismus Max Brods verneinte eine Anteilnahme des Dichters, das Pathos der Tat und parteiische Interessen. Später wurde dieser Standpunkt aufgegeben und ins Gegenteil gekehrt. Der ästhetische Indifferentismus führte zur Beschäftigung mit Flaubert und Laforgue, auch mit Catull. Max Brod war geschulter Humanist.

Dann erwachte mahnend Einsicht, daß der Mensch sich für etwas verantwortlich fühlen, also Partei ergreifen müsse. Max Brod erhob die allgemeine Forderung, »wahrhaftig und zugleich aus ganzem Herzen hervor gut zu sein« – eine Forderung, die ein Grundanliegen des Expressionismus war. Schließlich gelangte Max Brod über Franz Kafkas Aphorismus vom Unzerstörbaren dazu, dieses Bleibende zu seinem zentralen Gedanken zu machen (»Das Unzerstörbare« 1968). Brod wurde zum »Gottsucher im Hier und Heut« (Heinrich Eduard Jakob). In Konsequenz der Idee vom Unzerstörbaren erkannte Max Brod die menschliche Seele als das im Irdischen Unzerstörbare und deren Unsterblichkeit. Im bleibenden Unzerstörbaren sah er das Göttliche; Gott war ihm nicht nur jenseitig, sondern das Diesseits durchdringend oder doch berührend. Dieses Berühren oder Durchdringen des Diesseitig-Irdischen nannte er das »Diesseits-Wunder«. Ihm spürte er nach und fand es in der Natur wie in den großen Werken der Kunst und Philosophie, die er »vom Finger Gottes« berührt wähnte. Das Irdische, das Diesseitige dürfe auf Kosten des Jenseits nicht verworfen oder verneint werden. »Wer den Versuch unternimmt, das Diesseits zu überspringen, vertuscht die Wahrheit.« »Die Misere hatte ihren Anfang damit genommen, daß die Menschheit zu sehr auf den jenseitigen, irdisch unerreichbaren Gott gepocht hat. Sie hätte auf die Mahner und Künder hören sollen, die ihn im Diesseits ansiedelten und ansiedeln.« Zu diesen Mahnern und Kündern rechnete sich Max Brod selber, was sein messianisches Pathos erklärt. (»Diesseits und Jenseits«, 1947)

Der Durchbruch des dieseitigen Menschen zum Göttlichen, zu Gott erfolgt durch die diruptio structurae causarum, die Durchbrechung des Kausalgefüges, einen Impuls, der der Natur zuwiderläuft. »Die Kausalstruktur liefert uns ja immer eine klägliche, in sich zerfleischte, entstellte Welt«; das Durchbrechen der naturhaften Kausalität ist zugleich der Weg vom »Gesetz des Hasses zum Gesetz der Liebe«.

Von der Idee des Diesseitswunders ist das späte Werk Max Brods durchdrungen. Selbst noch »in die Lüge eingewickelt findet sich ein Gran Wahrheit« – das »Lichtlein« Gottes. »Gott hat mit der Menschheit Größeres vor, als die tägliche Anschauung lehrt«; dieses Größere beruht darin, daß sich Gott dem Diesseits mitteilen und der diesseitige Mensch sich dafür bereithalten kann. »Wer die Welt für unverbesserlich schlecht hält, hat in ihr eigentlich nichts zu suchen.«

In der Welt gibt es Unglück. Max Brod unterscheidet edles und unedles Unglück; das edle Unglück hängt mit der Natur des diesseitigen Menschseins zusammen und ist nicht abwendbar oder tilgbar; das unedle Unglück wird vom Menschen zugefügt und kann durch den Menschen abgewendet und ausgetilgt werden. Das ist des Menschen ethische Aufgabe, während das edle Unglück in Demut zu ertragen ist.

Diesseitswunder und die Unterscheidung von edlem, unabwendbarem und unedlem abwendbarem Unglück hat Max Brod als »Das Bleibende« an den Schluß seiner Selbstdarstellung »Streitbares Leben« (1969) gestellt.

Die Gedankenwelt Max Brods, die im Laufe der Jahre ausreifte und feste Form annahm, hat ihre Grundlage in dem Buch »Heidentum, Judentum, Christentum« (1921). Darin sieht Max Brod die Möglichkeit des Diesseitswunders nicht in den nur aufs Diesseits gerichteten heidnischen Religionen, auch nicht in dem nur aufs Jenseits gerichteten Christentum, sondern im Judentum. Somit wird ihm die jüdische Religion zu der einzigen, die Diesseits und Jenseits gleichermaßen umfaßt, und das jüdische Volk hat die Sendung, diese Religion zu verkünden; die Liebe zu anderen Völkern kann daher für den Juden nur eine »Distanzliebe« sein. Mit diesen theologischen, philosophischen und ethischen Postulaten ist Max Brod bereits auf dem Weg zum Zionismus, dessen unbedingter Anhänger und Vertreter er wurde. Nicht alle jüdischen Dichter Prags und der böhmischen Länder sind ihm auf diesem Wege gefolgt.

Angesichts des wachsenden Antisemitismus ist der Zionismus zu verstehen, nicht aber seine Verhärtung in eine konfessionelle, nationalistische und rassische Ideologie, die statt zu Kosmopolitismus und Humanität zu einem konfessionellen und nationalistischen Sektierertum führte. Sektierertum neigt immer dazu, eine Ideologie auf Kosten der Ideen zu übersteigern und zu verabsolutieren und dadurch unduldsam zu werden.

Zionismus und Antisemitismus sind feindliche Gegensätze. Ein programmatisch formuliertes Judentum als absolut zu postulieren ist ebenso sektiererisch wie E. G. Kolbenheyers, in der biologischen Metaphysik seiner »Bauhütte« (1925) dargestelltes, Postulat vom germanischen Deutschtum, dem kraft seiner noch wenig ausdifferenzierten plasmatischen Anlage die historische Zukunft gehört.

Max Brods Bemühungen gingen dahin, das Judentum auf seine Quellen zurückzuführen, doch er gelangte, im Gegensatz zu Martin Buber, zu einer verhärteten, auch politisch umgesetzten Dogmatik, wie auch E. G. Kolbenheyer, von seinen Voraussetzungen aus, zu einer biologisch-ethnischen

Dogmatik gelangte. Zu jedem Fall wird ein Teil aus der Ganzheit von Welt und Leben herausgegriffen und auf Kosten des Welt- und Lebensganzen verabsolutiert. Dadurch und darüberhinaus wird das Welt- und Lebensganze seines unlösbaren Geheimnisses beraubt und rationalisiert, die Lebensfülle schematisiert. Die Ablehnung der Antike als Gegensatz zum Judentum durch Max Brod, die Ablehnung des Mittelmeerischen als Erbe der Antike durch E. G. Kolbenheyer entspringt einer willkürlichen Deutung und Schematisierung, die die Antike verkennt. Heidentum und Christentum als unvereinbaren Gegensatz zwischen Fleisch und Geist zu proklamieren, bezeichnete Rudolf Kassner als »völlig schäbig und unbrauchbar«.

Nun hatte E. G. Kolbenheyer einen Roman um Spinoza (»Amor Dei«) und ein Drama um Giordano Bruno (»Heroische Leidenschaften«) geschrieben, die nicht in sein ethnisches Schema paßten. So machte er sie passend. Ihm sei es, erklärte er, in erster Linie nicht um Spinoza gegangen, sondern um das Hineinwachsen des holländischen Volkes in seine biologische Lebensmächtigkeit; und um Giordano Bruno für sein Denkschema tauglich zu machen, wies er auf Giordano Brunos deutsche Mutter hin.

Ähnlich verfuhr Max Brod. Seine Erkenntnis vom edlen und unedlen Unglück in der Welt und des »Diesseitswunders« hatte sich langher entwickelt, von Platon über Thomas von Aquin zu Goethe, um nur diese Stationen zu erwähnen. Aber seinem Buch »Das Diesseitswunder« (1939) gab er den einseitigen Untertitel: »– oder die jüdische Idee und ihre Verwirklichung«. Goethe tat es kurz ab als »selige Augenblicke«. Max Brods jüdischer Gottesbegriff deckt sich nahezu wörtlich mit dem christlichen Gottesbegriff Dietrich Bonhoeffers. (Bert W. Wessling: Max Brod, ein Porträt, 1969, Seite 86) Weil Max Brod Postulate wie »angestammte Heimat«, »gelobtes und heiliges Land der Urväter« verwandte, kam gegen ihn das Wort vom »Unrat des Judaismus« in Umlauf. Max Brod schrieb eine »Elegie an die abgefallenen Juden« – auch Franz Werfel war gemeint – und nannte sie den »ewig uns verlornen Chor«. Das liegt weitab von anderen jüdischen deutschsprachigen Dichtern Prags, auch von Franz Kafka, den Max Brod in seine zionistische Schematik einzuordnen versuchte, wobei an das Verdienst Max Brods, Franz Kafkas Werk der Nachwelt erhalten zu haben, nicht gerührt werden soll. Franz Kafka wirkte nicht als Jude, sondern durch seine Weltweite weltweit.

Max Brod hat seine Selbstdarstellung »Streitbares Leben« genannt; so könnte auch E. G. Kolbenheyers Selbstdarstellung (»Sebastian Karst«) genannt werden – beide Male als Folge einer hartnäckig festgehaltenen und verteidigten Ideologie.

Die Angriffe Karl Kraus' gegen Max Brod in der »Fackel« sind zu gehässig, um gültig sein zu können: »Geist auf Brod geschmiert ist Schmalz«; auf Max Brods frühe Beamtentätigkeit anspielend, nennt Karl Kraus Brod einen »empfindsamen Postbeamten«. Hermann Kesten griff das Wort auf und nannte Brod »ein Genie vom Postamt«. Hermann Kesten ist insgesamt auf die Prager Dichter nicht gut zu sprechen: »Die ganze Prager Schule ist telefonisch mit dem lieben Gott verbunden, lauter Kaffeehauskünstler mit mystischen Weltsymbolen.« Doch Hermann Kesten konnte auch anders: »Brod, ein Verehrer der Vernunft, der das Ungenaue und den Krieg haßte und dessen Grundthese vom edlen und unedlen Unglück handelt, einer der bedeutendsten lebenden deutschen Epiker, ist ein Autor von universeller Bildung, einer der einflußreichsten Anreger innerhalb der deutschen Literatur.«

Was die Angriffe Karl Kraus' gegen Max Brod und Werfel betrifft, haben beide mit gleicher Münze zurückgezahlt; Max

Brod in seinem Buch »Streitbares Leben«, Franz Werfel in seinem offenen Brief an Karl Kraus »Die Metaphysik des Drehs«.

Jenseits solcher Literaturpolemik steht der zum 50. Geburtstag Max Brods erschienene Band »Dichter, Denker, Helfer«, in welchem siebenundzwanzig zeitgenössische Dichter und Geisteswissenschaftler ihre Festgrüße darbringen.

Der theologischen, ethischen und politischen Programmatik Max Brods steht eine dichterische Substanz gegenüber, aus der ein ausgebreitetes lyrisches, episches und dramatisches Werk entstand.

Max Brods frühe Gedichte erschienen in den Sammlungen expressionistischer Lyrik, in Franz Pfemferts »Aktion« (1910) und Kurt Hillers »Kondor« (1912). Dem Expressionismus waren Max Brods Anfänge verbunden, mochte er auch später (1920) ein Gedicht gegen die Expressionisten schreiben (»Wüßtet ihr, was Gefühl ist . . .«):

> Ihr plakatiert euer Güte-Plakat.
> An allen Litfaßsäulen: Große Menschenliebe!
> Verbrüderung! Umarmt euch! Sonnenstaat!
>
> Wäre nur eure Unterschrift nicht so giftgrün, –
> Gern glaubt ich euch!

Max Brod polemisierte gegen etwas, das in ihm selber stak. 1913 gab er ein Jahrbuch für Dichtkunst heraus. »Arkadia«, dessen Programm war, kein Programm zu haben, also, wie Max Brod es benennt, indifferent zu sein. »Die auf das Überirdische indeutende hymnische Kraft der Dichtkunst bedarf keines Nebenwerkes und keines Parteiinteresses, um mit der ihr innewohnenden lauteren Hoheit für die Menschheit wirksam zu sein.« In seinem ersten Roman »Schloß Nornepygge« (1908) versuchte Max Brod den programmatischen Indifferentismus in Gestaltung und Handlung umzusetzen.

Brods starkes Lebens- und Daseinsgefühl offenbarte sich zunächst vor allem in seiner Lyrik, vom »Weg des Verliebten« (1907) über das »Tagebuch in Versen« (1910) und »Das gelobte Land« (1917) zum »Buch der Liebe« (1921).
Leicht und locker in der Form ist diese Lyrik von großer Zartheit des Gefühls, ja Zärtlichkeit gegebenüber der bejahten Welt, in der Hingabe an die Dinge, im Gefühl gegenüber den Mitmenschen, gerade den Geringen und Geplagten (dem Laufmädchen mit den Wagenradschachteln, dem Stubenmädchen im Hotel), nicht frei von Sentimentalität. Stark in der Anschaulichkeit und sicher in der Zeichnung, wird auch die Natur in ihren Veränderungen und in Kleinigkeiten beachtet (der glatte Boden brauner Tannennadeln; Baumwurzeln krümmen sich). Nichts wird nur allgemein gesehen, sondern in seiner Einmaligkeit erfaßt und ausgesagt, auch das vielfältige Leben der Großstadt, die Häßlichkeit der Vororte, in ihnen der Mensch, auch hier mit seiner Liebe:

> Fabel war es, daß du sinnlos leidest,
> Gib dein Herz – dir geben sich die Sphären.

Neben innigen Versen auf Vater und Mutter (»Ausflug mit den Eltern«) stehen die großen Liebesgedichte, und in dem Absagegedicht an den Expressionismus die Verse:

> Zuzweit wie du und ich. Kein Gott gibt mehr. Zuzweit
> Tönt die Welt und krönt der Himmel höchsten Palast –
> Und zuzweit ist so tief innen, daß man es kaum erfaßt.
>
> Zuzweit ist Herzrausch, zuzweit ist weinende Bescheidenheit,
> Zuzweit hilft einander. Und wo tiefe Hilfe ist,
> Ist auch zuzweit. In weiteste Ferne geht zuzweit.

Das Herzstück im dichterischen Schaffen Max Brods sind

seine Liebesromane. Wie sehr das Zuzweit durchlebt, durchfühlt, durchlitten und durchdacht, wie tief es durchschaut und in zahllosen Abstufungen erfahren und gestaltet ist, wurde weit mehr verkannt als erkannt. Das Lächeln des Eros ist ein anderes Lächeln als das der Penaten. Man müßte schon bis Stendhal zurückgehen, um einen Vergleich zu finden. Inbrunst, ins Greifbare umgesetzt:

> Dein weißer sanfter Arm ist glatt
> Wie endlich erreichte Heimatstatt.
> Ist wie der Weg schmal hingelegt,
> Der zu Gottes Verzeihen trägt.

Das Leiden der Liebe – ihre Grenzenlosigkeit:

> Dies wissen, ist die dunkelste Musik:
> Daß eine Hand nie fassen konnte,
> Was sie nicht lassen konnte,
> Daß alle Lust
> Zu wenig war für meinen Durst nach dir.

Glück, Seligkeit, Sturz und Elend, Höhen und Tiefen, Glanz, Leuchten und Todesschatten, eine unerhört einfühlende Lebendigkeit und Offenheit im Sichtbaren und Seelischen, verbunden mit einer geistigen Wachsamkeit – nie obszön, nie laszив oder gar unmoralisch, jedes Surrogat nur geschlechtlicher Befriedigung und Lust abweisend – an Max Brods zahlreichen Liebesromanen wird offenbar, wie das menschliche Herz unerschöpflich sein kann in jener Liebe, die wie der Kreislauf des Blutes und das Atmen zum Leben des Menschen gehört. Zeitlos geht solche Liebe durch die Zeiten. Der Verliebte führt seine Geliebte vor die Statue der »Aphrodite von Milo« – so der Titel eines Gedichts – und die Göttin spricht mit des »Marmors felsenklaren Stimme, fernem Vogelruf verwandt«:

Nun führst du mir mein Töchterlein,
Verliebter Dichter, nahe in mein Haus.
Mit tausendjährgem Licht in meinen Augen
Hatt' ich sie längst in fernem Land erblickt . . .

Mensch und Göttin erkennen einander. »Mir ist immer ein Rätsel geblieben, wieso die Menschen Angelegenheiten außer der Liebe irgendeine, auch nur die winzigste Wichtigkeit beimessen können«, heißt es in dem Roman »Franzi oder eine Liebe zweiten Grades« (1922). Kristallene Klarheit und Härte, verbunden mit Anmut und Empfindungen, wie etwa dem Erschrecken vor dem Anblick der Geliebten, machen mit der süßen, bitteren, tiefen Weisheit über die Liebe die Romane zu Gerichtsakten des Herzens, die der Liebende zuweilen über sich selbst schreibt wie in dem Roman »Leben mit einer Göttin« (1924): daß auch noch die nächste Liebe in der Tiefe fern und fremd bleibt, woraus Seligkeit und vernichtende Verzweiflung gleichermaßen entspringen. Nicht nur der Musikliebhaber und -kenner Brod, auch der Komponist gab einigen Romanen wohlgegliederte »Sätze« oder ein großartiges Finale, so das Schlußkapitel in dem Roman »Die Frau, nach der man sich sehnt« (1927)-. Darin geht es um die Liebe sich selbst verlierender Hingabe im Gegensatz zur Liebe des kleinen Sparers, der immer noch einen Rest für sich zurückbehält; nachdem das Scheitern einer Liebe an ihrer unfaßbaren Grenzenlosigkeit in einer Nacht erzählt wurde, wird der Leser in der Morgendämmerung auf dem Montmartre-Friedhof am Grab Stendhals vorbeigeführt. Im »Zauberreich der Liebe« (1928), das auch ein verhextes Reich und voller gefährlicher Abenteuer ist, steht am Schluß der Gang über den »Erbsenhügel« auf dem Berg Karmel. Dort tut sich in einer jüdischen Siedlung eine von den labyrinthischen Wegen und Irrwegen der Liebe grundverschiedene Welt auf, in welcher

»junge Menschen unter Opfern leben, die man in Europa für unmöglich erklären würde«, eine Welt der Entsagung und der Hingabe an die Gemeinschaft. Die Höhe erreicht Max Brod in dem Roman »Stefan Rott oder das Jahr der Entscheidung« (1931) nicht nur als Erzähler (er berichtet die Liebesgeschichte zwischen einem Gymnasiasten und einer reifen Frau), sondern auch in der geistigen Durchdringung des Lebens und Verlebendigung des Geistigen in den einprägsamen Figuren: dem 17jährigen Stefan Rott, der zwischen dem verdüsterten Professor Werder und der strahlenden Frau Phyllis und deren Sohn Anton steht, dem Schulfreund Stefan Rotts. Die vielverzweigte geistige Auseinandersetzung und mitreißende Handlung begibt sich in der großen Szenerie Prags auf verschiedenen Schauplätzen, und endet jäh mit Ausbruch des Ersten Weltkriegs.

Die Liebesromane Max Brods lassen sich aus dem Gesamtwerk herauslösen. Sie stehen in sich geschlossen als eine sich fortsetzende epische Dichtung im Mittelpunkt des Gesamtschaffens Max Brods. Sie könnte dieses Motto tragen:

> Nur Liebe – von nichts anderm weiß ich.
> Zerreißet, was ich sonst gesungen!
> Denn Lüge war's, wenn es nicht Liebe war.

Die Romane begleitet eine Reihe von Erzählungen, die in einigen Bänden gesammelt wurden. 1916 erschien als 32. Heft der Reihe »Der Jüngste Tag« »Die erste Stunde nach dem Tode«. Darin schon zeigt sich Max Brod als Meister der kleinen epischen Form. Max Brod »symbolisiert in der Geschichte den Aufstieg ins Metaphysische. Er läßt den Minister eines kriegführenden Staates Zwiesprache halten mit einem Wesen, das sich auf dem Durchgang vom Diesseits ins Jenseits befindet. Es werden Dinge gehört und gesagt, die ein Minister selbst nie hören noch zu Ende denken würde.« (Max Krell)

Die Geschichte hängt mit Ereignissen in der Zeit des Ersten Weltkriegs zusammen.
Eine ähnliche Erhöhung der Realität ins Metaphysische nimmt »Ein Abenteuer Napoleons« vor in dem Band »Novellen aus Böhmen« (1936), eine Erzählung, die von Leo Perutz beeinflußt scheint. Der Band zeigt die Spannweite von Max Brods Erzählkunst. Sie reicht von der menschlich schönen, ganz realistischen Erzählung eines »Jungen vom Lande« bis zu der ironisch-graziösen Erzählung, in der ein nicht als irr erkannter Mann einen Vortrag über den »Tod als vorübergehenden Schwächezustand« hält. Seinem letzten Novellenband legt Max Brod eine von ihm oft herangezogene These zugrunde; danach heißt der Band auch »Durchbruch ins Wunder« (1962).
1912 erschien eine Sammlung von Szenen, Versen und Tröstungen unter dem Titel des kleinen Dramas »Höhe des Gefühls«, das auch in der Reihe »Der Jüngste Tag« des Kurt Wolff Verlages veröffentlicht wurde.
Max Brods Dramen wurden bislang wenig beachtet und nicht mit dem Gesamtwerk in Zusammenhang gebracht. Daß die Dramen weniger erfolgreich waren als die Romane, liegt an ihrer subtilen Art, die auf Theatereffekte verzichtet. »Höhe des Gefühls« spielt auf der Terrasse vor dem Wirtshaus zum halben goldenen Stern mit dem Blick in die Donaugasse und zu dem Balkon der Geliebten, die der Verliebte, auf der Terrasse sitzend, umträumt. Heinrich Lautensack hat dem Traumspiel eine schöne Rezension gewidmet. Schon das Milieu weist auf die Nähe zu Hugo von Hofmannsthals frühen kleinen Dramen, eines Dichters, den Max Brod verehrte.
Das ironisch-elegische, an das Rokoko Wielands erinnernde Lustspiel »Abschied von der Jugend« (1911) handelt in einem zeitlosen Hellenismus in einer fabelhaften thrakischen Landschaft. Der abschiednehmende Herzog von Thrakien,

seine sehr junge Frau Venusta und sein knabenhafter Neffe und Nachfolger Felix sind in das bunte Netz einer abenteuerlich-traumhaften Atmosphäre verstrickt. Zart und doch klar und lebendig ist die Zeichnung der Gestalten und die Entwicklung der Handlung, sind die Verse. Auch hier meinen wir die Stimme Hugo von Hofmannsthals zu hören, wenn die junge Venusta zu dem betrunkenen Gast, dem König sagt:

> Dies sind die letzten Nächte, Herr, die man im Freien zubringt,
> Des Sommers und des Herbstes Übergang.
> Und freilich sind sie süß, da sie die letzten sind,
> Angstsüß, da man schon vor dem Winter zittert.
> Man sagt, daß sie das Obst zur letzten Reife bringen,
> Sagt, daß die Sterne selbst in ihnen reifen,
> So hell erglänzen sie manchmal.

Dem Schauspiel »Lord Byron kommt aus der Mode« (1929) hat Max Brod ein Nachwort beigegeben, in welchem er seine Absicht darlegt: das Aufzeigen Byrons als »Genie der Freiheit, das den ewigen Kampf wider alle Unterdrückung als persönliche Verpflichtung empfindet«; als »Revolutionär mit tiefster Einsicht ins Kernunglück der Welt, das unbehebbar bleibt, Revolutionär um jenes Streifens von behebbarem Unglück willen, das mit aller Vernunft und Kraft wegzuräumen höchste Menschenpflicht ist«. Nobel behandelt Max Brod Byrons durch Menschenkraft nicht mehr zu beeinflussende Grunddissonanz (Mutterhaß, Schwesterliebe). In klarer Linie wird dieses beispielhafte Leben abgewickelt, die ungeheuere Spannung einer Seele, zugleich ihre Sehnsucht nach Freude und Schönheit.
Zu den Dramen Max Brods (»Die Fälscher«, 1920, »Klarissas halbes Herz« 1923, »Die Opunzie« 1927) könnte die Dramatisierung von Franz Kafkas Roman »Das Schloß« (1926) ge-

rechnet werden. Hierbei bleiben zwei Fragen offen: Ob Franz Kafka einer Dramatisierung seines Romans zugestimmt hätte, und ob der Schluß, den Max Brod dem Romanfragment gab, im Sinne des Werkes und Franz Kafkas gültig ist.
Durch Max Brods (und Hans Reimanns) Dramatisierung des Romans »Die Abenteuer des braven Soldaten Švejk« von Jaroslav Hašek fand dieses Werk Eingang in die Weltliteratur.
Die historischen Romane Max Brods bilden ein geschlossenes Lebenswerk für sich, das geschaffen zu haben für einen Autor genügte. Im ersten der historischen Romane »Tycho Brahes Weg zu Gott« (1916) bewegt sich Max Brod auf denselben Spuren wie sein Antipode Erwin Guido Kolbenheyer mit dem Spinoza-Roman »Amor Dei« (1908). Von beiden Romanen geht die Renaissance des historischen Romans aus. Die Historienmalerei des alten Romans, wie sie bei den Sudetendeutschen noch Anton Ohorn pflegte, die Darstellung kriegerischer oder heldenhafter Vorgänge, werden durch die Schilderung vor allem seelischen Erlebens und der sittlichen Wandlung von Menschen jenseits großartiger Geschehnisse überwunden. Auch E. G. Kolbenheyer schildert in seinem »Spinoza«, wie Max Brod in seinem »Tycho Brahe«, den Weg eines Menschen zu Gott, auch Tycho Brahe findet am Ende eines äußerlich und innerlich leidenschaftlich und stürmisch bewegten Lebens zum Amor Dei, zur Gottesliebe.
Das Geschichtliche, das Vergängliche werden zum gegenwärtigen Gleichnis dessen, was immer und überall in einer Menschenseele Großes sich begeben kann. Anschaulich – Tycho Brahes Grabplatte steht in der Teynkirche – werden die Umwelt – Prag und Böhmen – und die beiden Hauptgestalten – Tycho Brahe und Johannes Kepler – zu Heutigen, jenseits jeder historisierenden Heldenverehrung. Der stille, bescheidene, nahezu nüchterne Kepler, der nur seinem Werk lebt

(Franz Kafka, dem der Roman gewidmet ist, war das Vorbild), steht neben dem selbstsüchtigen, ichbezogenen, eitlen, herrischen Tycho Brahe, der durch Überwindung seines Hochmuts und durch Verzicht zum »Knecht Gottes« wird.
»Max Brod weiß mit der größten Feinheit die Fäden aus der äußeren Welt in die Seele und ihre Kämpfe zurückzuschlingen. Der Klarheit des seelischen Aufbaus entspricht die Plastizität der Figuren, der reine, ruhige Fluß der Erzählung, die tiefe, nicht verworrene Empfindung.« (Werner Mahrholz)
Wiederum angeregt durch Prag – die Fahne des Judenfürsten hängt in der Altneusynagoge – ist der Roman »Rëubeni, Fürst der Juden« (1925), nun schon im weiten europäischen Raum der Renaissance handelnd. An die Stelle der seelischen Auseinandersetzungen des »Tycho Brahe« tritt der politische Kampf. Rëubeni und der junge Molcho, die das Nahen des Messias verkünden und die Juden in ein eigenes Reich führen wollen, scheitern an der Inquisition. Im Mittelpunkt steht die jüdische Gewissensfrage: Was bedeutet das Wort: »Und du sollst lieben den Ewigen, deinen Gott, mit deinem ganzen Herzen, mit deiner ganzen Seele und mit deiner ganzen Kraft. – Hiezu bemerkt man: Mit deinem ganzen Herzen, das bedeutet: mit beiden Trieben, sowohl mit dem guten wie mit dem bösen Trieb.«
Im Zeitalter der Renaissance spielt auch der Roman »Galilei in Gefangenschaft« (1948); dargestellt ist der Kampf um die Wahrheit gegen Mächte, die die Wahrheit verdunkeln oder überhaupt austilgen möchten. Diese Gegenmacht ist auch hier die Inquisition, die sich gegen die Erkenntnisse der Wissenschaft wehrt. Als Motto trägt der Roman das Wort Schillers: »In tyrannos!«
Max Brod kommentiert sein Werk: »Ewig aktuell bleibt der Widerstand des einzelnen, der sein reines Gewissen gegen das Schwatzen der korrumpierten Vorgestrigen verteidigt.« Es ist

der Kampf gegen jede Form totalitären Denkens und Handelns.

Das Erlebnis des israelischen Landes mag Max Brod verlockt haben, einen Roman über Jesus zu schreiben – »Der Meister« (1951). »Max Brod entgeht der subjektivistischen Versuchung (einen Jesus darzustellen, wie er ihn sieht) durch den erzählerischen Kunstgriff indirekter Schau: mit den Augen der rührenden, kleinen Schoschana, mit dem erstaunten Blick des Griechen Meleagros und dem düster verzehrenden des Jüngers Judas, der interessantesten Gestalt des Romans. Max Brods Roman ist eine Dichtung, aber auch wieder mehr als das. Er ist ein wertvoller Beitrag ... zum Dialog zwischen Ekklesia und Synagoge, die sagen können: der Glaube Jesu einigt uns, der Glaube an Jesus trennt uns. Diese feine, aber scharfe Trennungslinie wird nie überschritten. Max Brod bleibt in seinem Jesus-Roman ganz Jude, aber als solcher tief innerlich verbunden dem Juden Jesus, der sich primär gesandt wußte zu den verlorenen Schafen aus dem Hause Israel. Jahrhundertelang war das jüdische Bruderantlitz des Jesus von Nazareth durch das Ikonenbild des Dogmas verdunkelt. Max Brod hat entscheidend dazu beigetragen, das jüdische Antlitz Jesu wieder in seiner schlichten Hoheit sichtbar zu machen. Das ist eine Art der Heimholung Jesu in das jüdische Volk, aber zugleich auch eine Neu-Vermittlung des Ur-Jesus an die Christenheit.« (Schalom Ben-Chorin)

In die römische Antike führt der Roman »Armer Cicero« (1955), ein Werk ironischer Distanz und bitterer Heiterkeit, mit der Brod die Schwächen des Cicero enthüllt, der sich als Sechzigjähriger nach dreißig Ehejahren scheiden läßt und ein blutjunges Mädchen heiratet. Der Exkonsul fällt aus dem seelischen und politischen Gleichgewicht, aber durch seinen Opfertod im Dienst der Freiheit sühnt er sein im Grunde gebrechliches und auch verfehltes Leben.

Die historischen Romane Max Brods sind Wahrheit und Dichtung. Die historische Wahrheit verliert ihre Starrheit und Kälte, sie wird in dichterische, das heißt nicht antiquierte, lebendige Substanz umgesetzt, und die Erfindung, das, was der Dichter zur Historie hinzutut, verbindet sich fugenlos mit der historischen Wahrheit, wird ihr organisch eingefügt. Gerade am Cicero-Roman spürt man, wie Max Brod die wenig verfügbaren historischen Reste ergänzt, aus den erhaltenen Ruinen ein neues Ganzes erstehen läßt.

Auch in seinen historischen Romanen überschaut Max Brod Menschen und Mächte, Zeiten und geographische Räume in einer überlegenen Art und Weise. Aber nicht nur das offenbaren diese Romane, sondern auch eine ungebrochene Lebensbejahung in Bezug zu Nahem und Fernem, zur Gegenwart und zur Vergangenheit. Max Brod wird von Zweifeln, aber nie von Verzweiflung am Leben heimgesucht; in diesem Sinn ist er der Unverzagteste innerhalb der deutschsprachigen Dichter Prags.

In seiner historischen Monographie »Johannes Reuchlin und sein Kampf« (1965) tritt das Dichterische so gut wie völlig in den Hintergrund. Sie ist die Frucht genauer, weitläufiger historischer Studien um Johannes Reuchlin, den kongenialen Zeitgenossen des Erasmus von Rotterdam, aber auch des Pico della Mirandola, um den getauften Juden Johannes Pfefferkorn, und um die Erhaltung der jüdischen Schriften und jüdischen Lehre im sogenannten Talmudstreit.

Auch dieses wissenschaftliche Werk zeigt Max Brod im bewegenden Zwiegespräch der Epochen, hier zwischen Mittelalter und Humanismus, im Kampf um das Recht des Schwächeren, der darum ringt, der Wahrheit gegen dogmatische Intoleranz zum Sieg zu verhelfen.

Über sein eigenes Werk hinaus war Max Brod ein unermüdlicher Förderer und Helfer. Seine Unterstützung für Jaroslav

Hašek und Robert Walser wurde bereits erwähnt, ebenso die Lebensarbeit für Franz Kafka. Entscheidend für die europäische Anerkennung und Geltung Leoš Janáčeks und seiner Opern wurden die Übersetzungen der Operntexte durch Max Brod und dessen unermüdlicher Einsatz für Leoš Janáčeks Gesamtwerk. Dasselbe gilt für Jaromír Weinberger. Max Brods zahlreiche Musik- und Literaturrezensionen und Essays, die er als Redakteuer im »Prager Tagblatt« und anderswo veröffentlichte, halfen vielen auf ihrem Schaffensweg weiter. Ein Teil dieser Rezensionen erschien gesammelt in dem Band mit dem irreführenden Titel »Die Schönheit häßlicher Bilder (1913, in erweiterter Auflage 1967) und in den Musik- und Theatererlebnissen »Sternenhimmel« (1923). Sie sind in der knappen Form und Klarheit der Aussage musterhaft, in den Erkenntnissen zuweilen bahnbrechend, so über Schillers »Don Carlos« oder über Deutsche Kammermusik. Beide Bände haben noch heute, gerade heute ihre Bedeutung als eine Schule des Kritisierens.

Die Monographie über Heinrich Heine (1934) ist eine musterhafte philologische Arbeit, die den Dichter in neu erschlossenen Perspektiven sieht, Fehlurteile bereinigt, vom bloß Sachlichen in die innere Grundbefindlichkeit tiefer lotet als die bisherigen Darstellungen, frei von wissenschaftlicher Kälte. Diese Monographie wurde von einem Dichter geschrieben, dem auch die Umwelt lebendig wird.

Die vorliegende Umschau will an sich nur bis zum Jahr 1939 reichen. Dennoch muß das begrenzende Jahr manchmal überschritten werden, wenn ein Gesamtwerk nicht verstümmelt vermittelt werden soll. Das Schaffen Max Brods entfaltete sich nach seiner Emigration nach Israel zu einem Abgesang, der zur Spätlese wurde. Auf einige Werke wurde bereits im Zusammenhang hingewiesen, so auf die nach 1939 entstandenen historischen Romane um Galilei, Jesus und Cicero, auf

die geisteswissenschaftlichen Werke »Das Diesseitswunder«, die beiden Bände »Diesseits und Jenseits«, »Das Unzerstörbare« und »Von der Unsterblichkeit der Seele« sowie auf das selbstbiographische Werk »Streitbares Leben« und die Darstellung »Der Prager Kreis«.
In seinen Dichtungen nach 1939 wirft Max Brod den Blick zurück in die alte Heimat; es entsteht, wie bei Johannes Urzidil, ein Nachleuchten Prags und Böhmens, wobei sich auch die Schatten deutlicher abzeichnen. Vor allem ist es die Jugend, zum Teil noch im alten Österreich, die Max Brod beschwört und wieder aufleben läßt: »Beinahe ein Vorzugsschüler oder Pièce touchée« (1952), der Roman eines unauffälligen Menschen, »Der Sommer, den man zurückwünscht« (1952), ein Roman aus jungen Jahren, »Rebellische Herzen« (1957), später als »Prager Tagblatt« neu gedruckt, der Roman einer Redaktion. »Jugend im Nebel« (1959), eine Art kleiner Selbstbiographie, »Die Rosenkoralle« (1961), ein Prager Roman.
Max Brod war ein großer Verehrer der Oper »Die verkaufte Braut« von Bedřich Smetana. In seinem Buch »Die verkaufte Braut« (1962) kehrte er in besonders nachdrücklicher Weise nach Prag zurück. Es schildert in Bericht und Vision das abenteuerliche, verworrene, tragische Leben Karel Sabinas, des Textdichters der Oper. Es ist eine beklemmende, aus mitfühlendem Herzen geschriebene Darstellung des österreichischen Absolutismus, wie er sich verheerend in Prag auswirkte. Karel Sabina, Revolutionär im Jahr 1848, wurde nach zehnjähriger Haft in Olmütz zum Spitzel der Staatspolizei gezwungen, ohne ihr sonderlich behilflich sein zu können, und endete, von seinem Volk öffentlich geächtet, in tiefstem Elend. Im Text zur »Verkauften Braut«, einem der besten aller Operntexte, hatte er sein düsteres Schicksal verschlüsselt dargestellt.

In den engeren Prager Kreis um Max Brod gehört Oskar Baum.
Entscheidend für das Leben und Schaffen OSKAR BAUMS (1883 Pilsen – 1941 Prag) war, daß er im achten Lebensjahr die Sehkraft eines Auges verlor; im elften Lebensjahr wurde ihm das gesunde Auge derart verletzt, daß er völlig erblindete. 1910 schrieb er in einer selbstbiographischen Darstellung: »Als ich geboren wurde – mitten im Winter vor bald 28 Jahren – besaß mein Vater einen Schnittwarenladen in Pilsen auf dem schönen großen Ringplatz gegenüber der Kirche. Ganz nach dem Vorbild Friede Ellmanns, des Buchhändlersohns aus der Kleinen Franzensgasse, war ich in der ersten Gymnasialklasse nahe am Durchfallen, als ich an einem schönen Julinachmittag durch ein paar Raufhansl das Augenlicht verlor. Dann brachte ich acht kurze, lustige Jahre in der Blindenanstalt Hohe Warte, Wien, zu, bestand mit Stolz die staatliche Lehramtsprüfung für Klavier und Orgelspiel und zog nach Prag, wo ich allmählich Geliebter, Ehemann und Vater wurde. Hier verteilte ich nun meine Tagesstunden à zwei Kronen an meine Schüler und suche mit einer an Geiz grenzenden Sparsamkeit einige Zeit für meine literarischen Mühen und Vergnügungen zu erübrigen.«
In seinem Roman »Das Leben im Dunkeln« schildert er anhand der autobiographischen Gestalt des Friede die näheren Umstände des Unglücks: »Friede wallfahrte mit glückseligen Gedanken zu einer Synagogenbank. Er hatte einen besonderen Fang in der Tasche: den ersten Band von ›Kapitän Grants Kindern‹ . . .« Betrübt über den Lärm der übermütigen tschechischen Kinder, vertiefte er sich in die Lektüre, die ihn zu phantastischen Tagträumen anregte. Aber die Kinder empfanden es als Provokation, daß man »vor alle Leut deitsches Buch« liest. In der nun folgenden Prügelei wurde dem Friede mit einer hölzernen Federbüchse die Brille in das gesunde

Auge gestoßen. Mit dem ihm eigenen Gerechtigkeitssinn schildert Oskar Baum weiter, wie sein tschechischer Freund Franta, der Anführer der Gegenbande, sich über die Übeltäter hermachte und sie verprügelte.

Trotz seiner Blindheit lehnte Oskar Baum, entschlossen, sich nicht unglücklich zu fühlen, ab, bemitleidet zu werden. Sein erstes Buch »Uferdasein« (1898) trägt als Motto ein Wort Nietzsches: »Das Mitleid ist etwas, was überwunden werden muß.« In diesem Buch steht auch der Satz: »Immer nur Liebe aus Liebe. Dankbarkeit ist dürr und häßlich.«

Der Vorrat an Wirklichkeitserfahrungen vor der Erblindung genügte dem Blinden als Grundlage der Orientierung. Mit dem feinen Sensorium des Blinden gewann er eine neue, transparente Wirklichkeit hinzu, zudem sah er auch durch das musikalisch geschulte und feine Gehör. Durch seine mutige Lebenshaltung gelangen ihm Dichtungen aus der Welt der Blinden, die alles andere als flüchtig oder unscharf sind. Hinzu trat die Erkenntnis, daß ihm die Blindheit aufgegeben wurde, um mehr zu sehen als die Sehenden, die mit innerer Blindheit geschlagen sind.

Als Dichter der Blinden ist Oskar Baum in die Literatur eingegangen. Er begann mit den drei Novellen »Uferdasein« (1898), die unter anderem die Verstrickung des Blinden in erotische Erlebnisse darstellen, es folgten der stark autobiographische Roman »Das Leben im Dunkeln« (1909), der Roman eines Kriegsblinden, der langsam in die »Neue Wirklichkeit« (1921) hineinwachsen muß, schließlich die Erzählung »Nacht ist umher« (1929), zu der Stefan Zweig das Nachwort schrieb.

In seinen Gesprächen mit Gustav Janouch sagte Franz Kafka, der Oskar Baum nahe verbunden war: »Oskar Baum verlor sein Sehvermögen als Deutscher, als etwas, was er eigentlich nie war und was ihm nie zuerkannt wurde. Vielleicht ist Oskar

Baum nur ein trauriges Symbol der sogenannten deutschen Juden in Prag.«
Auch Oskar Baum war dem jüdischen Glauben verpflichtet und setzte sich auf seine Weise mit ihm auseinander. Er vertraute der Willensfreiheit des Menschen, dem persönlichen Gefühl, das in die Tat umzusetzen er forderte. Er sah auch das Böse von Gott geschaffen, damit der Mensch sich daran bewähre. (»Das Böse, das notwendig ist, kommt von Gott.«) Andererseits taucht bei ihm auch die Vorstellung von einem »grausamen Gott« auf.
In seinen Werken, die sich mit dem Verhältnis des Juden zu seiner andersnationalen Umwelt beschäftigen, will er zunächst von Max Brods »Distanzliebe« nichts wissen. In seinem Kleinstadtroman »Die böse Unschuld« (1913) – die Umwelt mag die Pilsens sein – wird die Kluft zwischen Tschechen und Juden und Deutschen mit einem Anflug von milderndem Humor überspielt. Die Umwelt mutet biedermeierlich an. Oskar Baum sah, ähnlich wie Fritz Mauthner, die Juden als Vertreter des Deutschtums in einer tschechischen Umgebung. »Die Juden, die hier der Gegend entstammen, bilden nahezu die einzige deutsche Gesellschaft, das Überbleibsel der deutschen Vorherrschaft, der staatlichen jahrhundertelangen Kulturarbeit. Die einzige deutsche Schule des Ortes ist die von der Kultusgemeinde erhaltene Judenschule. Rührend bleibt es freilich, daß die Juden diese Sprache und, so weit es an ihnen lag, auch die (deutsche) Volksart treuer bewahrten als die, denen sie von den Vorfahren her im Blut lag. Als das tschechische Volksbewußtsein erwachte und mit dem Stolz seiner zornigen jungen Kraft seine alten Rechte und Besitztümer und neue an sich zu reißen suchte, da wurde alles unsicher. Doch die Juden blieben fest in dem Wirrwarr.«
Oskar Baum hat die politische und nationale Spannung zwar gesehen, aber unterschätzt. In dem vierzehn Jahre nach der

»Bösen Unschuld« entstandenen Roman »Das Volk des harten Schlafes« (1937), als die Katastrophe für sein Volk auch in Prag unmittelbar bevorstand, schuf er, historische Ereignisse schildernd, ein nicht ganz zutreffendes Gleichnis der aktuellen Lage.

Den Hintergrund des Romans »Das Volk des harten Schlafes« bildet das Reich der Chasaren, eines nichtsemitischen, wahrscheinlich tatarischen Volkes an Don und Wolga und am Kaspischen und Schwarzen Meer, dessen Herrscher Bulan mitsamt der Herrenschicht um 740 die jüdische Religion annahm. Die Juden in Spanien, die durch die Mauren in ihrer Existenz bedroht wurden, schickten eine Botschaft an den Chasarenfürsten mit der Bitte, den spanischen Juden ein Stück Land zu schenken, in welchem sie sich ansiedeln könnten. Die weitverzweigte Handlung des an Figuren reichen Romans begibt sich im 11. Jahrhundert, als das Chasarenreich vor seinem Untergang von den Byzantinern und Russen bedroht wurde.

Der Roman trägt als Motto ein Zitat aus Jesaja: »Denn der Herr hat euch einen Geist des harten Schlafs eingesenkt und eure Augen zugetan . . .« Er hat viel Ähnlichkeit mit Max Brods Roman »Rëubeni, Fürst der Juden« (1925) auch in der Überlegung, daß man Gott mit beiden Trieben, dem guten und dem bösen, dienen müsse. Das tut Bulan, der Chasarenherrscher; er wird gegen den Willen der Schriftgelehrten zum Kämpfer für sein Volk. Das Motto wird im Text variiert: »Alle Völker haben einen harten Schlaf. Aber die Juden haben die lautesten, die besessensten Erwecker, nicht nur unter ihren Propheten, auch unter ihren Feinden.« Bulan warnt sein Volk, nur an Gotteswunder in der Vergangenheit zu glauben und ihnen zu vertrauen, »ohne selbst die Hand für Gott und das Volk zu erheben. Die Zeit der Wunder ist nie vorbei oder sie ist nie gewesen. Wir sind jeder ein Stück vom

Willen Gottes, Mensch geworden, um Gottes Willen auszuführen. Das Stück seines Willens in uns und das, das außerhalb uns geblieben ist, wirken zusammen das Wunder. Gott allein kann es gar nicht wirken!«

Der Mensch nicht als der Knecht, sondern als der Gehilfe Gottes, ist das eine den Prager Kreis bewegende Thema; das andere noch bedrängendere ist das der Schuld und Verschuldung des Menschen.

In dem Roman »Die Tür ins Unmögliche« (1920) wird die Schuldfrage von Oskar Baum im Sinn von Paul Kornfelds Drama »Die Verführung« (1913) gestellt. In Oskar Baums Roman nimmt der Oberbeamte K. (Krastik) den vermeintlichen Mord einer Büglerin an ihrem verkrüppelten Kind auf sich und will, nachdem die Untat aufgeklärt wurde, das Gefängnis nicht mehr verlassen. Er empfindet seine Schuld nicht als persönliche Schuld, sondern als Anteil an der Gesamtverschuldung der Menschheit. Der Mensch entgeht der allgemeinen Menschheitsverschuldung auch dann nicht, wenn er Gutes zu tun meint.

In einer seiner knappen Erzählungen, die zu Oskar Baums besten Dichtungen gehören, zeigt er auf, daß der Mensch sich aus der Schuldverstrickung nicht lösen kann. Die Erzählung »Die Geliebte« (1918) ist von der Unerbittlichkeit der Novellen Kleists, hat auch deren knappen, sicheren Stil. In einem russisch-galizischen Dorf versteckt ein Bauernmädchen ihren Geliebten, einen Soldaten, im Keller, um ihm die Rückkehr zu seinem Regiment und in den Krieg zu ersparen. Was als Rettung gemeint war, endet mit Zerstörung. Der Soldat wird wahnsinnig.

Das Problem des schuldlosen Schuldigwerdens, das bei Franz Kafka eine wesentliche Rolle spielt, kann nicht nur, wie es oft geschieht, aus der jüdischen Ethik allein abgeleitet werden. Es ist uralt. So sagt Anaximander: »Der Ursprung der Dinge

ist das Grenzenlose. Woraus sie entstehen, darin vergehen sie mit Notwendigkeit. Denn sie leisten einander Buße und Vergeltung für ihr Unrecht nach der Ordnung der Zeit.«
Zwischen den beiden Romanen, die sich mit der Judenfrage auseinanderzusetzen versuchten – »Die böse Unschuld« und »Das Volk des harten Schlafes« – steht der Roman »Zwei Deutsche« (1934). »Er ist der Epilog einer Weltschau, die aus gedanklicher, sprachlicher und traditioneller Verankerung im Deutschtum und aufrichtiger Bewunderung für deutsches Geistesleben erwachsen war.« (Margarita Pazi)
Die Emigration Oskar Baums, der sich bis zum letzten Tag helfend seinen Glaubensgenossen gewidmet hatte, wurde im letzten Augenblick verhindert. Er starb im März 1941 an den Folgen einer Operation. Seine Frau wurde nach Theresienstadt deportiert, wo sie ums Leben kam.
Max Brod würdigt Oskar Baum in seiner Darstellung »Der Prager Kreis« auf vierzehn Seiten, PAUL KORNFELD (1889 Prag – 1942 Auschwitz) widmet er nur wenige Zeilen: »Paul Kornfeld war immer belanglos, er war die Belanglosigkeit in Person . . . Für ihn galt das Brodsche Gesetz, von mir entdeckt und wiederholt empirisch bestätigt gefunden: ›Je talentloser, desto expressionistischer.‹ «
Das Werk Kornfelds stellt eine Steigerung über Strindberg, Wedekind und Sternheim hinaus dar. Daher wird er als ein Höhepunkt des Expressionismus beurteilt. Was ihm neben anderem die Ablehnung Max Brods einbrachte, war seine Weltanschauung, die der Max Brods konträr war. Während Max Brod Diesseits und Jenseits in seiner Ideologie vom »Diesseitswunder« als einander berührend und durchdringend annahm, vollzog Paul Kornfeld eine scharfe Trennung. Ihm war das Diesseits das Böse schlechthin, und die Mission der Kunst sah er darin, den Menschen daran zu erinnern, daß er Gottes ist und eine Seele hat, die durch nichts Diesseitiges

abgelenkt oder getrübt werden dürfe. »Der Künstler ist das Gewissen der Menschheit.« Über alles irdisch Diesseitige »jubelt sich empor unsterblich die Seele«! Die Erlösung des Menschen besteht in seiner Abkehr vom Diesseits und in der Rückkehr zu seiner Seele. Diese Erlösung hat der Dichter zu verkünden.

In seiner Abhandlung »Der beseelte und der psychologische Mensch« (1918) zieht er die Summe seiner Gedankenwelt: »Wer seine Heimat im All und nicht nur auf der Erde hat, wer ein reineres, ursprünglicheres Bild von dieser Welt kennt als unsere Wirklichkeit es darstellt, und ein reineres, ursprünglicheres Bild des Menschen als das tatsächliche Leben es schafft, der setze, unbeirrt von Zufälligkeiten der Umwelt und den zufälligen Merkmalen des Menschen, dieses Bild ans Licht, daß es strahle, in diese Welt, als Denkmal für den von Gott geschaffenen Menschen und als mahnende Erinnerung an ihn.«

Ausgesprochen ist hier ein mystisches Anliegen, die Forderung, vom diesseitigen Zufall zum jenseitigen Wesen zu gelangen, wie Angelus Silesius es formulierte; dieses Wesen ist der Menschen Seele als Abbild Gottes. Abzutun hat der Mensch das Diesseitige seiner vergänglichen Natur. Solange der Mensch nicht zu seiner Seele gelangen kann, »bleibt er Natur und bleibt er gemein«. Das Drama hat den Akt der Erlösung der Seele aufzuzeigen.

In dieser Absicht setzt Paul Kornfeld an die Stelle von Charakter und Psychologie Geist und Seele, sieht und gestaltet er den Menschen nicht als subjektive Realität, sondern als »Spiegel und Schatten des Ewigen und als Gottes Mund«. Im Sinn seiner »Metapolitik« will er den Menschen durch seine Dramen dartun, »daß alle Wirklichkeit nur Schein ist und hinschwindet vor dem wahren menschlichen Dasein«. Seine Dramen wollen eine Warnung sein vor »entmenschlichtem

Menschentum, das bei lebendigem Leib dennoch entseelt ist«. Das weltanschaulich auf diese Weise untermauerte Drama wird zum Figurenspiel, dessen Vorgänge jenseits jeder berechenbaren Kausalität entwirklicht und auf diese Weise allegorisch werden. Noch banale alltägliche Begebenheiten werden in dem modernen, barock übersteigerten Mysterienspiel hintersinnig, angsttraumhaft und metaphorisch.

Das ekstatische Mysteriendrama Paul Kornfelds verzichtet also darauf, Abbild der Wirklichkeit zu sein, die verachtet und als sündhaft und böse entwertet wird. Um ein solches Drama auf der Bühne aufzuführen, bedarf es eines anderen Schauspielers als bisher. »In der Tat treten nun in den abstrakten Dramen Paul Kornfelds ›Die Verführung‹ und ›Himmel und Hölle‹ keine Charaktere, sondern nur noch Geister und Seelen auf. In der Tat haben die ekstatischen und nur beseelten Gestalten der modernen Dramatik – wie auch beim frühen Franz Werfel – etwas vom Rasenden und Wahnsinnigen an sich und verlieren die Maße des Menschlichen« (Hans Naumann). Vielleicht wäre das Verfahren der antiken Tragödie, in der die Schauspieler Masken trugen, die von der Wirklichkeit des Menschen wegführt, diesen Dramen angemessen.

Wollte Ernst Barlach in seinen Bühnenwerken »die menschliche Situation in ihrer Blöße zwischen Himmel und Erde« aufzeigen, erweitert sich die Bühne Paul Kornfelds zum welttheaterhaften Raum in dem Drama »Himmel und Hölle« (1919), das dem ekstatischen Drama einer mißglückten Erlösung »Die Verführung« (1916) folgte. In der »Verführung« ist Bitterlich der Seelen- und Ewigkeitssucher, der den seelenlosen Diesseitsmenschen Josef tötet. Er möchte das Gefängnis nie mehr verlassen, wird aber von dem Mädchen Vogelfrei in die Welt zurückverführt, woran er zugrunde geht. Sein Weg über Leid und Opfer zur Erlösung und Versöhnung war vergeblich. Das Ende ist ein großes leises Weinen.

Die Tragödie »Himmel und Hölle« mit der Hauptgestalt des Grafen Ungeheuer begibt sich in einem dantesken Szenarium und stellt den Sturz von himmlischen Höhen in höllische Abgründe dar; durch Untaten und Laster, Glück und Leid, durch das Opfer der Dirne Maria führt der stürzende Irrweg in den Wirbel der Auferstehung zu Gott. »Graf Ungeheuer kann als Bereuender durch die Liebe dreier Frauen erlöst werden. Die Leidensseligkeit dieser Frauen wird zur Brücke, über die sie aus dem verächtlichen Diesseits in das ersehnte Jenseits gelangen.« (Margarita Pazi) Mit einem ähnlichen hymnischen Gesang wie am Ende von Goethes »Faust« vollzieht sich die Himmelfahrt der aus dem irdischen Chaos Geretteten.

Es wurde viel darüber gerätselt, warum Paul Kornfeld nach diesen zwei Tragödien »auf das Gebiet der gehobenen Unterhaltungsliteratur abschwenkte«. (Reclams Schauspielführer) Dieser Vorwurf mißversteht die vier Komödien, die Paul Kornfeld zwischen 1922 und 1929 schrieb. Sie sind die romantisch-ironisch und auch verzweifelt aufgezeigte Kehrseite der Tragödien, sind das Satyrspiel auf den diesseitsverstrickten, im Sinn Paul Kornfelds entseelten oder überhaupt seelenlosen Menschen.

In dem Doppelspiel »Der ewige Traum« (1922) wird die These von der Unfehlbarkeit einer Doktrin ad absurdum geführt, indem jeweils zwei als richtig befundene, aber einander widerstreitende Doktrinen als unhaltbar bewiesen werden. Nichts nütze ist alle sophistische Klügelei, wenn dem Menschen die Liebe fehlt. Von beiden Bühnen werden diese Schlußworte gesprochen: »Das gemeinsame Leben der Menschen darf nicht mehr wie bisher auf dem Egoismus des Staates aufgebaut sein, sondern auf einer Gemeinschaft, in der nur herrscht die Liebe von Mensch zu Mensch!« Und: »Das Leben des Menschen darf nicht mehr aufgebaut sein auf dem

Egoismus des Einzelnen und der Familie, sondern auf einer großen, allumfassenden Gemeinschaft, in der Raum ist für die Liebe von Mensch zu Mensch!«

Die verflochtene Handlung und die Gestaltenfülle dieser wie der anderen Komödien können nur angedeutet werden.

»Palme der Gekränkte« (1924) und die elegisch durchtönte Komödie »Kilian und die gelbe Rose« (1926) persiflieren die Scheinwelt vor allem des Kleinbürgers. Was bleibt, wenn die Maske abgenommen wird? Persönlichkeitskult und Pseudowissen, das als Wahrheit proklamiert wird, Eitelkeit an der Grenze von Beschränktheit und Lächerlichkeit, übertünchter Wertschwund und Persönlichkeitsverfall, eine Hülle ohne Geist und ohne Seele. In »Kilian und die gelbe Rose« kreist die Ironie um einen Buchbindermeister, der für den Gelehrten gleichen Namens gehalten wird und umgekehrt. Beide Menschen sind gleichermaßen so nichtig, daß sie austauschbar werden. In dieser Komödie verbergen sich Angriffe gegen die Schule der Weisheit des Grafen Keyserling in Darmstadt, wo Paul Kornfeld als Dramaturg Gustav Hartungs tätig war.

Aus dem kleinbürgerlichen Milieu, das auch Carl Sternheim in seinen Komödien bevorzugte, gelangte Paul Kornfeld mit »Smither kauft Europa« (1929) zur politischen Zeitsatire: gegenwärtige Gesellschaft besteht nur noch in der Anbetung der Größe der Zahlen. »Ihr Maßstab und Ideal sind die Rekordzahlen.«

Es geht um einen Wochenendausflug des amerikanischen Milliardärs Smither, Großhändlers mit Fischen, zu dem ihn der großsprecherische, phrasenhafte und prahlerische Gaetano Mondolfo überredet. Dieser hofft, Smither wie einen Fisch zu angeln. Aus dem europäischen Bildungswochenende wird nichts, und Smither tut Europa mit den Worten »Es ist nichts« ab. Er erkennt, daß auch hier alles käuflich ist, erkennt die Entwertung des Kontinents zu einer geldgierigen Interessengemeinschaft mit abgeschwächter Gefühlskapazität und minimaler Denkkraft. Am Schluß der sarkastisch-zynischen Groteske mit einer turbulenten Handlung und obskuren Gestalten, so der Kupplerin Weihnacht und unterschiedlichen Spießern, freut sich eine Prostituierte, das »Sauland« verlassen zu dürfen, und beginnt »O Heimatland, du meine Sehnsucht!« zu singen, wobei alle Gestalten im Chor gefüllvoll mitsingen, weinen und am Ende jeder Strophe »Dieses Dreckland!« ausrufen.

Hat der Mensch noch eine Seele? Diese Frage ist der klagende Grundton auch in den Komödien Paul Kornfelds. In seinem Nachruf auf Wedekind hatte er als dessen Irrtum bezeichnet, daß er »in seiner Rechnung vom Wesen des Menschen den wichtigsten Faktor vergessen hatte: daß der Mensch eine Seele hat«. Die Tragödien und Komödien Paul Kornfelds ließen sich mit einem Wort aus Strindbergs »Traumspiel« umschreiben: »Es ist schade um die Menschen.«

Nach der Bearbeitung von Kalidasas »Sakuntala« (1925) und der Neufassung und Ergänzung von Goldonis »Impressario von Smyrna« (1928) entstand Paul Kornfelds letztes Drama, die Tragödie »Jud Süß« (1930). Auch Max Brod und Oskar Baum hatten in ihren Romanen »Rëubeni« und »Das Volk des harten Schlafes« das gegenwärtige jüdische Problem im Gleichnis der Geschichte zu geben versucht. Paul Kornfeld sah den Antisemitismus anders als Max Brod. In der politischen Satire »Die Geheimkonferenz« hatte er mit Bezug auf die geplanten Gesetze gegen die Juden die Meinung vertreten, sic scien unrealisierbar. Er sah Jud Süß menschlich, nicht politisch.

Er gestaltete Josef Süß Oppenheimer und den Herzog Karl Alexander von Württemberg, dem Jud Süß als Finanzrat diente, jenseits der Geschichte und anders als Lion Feuchtwanger in dessen fünf Jahre vorher erschienenen Roman. Paul Kornfelds Jud Süß scheitert daran, daß er ein nichtstandesgemäßer Emporkömmling ist. Der Minister Remehlingen, ebenfalls ein Emporkömmling, sagt in einem Dialog mit Jud Süß: »Es ist nicht wahr, daß der Mensch mit Hilfe seiner Begabung emporsteigt – er steigt empor mit Hilfe seiner Gemeinheit, seiner Skrupellosigkeit! Wer oben geboren wurde, mag sein, was er will, – wer aber erst aufgestiegen ist, mag er als Engel seinen Fuß auf die erste Stufe gesetzt haben, oben kommt er als hassenswertes Scheusal an.« Dennoch wirkt neben der Nichtstandesgemäßheit als Ursache des Falles auch das ethnische Anderssein, das dazu führt, daß Jud Süß ausgeschlossen und verfolgt wird. Jud Süß gibt sich dem Trugschluß hin, sich durch Verstand und Schläue bei Hofe halten zu können; er kalkuliert fehl. Es wurde vermutet, mit Jud Süß sei Walter Rathenau gemeint. Die Tragödie schließt damit, daß der Herzog irrtümlich vom vergifteten Wein trinkt, durch den Jud Süß aus der Welt geschafft werden sollte, und stirbt.

Zwischen dem Inferno der Tragödien und der ätzenden Schärfe der Komödien Kornfelds liegt ein Traumparadies.

In der frühen Erzählung über zwei Liebende »Die Begegnung«, die 1917 in dem Sammelband »Deutsche Dichter aus Prag« erschien, stehen diese Worte: »Unendlichkeit des menschlichen Gefühls . . . und wäre diese Unendlichkeit auch nur eingefangen in eine Abendstunde.«

Zu der zwischen den beiden ersten Tragödien 1917 veröffentlichten »Legende« heißt es: »Nichts mehr von Krieg und Revolution und Welterlösung! Laßt uns bescheiden sein und uns anderen, kleineren Dingen zuwenden: einen Menschen betrachten, eine Seele, einen Narren, laßt uns ein wenig spielen, ein wenig schauen, und wenn wir können, ein wenig lachen oder lächeln!«

Die »Legende« beginnt: »Im Jahre 1613 lebte im südlichen Böhmen, dort, wo die letzten Hügel des Böhmerwaldes in Ebene vergehen, auf einem Gute, das groß und blühend und sonnebeschienen in allen Farben schillerte, Graf Wratislaw; außer ihm noch, neben den vielen Knechten, Mägden und Bauern, sein Freund und Diener Wladislaw. Gemeinsam verbrachte Kindheit verband diesen und jenen.« Beide proben es durch, wechselseitig Herr und Diener zu sein, schließlich verzichten sie auf alles, was den einen vom andern äußerlich trennt und abhängig macht, sind einander Herr und Diener zugleich und verwandeln durch ihre gegenseitige Hingabe ein Stück Welt zum Paradies. Ihr Beispiel verändert das Dorf. Von Wratislaw und Wladislaw heißt es am Schluß der »Legende«: »Sie zählten weder Tage noch Jahre und wurden nicht älter ... Dahingleitend auf dem Strom ihres unbewegten Daseins, durchtränkt von der Zufriedenheit, die, wie jene des Schlafes, sich selbst nicht ahnt, ließen sie sich von Ort zu Ort, von Land zu Land, von einem Jahr ins andere tragen, und ihr Leben war das eines stillen Tieres oder Baumes, als hätte jener Strom nicht Quelle und nicht Mündung.«

Über Prag, wo Paul Kornfeld gleichzeitig mit Franz Werfel und Willy Haas das Stephansgymnasium besucht und Märchen geschrieben hatte, sagte er: »Je mehr sich Prag verändert, früher eine Stadt in Österreich, jetzt die Hauptstadt der Tschechoslowakei – je mehr es eine tschechische Stadt wird und den Charakter des Tschechischen annimmt, desto lieber wird es mir. Die Stadt ist eine der schönsten Städte Europas.«

1916 verließ Paul Kornfeld Prag und ging nach Frankfurt, 1918 nach Berlin, wo er Max Reinhardts Dramaturg wurde; er war, ein Verehrer von Karl Kraus, Mitarbeiter am »Tagebuch«, in dem viele seiner essayistischen Arbeiten erschienen. 1927 bis 1928 war er Dramaturg bei Gustav Hartung in Darmstadt, das er wegen eines heftigen Streits um das von ihm hochgeschätzte ostjüdische Theater »Habima« verlassen mußte. Bis 1932 blieb er in Berlin, von wo er im selben Jahr nach Prag zurückkehrte. Noch immer vertrat er die Ansicht, daß »die Nazis ausgespielt haben, erledigt sind, wir werden es noch erleben, daß Hitler als eine historische Episode betrachtet werden wird ... Wir werden ein Vorkriegsdeutschland etwa haben, der Antisemitismus wird inoffiziell und sachlicher werden.«

Bald wurde er eines anderen belehrt. Er lebte seit 1932 isoliert und zurückgezogen im Zimmer einer Prager Vorstadt. Einige Dichter hatten Prag schon früher verlassen, so Franz Werfel, andere kamen aus Deutschland in ihre Vaterstadt zurück, so Willy Haas, der die Zeitschrift »Welt im Wort« herauszugeben begann, mit dem Paul Kornfeld aber nicht in Verbindung kam; andere bereiteten ihre Emigration vor.

In der Einsamkeit und Verborgenheit arbeitete Paul Kornfeld an seinem letzten Werk, dem Roman »Blanche oder das Atelier im Garten«. Er spielt in einer Prager Gesellschaft, die längst nicht mehr bestand, wie sie zuletzt Max Brod in »Stefan Rott«, Hermann Grab im »Stadtpark« und Paul Wiegler in dem von Franz Werfel geliebten Roman »Haus an der Moldau« geschildert hatten.

Das gesellschaftliche Leben Prags in diesem Roman ist ein Nachtraum einer längst dahingegangenen Wirklichkeit. Die Hauptgestalt ist Feding, ein abgeklärter gütiger Greis. Paul Kornfeld hat ihn mit großer Liebe gezeichnet – ein Stück Selbstporträt. Mit ihm tritt aus der Reihe der Frauen und Mädchen des handlungsarmen Romans Blanche in den Vordergrund, in welcher der alte Feding seine Wahltochter sieht. Blanche ist wie der Dichter in jener Zeit »gar nicht mehr zu Hause ... in eine fremde Welt verschlagen, verstoßen und verbannt«. In der ihr fremden Umgebung erwirbt sie ein kleines Gartenhaus, in welchem sie sich ihr Atelier einrichtet,

ein Traumparadies: »Blanche liebte dieses Haus, sie putzte es heraus wie eine närrische Mutter ihr Kind, sie pflegte es wie eine Wärterin einen Kranken, dem die geringste Bewegung Tod bringen kann.« Dieses Traumparadies ist das Zimmer in der Vorstadt, in dem Paul Kornfeld Zuflucht gefunden und sich verbergen konnte, wie Bitterlich in der Tragödie »Die Versuchung« im Gefängnis Geborgenheit vor der bösen diesseitigen Welt gefunden hatte. Aber Bitterlich wird aus dem Gefängnis in die Wirklichkeit zurückgeführt, während Paul Kornfeld die Möglichkeit, zu emigrieren verschmähte. Was für Blanche ihre Bilder bedeuten, bedeuten für Paul Kornfeld die Aufzeichnungen seines letzten Werkes. Daß Blanche ihr Traumhaus verlassen muß, überlebt sie nicht; sie begeht Selbstmord.
Der Roman entfaltet sich von Anfang an zu einem Tanz des Todes. Aber der greise Feding übersieht es – er kommt aus einer zu vergangenen Welt, er kann die Zeichen der Zeit nicht mehr erkennen. Nach dem Selbstmord der geliebten Blanche beschuldigt er sich seines Versagens: »Und jetzt rollt er von seinem Thron, der gütige Klotz, der klobige Lächler.«
Dieser Roman harrt, wie das Werk Paul Kornfelds in seiner Gesamtheit, noch der Erschließung. Margarita Pazi hat in ihrem Buch über »Fünf Autoren des Prager Kreises« (1978) einen wesentlichen Anfang gemacht.
»Blanche oder das Atelier im Garten« ist der Epilog und das Requiem für die deutschsprachige Dichtung Prags und die Schicksale ihrer Dichter. Er umfaßt 600 genau gegliederte Seiten und ist in einem unverrückt klaren und zugleich hintersinnigen Deutsch geschrieben. Er mutet als Synthese von Rilke, Musil und Kafka an. Bevor Paul Kornfeld nach Auschwitz deportiert wurde (1941), übergab er die Handschrift einer tschechischen Freundin, durch die der Roman der Nachwelt erhalten blieb. Er erschien erst 1957.

Er ist ein Spiegel der seelischen Verfassung Paul Kornfelds in seinen letzten Lebensjahren. 1932 schrieb er in einem Brief: »Sicher wurde nie soviel an den Tod gedacht wie in den letzten Jahren. Mir ist es auch nicht anders ergangen. Ich habe sehr viel an ihn gedacht, nicht wie ein Selbstmörder, um Gotteswillen, und ich habe an ihn gedacht nicht als etwas Negatives, nicht nur als ein Nicht-leben, sondern als etwas Positives, im übrigen als etwas so Natürliches, Naturhaftes, so sehr als eine Ergänzung zum Leben, sogar als Teil innerhalb der großen Kontinuität des ganzen Lebens, und ich werde dieses Gefühl wohl niemals mehr verlieren.«
Dieses Gefühl wuchs aus der Todesbedrohung der Zeit nach 1938 zur Todesbereitschaft, die sowohl den Selbstmord wie die mögliche Emigration ausschloß. Das erhellen Stellen aus dem Tagebuch: »In den letzten sechs Monaten bin ich mit dem Tod öfter umgegangen, als in den vierzig Jahren vorher. Er ist mir vertraut geworden vor lauter Denken an ihn. Er scheint mir oft eine Lösung, die nicht einmal tragisch, sondern nur vernünftig ist.« Zwei Monate später, am 15. Juni 1937: ». . . ich liebe den Tod und habe grenzenlose Sehnsucht nach ihm.«
Was aber konnte ihm das Leben unter den zeitlichen Umständen noch sein? »Es (das Leben) liegt wie eine Wüste da, aber sie saugt uns auf als Wasser, das in ihr verfließt und versiegt.«
Fast ganz übersehen wurde und wird Paul Kornfelds Lyrik, die kaum mehr irgendwo nachgedruckt wurde. In einem Gedicht, das 1920 in dem Band »Die Botschaft«, neue Gedichte aus Österreich, erschien, stehen die Verse:

Keine Stunde, die uns naht,
Ist mir fremd,
Denn Hand in Hand
Durchschwebten wir Äonen!

Einst in anderen, längst vergangenen Tagen –
Haben wir einmal als Kinder
Voller Eintracht miteinander Ball gespielt?
Warst du Kastor? War ich Pollux?
Warst du Teich und ich der Nebel?
Warst du Stein, und ich der Bach? . . .
Dann wieder einst in anderen Tagen,
Bist du Wind und ich die Blüte,
Bist du Strahl und ich das Blatt,
Dann wieder einst an blauen Tagen
Werden wir in süßer Eintracht
Als Schwalbenpaar von hier nach Japan ziehen –
Aus Ewigkeit in die Ewigkeiten
Wandern die Gefühle,
Und da du bist
Faßt, ewig zu sein, mich unendliche Lust!

Wenn wir die unbekannt gewordenen Gedichte Paul Kornfelds wieder lesen, erinnern wir uns an die weltbekannte Lyrik Franz Werfels. Wir empfinden, als hätten die beiden jungen Dichter, die als Knaben dieselbe Schule besucht hatten, denselben Atem, denselben Herzschlag, dieselbe Stimme. Die jungen neuen Gedichte Franz Werfels, die in Form und geistigem Pathos über den jungen Schiller und den Sturm und Drang bis zu Klopstock zurückreichen, klingen als Lied an die Freude, der Weltseligkeit, der Hingabe an den Menschen, an alle Kreatur und ans Elementare: »Alle Menschen werden Brüder!« – »Die Welt fängt im Menschen an.« – »O Erde, Abend, Glück, o auf der Welt sein!« Ein vielstimmiger Chor, der Gott umkreist, ein Rufen nach der Menschwerdung des Menschen, nach dem versöhnenden Gut-sein. Im Hintergrund solchen Jubels erhebt sich die Klage um Gottesferne und Daseinsverlust der Gegenwart, um die Mißachtung der

»stillen Gegenstände«, die einer Wegwerfgesellschaft vorangeht. Seit R. M. Rilke sind Jubel und Klage allemal der Herzschlag, der Atem und die Stimme der deutschsprachigen Dichter Prags, die dem Morgen einer Menschheitsdämmerung entgegensingen, in den das Gewitter des Ersten Weltkriegs hereinbrach.

Vor der Betrachtung der einzelnen Dichtungen FRANZ WERFELS (1890 Prag – 1945 Hollywood-Beverley/Kalifornien) sollen die Grundlinien aufgezeigt werden, auf denen sich das Lebenswerk aufbaut.

1932, mitten in seinem Schaffen, inmitten einer weiten Gebirgs- und Tallandschaft von Werken, hielt Franz Werfel inne und versuchte in einer Rede die Frage »Können wir ohne Gottesglauben leben?« zu beantworten. Darin heißt es: »Unsere Seelen wollen nicht mehr an die Unzerstörbarkeit glauben und damit an ihre ewige Verantwortung. Der veruntreute Himmel ist der große Fehlbetrag unserer Zeit. Seinetwegen kann die Rechnung nicht in Ordnung kommen, weder in der Politik, noch auch in der Wirtschaft, denn alles Menschliche entspringt derselben Quelle. Eine konsequent gottlose Welt ist wie ein Bild ohne Perspektive. Ein Bild ohne Perspektive ist die Flachheit an sich. Ohne sie ist alles sinnlos. In der totalen Sinnlosigkeit sind aber auch unsere natürlichen Menschenrechte sinnlos, selbst das Recht, nicht getötet zu werden. Folglich gibt es heute nur ein einziges Recht, nämlich die sogenannte Macht der Tatsachen oder das Gesetz des Dschungels. Es wird unbesiegbar so lange herrschen, als der Zeitgenosse das bleibt, was er ist. Da er an keinerlei Unzerstörbarkeit glauben kann, bekennt er schon das Teufelscredo. Alles ist für ihn vorübergehend und nichts bleibend; die Natur zeigt ihm, daß das Vorübergehende Dreck ist. Darum kann auch die Kirche nichts ändern, wenn sie sich nur als Institution erhält und nicht von einem ungeahnten mystischen Feuer entbrennt. Einmal, wenn uns Technik, Sport und Realgesinnung zum Halse heraushängen werden, dann wird die Sehnsucht nach diesem Feuer, die Sehnsucht nach einem neuen metaphysischen Bewußtsein die fortgeschrittenste Empfindung einer verwegenen Avantgarde sein.«

Goethe hat dieses Bekenntnis in den Worten zusammengefaßt: »Das eigentliche, einzige und tiefste Thema der Welt- und Menschheitsgeschichte, dem alle anderen untergeordnet sind, bleibt der Konflikt des Glaubens und des Unglaubens.«

Der andere Brennpunkt der Ellipse, auf deren Bahn sich Franz Werfels Leben und Schaffen begibt, ist, um wenige Jahre später, die schon entschiedene Schritte vorwärts und tiefer ins Verhängnis getan hatten, wiederum eine programmatische Rede unter dem Titel »Zwischen oben und unten«. Darin heißt es: »Als Sohn des europäischen liberalen Bürgertums wuchs ich auf und wurde erzogen im Geist der humanitären Autonomie und Fortschrittsgläubigkeit, in tief skeptischer Abgekehrtheit von metaphysischem, religiösem oder mystischem Denken und Fühlen in der verhängnisvollen Verwechslung von Freiheit und moralischer Anarchie . . . Schon in den Tagen, da ich meine ersten Versuche schrieb, hatte ich mir zugeschworen, immer und überall durch meine Schriften zu verherrlichen das göttliche Geheimnis und die menschliche Heiligkeit – des Zeitalters ungeachtet, das sich mit Spott, Ingrimm und Gleichgültigkeit abkehrt von diesen letzten Werten unseres Lebens . . . Die Welt hat über der alten und öden Parlamentsgeographie von Rechts und Links vergessen, daß es ein Oben und Unten gibt.«

Unüberhörbar ist, wie diese Gedankenwelt mit der Franz Kafkas und auch R. M. Rilkes übereinstimmt; unübersehbar ist die Verschiedenheit der Form, in die sich diese gemeinsame Gedankenwelt kleidet. Abgesehen davon, daß sich Franz

Kafka in einer derart zupackenden und programmatischen Form in einer öffentlichen Rede nie ausgesprochen hätte – er tat es in den »Betrachtungen« in der Form der alttestamentarischen Propheten, in der Form fernöstlicher Gleichnisse und Aphorismen der europäischen Moralisten –, ist beider Art zu schreiben grundverschieden. Das hatte auch zur Folge, daß die anerkennende Zustimmung Franz Werfels zu Franz Kafka nur zögernd kam. Überdies wurde auch eine Fremdheit zwischen Franz Werfel und Max Brod nicht überwunden – Franz Werfel war kein Dogmatiker und liebte, wie er sagte, die Gewundenheit und Spitzfindigkeit talmudischen Denkens nicht.

Franz Werfels sich oft überschlagende sprühend lebendige dichterische Gestaltung ist greifbar und zum Leser hin offen, bei Franz Kafkas verschlüsselnder Art entsteht eine Form, die sich dem unmittelbaren Zugriff entzieht. Werfel schreckt vor großen Worten und Entblößungen nicht zurück, die bei dem schamhaften und verschämten Franz Kafka unmöglich sind. Franz Werfel greift mit beiden Händen in die unmittelbare Zeit und die jeweilige Umwelt, seine Menschen schauen uns an, Franz Kafkas Gestalten entziehen sich, trotz ihrer Nähe, ja durch die allzugroße Nähe. Franz Werfel gestaltet mit vitaler Unbefangenheit, wobei sich sein Realismus zu einem blutvollen Verismus und ins Expressive übersteigert. Bildlich gesagt: Franz Werfel teilt Schriftzug und Farbigkeit mit seinem mährischen Landsmann Oskar Kokoschka, Franz Kafka steht den Graphikern Hegenbarth und Kubin nahe. Franz Kafka ist der homo clausus, der mönchische Mensch, der betet, Franz Werfel ist der Prediger, der wirken und bewegen will.

Das letzte Werk R. M. Rilkes, die »Duineser Elegien« beginnen mit einer Anrufung der Engel; eines der frühesten Werke Franz Werfels ist ein Gespräch des Dichters mit dem Erzengel und Luzifer: »Die Versuchung« (1913). Es erschien als erster Band der von Franz Werfel mitbegründeten Buchreihe »Der Jüngste Tag«. »Die Versuchung« spricht in unbeholfenem Ungestüm schon das »Zwischen oben und unten« an, das Franz Werfel zwanzig Jahre später in seiner Rede programmatisch aussagte.

Der erste Gedichtband »Der Weltfreund« (1911), dem »Wir sind« (1913), »Einander« (1915), »Der Gerichtstag« (1919) und »Beschwörungen« (1920) folgten, war von bis dahin ungekannter Eigenart; fern aller epigonalen Klassik, von Naturalismus, Impressionismus, l'art pour l'art oder Neuromantik, fern auch dem zeitgemäß genannten Expressionismus; hier war poetischer Realismus, offenbarte sich ein neues Lebensgefühl in neuer Form mit neuen Inhalten, voll einer unbekannten Innigkeit, Inbrunst, Kraft und Weltverwobenheit.

Über den jungen Franz Werfel schrieb der Verleger Kurt Wolff: »Der junge Werfel in dieser Vorkriegszeit war in meinen Augen der Poet schlechthin, unfaßbar der Gedanke, er würde je im Leben etwas anderes als Gedichte schreiben.«

Die Lyrik Franz Werfels erschließt ohne zögernde und versuchende Anfänge bisher ausgesparte Bereiche, Höhe und Alltägliches durchdringen einander vom pfingstlichen Jubel bis zur dienenden Magd und zum göttlichen Portier, in Mitliebe, Mitleiden, Mitfreude. Das Geringste wird hymnisch besungen, das Höchste ins offenbare Erdendasein einbeschlossen, beides wird in einen frommen Geheimniszustand erhoben. Brüderlich finden irdische Welthaftigkeit und Menschliches in ihrer ganzen Fülle zueinander, überströmendes Du in den Dingen und Menschen wird zum Miteinander.

Franz Werfel redet den Leser unmittelbar, ohne hohepriesterliche Haltung, an: »Mein einziger Wunsch ist Dir, o Mensch, verwandt zu sein!« In dem wunderlich realen Gedicht »Erzherzogin und Bürgermeister« heißt es: »Da doch Einanderfreudemachen schönster Menschenberuf.« Aus dem Sonett »Der schöne strahlende Mensch« steigt der Jubel:

Ich will mich auf den Rasen niedersetzen
Und mit der Erde in den Abend fahren.
O Erde, Abend, Glück, o auf der Welt sein!!

Das Gedicht »Ich habe eine gute Tat getan« frohlockt:

Voll Freude und Wohlwollen bin ich
Und nicht mehr einsam
Nein, nicht einsam.
Frohlocke mein Herz!

Das neue Weltgefühl, das Wissen um die göttliche Urverwandtschaft aller Menschen formt aus Menschen des mühseligen Alltags Heiligenfiguren. Hymnisch wird der Schöpfergeist in »Veni crator spiritus« beschworen:

Komm heiliger Geist du, schöpferisch!
Den Marmor unsrer Form zerbrich!

Noch das Verwesende zeugt vom Geist in dem Legenden-Gedicht »Jesus und der Äserweg«, nach einer arabischen Parabel, die auch Goethe in einem Gedicht des »West-östlichen Divans« nachgestaltet hat, weiterklingend in Baudelaires »Une Charogne«, bei Werfel mit dem Schluß: »Ist das denn Liebe, wo noch Ekel ist?«
Mitten im Krieg, als Offizier des Prager Feldhaubitzenregiments, an der Front in Galizien, schuf Werfel 1915 die Umdichtung der »Troerinnen« des Euripides. Am Ende des trojanischen Krieges tritt die greise Hekuba in den Vordergrund, die den Gatten und ihre Söhne verloren hat und, aus dem brennenden Palast fliehend, mit ihren Töchtern als leibeigene Gefangene den siegenden Griechen ausgeliefert ist. Die Tragödie ist ein Fanal und eine laute Anklage gegen den Krieg,

die inmitten des Ersten Weltkriegs gut verstanden wurde. Einen Grundgedanken vermittelt ein Zwiegespräch Hekubas mit ihrer alten Dienerin:

Alte Dienerin:
Was muß ich leiden? Ohne Schuld und rein.
Hekuba:
Vernimm: Nie wird die Unschuld glücklich sein!
Alte Dienerin:
Doch welche Strafe trifft die Missetat?
Hekuba:
Die wandelt stolz in goldenem Ornat.
Alte Dienerin:
So kennt nur Frevel Glück, und Güte Pein?
Hekuba:
Und doch ist *gut* sein, mehr als glücklich sein!

Franz Werfels »Troerinnen« stehen noch im Zwang der klassisch-antiken Form. Danach findet er, wie in der Lyrik, zu seiner eigenen Form, in der allerdings auch Vorklassisches, Archaisches miteingeschmolzen erscheint. Neben dem vorbereitenden phantastischen Spiel »Der Spielhof« entstehen das Zauberspiel »Die Mittagsgöttin« (1919) und die fünf Akte »Der Bocksgesang« (1921). Im Grunde variieren beide Dramen ein Leitmotiv Franz Werfels, den Kampf zwischen der oberen lichten, emporhebenden und erlösenden Macht und der unteren dunklen, bestrickenden, herabziehenden und zerstörenden Gewalt, also: zwischen oben und unten.
Die Betrachtung der Dramen Werfels bedarf eines anderen Standpunkts als desjenigen, der für die sonstige dramatische Dichtung seiner Zeit gilt, für Gerhart Hauptmann, Sternheim, Kaiser. »Zu keiner Zeit ist ihm (Franz Werfel) die Bühne eine moralische Anstalt wie den Humanisten. Letzten Endes sind alle seine Dramen theologische Dramen. Darin ist und bleibt

er typisch österreichisch, ein barocker Dichter, dem das Werk ein Spiel sub specie Dei ist. Dem barocken Österreicher ist Theater gleichbedeutend mit Magie, mit Zauber, mit Märchen, mit Oper, mit Mysterium. Hand in Hand mit dem Mysterium geht bei Werfel das grundlegende musikalische Erlebnis der Dichtung. Ihm wie dem Spanier ist das Drama in erster Linie Spiel.« (Alfred D. Klarmann)

Das grundlegende musikalische Erlebnis: Schon das frühe Gespräch zwischen dem Dichter, Luzifer und Erzengel, »Die Versuchung« (1912), ist Verdi gewidmet, um den Franz Werfel später, 1924, in dem Roman »Verdi« seine blutvolle Auseinandersetzung zwischen italienischer Oper und dem deutschen Musikdrama Richard Wagners schrieb.

»Die Mittagsgöttin« knüpft an die tschechische Sagengestalt der Mittagshexe (polednice) an, der Franz Werfel eine eigene Ausdeutung gibt. In diesem lyrischen Drama »handelt es sich um ein Mysterium zwischen Laurentin dem Landstreicher, der schließlich zu einer Art Klausner wird, und Mara, der Mittagsgöttin, Erde, Natur, Welt, die korngeborene Heidin zuerst, ein reines Wesen der agrarischen Religion, dann Mariengestalt annehmend, hoheitsvoll. Unter Ähren, Bienen, Duft und Sonnenblumen, unsagbar süß und tief und mit zugleich primitiv-religiöser Auslösung, spielt diese erste völlige Berührung des Menschen mit der Erde, dieses unheimliche Erfassen der Natur in der schweren Müdigkeit des sommerlichen Mittags.« (Hans Naumann)

Anders der »Bocksgesang«, die nächtliche Verstrickung in die Dämonie des Bösen. Er spielt noch tiefer im slawischen Osten als »Die Mittagsgöttin«. Der Sohn des Gospodar Stevan Milič und seiner Frau wurde als scheußliches tiermenschliches Unwesen geboren und verborgen gefangengehalten. Es gelingt dem Unwesen, aus seinem Kerkerkeller zu entkommen und in eine trinkende, tanzende und raufende Wirtshausgesellschaft einzubrechen. In der Regieanweisung heißt es: »Es ist, als ob ein Riesenschatten über alle dahingefahren wäre. Endlose Pause panischer Erstarrung.« – Damit ist das Stichwort gefallen: Pan, der große schreckliche Pan ist in die Menschheit eingebrochen, der Gegenspieler Maras, der Mittagsgöttin. Von da ab sind die Menschen des Dorfes, Landfremde und Vaganten wie von einem Gift befallen, das sie in die blutgierige Raserei einer blindwütig zerstörenden Revolte treibt, die durch den Einsatz von Janitscharen unterdrückt wird. Ist sie endgültig niedergeschlagen und beendet? – Der betrunkene Schinder bringt mit abgestochenen Hunden und ersoffenen Katzen in seinem Karren das »große Kuriosum«, das er im niedergebrannten Walde gefunden, zwar tot, aber kein Haar versengt. Die Mutter der Mißgeburt klagt: »Er war in mir und wuchs in meinem Leib ... Jetzt wird er auf dem Schindanger verscharrt werden, er, der aus mir kommt, und keine Spur und nicht einmal ein Name bleibt von meinem furchtbaren Muttergeheimnis in der Welt.« Stanja, die Tochter des Gospodars Vesilič antwortet und beschließt: »Du irrst! Er bleibt in der Welt ... Ich habe ein Kind von ihm!«

Das Schreckliche, das das Drama aufzeigt, kann sich wiederholen.

Der »Bocksgesang« ist wohl das gewaltigste, aber auch das am wenigsten verstandene und erfolgloseste Werk Franz Werfels.

Zwischen der »Mittagsgöttin« und dem »Bocksgesang« entstand die magische Trilogie »Der Spiegelmensch« (1920), die das Zauberspiel der »Mittagsgöttin« auf einer höheren Ebene und in Gestalten und Handlung viel reicher instrumentiert wiederholt. Sie handelt in dem Kloster eines sagenhaften Hochlands und umfaßt die drei Teile »Spiegel«, »Eins ums andere«, »Fenster«.

Die Trilogie wurde Franz Werfels »Faust« genannt. Die The-

matik des Dichters hat sich nicht geändert: Der Mensch zwischen oben und unten, der Mensch aufgespalten in den Gegensatz zwischen Seins-Ich und Schein-Ich, wie auch Goethes Mephisto ein Teil Fausts ist, jener, der erlöst werden muß. Franz Werfel erklärt es selber: »Das menschliche Ich umspannt als seine stärksten Gegensätze zwei Personen: Seins-Ich und Schein-Ich oder Spiegel-Ich . . . Seins-Ich verzehrt sich nach der absoluten, vollkommenen, nicht mehr anzweifelbaren Wirklichkeit. Schein-Ich verführt ununterbrochen zum Genuß der Spiegelwirklichkeit, zu jener Wirklichkeit (Unwirklichkeit), die nichts anderes ist als der eitle Selbst- und Geltungsgenuß des Menschen in seiner Umwelt. Tragik des Menschenlebens: Dieses Duell zwischen Seins-Ich und Schein-Ich muß unentschieden bleiben. Das Mysterium, das Märchen, die Legende, das Zauberspiel hingegen darf eine Erlösung vortäuschen, ein Wunder. – Durch den selbstgewählten Tod des Seins-Ich wird das Schein-Ich besiegt und der Mensch erwacht zur göttlichen, absoluten Wirklichkeit.«
Träger dieser Gedankenwelt ist Thamal. Er flieht aus der Scheinwelt in den Logos des Klosters und erkennt dort seine Gespaltenheit, seinen Dualismus. Als er sein Schein-Ich töten will, springt es aus dem Spiegel als sein Spiegelbild und wird zu seinem Verführer durch die falsche Lebenswelt, durch die Welt des Eros und Sexus, des Erfolgs, der Macht, des Ruhms, der Eitelkeit und des Genusses. Um aller dieser Scheinwelten und Scheinwerte ledig zu werden, überwindet er die Todesangst, trinkt den Todesbecher und sinkt in den Spiegel zurück – er hat sein Spiegelbild verloren. Der Spiegel verwandelt sich in ein großes Fenster, durch das nur der eine wunderbare Wirklichkeit sieht, der aus der Selbstbespiegelung erwacht ist.

Die dramatische Fülle des Werks auf engem Raum auch nur anzudeuten, ist nicht möglich. Sie erreicht, mit der Gedanken-

welt verbunden, einen Höhepunkt, über den hinaus es keine Steigerung geben kann. In dem Drama hat sich zudem eine Veränderung seit der Neuromantik begeben, eine in der Zeit liegende Veränderung: die Wendung von Nietzsche zu Schopenhauer.
Nach dem »Spiegelmenschen« schlägt Franz Werfel eine andere Richtung ein, geht er einen anderen Weg, vom Mysterienspiel zum realen Drama – wenn diese Bezeichnung für Franz Werfel erlaubt ist, denn Realität ohne Beseelung gibt es für ihn nicht; er hat dies in seiner Rede »Realismus und Innerlichkeit« (1931) formuliert.
Das Trauerspiel »Schweiger« (1922) führt in die menschlichen und politischen Verstrickungen der ersten Nachkriegsjahre und erscheint als ein durchaus »krankes« Stück. War die Zeit nicht krank? Ist dieser Franz Schweiger nicht letztlich ihr Produkt, symbolisch für den Soldaten, der im Krieg getötet hat, und diese Schuld zunächst unbewußt, dann bewußt mit sich in den Frieden schleppt und sühnen möchte? Um ein nur psychologisches oder psychopathologisches Drama ohne einen weiten menschlichen Hintergrund kann es sich bei Franz Werfel nicht handeln, zumal er die Psychoanalyse Sigmund Freuds ablehnte; er hat Sigmund Freud wie auch Karl Kraus im »Spiegelmenschen« verschlüsselt karikiert. – Beim »Schweiger« ist es am besten, sich am Inhalt zu orientieren. Der Mann, der am Beginn des Dramas den Namen Franz Schweiger trägt und seines Zeichens Uhrmacher ist, »war früher der Privatgelehrte Forster, ein vorbildlicher Mensch, rein, keusch, mäßig und in einem übergroßen Maße selbstlos. Und doch – derselbe Mensch gibt eines Morgens aus dem Fenster seiner Marktplatzwohnung wild schreiend mehrere Schüsse auf eine vorbeiziehende Kinderschar ab, die ein Kind töten. Es wurde keine Anklage erhoben, der ›seellos Zusammengebrochene‹ wird der Behandlung des Professors Viereck

übergeben, dessen neue, der Psychoanaylse diametral gegenüberstehende, aufbauende Methode Vergessen und Heilung herbeiführt; er beseitigt jede Erinnerung an Forsters bisheriges Leben, sorgt für einen neuen Namen, für ein Neuaufrichten dieser ganzen Existenz; und es gelingt: Franz Schweiger – so heißt er jetzt – ist ein geliebter, geachteter Mann, weiß so wenig wie seine Frau oder seine Mitbürger irgend etwas von seinem früheren Dasein, und nur hie und da ist manches Eigentümliche da; eine gewisse Selbstflucht, ein seelisches Sichzurücknehmen – und eine Art Entweichen in höhere Sphären beunruhigt seine Umgebung. Aber der Professor Viereck ist nicht nur Arzt, sondern auch Politiker, ist völkische-r Antisemit, Rassenschützler und Demokratenfeind, und als er hört, daß die sozialdemokratische Partei den Schweiger, dessen höheres Wesen und dessen vorbestimmtes Führertum ihnen eben recht kommt, für den Nationalrat kandidieren lassen will, sucht er den einstigen Patienten auf, verjagt die Nebel der Vergessenheit, nimmt den Gipsverband von seinem Bewußtsein, beruhigt den als geheilt Entlassenen, dessen Krankheit nie mehr ausbrechen und der getrost dem Leben wieder gegeben werden kann; er legt ihm nur die Pflicht auf, was sein Wahnsinn verschuldet hat, an seinem Volke gutzumachen, und fordert ihm den Schwur ab, weder die sozialdemokratische noch die kommunistische Partei durch aktives oder passives Wählertum zu unterstützen. Der völlig Gebrochene gelobt es; er will nichts anderes mehr, als anonym bleiben, seine Schuld produktiv machen und das Ungeheuere in Verantwortung und Liebe zu allem Lebendigen umsetzen. Leider fühlt sich der Professor noch zu mehr verpflichtet: er setzt auch Schweigers junge Frau, die gesegneten Leibes ist, von ihres Gatten Vorleben in Kenntnis, um sie sich zu verbünden: sie muß es um jeden Preis hindern, daß Schweiger und der merkwürdige Einfluß, der von ihm ausgeht, vom Sozialismus mißbraucht werde. ›Ich stehe hier als ein Soldat des weißen Krieges gegen die rote Brut. Dem Kampfziel opfere ich mich und jeden anderen auf.‹ Damit hat er das erlesene Menschenpaar, um das es geht, wirklich aufgeopfert: die Frau erstickt ihr Kind im Mutterleib, aus Angst vor Vererbung: ›Ich darf von dir kein Kind haben . . . Ein Kind von einem, der auf Kinder schießt . . .‹ Und sie verläßt in unsäglichem Grauen den Mann, den sie liebt . . . Da bricht alles in ihm wieder auf. Er, der dadurch sühnen wollte, daß er eine ganze Kinderschar von einem brennenden Dampfschiff rettete, richtet jetzt, da die Kleinen sich zum Dankesfestzug vor seinem Haus versammeln, in neu aufflammendem Irrsinn den Revolver auf die Menge – aber noch bevor er schießt, erwacht sein wahres Selbst: in jähem Entsetzen wirft er sich über die Fensterbrüstung und stirbt in den Armen der zurückgekehrten Frau, die es doch nicht über sich bringen konnte, von ihm zu scheiden.« (Richard Specht)

Eine Inhaltsangabe ist nur ein Gerüst, ein Skelett. Nur ein kleiner Teil der handelnden Personen erscheint darin; nicht der düstere orthodoxe Kooperator, der aus der Verzweiflung Franz Schweigers eine Beichte und Buße ernten möchte, nicht der sozialdemokratische Obmann mit dem populären Brustton der Überzeugung, hinter der sich Schläue verbirgt, nicht der Redakteur als neurasthenischer Phantast und Feigling. – Das Drama brachte den größten Erfolg; er ging über 83 Bühnen und erlebte, auch in Berlin, Serienaufführungen.

Ohne Grellheit und Übersteigerung, psychologisch klar durchgeführt, zeigt sich die dramatische Historie »Juarez und Maximilian« (1924). Trotz der großen Zahl von Personen, der verwickelten politischen Vorgänge und der exotischen Umwelt ist sie gerafft und konzentriert, nähert sie sich klassischer Form.

1867 besteigt auf Drängen Napoleons III., der militärische Unterstützung verspricht, und der hysterisch ehrgeizigen Gemahlin Charlotte von Belgien, der österreichische Erzherzog Maximilian, der jüngere Bruder Kaiser Josephs I., den Kaiserthron von Mexiko. Er ist ein Träumer, der seinen guten Willen für ausreichend hält, in einem von revolutionärem Widerstand vulkanhaft erschütterten fremden Land seine Herrschaft behaupten zu können. Der Friedensbringer, als der sich Maximilian versteht, verursacht den Aufstand des mexikanischen Volkes gegen sich und seinen Sturz. Er erwacht aus seinen politischen und menschlichen Träumereien, als die versprochene französische Militärhilfe ausbleibt, und ist der Übermacht seines Gegners, des Benito Juarez, heillos ausgeliefert. Er wird zum Tod durch Erschießen verurteilt. Maximilian will kein Deserteur seines Schicksals sein und stirbt, »reingeglüht«, würdig. (Manet hat ein der Dichtung kongeniales Gemälde von der Exekution geschaffen.)
Franz Werfel gelingt die geschichtstreue Schilderung der politischen Kämpfe und bekannten Persönlichkeiten, er verknüpft die politischen Ereignisse, mit den inneren, menschlichen Konflikten und gibt dem Drama bei klarer Gestalt und mitreißender Handlung als poetische Substanz jene Schwermut mit, die Grillparzers österreichische Dramen beschattet, aber auch die mitleiderregende Schwäche des in seinem Instinkt gebrochenen Kaisers in den Händen heimtückischer Freunde und Feinde. Des Kaisers Widersacher, Benito Juarez, tritt nie auf, aber seine dämonische Gestalt ist ständig gegenwärtig.
Die dramatische Legende »Paulus unter den Juden« (1926) ist weder für noch gegen das Judentum oder Christentum; Judentum und Christentum werden überwölbt und als Gemeinsames gesehen. Dieses Gemeinsame ist das Grundanliegen Franz Werfels: die Überwindung der Kluft zwischen dem

blinden Gehorsam gegenüber dem geschriebenen Gesetz und der Erfüllung des Gesetzes in der allumfassenden, allbelebenden Liebe. Franz Werfel sieht Frömmigkeit als Wesenszug der Seele, die mit dem orthodoxen Schriftwerk und mit dogmatischen Unterschieden nichts zu tun hat. (»Freude ist frömmer als Fasten.« – »Die Sünde ist eine Frucht des Gesetzes.«)
»Rabbi Saulus aus Tarsus, der finster wütende, fanatisch gläubige Jude, der gegen den Befehl des greisen Patriarchen Rabban Gamaliel einen jungen Anhänger Jesu, den heiligen Stephanus, zur Steinigung geführt hat, wird von der Gnade erreicht. Auf dem Wege nach Damaskus wirft ihn das Licht hin, die Christusstimme klagt: ›Schaul, Schaul, warum verfolgst du mich?‹ – Er kehrt zu den Juden zurück, willenlos dem Christus in ihm gehorchend, und kehrt zu seinem geliebten Lehrer Gamaliel zurück.« (Richard Specht) Die Juden erfaßt Entsetzen vor den predigenden Worten des gewandelten Paulus: »Das Gesetz ist erfüllt, und die Liebe ist gekommen . . . Das Gesetz ward abgelöst, denn der Verheißene ist Israel erschienen . . . Aus Davids Stamme, wie geschrieben steht. Sein Name war Jeschua von Nazareth. Nun ist die Thora ungültig, Zion verloren, das himmlische Jerusalem reif.« – Den letzten und schwersten Kampf hat Paulus mit dem Patriarchen der Judenheit, dem greisen Rabban Gamaliel auszutragen, bevor auch dieser sich zu dem Glauben bekehrt, daß Jesus mehr getan hat, als das Gesetz zu erleuchten; er hat es erfüllt und damit überwunden: »Die Zeiten des Wortes sind zu Ende. Hat das Wort mich verwandelt? Nein, mein Lehrer! Aber die große Liebe ist gekommen und hat mich verwandelt. Wie mich, so die Welt. Ich sage dir, kein Hälmchen ist unverwandelt mehr. Alle Menschen wie tote Lampen werden entzündet sein.«
Die dramatische Legende um »Paulus unter den Juden« ist von der Wucht, Dichte und Bewegtheit Shakespeare'scher

Dramatik, die sechs Bilder der Legende von der Gestalten- und Farbenpracht Rembrandts.
Mit der Tragödie eines Führers »Das Reich Gottes in Böhmen« (1930) kehrt Franz Werfel in seine Heimat zurück. Die Kraft der Gestaltung großer Geschehnisse und der Volksmassen, diesmal aus den hussitischen Kriegen (1431–1434), hat sich noch gesteigert. Was Franz Werfel in diesem Drama gestaltet, ist nicht in erster Linie ein fertiger historischer Stoff, es sind vielmehr die inneren und äußeren Mächte, die Menschen, aus denen Geschichte wird. Es geht um das Ringen zwischen religiösem Anliegen und kriegerischer Gewalt, die unvereinbar sind, zwischen Liebe und Macht, dem Einzelnen und der Masse. Über die zusammenbrechenden hussitischen Heerhaufen erhebt sich das Wort des Kardinallegaten Julian, die vox humana: »Und sagst du tausendmal Blut und Krieg, sag ich zehntausendmal Geist und Frieden!« Das andere Vernichtungsurteil über den hussitischen Geist in Gestalt des todwunden Prokop, der ins Vaterhaus geflüchtet ist, fällt dessen Mutter. Auf die Frage Julians: »Mutter, seht Ihr nicht Eueren Sohn?« antwortet sie: »Nein«.
Das Bibelspiel »Der Weg der Verheißung« (1935) gestaltet in engster Anlehnung an den Text des Alten Testaments die Geschichte des jüdischen Volkes in einem solchen Übermaß an Gestalten, Begebenheiten und Schauplätzen, daß es erst nach zweijähriger Vorbereitung durch Max Reinhardt im Manhatten Opernhouse in New York am 7. Juni 1937 uraufgeführt werden konnte und wegen technischer und finanzieller Schwierigkeiten am 15. Mai 1938 vom Spielplan abgesetzt werden mußte. Das Bibelspiel lebt noch aus den Erinnerungen an die Reise Franz Werfels durch Palästina im Jahr 1925, die ihn schon zu der dramatischen Legende »Paulus unter den Juden« angeregt hatte.
Nach den monumentalen Werken hielt Franz Werfel inne.

Das ›Schauspiel‹ benannte Drama »In einer Nacht« (1937) ist eigentlich ein Kammerspiel. Es handelt in der Nacht von Allerheiligen zu Allerseelen in der Halle eines Schlosses in der Nähe von Wien. Es beschränkt sich auf einen Schauplatz und wenige Personen.
In der dichten Allerheiligen-Allerseelenatmosphäre wird ein seelischer Konflikt zwischen zwei Männern und einer Frau ausgetragen. Wir erleben ein »jenseitiges Geheimnis im irdischen Leben«, eine Auferstehung aus dem verkehrten und verlogenen Leben der drei Hauptgestalten, eine Heilung von der »Zeitepidemie der Verkümmerung der Liebe, der Arbeitslosigkeit des Herzens«, wie sich der Arzt Dr. Grundgeyer ausdrückt. – Die wenigen in das Geschehen verstrickten Nebenpersonen sind ungemein lebendig porträtiert.
Sechs Jahre nach dem Schauspiel »In einer Nacht« erschien die Komödie einer Tragödie »Jacobowski und der Oberst« (1943). In die Zeit vorher fällt die Flucht Franz Werfels vor den Nationalsozialisten in Frankreich und die Rettung ins amerikanische Exil. Diese Erlebnisse bilden den Hintergrund von »Jacobowsky und der Oberst«.
Franz Werfel umreißt den Inhalt: »In einem kleinen Pariser Hotel finden sich, beide durch die europäische Katastrophe aus der Bahn geworfen, zwei gesellschaftliche Antipoden: ein flüchtiger jüdischer Industrieller und ein polnischer Oberst, zwei Menschen, die unter gewöhnlichen Umständen kaum miteinander gesprochen hätten. Nun aber kettet sie das Schicksal und insbesondere der Umstand aneinander, daß der jüdische Flüchtling ein Auto besitzt und der flüchtige Offizier chauffieren kann. Vor dem Einmarsch der Deutschen in Paris begeben sich die beiden auf eine abenteuerliche Fahrt, die immer mehr eine Flucht aus der Wirklichkeit als vor der deutschen Armee wird.
In den scheinbar unlöslichen Kalamitäten, in die sie immer

wieder geraten, erweist sich der Jude als erfindungsreicher Helfer in der Not, während der weltfremde polnische Reiteroffizier dauernd in einer romantischen Sphäre schwebt und alle in höchste Gefahr bringt. Der Kontrast zwischen der operettenhaften Figur des Obersten und dem in allen Lagen Rat wissenden Selfmademan Jacobowsky wirkt wie das Aufeinandertreffen zweier Welten, das nicht eher versöhnlich wird, ehe beide durch einen Deus ex machina – es ist der Kommandant eines englischen Kriegsschiffes – gerettet werden.«
Es ist auch ein hintersinniger Humor, der die Situationen, hinter denen ständig der Tod lauert, so eindringlich macht.
In einem Gespräch weniger Worte zwischen dem Juden und dem Oberst artikuliert Franz Werfel, eigentlich nebenbei, einen Grundgedanken seines Lebens und Schaffens:

Oberst: Sie überschätzen den Tod, Jacobowsky!
Jacobowsky: Der Mensch hat nur ein einziges Leben!
Oberst: Falsch! Der Mensch hat *zwei* Leben. Meinem unsterblichen Leben kann die Gestapo nichts anhaben.
Jacobowsky: Ich hänge an meinem sterblichen Leben! –

»Dieses Bekenntnis zum einzigen und sterblichen Leben, das das andere geheimnisvoll in sich einschließt, enthält einen zugleich heroischen wie rührend-ergreifenden Charakter. Eine Weltfrömmigkeit, die sich in der Bewährung *dieses* Lebens erfüllt, ist nur denkbar, wenn sie in diesen ihr zugemessenen Bereich zugleich jene Läuterung, jenen Durchgang des Todes mit einbezieht, die eine bedenklich spiritualistische Frömmigkeit der doppelten Buchführung nur allzu selbstsicher auf das Jenseits zu verlegen bereit ist.« (Helmut Müller)
Das Drama führt ins Exil. Von ihm sagte Franz Werfel: »Das Exil, als Gleichnis der Seele gesehen, ist ein Zustand, in dem es kein Zurück mehr gibt, denn der Wegweiser, auf dem geschrieben steht ›Nachhause‹, zeigt immer nur vorwärts.«

Das ist die Umschreibung eines Wortes von Novalis: »Wohin gehen wir? Immer nur nachhause.«
Einige Dichter vor allem in der Zeit nach dem Ersten Weltkrieg, von denen viele dem Expressionismus zugezählt werden, sprachen in ihren Romanen und Dramen die Väter und die väterliche Welt im Krieg schuldig und rechneten mit ihnen ab. Franz Werfels, ›Novelle‹ genannte, erste umfassende Prosadichtung »Nicht der Mörder, der Ermordete ist schuldig« (1920) kann nur bedingt in diesen Themenkreis eingeordnet werden, zumal Franz Werfel im Gegensatz etwa zu Franz Kafka, der ein Jahr vor Franz Werfels Novelle den »Brief an den Vater geschrieben«, zu seinem Vater in einem erträglichen Verhältnis stand. Auch in dieser Novelle wird ein Konflikt zwischen Vater und Sohn behandelt. Aber daß der bekämpfte Vater ein hoher Offizier ist, bedeutet nicht schon eine Ablehnung des Militarismus – so einfach macht es sich Franz Werfel nicht. Der Vater in Werfels Novelle ist vielmehr ein Offizier, dessen Menschsein unter der Uniform erstickt ist, falls es überhaupt je vorhanden war. Der Sohn sucht als Knabe Verstehen, Liebe, Güte und findet im Vater Gewalt, Herrschaft erstarrter Vorurteile, Konvention, Unterdrükkung. Der Sohn, herangewachsen und selber zum Leutnant geworden, wird als imaginärer Mörder des Vaters zum Überwinder der Vaterwelt. Auch bei der Mutter kann das Kind weder Verstehen noch Wärme finden, auch sie ist eine »ärarische«, bigotte, hochnäsige Aristokratin. Auch gegen sie hat sich der Sohn zu wehren und sagt sich von den Eltern los. Diese erste Prosadichtung Franz Werfels zeichnet eine sichere Führung und Verknüpfung des Geschehens aus, eine bald schrille, bald verhaltene Musikalität, eine sich ins Groteske und Grelle übersteigernde Bildkraft und ein den Dramatiker verratender Aufbau der Szenen. Man lese etwa die Szene, in welcher der Knabe zu seinem dreizehnten Geburtstag vom

Vater auf den Rummelplatz auf der »Hetzinsel« geführt wird und irrtümlich statt einer Figur den Vater mit dem Ball trifft; dazu korrespondierend die Szene im Billardzimmer, wo der erwachsene Sohn den Vater um den Tisch jagt und mit einer Billardkugel bedroht, der Vater den Schlafrock verliert und, so demaskiert, schon körperlich seine armselige Existenz offenbart, die sonst von der prunkvollen Generalsuniform überdeckt wird. Albert Soergel faßt zusammen: »Was suchte der junge Mensch? Er suchte, wie die heutige Menschheit, Liebe, Güte, Geist; er fand Gewalt, Herrschaft erstarrter Form und Unterdrückung. Dem Erwachsenen bleibt aus dem hoffnungslosen Europa nichts als Flucht nach einer neuen Welt.«
Franz Werfel war kein Freund Richard Wagners, dessen Musikdramen in seiner Jugend in Prag triumphale Erfolge hatten. Er liebte die, nein, er war von den Opern Verdis besessen. In ihnen spürte er seinen Atem und sein Blut, nicht in Wagner, dessen Metaphysik ihm die Musik verdarb, dessen hohepriesterliche Allüren, Feierlichkeit, Gedankentiefe und – Humorlosigkeit er ablehnte. Das, was er bei Verdi fand, vermißte er an Wagner: Sinnenfreude, Diesseitigkeit, Lebenserhöhung. Letzten Endes das Barock und das Mediterrane. Wagner war ihm der deutsche Grübler und Deuter.
Franz Werfel nannte den Roman um den gealterten italienischen Maestro, der nach Venedig kommt, um dort dem deutschen Komponisten freund-feindlich nahe zu sein, vielleicht mit ihm zusammenzukommen: fast ist es so weit, da stirbt Richard Wagner im Palazzo Vendramin – Franz Werfel also nannte sein Werk »Verdi, der Roman der Oper« (1927). Der Roman ist selber als Oper komponiert, schon in dem unerhört verlebendigten Schau-Platz Venedig, im bunten Reigen der verschiedensten Figuren bis hinauf zum hundertfünfjährigen Marchese, dessen riesige Theaterzettelsammlung in Flammen aufgeht.

Doch der Roman ist mehr als der Roman der Oper, er ist der Roman der Musik. Die Episoden um den jungen, asketischen, kranken deutschen Musiker Matthias Fischböck – Arnold Schönberg und Anton von Webern tauchen vor dem Geist des Lesers auf – spannen den Bogen von Bach bis zum Ende der Tradition, zur Auflösung im Atonalen.

Franz Werfel hat bei allen profunden Kenntnissen keine Musikgeschichte geschrieben, er läßt die Gestalten als Träger der Musik lebendig werden und handeln. Er weiß blut- und glutvoll zu schreiben, er verachtet, »die Grammatik zu reflektieren«. Er fühlt, so bekennt er, »mit den Großvätern«.

Es geht auch nicht um Musik allein, sondern um die Kunst. Er bekennt: »Das Hauptunglück – ich weiß es schon längst – ist das Wort ›Kunst‹. – Das ist voll Eitelkeit, voll falscher Ziele und Gefühle. – Leben muß man! – Und Leben heißt alle Schimären töten, immer wirklicher werden.«

Noch einen Roman verlegt Franz Werfel in den Süden, »Die Geschwister von Neapel« (1931). Wie ein Ausruhen ist das Werk, das sich als geschlossene Familiengeschichte begibt, es ist licht, leicht, locker trotz Sorgen und Nöten, vor allem des penibel akkuraten Familienvaters Domenico Pascarella, trotz dem engen patriarchalischen Familienzeremoniell, das der Witwer genau befolgt wissen will. Aber alle Starre wird von den Geschwistern leidlos aufgelöst, wie Wolken auf dem südlichen Himmel sich in Wärme und Licht auflösen.

Als eine Rückkehr zu Werfels erstem Prosawerk mutet der Roman »Der Abituriententag« (1928) an; ungemein geschlossen, in einem Zug ohne Umschweife erzählt. Rückkehr des Erwachsenen in die Jugend, der aufgeschreckt wird durch eine längst vergessen gemeinte Verschuldung. Der Untersuchungsrichter Doktor Ernst Sebastian erkennt in einem vorgeführten Gefangenen einen Mitschüler, an dessen Abgleiten der Richter sich mitschuldig fühlt. Der Roman könnte auch

den Titel tragen: »Nicht der Angeklagte, der Richter ist schuldig.«
Immer mehr weiten sich Franz Werfels Romane zu Epen, beginnend mit »Barbara oder die Frömmigkeit« (1929). Weit ausholend, dennoch ohne leere Stellen – die mehr als achthundert Seiten quellen von Lebendigkeit über – schildert der Roman den Verfall einer Offiziersfamilie in der zerfallenden Monarchie vor, im und nach dem Ersten Weltkrieg; inmitten von Zerfall und Verfall bewahrt sich das Bleibende und Erhaltende in der demütigen Gestalt der Dienstmagd Barbara. Sie ist wie ein alter, Untergänge überwachsender Baum, Urbild nicht des Weiblichen, vielmehr des Mütterlichen im Ausharren, in Geduld, in einer Passivität, die alles andere als Nichtstun ist. Ihr unermüdliches Tun vom Morgen beim Feueranzünden bis zum abendlichen Lichterlöschen ist anders als die Taten der Männer, die sich als Aktivität in der Zeit begeben und mit der Zeit hingehen. Das selbstlose mütterliche Tun wächst aus der Zeit und über die Zeit hinaus in die Ewigkeit.
Eine Schwester der Barbara ist Teta Linek, die Dienstmagd im Roman »Der veruntreute Himmel« (1939). Für beide gilt: »Die sogenannten einfältigen Seelen sind verzwickter als die mit allem modernen Komfort ausgestatteten hochbürgerlichen Psychen.« Teta Linek lebt nur dafür, ihrem Neffen die Ausbildung zum Priester zu ermöglichen. Dieses Vorhaben scheitert an dem Neffen. Der Roman hat seinen Kulminationspunkt in dem Gespräch Teta Lineks mit einem Priester in den Katakomben Roms.
Ins Geheimnis des Göttlichen und in die Heiligkeit des Menschen gehüllt erscheint dem Dichter das bäuerliche Mädchen Bernadette Soubirous, als er, auf der Flucht vor der deutschen Wehrmacht, in Lourdes aus bedrohender Todesgefahr gerettet wird. Aus Dank dafür erfüllt er das Gelöbnis, die

Lebensgeschichte der Bernadette Soubirous zu schreiben; er tut es im »Lied der Bernadette« (1941).
Das vielfältige Werk Franz Werfels ist eine Einheit mit zwei Brennpunkten. Es ist eine Confessio seines Herzens und zugleich seine eigene Biographie. Seine Confessio im Mitwirken daran, daß endlich der Tag käme, »an dem auch wir modernen Menschen, nicht mehr zu spitzfindiger Geistlosigkeit verurteilt, uns endlich einordnen könnten ohne Vorbehalt und überhebliche Nebengedanken in einen klar leuchtenden Weltenbau, der von unten bis oben reicht.«
So wurde er zum Ankläger, mehr noch zum Mahner und Warner. »Höret die Stimme!« ruft er uns durch seinen Roman »Jeremias« (1938) zu, ruft es in die sich mehr und mehr verdüsternde Zeit hinein. Jeremias hat unmittelbar vor der babylonischen Gefangenschaft der Juden über vierzig Jahre lang sein ihm von Gott auferlegtes Amt als Prophet und Warner seines Volkes ausgeübt. Er stand allein, das drohende Verhängnis vor Augen, im Kampf gegen die Staatsautorität, gegen die öffentliche Meinung und die falschen Propheten. Er möchte helfen, das Unheil abzuwenden, aber seine Mahnung wird nicht angenommen, seine Stimme nicht gehört. »Größe gibt es nur gegen die Welt und niemals mit der Welt: die ewig Besiegten sind die ewigen Sieger, und ihre Stimme ist wirklicher als der Lärm.« Gottes Stimme ist in dem Gottesknecht vernehmbar geworden und geblieben, über die hereinbrechende Katastrophe hinaus; gerade dann. Die machtgebietenden und Leid über Leid auftürmenden Irrtümer dieser Welt haben ihn nicht gebeugt, nicht stumm gemacht.
Und noch eine andere, eine aus der Zeit aufgegriffene Warnung spricht Werfel aus, die Schilderung des grausamen Vernichtungskrieges der Türken gegen die Armenier 1915, als Mahnung für eine von Kriegen bedrohte Zeit – er schreibt den Roman »Die vierzig Tage des Musa Dagh« (1933).

Auch die zahlreichen kleinen Prosadichtungen Werfels sind beides: innere confessio und äußere Biographie seiner selbst und seiner Zeit.
»Das Trauerhaus« hat als beklemmende Kulissenwelt ein Freudenhaus mit skurrilem Personal und ebensolchen Gästen; es verwandelt sich zugleich mit dem Ausbruch des Ersten Weltkriegs und dem Tod des Besitzers in ein makabres Szenarium. Ein großes Werk in kleiner Form! »Die Legende vom gerissenen Galgenstrick«, eine Geschichte aus dem spanischen Bürgerkrieg um einen von Grund auf verderbten schlauen jungen Mann ist Szene für Szene wie Goyas makabre Blätter um die »Desastres de la Guerra«.
Immer wieder kehrte Franz Werfel in seine Kindheit und Jugend zurück. In der autobiographischen Erzählung »Kleine Verhältnisse« (1931) läßt er einen Knaben aus besten Kreisen einen Blick in die armseligen Verhältnisse der Familie seines Kinderfräuleins tun, wodurch in ihm das durch großbürgerliche Verhältnisse verdeckte und erstickte Menschentum durchbricht. Der Knabe erkennt aus einer »blitzschnellen abgründigen Empfindung: der Leidende ist mehr wert als der Glückliche« – womit hier, viel später, wieder ein Wort aus den »Troerinnen« auftaucht.
Kleinste Verhältnisse bilden die Umwelt in der Erzählung »Der Tod des Kleinbürgers« (1927). Die Werke der Prager Dichter sind oft unmittelbar aus der Stadt gewachsen und miteinander so verwoben, daß ein und dieselbe Gestalt bei verschiedenen Dichtern auftaucht. Die Hauptgestalt der Erzählung vom »Tod des Kleinbürgers«, Herr Fiala, ist in den Nachkriegsjahren gesellschaftlich und sozial abgeglitten, ursprünglich war er der prächtig uniformierte Portier der Finanzlandesprokuratur gewesen, also eine höchst amtliche Persönlichkeit.
Portiers, diese prunkvoll gewandeten Männer mit Zweispitz

und Kugelstab standen allenthalben in den Fluren oder vor der Einfahrt der Paläste, und stehen aufbewahrt bei den Prager Dichtern. Herrschaftlicher Portier war der Vater des unglückseligen »König Bohusch« in der ersten der beiden frühen »Prager Geschichten« R. M. Rilkes. Franz Werfel hat die Gestalt des Portiers in einem Gedicht zum »Göttlichen Portier« verklärt, bei Kafka wurde sie zum symbolträchtigen Türhüter. – Herrn Fiala in Franz Werfels Erzählung vom »Tod des Kleinbürgers« gelingt es mit dem Aufwand seiner letzten Kraft, sterbend den Tod durch Hinauszögern zu überlisten und ihm die Prämie der Lebensversicherung für seine Hinterbliebenen abzutrotzen.

Die wohl eindringlichste Darstellung Österreichs und seiner trüben politischen und menschlichen Zustände vor dem Einmarsch der deutschen Truppen – 1938 in Eisenstadt im Burgenland – gibt das beklemmende Romanfragment »Cella oder die Überwinder« (1941). Nach der gelungenen Flucht der politisch Verfolgten konnte nun die ›Komödie einer Tragödie‹ »Jacobowsky und der Oberst« folgen, und im Exil der Roman »Stern der Ungeborenen«, den Franz Werfel wenige Tage vor seinem Tod beendete.

Prag, Böhmen und Österreich waren der Humus, aus dem das vitale Lebenswerk Franz Werfels wuchs. Seinem letzten Werk ist der Schwund des nährenden Bodens anzumerken, die Farben verblassen, die Gestalten sind nahezu umrißlos, die Landschaft nahe am Verkarsten. In dem »astromentalen Roman« verschiebt sich der Schwerpunkt. Im Jahr 101 945 kommt F. W. zu cinem dreitägigen Besuch auf die Erde und berichtet darüber. Die sich überschlagende Technik und überspitzte Zivilisation haben die innere und äußere Zerstörung der Erde und des Menschen zur Folge gehabt; als Trost bleibt; »Die andere Hälfte der Wahrheit ist sehr einfach, mein Sohn: Wir entfernen uns nicht nur von Gott durch die Zeit, sondern wir nähern uns auch Gott durch die Zeit, indem wir uns vom Anfang aller Dinge weg und dem Ende aller Dinge zubewegen.« –

Über den drei Gipfeln, Abstürzen und Tälern der dichterischen Landschaft Rilkes, Kafkas und Werfels, den Höhepunkten der deutschsprachigen Dichtung Prags, liegen dieselben Schatten und dasselbe Licht. Ein Ringen um ein erfülltes Dasein über das beschädigte oder gespaltene oder in Verlust geratene irdische Leben hinaus, im schließlichen Bekenntnis zur Ganzheit des Seins. Das andere Ringen gilt dem Religiösen in einer sich zunehmend säkularisierenden Welt, einer Religiosität und Frömmigkeit über trennende Konfessionen und dogmatische Unterschiede und Erstarrung hinaus, dem Glauben an »Pfingsten über dem Werktag«; es wächst die Erkenntnis, daß die »Grundformel aller Sünde verfehlte und versäumte Liebe« ist.

Gemeinsam ist diesen Dichtern, die ins Überwirkliche gehobene gemeinsam erlebte Wirklichkeit Prags, Böhmens und des späten Österreichs, die wie eine Essenz, ein Arom, aber auch als Zwielicht zwischen sinkendem Abend und hereinbrechender Nacht ihr Werk erfüllt und es innerhalb der gesamtdeutschen Literatur unverwechselbar macht. Rilke meint dies, wenn er vom böhmischen Volkslied singt:

> Magst du auch sein
> weit über Land gefahren,
> fällt es dir doch nach Jahren
> stets wieder ein.

Am entschiedensten führt Werfel den Weg zu dem einen Ziel des mitliebenden, mitleidenden und sich mitfreuenden Menschen:

> Alles ist, wenn du liebst . . .
> In deinem Aufschwung, Mensch, ist alles groß!

In deinem Abschwung alles hoffnungslos!
Und nur die Seele, die sich liebend selbst vergaß,
Ist aller Dinge Maß und Übermaß.

Franz Werfel hat das cartesianische Wort vom cogito, ergo sum aus seiner confessio heraus umgewandelt in: amo, ergo sum.

Ernst Weiß' Leben und Werk stehen in krassem Gegensatz zum liebenden Miteinander der Menschen und zum irdisch-himmlischen Ineinander bei Franz Werfel.

ERNST WEISS (1882 Brünn – 1940 Paris), dessen Vater Tuchhändler in Brünn war und früh starb, studierte in Prag und Wien, praktizierte jahrelang als Arzt und kam als Schiffsarzt des Österreichischen Lloyd nach Japan, China und Indien. Während des Ersten Weltkriegs diente er als Regimentsarzt an der Ostfront. Nach dem Kriege widmete er sich ausschließlich seiner dichterischen Arbeit.

Zur Deutung des Werkes von Ernst Weiß, der Goethes »Wahlverwandtschaften« und Adalbert Stifters Erzählungen verehrte und in seinen Essays »Das Unverlierbare« der alten Literatur und Kunst huldigte, kann Eduard Mörikes Gedicht »Neue Liebe« herangezogen werden.

Kann auch ein Mensch des andern auf der Erde
Ganz, wie er möchte, sein?
– In langer Nacht bedacht ich mir's und mußte sagen,
nein!

So kann ich niemands heißen auf der Erde,
Und niemand wäre mein?
– Aus Finsternis hell in mir aufzückt ein Freudenschein:

Sollt ich mit Gott nicht können sein,
So wie ich möchte, Mein und Dein?
Was hielte mich, daß ich's nicht heute werde?

Ein süßes Schrecken geht durch mein Gebein!
Mich wundert, daß es mir ein Wunder wollte sein,
Gott selbst zu eigen haben auf der Erde?

Für Ernst Weiß ist wie für Mörike eine menschliche Zweisamkeit unmöglich; sie führt bei Ernst Weiß notgedrungen zu Konflikten, die mit Trennung, Einsamkeit, Selbstmord und Mord aus Verzweiflung, Eifersucht oder Haßliebe enden. Liebe ist Last und Strafe, die ein Gegengott über die Menschen verhängt. Der Ausweg aus dem Verhängnis, nicht lieben zu können, »zerbrüdert« zu sein, führt bei Ernst Weiß nicht wie bei Mörike zu Gott. Denn Gott kann zu allerletzt geliebt werden, weil er den Gegengott zuläßt und ihm gestattet, Böses zu stiften und die Welt damit zu überfüllen. Weil Gott den Gegengott daran nicht hindert, ist er selber ein böser Gott. Damit ist ein wiedererstandener Manichäismus auf die Spitze getrieben.

Das Erlebnis des Krieges hat das Weltbild Ernst Weiß' bestätigt und noch mehr verdüstert. Im Krieg, der vom Gegengott angezettelt wird, kann dieser seine ganze grausame Macht entfalten. Er sammelt die »abgeschnittenen Jahre«, er »hamstert das nie verzehrte Glück«, er verführt den Menschen dazu, »den sanften Brudermenschen, der lautlos neben meinem Hause wohnt«, hinzuopfern. Der Gegengott ist »das Zermalmende«, von dem Ernst Weiß oft spricht.

Den Krieg umschrieb Ernst Weiß in den vier Kreisen seines Gedichtbuchs »Das Erlösungsfest« (1918); vom Gegengott gibt er diese Vision:

Um schwarz vereistes Andromedagestirn hält Gegengott
sich eng geringelt,
Blinden Planeten hat er mit Augen völlig umglast,
Spion der Seelen, Polizeihunde, auf Menschen gehetzt.
Mit Millionen Armen peitscht er vor sich rasend

rauchende Flammenfelder der Sonne,
Giftig mit giftiger Güte lockt er lebendige Wesen
ans giftige Licht.

Der dem Gegengott verfallene Mensch schreit diese Klage:

O wär ich rein vor dir! Ich war beteilt, ich fraß aus deiner
Hand!
Nun ist die Wüste nicht genug für mich verworfnes Tier.
Die Hölle rannte auf bis zu der Feigheit meiner Augen,
Um mich ist Hölle, Menschenbrüder, Hölle seid auch
ihr!

Am Rande der Hölle bewegt sich Ernst Weiß' gesamtes Schaffen, immer wieder ist das Feuer Symbol im verzehrenden und reinigenden Sinn. Die Form seiner frühen Werke, die als ein Höhepunkt des Expressionismus gelten, ist überhitzt, taumelnd-nervös, kraß und dumpf.
Das Böse, das er beschwört, bleibt nicht in einer Form von Moral stecken, auch nicht in Psychologie, es greift höher und tiefer, ins Mythische, tritt zum Endkampf gegen das Gute an, spaltet sich in Gog und Magog, wird zur Dämonologie, die chimärische Dachspeier meißelt. Oder es schleicht sich das Böse leise in Risse ein, nistet darin, wächst und sprengt.
1919 schrieb Ernst Weiß diese Erkenntnis nieder: »... Wer nur eine mystische Verwandlung der ewig über dem Dasein ruhenden bösen Mächte ins sichtbare, greifbare, fühlbare sieht, der muß gesegnet sein mit einem aufrührerischen Optimismus, einem fanatischen Glauben an das Endlich-Gute. Sonst ertrüge er das Dasein nicht.«
Besaß Ernst Weiß diesen »aufrührerischen Optimismus?« Rang er in seinem Leben und Werk um den »fanatischen Glauben an das Endlich-Gute«, darum, den Menschen von den ihn beherrschenden Dämonen des Gegengottes zu be-

freien? 1930, also elf Jahre später, gesteht er: »Das Chaos ist geblieben . . .«, der Mensch ist zu schwach, zu einem geordneten Nebeneinanderleben und -wirken zu finden. Was Ernst Weiß über Franz Kafka schrieb, mag Selbsterkenntnis sein: »Dieser magische Genius sah mehr und anderes, tiefer, himmlischer und höllischer sah er als die andern. Aber was sah er zuletzt? Doch nur sich.«

Das Gesamtwerk Ernst Weiß', ein langer Dämonenzug, ist umfangreich. Nach der Darstellung der Grundlagen sollen nur einzelne Werke als Beispiele betrachtet werden.

Sogleich der erste Roman »Die Galeere« (1913) enthält alle Elemente der Gedankenwelt Ernst Weiß', noch in einer düster-verworrenen, gärenden Form. Der Arzt Eric Gyldendal sieht sich selber als Galeerensträfling, der am Ende nur noch »seine Verzweiflung und sein hölzernes Ruder« hat, das ihn aber an kein rettendes Ufer bringen kann. Die Infektion, an der er stirbt, rührt von der allgemeinen Krankheit der Menschen um ihn, die mit der Absicht leben, zu betrügen, und nicht merken, daß sie selbst die Betrogenen sind. Breit liegt über diesem Roman der Schatten des Gegengottes, der sich nicht lichtet.

In dem Roman »Franziska« (1916), der schon einen ruhigen Fluß des Erzählens zeigt, reich in der Komposition, anschaulich in den Schauplätzen, darunter auch Prag, geht es um das Zusammenleben von Liebenden, besser: um das Nichtzusammenlebenkönnen. Franziska, die eine Geliebte Erwins, rettet sich und ihn, indem sie Erwin verläßt, und aus der verstrickten Zweisamkeit zur Einsamkeit und zur Musik flieht (»keinen Menschen mehr lieben, damit wir keinen sterben sehen müssen«); Hedy aber klammert sich an Erwin, doch dieser versagt, und beide scheitern und gehen zugrunde. Unausrechenbar sind die Schicksale, die Menschen sind »untergegangen in der Unendlichkeit ihres Schicksals«.

Im »Chaos einer zerrütteten Menschheit« geht der jüdische Arzt Alfred Davidovich in dem Roman »Mensch gegen Mensch« (1919) zwischen Selbstbemitleidung und Selbstquälerei elend zugrunde. Der Titel dieses Romans ist das Leitmotiv für das Schaffen Ernst Weiß'.
»Tiere in Ketten« (1918) galt als einer der bedeutendsten Romane der Nachkriegszeit. Er lotet bis auf den dunkelsten Grund des Daseins in der Sicht Ernst Weiß': da die chaotische Welt von Gott geduldet wird, ist auch die Sündhaftigkeit des Menschen sündelos. Der von Dämonen besessene Mensch ist zur Sünde am Mitmenschen verurteilt wie ein Galeerensträfling; die letzte menschliche Gemeinschaft ist töten oder getötet werden. – In diesem Inferno lebt die Dirne Olga. Sie entflieht ihm, aber auf der Suche nach einem anderen Leben scheitert sie; sie findet nichts als das alte Elend, kehrt zurück und endet in Wahnsinn und Tod. Es folgt noch eine Steigerung im zweiten Teil des Romans »Nahar« (1921). Olga wird nach ihrer Ermordung zum Tiermenschen, zum Tiger Nahar. Dadurch findet sie ihre Befreiung vom Menschlichen, ihre Erlösung in die Seligkeit des Tierseins. Der zertrümmerte Mensch stürzt empor, aufwärts, und wird aus dem rasenden Menschen zum in sich ruhenden, schweigenden Tier, das nichts vom Tod weiß, bevor es stirbt. Es ist eine Seligkeit, nicht mehr Mensch sein zu müssen – Mensch, »das weiße, grauenhafte Gesicht«.
Die 1923 erschienene, 1929 zum Roman umgearbeitete Erzählung »Die Feuerprobe« deutet eine Wende an. Am Ende des Romans steht nicht mehr ein Untergang, sondern eine Reinigung, jene seelische Läuterung durch Erschütterung, die dem Drama zugeschrieben wird. »Die Feuerprobe« ist ein dramatischer Monolog. Ein durch die Untreue seiner Frau an den Rand des Wahnsinns getriebener Mann, den das Trauma beherrscht, er habe seine Frau getötet, ringt sich in einer

höllischen Nacht durch eine wahre und auch wirkliche Feuerprobe, zum Erwachen, zur Klarheit durch. Der Roman – Aufschrei aus der Tiefe – gestaltet Düsteres und Verworrenes mit kristallharter Schärfe.

»Klar zu sein, muß schon das Leben lohnen« – die Feuerprobe wird zur Lebensprobe im Ringen um Klarheit.

Der schwarzmagische Kreis, in dessen Bann die vorherigen Romane und Erzählungen mit den symbolischen Titeln »Die Galeere«, »Mensch gegen Mensch«, »Tiere in Ketten«, »Stern der Dämonen« standen, wird in der »Feuerprobe« durchbrochen: »Einem Menschen in der unmeßbaren Weite des flammenden Weltalls nahe zu sein, das ist unsere tröstliche Bestimmung.« Denn wir Menschen »sind nicht bloß Unkraut auf den Wiesen der Parkanlagen einer Großstadt. Wir sind nicht Unrat in der Bedürfnisanstalt, nicht faulige Frucht zwischen den zerbrochenen, umgestürzten Kisten auf den Marktplätzen, die umgestürzten Tischen gleichen. Wir haben eine Würde: Wegwerfen können wir sie, verloren ist sie deshalb nicht.«

Der Mensch ist aus dem »Dämonenzug« ausgebrochen. Gelingt das auch den Hauptgestalten der folgenden Romane? Es gelingt nicht, noch nicht.

Immer noch liegt der Schatten des Gegengottes über dem Roman »Männer in der Nacht« (1925), einem Gespräch Balzacs mit seinem Freund, dem Notar Pleytel, der seine junge Frau Felice ermordet hat. Balzac will den Freund retten, doch dieser bekennt sich zu dem Mord und verzichtet darauf, gerettet zu werden. Es geht in dem nächtlichen Gespräch nicht um das »Zermalmende«, das den Notar und Mörder vernichtet, es geht um Balzac, der von seinem Freund zurückgestoßen wird, weil dieser, Balzac, »der Wahrheit mit Energie aus dem Wege geht«; Balzac lebt nur in der Illusion, »in der Mitte zwischen Vorstellung und Wirklichkeit, also zwischen zwei unversöhnten Welten ... Sein ungeheuerer Wille reicht zur dichterischen Gestaltung, nicht zur Bewältigung des Lebens.« Zum Schluß fragt Pleytel: »Ist dies der Mann, den ich geliebt habe? Wie kann einer so von sich besessen sein?« – Hier wird die eigene Sache von Ernst Weiß unerbittlich verhandelt: Klarheit gegen Illusion. Ein Mord kann ehrlicher sein als eine Illusion.

Die letzten Romane, zum Teil noch in Prag, zum anderen Teil schon in der Emigration in Paris geschrieben, sind »Georg Letham, Arzt und Mörder« (1931), »Der Gefängnisarzt oder die Vaterlosen« (1934), »Der arme Verschwender« (1936), »Der Verführer« (1938) und »Ich – der Augenzeuge« (1939 beendet, 1963 erschienen). In vier Romanen ist ein Arzt die Hauptgestalt, allen liegt die Auseinandersetzung mit dem Vater zugrunde.

In eigenen Erfahrungen und Erlebnissen konnte das im Expressionismus oft wiederkehrende problematische Sohn-Vater-Verhältnis nicht seine Ursache haben, denn Ernst Weiß war erst vier Jahre alt, als sein Vater starb. Die Beziehungen der Prager Freunde zu ihren Vätern, so Max Brods und Franz Werfels, waren ungetrübt; nur Franz Kafka litt unter seinem Vater. Dieses von Franz Kafka geduldig ertragene qualvolle Mißverständnis kannte Ernst Weiß, es kehrt in verschiedener Form in seinen letzten Romanen wieder.

Das getrübte Sohn-Vater-Verhältnis in der Literatur jener Jahre war über das einzeln Persönliche hinaus eine Auseinandersetzung der sich ablösenden Generationen.

Die junge Generation, die am Krieg teilnehmen mußte, machte die Väter dafür verantwortlich. Es ist anzunehmen, daß Ernst Weiß in dem Sohn-Vater-Verhältnis mehr als eine leibgeistige Bindung oder Feindschaft darstellte. Er hielt jede menschliche Bindung für unvollkommen, ja unmöglich. Diese Unmöglichkeit mußte sich zwischen Vater und Sohn besonders kraß bemerkbar machen. Letzten Endes erweist sich so das mißglückte Sohn-Vater-Verhältnis als mißglücktes Verhältnis des Menschen zu Gott. So heißt es im »Verführer«: »An Gott wage ich nicht zu denken; selbst jetzt stand mir vor Augen, daß er meinen Vater nicht gerettet hatte.« – In dem Roman »Boëtius von Orlamünde« ist das Verhältnis des Sohnes zum Vater positiv, liebend. Darauf wird noch hinzuweisen sein.

Der letzte Roman von Ernst Weiß »Ich – der Augenzeuge«, den er kurz vor seinem Selbstmord in Paris nach dem Einmarsch der deutschen Truppen 1940 abschloß, enthält viel Autobiographisches, ist aber darüber hinaus ein Schlüsselroman. Ernst Weiß erzählt in der Rolle des Dr. Edmund Forster, der als Stabsarzt im Lazarett Pasewalk den erblindeten Gefreiten A. H. (Adolf Hitler) geheilt hat.

Der Roman beginnt mit der breit angelegten und verflochtenen Familiengeschichte des Erzählers; dann treten zunehmend die politischen Verhältnisse vom Ersten Weltkrieg an bis zum Dritten Reich in den Vordergrund, wobei die Krankheitsprotokolle des Gefreiten A. H. eine entscheidende Rolle spielen. Seit dem Erscheinen des Romans entspannen sich in der Öffentlichkeit kontroverse Auseinandersetzungen um diese Protokolle. Es ist jedoch nicht entscheidend, ob Ernst Weiß die Krankengeschichte besaß oder nur kannte. Das Buch ist ein Emigrantenroman und der Versuch eines psychologischen Hitler-Romans. Der Stil ist knapp sachlich, sogar karg. Man merkt dem Roman an, daß er erst eine erste Fassung darstellt; die Umarbeitung konnte bis jetzt nicht aufgefunden werden. –

In dem Roman »Georg Letham, Arzt und Mörder« – hinter dem Namen Letham verbirgt sich der Name Hamlet – wird von Ernst Weiß die Frage Hamlets um Sein oder Nichtsein wieder gestellt, zugleich wird die Ansicht Leibniz', die bestehende Welt sei als das Werk Gottes die bestmögliche aller Welten, verworfen, was auch Voltaire getan hatte. Der unvollkommene Mensch macht als Angeklagter oder Zeuge in einem Weltprozeß immer wieder die gleiche Erfahrung: Sinnlosigkeit, Grausamkeit, Leid und den rücksichtslosen wie vergeblichen Kampf aller gegen alle – wer soll aus dieser »wohlgeordnetsten aller Welten« klug werden? –

In der Mitte des Schaffens von Ernst Weiß steht der Roman »Boëtius von Orlamünde« (1928, wieder erschienen unter dem Titel »Der Aristokrat«).

Der junge Boëtius, der verarmtem Adel entstammt, wird auf Drängen des Vaters in dem adeligen Knabenstift Onderkuhle im östlichen Belgien erzogen. Nachdem seine »fürstliche Erziehung« beendet ist, entläßt man ihn nicht, sondern behält ihn aus Mitleid mit seiner Armut als Hilfe für die Lehrer des Stifts. Er wächst zu und an sich selber. »Nie in meinem bisherigen Leben habe ich so nach Gefahren gehungert, in die ich mich stürzen könnte, nach Schmerzen, um ihnen zu widerstehen kraft meines unbändigen, rasenden Lebensgefühls.« Er bewältigt Gefahren, er rettet einen Mitstiftler vor dem Ertrinken, er bändigt die widerspenstigen Pferde – in der Liebe zum Elementaren, zu den Tieren wachsen ihm Kräfte zu: »Der seligste Zustand ist der der Tiere, vorausgesetzt, daß Steine und Lüfte nicht noch beneidenswerter sind. Ich liebe Pferde, ich liebe Tiere über alles, aber etwas von dieser Liebe ist Neid. Die Nähe eines Tieres, besonders eines schönen, großen, starken, tut mir wohl, ich sonne mich in seiner Nähe.« Er reift zur Bewährung heran. Das Knabenstift brennt nieder und wird nicht wieder aufgebaut. Dadurch bekommt sein Leben einen andere Wendung. »Jetzt habe ich den Entschluß für die nächste Zeit gefunden. Nur Handarbeit kann mich erhalten. Ich bin stark, jung und gesund, ohne Ansprüche, ohne Bedenken, denn ich habe vor nichts Angst. Maschinen, proletarische Arbeit für geringes Geld, selbst körperliche Berührung mit Menschen, nichts davon schreckt mich. Vor allem will ich mein Leben aus Eignem fristen. Weshalb soll, was Millionen gelingt, gerade mir unmöglich sein?«

Er wird Fabrikarbeiter und vermag seinem alten Vater bis zu dessen Tod vortäuschen, er lebe noch in der alten Welt. Boëtius hat erkannt: »Adel vereinsamt, Arbeit verbindet.« »In Onderkuhle habe ich schön gelebt, aber nicht frei.« »Man muß sich an das Greifbare halten, so spärlich, so nichtsbedeutend, so verzweifelnd es ist.« »Ich habe das Gefühl, wenn ich eine Arbeit tue, könne ich dem Schicksal trauen.«

Das Buch ist problemlos, ist am Leben und seinen Forderungen ausgerichtet, es ist mutig und stark in der Haltung, still und schön in der Form. Es steht, wie Satz zum Gegensatz, zu R. M. Rilkes »Aufzeichnungen des Malte Laurids Brigge«, dem Buch versagenden Lebens. Boëtius ist ein Mensch geworden, der die Würde des Lebens und den Adel des Menschseins erreicht hat. – Das Buch wurde bei den Olympischen Spielen in Amsterdam 1928 mit der silbernen Medaille ausgezeichnet.

Im selben Jahr wie »Boëtius von Orlamünde« erschien Ernst Weiß' Essay-Sammlung »Das Unverlierbare«. Beide Bücher gehören zu den schönsten zwischen den beiden Weltkriegen. Die Essays sind unter anderem Goethe, Mozart, Stifter, der fernöstlichen Kunst gewidmet. Über Adalbert Stifter schreibt Weiß: »Nun, da uns manche seiner einst für groß gehaltenen Zeitgenossen völlig schon entrückt sind, bleibt Adalbert Stifters Werk in unberührter, fast heiliger Unverletztheit, es ist nicht gealtert, nicht müde geworden.«

LUDWIG WINDER (1889 Schaffa/Mähren – 1946 London) kam mit seiner Familie aus seinem mährischen Geburtsort Schaffa schon früh nach dem ebenfalls mährischen Holleschau, besuchte bis 1907 die Handelsakademie in Olmütz und kam über Wien, Bielitz, Teplitz und Pilsen 1914 als Redakteur an die »Bohemia« in Prag, die dritte große Zeitung Prags, die die nationalen Interessen der Sudetendeutschen vertrat.

Im Gegensatz zu Franz Werfel und Ernst Weiß trat bei ihm das Jüdische als Problem und Thema in den Vordergrund, vor allem in seinen ersten Romanen. Ludwig Winder hatte das Judentum in Gestalt seines Vaters in einer extrem orthodoxen Form erlebt, zudem war er in einer geschlossenen jüdischen Gemeinde aufgewachsen, die erst 1919 ihre Selbstständigkeit aufgab und sich der Gesamtverwaltung von Holleschau (Holešov bei Kremsier) anschloß. Er kam also noch aus einem Getto. Der absolut gesetzestreue Vater unterdrückte das Selbstgefühl des Sohnes von Kindheit an.

Auch in anderen Religionen und Konfessionen, auch im Nationalen und Rassischen kommt diese Einengung als Ursache von Neurosen vor. In Ludwig Winder aber erzeugte sich dadurch, daß er das Judentum als unaustilgbar, als »unauslöschliches Siegel« empfand, ein Trauma, gegen das er sich auflehnte, das er aber nicht überwinden konnte.

Mit jüdischem Selbsthaß läßt sich dieses Trauma nicht erklären und abtun. Später gelangte Ludwig Winder aus dem Erleiden einer übertriebenen und selbstherrlichen religiösen Gesetzestreue zur Ablehnung jeder einseitigen, verhärteten und ungerechten, auch politischen, gesellschaftlichen und nationalen Autorität, auch zur Ablehnung des erzwungenen oder freiwilligen »Kammerdienergehorsams.«

Den Roman »Die rasende Rotationsmaschine« nannte er selber einen jüdischen Roman. Die Triebfeder im Leben und Handeln Theodor Glasers, des als Jude diskreditierten und diskriminierten Kantorsohnes aus Brody, ist Machtgier und Menschenverachtung, die sich zum Haß gegen sich selbst steigert. Seine Geliebte Olga, eine Frau demütigen Mitleidens, kann nicht helfen, die Liebesunfähigkeit Theodor Glasers zu überwinden. Weil er zu tief verachtet wurde, findet Theodor Glaser aus seiner Menschenverachtung nicht heraus.

In dem Roman »Kasai« (1920) ist das Motiv der Handlung der Protest des Sohnes gegen die Welt des Vaters, der als Fabrikant aus den von ihm unterdrückten und ausgebeuteten Menschen Maschinen macht. Hier klingt das Motiv auf, das später bei Ludwig Winder in den Vordergrund tritt, die Ablehnung von Zivilisation und Technik, die den Menschen entseelen und versklaven. Max Heidebrand unternimmt das Experiment der »Rettung« des Negerknaben Kasai; beide scheitern an ihrer extremen Ich-Bezogenheit.

Bis zum bittersten Ende gestaltet der Roman »Die jüdische Orgel« (1922) das Verhängnis der Erziehung durch einen übertrieben gesetzestreuen jüdischen Vater. Der Roman beginnt im Getto einer mährischen Kleinstadt um die Jahrhundertwende. Die Hauptgestalt ist Albert Wolf, der »Killejüngels Albert«, der Sohn eines fanatisch religiösen Vaters. Sich dem Gesetzeszwang unterordnend, fürchtet Albert ständig die Strafe des Vaters, aber auch die Strafe Gottes wegen ungenügender Befolgung der Gebote. Er lebt also in einer doppelten Angst. Als er sich davon befreit zu haben meint, stürzt er in eine unbeherrschte Sexualität. Er wird Besitzer eines Bordells. Sein Vaterhaß führt zu Selbstbeschuldigung und Selbstanklage. Der als junger Mensch erniedrigt wurde, empfindet nun Ekel vor sich selbst. Er kehrt zum alten Glauben zurück und heiratet aus Reue und zur Buße eine häßliche Frau. Doch der Büßer, der diese Frau nicht lieben kann, muß erkennen: »Nichts war getan mit dem Vorsatz: ›Ich will lieben.‹ Nicht erlernen läßt sich Liebe, solange man nicht Liebe ist und nichts als Liebe.« In den Wahnsinn getrieben, irrt er in dem schwarzen Gehrock des ehemaligen Bordellbesitzers

zwischen den Tischen eines Cafés umher, Erlösung predigend als »Hausierer mit Reinheit«.
Am Ende ist Albert Wolf nicht ein Verstörter, sondern ein Zerstörter. Den tyrannischen Vater hatte er den »Strick Gottes« genannt, mit dem er an das Gesetz der Väter gebunden und vom Leben »draußen« ausgeschlossen worden war.
Hermann Ungar, ebenfalls in einem mährischen Getto großgeworden, schrieb über seinen unveröffentlichten Erstlingsroman, was wörtlich für Albert Wolf in Ludwig Winders Roman »Die jüdische Orgel« gilt: »In ihm hatten nicht nur alle die äußeren Erniedrigungen unseres (des jüdischen) geschichtlichen Lebens in irgendeiner Form ihren Ausdruck gefunden, sondern vor allem auch das Unnatürliche, Gewaltsame, jeden Trieb Erstickende eines streng dem Gesetz unterworfenen Daseins. Es war der Aufschrei eines von innen und außen geknechteten Menschen, dem all seine Freiheit nichts nützt, weil die Generationen in ihm stärker sind als die Bedingungen seines individuellen Daseins, und der daran zugrunde gehen muß, weil er diese Bedingungen nur erbmäßig mit sich herumschleppt, ohne noch in ihrem Sinn zu ruhen.«
Ludwig Winder selbst schreibt: »Verflucht und verfolgt, tausendmal ausgespien und ausgerottet – immer wieder stehen wir auf, immer wieder beginnt in unserer Brust die Orgel zu brausen, die jüdische Orgel, grauenhaft ist dieser Segen, dieser Fluch.«
Mutet »Die jüdische Orgel« schon östlich, russisch an, an Dostojewskijs Aljoscha und »Erniedrigte und Beleidigte« erinnernd, so auch Ludwig Winders Roman »Hugo, die Tragödie eines Knaben« (1924). Hugo wird nicht das Opfer der religiösen Exzesse seines Vaters, sondern des antisemitischen Gruppenhasses, der ihn zu einem Erniedrigten und Ausgestoßenen macht, dessen Geltungsdrang und Liebesbedürfnis sich nicht erfüllen können. Er kann die Schranken der Mißachtung

nicht überwinden; die Sehnsucht des kleinen, häßlichen, mageren, dennoch stolzen Knaben verkümmert: »Warum sehe ich hungrig aus? Weil ich hungrig nach Schönheit bin; einen anderen Hunger kenne ich nicht. Von diesem Hunger will ich mich martern lassen, solange es dem Schicksal gefällt. Ich verschmähe jedes Surrogat.«
Zwischen den Romanen, die das Judentum mehr als Fluch denn als Segen gestalten, und den folgenden Romanen der politischen Umwälzung und den sich damit verändernden gesellschaftlichen Formen entstand das erfolgreiche Drama »Doktor Guillotin« (1924). Doktor Guillotin erfand seine Hinrichtungsmaschine aus Mitleid mit den Menschen, um den Verurteilten das Sterben zu erleichtern. Er lebte in derart besessener Hingabe an die Vervollkommnung der Maschine, daß er darüber seine Frau vergaß; er richtete sich in der Wahnvorstellung einer Verschuldung freiwillig in der von ihm gebauten Maschine hin. »Wer liebt, soll leben, wer nicht lieben kann, soll sterben.«
Dieses Wort, das ein Bekenntnis fast aller deutschsprachigen Dichter Prags berührt, ist auch das Motto zu dem folgenden Roman Ludwig Winders »Die nachgeholten Freuden« (1927). Er handelt in den verworrenen Jahren nach 1918. Adam Dupic ist der Sohn eines kroatischen Bauern, ein mächtiger, nach Ansehen, Macht und Geld gieriger Mann, der an Jakob Julius Davids mährische Bauerngestalten erinnert. Den aus Mähren nach Prag gekommenen Dichtern haftet etwas vom Ländlichen und Bäuerlichen ihrer Heimat an. Peter, der Sohn des Adam Dupic, sucht den Vater aus dem Machtrausch und aus der Geldgier zu lösen; es gelingt ihm nicht. Adam Dupic ist in seinem dunklen Ungestüm einer jener Menschen, »die keine Menschen mehr sind, sondern einer der den Weltraum beunruhigenden bösen Träume Gottes.« Er erwirbt das Schloß Boran. Die soziale Struktur kehrt

sich um. Der verarmte und degenerierte Adel ist auf den kroatischen Bauernsohn als gewiegten Finanzmann angewiesen. In den Dupic-Fabriken unter dem Schloß wird ein Heer von Arbeitern versklavt und in eine neue Art Leibeigenschaft zurückgezwungen.
Das Muster für diesen Konzern und die Art, darin zu herrschen, sind die Schuhfabriken, die Tomáš Bat'a in jener Zeit im mährischen Zlín begründet hatte. Die moderne Industrie-Großstadt mit allen nur möglichen neuzeitlichen Einrichtungen, nicht nur Fabriken, sondern auch Wohnhäuser, Warenhäuser, Hotels, Kinos und Vergnügungsstätten, gehörte insgesamt Bat'a, der auch die Freizeiteinrichtungen auszunutzen verstand, da die Arbeiter der Fabriken ihren Lohn in den fabrikeigenen Betrieben und Einrichtungen verbrauchten. Die Industrie-Großstadt war aus zwölf Ortschaften um die Provinzstadt Zlín (heute Gottwaldov) entstanden. Durch die billige Massenfabrikation von Schuhen aller Art geriet das gute tschechische Schuhmacherhandwerk, das mit den Bat'a-Werken nicht konkurrieren konnte, an den Rand des Ruins. Wegen der Nachzeichnung dieses umfassenden Konzerns gewann Ludwig Winders Roman Aktualität. Auch von den Sudetendeutschen, die nur geringe Beziehungen zur Prager Literatur hatten, wurde er gewürdigt. Leo Hans Mally schrieb in der »Deutschen Heimat«: »Ein aufwühlendes, eigenartiges Buch des jungen südmährischen Dichters. Ein Buch unserer Tage. Man hat noch kein ähnliches gelesen, weil den meisten Versuchen dieser Art die Kraft der Gestaltung und Darstellung fehlt. Ludwig Winder ist es gelungen. Er hat das Buch der letzten zehn Jahre geschrieben.«
Das Ende von Adam Dupic, der Macht und Reichtum im Übermaß erreicht hat, ist Einsamkeit. Er stirbt eines banalen, dennoch symbolischen Todes durch den Sturz vom Pferd – durch den Sturz vom hohen Roß. Das mutet wie eine Vor-

schau an, denn Bat'a kam durch den Absturz seines Flugzeugs ums Leben.
Ludwig Winder hat von dem überspitzt expressiven Stil seiner ersten Romane zu einer ruhigen, breiten und prallen Form epischer Darstellung gefunden, in der er Schicksale von Menschen in einer aufgewühlten Zeit gestaltet.
In dem Roman »Dr. Muff« (1931) bittet der ehemalige Leutnant Muff seinen früheren Unteroffizier, der in Kirstadt ein vermögender Stahlmöbelfabrikant geworden ist, um Hilfe und wird gedemütigt. In einer Welt herzloser Profitgier unterliegt der bescheidene Gerechte. »Wenn es einen Himmel gab, dem irdische Geschicke nicht gleichgültig waren – um Muff kümmerte er sich nicht; wenn ein Gott lebte, der auserwählten Menschen ein Zeichen sandte – Muff war ein solcher Mensch nicht, das wußte er. Über seinem Geschick stand kein Himmel und kein Stern, ihm gab Gott kein Zeichen, er lebte im Nichts. Die Vernichtung wäre besser gewesen als das Leben im Nichts, aber selbst sie war offenbar ein Geschenk, das ihm nicht zukam und auf das er geduldig warten mußte.«
René Schickele hat Ludwig Winders Roman »Dr. Muff« als den schönsten Roman des Jahres gelobt.
Ludwig Winders Weltsicht und Menschengestaltung erscheinen unverändert in dem im Offiziers-Milieu handelnden Roman »Die Reitpeitsche« (1929). Mehr als eine Peitsche, schon eine Geißel ist es, mit der der sadistische Rittmeister von Montlong seinen 16jährigen Sohn Alfons traktiert. Dieser kann seine Eltern und ihre falsche, grausame Welt nur hassen, ihm graut und ekelt vor ihnen. Durch ihren finanziellen Zusammenbruch hätte Alfons Gelegenheit, an den Eltern einen lang gehegten Racheplan zu verwirklichen. Er geht, auf Umwegen, geläutert aus den ihm angetanen Leiden und Schmerzen hervor, während der Vater sich das Leben nimmt.
Wenn, so auch von Margarita Pazi, argumentiert wird, es

handle sich bei dem bei Ludwig Winder oft wiederkehrenden Sohn-Vater-Mißverhältnis verschlüsselt um das in der jüdischen Religion verankerte Verhältnis des Menschen zu dem strengen gerechten Gott, ist dem nicht zuzustimmen; in einer puritanisch-christlichen Familie ist dieselbe Beziehung zwischen Vater und Sohn genauso möglich.
1937 erschien Ludwig Winders Roman um den in Sarajewo ermordeten Erzherzog Ferdinand »Der Thronfolger«, der schon die Hauptgestalt in Bruno Brehms Roman »Apis und Este« (1931) war. Ludwig Winders Gestaltung ist anderer Art.
1937 zeichnete sich bereits der nahe Untergang der Tschechoslowakischen Republik ab. Vielleicht mag das Ludwig Winder angeregt haben, den Untergang Österreichs, aus dem die nunmehr auch untergehende Tschechoslowakische Republik hervorgegangen war, noch einmal zu gestalten. Aus seinem Versuch wurde ein psychologischer Roman nach historischen Quellen. Erzherzog Ferdinand wird ein Opfer seiner krankhaften Veranlagung und ein Opfer des Verfalls der österreichischen Monarchie.
Der Roman ist mit viel Spürsinn für politische Zusammenhänge und psychologische Vorgänge ausgestattet. Ludwig Winder bezieht sich in seinen Romanen am stärksten von allen Pragern aufs Gegenwärtige, Aktuelle. Sie zeigen, wie sicher er von der individuellen menschlichen Problematik auf gesellschaftliche Zustände schloß und sie zu analysieren und darzustellen verstand. In dem schon im Londoner Exil entstandenen Roman »Die Pflicht« (1944) schildert Ludwig Winder die düsteren und verworrenen Verhältnisse und Ereignisse unter Tschechen im Protektorat Böhmen-Mähren unter Reinhard Heydrich. Es gibt keinen deutschen, auch keinen tschechischen Roman, in dem jene Zeit so sachlich, eindringlich und tragisch festgehalten wird.

Von den dichterischen Arbeiten Ludwig Winders, die im Exil geschrieben wurden, sei nur auf den Roman »Der Kammerdiener« (1944) hingewiesen. Es handelt sich um Anton Toman, der »mit lustvoll unterwürfiger Miene« seinem Grafen dient. Die Mutter erklärt dem Sohn Edmund: »Dein Vater ist kein Vater. Dein Vater ist kein Mensch. Dein Vater ist ein Kammerdiener.« Edmund stellt sich gegen dieses Kammerdienertum: »Die Treue eines solchen Menschen ist ein Laster, das vor keinem Verbrechen zurückschreckt . . . Es kann sehr leicht einmal geschehen, daß ein ganzes Volk unter dem Einfluß der Kammerdienernatur, die in jedem Menschen steckt, verdorben und vernichtet wird und sich zu den schändlichsten Verbrechen verleiten läßt, ohne zu ahnen, was diesen Verfall verursacht hat.«
Der tschechische getreue Diener seines meist adeligen Herrn ist, wie Dienstmagd und Portier, eine in der deutschen Dichtung Böhmens und Mährens oft wiederkehrende Gestalt. Er erscheint bei Hugo von Hofmannsthal als Theodor, als der »Unbestechliche«, der den schon zerfallenden gräflichen Haushalt noch zusammenhält, und als Diener Klima in Franz Werfels Schauspiel »In einer Nacht«; die Kammerdiener gleichen einander aufs Haar, sie sprechen alle die deutsch-tschechische Mischsprache.
Es ist ein Vorurteil, zu meinen, der Jude habe kein Heimatgefühl. Die deutschsprachigen jüdischen Schriftsteller hatten in der Emigration Heimweh nach ihrer Heimat. Heinrich Heine nannte die Heimat Mutterland: »Wie wir unsere Mutter lieben, so lieben wir auch den Boden, worauf wir geboren sind, so lieben wir die Blumen, den Duft, die Sprache und die Menschen, die aus diesem Boden hervorgeblüht sind, keine Religion ist so schlecht und keine Politik ist so gut, daß sie im Herzen ihrer Bekenner solche Liebe erreichen könnten.«
Ludwig Winder, und nicht nur er, kannte als Emigrant keinen

kollektiven Haß gegen die Deutschen; er plante in London, im Sinn der »Aufgabe des deutschen Schriftstellers«, wenn er nach Prag zurückgekehrt sein würde, die »gegenseitige Befruchtung der deutschen und tschechischen Kulturkreise« wieder aufzunehmen und fortzusetzen. Keiner der emigrierten jüdischen Dichter gab die deutsche Sprache auf, sie fühlten sich in ihr beheimatet. Ernst Weiß bekannte: »Die deutsche Sprache aber, in der unsereins eben dachte, hoffte, fürchtete, rechnete, sich erinnerte und träumte (war es denn nicht das ganze Leben und alles, was uns blieb?), das war eigentlich die verbotene Sprache, etwas, das uns nicht mehr gehörte und das uns hätte fremd geworden sein müssen. Und es war es doch nicht.« Nachdem Hermann Hesse die ersten Veröffentlichungen Franz Kafkas noch zu dessen Lebzeiten gelesen hatte, schrieb er 1924 in einer Besprechung, dieser »Deutsch-Böhme« könne besser Deutsch als dreißig andere Dichter zusammen.

PAUL VON THUN-HOHENSTEIN (1884 Prag – 1963 Wien) ist in der Literatur ein Repräsentant des böhmischen Adels. Nach seinem Jura-Studium in Prag trat er in den diplomatischen Dienst, den er 1918 als Legationssekretär verließ. Es ist kennzeichnend, daß er vor allem Lyriker war und italienische und französische Lyrik übertrug. Seine eigene Lyrik war der klassizistischen Form verpflichtet, auch dann noch, als die Dichtung seiner Zeit längst andere Wege ging. Paul Thun-Hohenstein bewahrte bis zum Ende die Tradition der reichen österreichischen Lyrik in der Form wie in den Motiven, so in der Vorliebe für die sommerliche Jahreszeit.

Juni

Das ist der schönste Monat:
Vorbei das wilde Blühn.
Natur zeigt uns ihr wahres,

Verschwendend schönes, klares,
Ihr Antlitz rings im Grün.

Die Eiche und die Esche,
Die spätesten im Land,
Nach allen andern Bäumen
Hat zartes Blätterträumen
Sie endlich übermannt.

Sie stehn in hellem Laube,
Die Luft ist satt und warm.
Die Wiesen mit den langen,
Geneigten Gräsern bangen
Schon vor dem Schnitterarm.

Im Schatten blühn noch Blumen,
Die sonst im Mai geblüht.
Der Mai ist nicht gestorben,
Die Lust ist unverdorben,
Nur daß sie stiller blüht.

Paul von Thun-Hohensteins Lyrik beginnt mit »Sonetten« (1925), setzt sich in dem Band »Gedichte« (1933) fort und endet mit der »Herbstwanderung« (1958). Dokumentarisch wertvoll sind seine beiden Essay-Bände »Österreichische Lebensform« (1937) und »Wege des Lebens« (1946), über denen das Abendrot der Epoche liegt. Ergänzt werden die Essays durch einen Band »Aphorismen« (1936).
Neben der Aristokratie stand das deutsche Patriziat Prags; dargestellt wird es in den beiden, kurz vor dem Ende der Tschechoslowakei erschienenen Romanen »Der Stadtpark« von Hermann Grab und »Das Haus an der Moldau« von Paul Wiegler.
Das nicht umfangreiche Prosawerk HERMANN GRABS (1903 Prag – 1949 New York) besteht aus dem kleinen Roman

»Der Stadtpark« (1935), den er als 28jähriger schrieb, und den erst später von Ernst Schönwiese gesammelten und veröffentlichten Erzählungen »Hochzeit in Brooklyn« – »nicht viel, aber es genügt für die Unsterblichkeit«. (Max Brod)
Hermann Grabs wohlhabende Eltern, die getaufte Juden waren, »was in Prag in gewissen jüdischen Kreisen als die höchste soziale Stufe galt« (Max Brod), bewohnten wie die Eltern Franz Werfels ein Haus im Millionärsviertel im Prager Stadtpark, nach welchem Hermann Grab seinen Roman nannte.
Begonnen hatte Hermann Grab mit der Erzählung »Der Taxichauffeur«. »Ich habe einen großen Fehler gemacht«, sagt der Ich-Erzähler darin. Er hatte sich das Gepäck durch den Chauffeur in die Wohnung herauftragen lassen. Jetzt erscheint der Taxichauffeur immer wieder in der Wohnung, und benimmt sich, als gehöre sie ihm. »Die Mühe wäre nicht so groß gewesen«, gesteht sich der Erzähler, aber er hatte der Verlockung nicht wiederstanden, diese Mühe auf den Chauffeur abzuwälzen.
Man hört es aus dem Tonfall, aus dem Motiv, wie eine Geringfügigkeit in Schuld verstricken kann, wer hier nachgeahmt wurde. Franz Kafkas Stil und Form sind so eigenwillig und einmalig fertig, daß sie leicht nachgeahmt werden können. Auch in dem kurzen Prosastück Grabs: »Unordnung im Gespensterreich« ist dieser Einfluß noch deutlich.
In dem Roman »Der Stadtpark« ist davon nichts mehr zu spüren, Hermann Grab hat seinen eigenen Weg gefunden, trotzdem der Roman mit Marcel Proust und Thomas Mann verglichen und als ›Prager Buddenbrooks‹ bezeichnet worden ist. Er handelt in der kurzen Zeitspanne vom Ausbruch des Krieges bis Winter 1915. Er ist die Geschichte einer wohlbehüteten Kindheit, die von feindseligen Mächten umgeben und belauert wird. Subtil ist die Art des Erlebens, klar, unbemerkt hintergründig ist die Form. Weit zurückliegende Erlebnisse

oder auch Eindrücke, die sich sehr lange und auch noch in viel späteren Jahren im Gedächtnis bewahren, gleichen »Momentaufnahmen, die unser Geist vielleicht recht wahllos produziert, deren Aneinanderreihung aber das Album ergibt, das wir gelegentlich durchblättern und das wir für unser Leben halten.« (Hermann Grab).

Beteiligt am Stil Hermann Grabs ist seine Kenntnis und Liebe zur Musik, die ihm dann im Exil das Leben fristen half. Nicht zuletzt ist die Musik gemeint, wenn der junge Renato Martin am Schluß des Romans ausruft: »Die Menschen wissen nicht, was es Schönes gibt.«

Manches Archetypische Prags taucht auf, so in der Schilderung eines Besuches bei der gealterten »Kinderfrau«. Die Erzählung »Die Mondnacht« beschwört in einer schmerzlich klaren, klingenden Prosa das Grauen des Krieges.

Hermann Grab hatte einen Roman geplant, der zwischen den beiden Weltkriegen handeln und den Aufstieg einer jüdischen Bankiersfamilie und deren Untergang »in Polen« zum Inhalt haben sollte. Manche der hinterlassenen Erzählungen wirken wie Bruchstücke zu diesem Roman: die Schilderung der Liquidierung der Juden Prags in der »Advokatenkanzlei«, »Ruhe auf der Flucht« führt in das Elend, die Ängste und Hoffnungen von Emigranten, die in Lissabon einer möglichen Ausreise entgegenbangen; im Lager von Theresienstadt durchlebt eine halbirre alte Jüdin in der Erinnerung einen »Hausball« ihrer glanzvollen Jugend.

»Hermann Grab wollte die Dinge miteinander in Ordnung bringen«, schreibt Ernst Schönwiese im Nachwort zu dem Erzählungsband. Er bemühte sich um eine reine und stille Form trotz der »Unordnung im Gespensterreich« der Zeit. Er ist der Dichter der »sanften, versöhnenden Liebe, die auch noch die zerfallende Welt zu ordnen sucht, die Zuversicht nicht aufgegeben hat«, wenngleich sich in die Erzählungen eine bittere Melancholie einschleicht.

Geschwisterlich gesellt sich zu Hermann Grabs Roman »Der Stadtpark« der zwei Jahre vorher erschienene Roman »Das Haus an der Moldau« (1938) von PAUL WIEGLER (1878 Prag – 1949).

Franz Werfel hat den Roman geliebt und darüber geschrieben: »Ich habe ihn in einem Zug und mit tiefer Ergriffenheit zu Ende gelesen. Ich finde das Buch wunderschön, da die Wirkung herzwürgender Melancholie durch Sätze erreicht wird, die das Wesentliche verschlucken, um es noch fühlbarer werden zu lassen. Auch die Nennung und Aufzählung von Straßen, Gassen, Plätzen, Gegenden entzückt mich in ihrer sanften Hartnäckigkeit; denn aus all diesen Namen entsteht eine unheimlich richtige Atmosphäre. In den wortkarg-dumpfen Charakteren, die niemals reflektieren und niemals reflektiert werden, steckt eine solche erlebnisechte Wirklichkeit, daß ich den Autor darum beneiden könnte. Auch das zerfetzte Geschehen finde ich meisterhaft, das Zerbröckeln des Lebens ohne Romantheatralik, von welcher man so selten loskommt. Ich kenne kaum ein neueres Buch, in dem die ›slawische Seele‹, der hoffnungslose Teil des alten Österreich so überzeugend gefaßt wäre.

Dies alles tut einem noch tagelang weh.«

Es wurde bereits angedeutet, daß es einen geschlossenen Prager Kreis von Dichtern und Schriftstellern eigentlich nicht gab, dazu waren Charaktere und Temperamente, auch die Qualität der Werke zu verschieden. Von einem Prager Kreis zu sprechen hat man sich in einer posthumen, einer rückblikkenden Vereinfachung angewöhnt, ähnlich wie komplizierte historische und politische Vorgänge im Rückblick vereinfacht werden. An dieser rückblickenden Vereinfachung hat Max Brod Anteil, der sich gern als Präzeptor, Senior und Zensor, auch als so etwas wie ein Rabbi der deutschsprachigen jüdischen Dichter und Schriftsteller Prags fühlte. Es kommt darauf an, Differenzierungen wieder herauszuarbeiten, die in dieser Vereinfachung vielleicht nicht mehr gesehen werden. Schon in der Blütezeit des Prager deutschsprachigen Schrifttums wurde dessen Uneinheitlichkeit erkannt und ausgesprochen.

In einer Besprechung von Franz Kafkas in dem Band »Ein Landarzt« gesammelten Erzählungen in der Prager zionistischen »Selbstwehr« vom 19. Dezember 1919, fällt wahrscheinlich von Felix Weltsch das Wort von »einem spezifisch modernen jüdischen Desorientiertheitsgefühl.« Franz Kafka hat sich in seiner stillen, aber entschiedenen Art gegen die laute Verkündigung von Welterlösung und Menschheitsverbrüderung durch die Expressionisten gewandt und sie als wirkungslos beurteilt. Er verschmähte auch die programmatische Rabulistik, er, dem Schreiben eine Form des Gebetes war, er, der als Mystiker den Weg nach innen ging. Ähnliche Gegensätze lassen sich auch bei anderen Prager Dichtern nachweisen. So steht dem »Stadtpark« von Hermann Grab und dem »Haus an der Moldau« von Paul Wiegler FRANZ CARL WEISKOPFS (1900 Prag – 1955 Berlin) Roman »Das Slawenlied« (1931) diametral gegenüber, das zur selben Zeit wie die beiden anderen Romane erschien. Lebendig, dicht, bunt, aktiv Anteil nehmend, berichtet der Roman als Augenzeuge aus den letzten Tagen Österreichs und den ersten Jahren der Tschechoslowakei. Der Roman hat über die anschauliche Schilderung hinaus autobiographischen und dokumentarischen Wert, auch im Hinblick auf die Wandlung des jüdischen Intellektuellen zum aktiven Kommunisten. Er berichtet die Ereignisse des Umsturzes in Prag und in den deutschen Randgebieten und steht der nationalistischen Euphorie auf beiden Seiten kritisch gegenüber. Auch im Exil weigerte sich F. C. Weiskopf, tschechisch statt deutsch zu schreiben, mit dem

Argument, der Kampf gegen den Nationalsozialismus sei eine politische, keine nationalistische Angelegenheit.
Dieser an sich politische Roman enthält viele poetische Schönheiten. Von Böhmen heißt es: »Das Land liegt offen da wie ein angeschnittenes Bauernbrot, weich und doch kräftig, voller Duft, voller Reife.« Ein Kriegsgegner nimmt den Soldaten die Kokarden von den Mützen: »Seine Linke war voll bunter Kokarden. Sie lagen in der hohlen Hand wie erfrorene Schmetterlinge.« – »Vor der Nepomukstatue auf der Karlsbrücke ist ein leichtes Leitergerüst aufgeschlagen. Zwei Arbeiter sitzen oben und hantieren mit Lötkolben herum. Der Heilige, dem die Freidenker in den ersten Novembertagen den Glorienschein mit den sternförmigen Laternchen abgeschlagen haben (von der steinernen Brüstung nebenan leuchtet noch, mit roter Farbe hingepinselt, die hussitische Losung, die der Präsident der Republik früher einmal geprägt hat: ›Rom muß vernichtet werden! Tabor ist unser Programm!‹) – der Heilige bekommt eine frische Aureole angelötet. Aber niemand außer ein paar Kindern schenkt dem Beachtung.« – Die Bürger freuen sich, daß es wieder Schweinefleisch im freien Handel zu kaufen gibt.
Ähnlich RUDOLF FUCHS (1890 Poděbrad – 1942 London), der, Redakteur in Prag, als Lyriker mit den Bänden »Der Meteor« (1913) und »Die Karawane« (1918) begonnen hatte. Erde und Bäuerliches werden gepriesen; unselig ist der, »den die Erde nimmer hat«; er jubelt: »Daß es noch Acker gibt!« Auch das Jüdische sieht er im Zusammenhang mit Bauerntum:

Doch, wenn dereinst ihr einen Boten braucht, daß er nach Westen geht,
sucht niemanden außer mir zu jener Fracht von riesenhaften Trauben;

daß Israel von unterwegs mich seh
und aufgeläutet ruft im Donnerglauben:
Wer seid ihr zwei – ihr zwei im Abendschein?!
Wir zwei? sag ich – Ich bin allein.
Einst, Israel, war ich mit Gott entzwei getan.
Nun bin ich eins mit ihm. Ich komm von Kanaan.

Erdenselig singt er sein »Rezitativ«:

Auf meinem Grab – nicht Zypressen,
nicht Zypressen,
nicht Zypressen und Trauerweiden!
Will unter keinem nassen Schatten ruhn.
Aber wie die Erde halmicht möcht ich grünen.
So spendet! spendet einen halben Scheffel Korn
als Saat um meinen Stein!
Schütter grün,
wenn alles sproßt,
wenn alles röstet und knistert,
will ich über dem brennenden Blau einer Cyane der
weiße Falter sein.

Nach den Protokollen des preußischen Landtags schrieb Rudolf Fuchs sein Drama über den Streik in den Leuna-Werken (1921) und die Niederwerfung der Hoelz-Revolte »Aufruhr im Mansfelder Land« (1930). Es gestaltet den Aufstand der Masse und wurde mit Gerhart Hauptmanns »Webern« verglichen; doch die Zeit, die Rudolf Fuchs erfaßt, ist seit dem Aufstand der schlesischen Weber von 1844 fortgeschritten. Auch die expressionistische Dramatik ist bei Fuchs überwunden, der Weg ist vom Mitleiden weiter zum Aufbegehren gegangen.
Sowohl F. C. Weiskopf wie auch Rudolf Fuchs bemühten sich durch Übersetzungen tschechischer Dichtungen die Kluft zwi-

schen den Nationen zu vermindern. Rudolf Fuchs übertrug Petr Bezruč und gab die Anthologie »Ein Erntekranz« (1926) aus hundert Jahren tschechischer Lyrik heraus, F. C. Weiskopf die Sammlung »Tschechische Lieder« (1925).
Auch Otto Pick (1887 Prag – 1940 London), Redakteur der »Prager Presse«, war, neben eigenen Gedichten – »Freundliches Erleben« (1912), »Wenn wir uns mitten im Leben meinen« (1926), »Das kleine Glück« (1928) und Erzählungen »Die Probe« (1913) und »Spielende Kinder« (1929) – als Übersetzer ein unermüdlicher Vermittler tschechischer Literatur (Březina, Šrámek, Čapek, Machar), bemüht um die Überbrückung nationaler Barrieren und um ein mögliches Zusammenleben beider Völker. Er veröffentlichte eine Anthologie tschechischer Erzähler (1920) so wie deutscher Erzähler in der Tschechoslowakei (1922).
Im selben Sinne wirkte Paul Eisner, der einen repräsentativen Band mit Erklärungen und Proben aus dem Geistesleben der Tschechen in den letzten fünfhundert Jahren im Piper Verlag herausgab: »Die Tschechen« (1928). Der Band ist Hugo von Hofmannsthal gewidmet. Damit wurde an die Tradition des Bohemismus im verflossenen Jahrhundert angeknüpft, aus dessen Gesinnung Rudolf Glaser 1837 die Zeitschrift »Ost und West« zum gegenseitigen Kennenlernen beider Völker begründet hatte.
Von den namhaften Autoren Prags wurden manche im Lauf der Zeit ins Abseits, ja ins Namenlose gerückt. Der Roman Hans Natoneks (1892 Prag – 1963 Tuscon/Arizona) »Kinder einer Stadt« (1932) gesellt sich zu den Prager Romanen »Der Stadtpark« von Hermann Grab und »Das Haus an der Moldau« von Paul Wiegler. In der Prosaskizze »Das Ghetto«, die in dem Almanach »Das jüdische Prag« (1917) erschien, zeigt Hans Natonek auf, »wie der Sohn eines entjudeten, freidenkerischen Vaters bei einem Zufallsbesuch in der alten

Prager Judenstadt von den atavistischen Strömungen eines tiefsten Seelengrundes überwältigt wird.« (Max Brod)

FRANZ HAUPTMANN (1895 Prag – 1970 Mainz) war vor allem Dramatiker. »Die nächtliche Einkehr« (1936) aus den Bauernkriegen wurde am Neuen Deutschen Theater in Prag uraufgeführt. Seinen Prag-Roman »Jarmila« schrieb Franz Hauptmann nach der Vertreibung.

Auch AUGUST FRANZ ROKOS (1871 Prag – ?), der als Richter und Staatsanwalt in Eger, Budweis und Böhmisch-Leipa tätig war, schrieb einige Dramen, die mit seinem Beruf zusammenhingen; sie wurden in Böhmen und Mähren viel gespielt. Am bekanntesten wurden seine Schauspiele »Der Rufmord« (1934), »Staatsanwalt Justus Schosulan und sein wahres Gesicht« und die Groteske »Spuk im Schloß«.

Mannigfach waren die Beziehungen sudetendeutscher Dichter und Schriftsteller zu Prag. Sie sahen und erlebten Prag in anderer Weise als die in Prag geborenen und lebenden Autoren, die zumeist Juden waren. Sie kamen aus der Provinz mit einer anderen Grundbefindlichkeit.

Für LEO HANS MALLY (1901 Hammern) wurde Prag zur dauernden Geliebten, neben seiner Böhmerwaldheimat zum zweiten Brennpunkt seines Lebens und Schaffens, auch nachdem er Prag längst verlassen hatte. Ist es vor allem die Sagenwelt des Böhmerwaldes, die in den »Geschichten um ein Walddorf« (1939) dunkelt und spukt, so fesseln ihn an Prag dessen Geschichte und Romantik. Die Erzählungen »Die Meister von Prag« schildern die Umwelt Peter Parlers, »Die zwölf Nächte von Prag« sind, wie Max Brods »Tycho Brahes Weg zu Gott«, von Gestalten um Kaiser Rudolf II. belebt.

Am unmittelbarsten gelingen Leo Hans Mally die Gedichte um Prag. Er feiert die Stadt in Sonetten, die an Platens Sonette an Venedig anklingen, und schildert die Stätten aus R. M. Rilkes »Larenopfer«, vorweg die Kleinseite, die in neuem

Ton besungen wird. Am echtesten wirken die Gedichte des verbummelten Studenten und trunkenen Nachtschwärmers:

Mit dem Mond durch die Terrassengärten zu streifen
wäre jetzt schön!
Aber schöner ist es – nach den blinkenden Türmen zu
greifen
die da unten im Silberrauch stehn!

Und es fällt der Mondschein dir in den Wein!
Prost Frühling in Prag! – Auf wen soll ich trinken?
Auf das Fest der schimmernden Giebel – auf einen
blinkenden Heiligenschein?
Auf das Frauenlachen, mit dem die Gärten winken?

Selbst die Moldau ist trunken von den Blütenwogen,
die jubelnd von den Hügeln rollen.
Nur der Hradschin hat sich voll Dunkel gesogen,
weil seine Türme allein jetzt gleißen wollen.
Und daß sie vor Glück kaum atmen sollen,
daran haben die Turmuhren nicht gedacht,
die hallend ihr Stundenlied schlagen . . .
Davon sind jetzt alle Dächer aufgewacht
und schaun mit großen Giebelaugen zum Mond,
der prall auf einem Goldknauf des Klosters Strahov
thront . . .

Prost Frühling in Prag!
Prosit, alter Zeitgenosse, Herr Mond!

Sein eigentliches umfangreiches Werk schrieb JOHANNES URZIDIL (1896 Prag – 1970 Rom) im amerikanischen Exil, es ist als Ganzes Prag und Böhmen gewidmet.

Was vorher entstanden war, blieb nur ein Vorspiel. Die Gedichte »Sturz der Verdammten« (1920), die wie die Erstlingswerke fast aller Prager in der Reihe »Der Jüngste Tag« im Kurt Wolff Verlag erschienen, leben vom lyrischen Vorrat und Vokabular von der Neuromantik bis zum Expressionismus. Der Dichter verflucht sich selber als »geheime Krankheit Gottes, Lüge Gottes, Hirnsieb aller Gestaltung« und sehnt sich:

Wann kommt endlich Gebilde, daß ich es fasse,
daß meine Leere erfüllt sei, daß ich es trage,
Korn, tausendfältig erwachsen, seltsamen Duftes,
haftend, schwer und gesund, dem ich nicht mehr Sieb bin.

Das Gebilde gelingt, gelingt in der Abwendung vom Wirbel der zeitgenössischen Literatur, in der Rückwendung zum Gestern und Vorgestern, in der frühen Erzählung um Adalbert Stifters Jugend »Der Trauermantel«, in der mit dem Herzen geschriebenen wissenschaftlichen Untersuchung über »Goethe in Böhmen« (1932), an der Urzidil bis zum Wiedererscheinen dreißig Jahre später weiter arbeitete, und gelingt in der gründlichen, dennoch erzählten Monographie über Wenceslaus Hollar, den in Prag geborenen, in London gestorbenen Schüler Merians, den Kupferstecher des Barock (1936). Wieder nahezu dreißig Jahre später schreibt Johannes Urzidil über Hollar die Erzählung »Das Elefantenblatt« (1962). Die Verknüpfung von wissenschaftlicher Grundlegung und Umsetzung ins Dichterische ist für Johannes Urzidil kennzeichnend, auch die Kontinuität im Fortspinnen der Fäden aus Prag und Böhmen ins amerikanische Exil. Mit Prag und Böhmen beschäftigen sich die meisten seiner vielen Bücher, deren Darstellung die gesetzte Zeitengrenze dieser Betrachtung zu sehr überschreiten würde. »In New York hat sich die Erinnerung des Geflüchteten an die oft Jahrzehnte zurückliegenden Ereignisse (in Prag) so intensiviert und ausgeformt, daß, stünde kein Stein mehr von der Moldaustadt, in Urzidils Geschichten von ihrem Wesen viel aufgehoben bliebe.« (Heinz Schöffler)

Johannes Urzidil ist ein exakter Fabulierer, über dessen Erzählungen der alte Goldton der letzten Generation deutscher Prosakunst des Realismus Raabes, Fontanes, Kellers, liegt, von anheimelnder Freundlichkeit, ja von Humor, unmerklich von menschlicher Gesinnung und Gesittung durchsponnen, auch wenn es sich um Schweres oder Schmerzliches handelt. Im Schreiben ist Johannes Urzidil ein gewissenhafter Handwerker, Handwerker war er am Anfang seines Exils, als er mit Arbeiten aus Leder sein Dasein fristen mußte. Von dieser Handarbeit berichtet der zur milden Altersweisheit gereifte Dichter in einem seiner letzten Bücher »Väterliches aus Prag und Handwerkliches aus New York« (1969). »War er altmodisch? Er war eine Erzählernatur und stellte die Frage nicht. Das Erstaunliche ist, daß auch der Leser sie nicht stellt.« (Heinz Polizer)

Zum Schilderer Prags wurde er vornehmlich in seinen Büchern »Die verlorene Geliebte« (1956), im »Prager Triptychon (1960) und den böhmischen Erzählungen »Morgen fahr' ich heim« (1971).

Johannes Urzidils Werk ist ganz und gar Prag, wie Franz Kafkas Werk auf sehr andere Weise ganz und gar Prag ist. Johannes Urzidil erinnert an Franz Kafka und dessen Prag. (»Da geht Kafka«, 1965); von der für Prag schon bei Lebzeiten sagenhaften Gestalt Kafkas erzählt Johannes Urzidil in seiner Art und bringt ihn uns, soweit das möglich ist, näher als gescheite Kommentare. Später holt sich der Fabulierer Johannes Urzidil seinen Franz Kafka nach New York und läßt ihn, bereits achtzig Jahre alt geworden, als Gärtner auf Long Island weiterleben (»Kafkas Flucht«). In der fabulierenden Erzählung ist Kafka kerngesund und Witwer, und er besitzt

Söhne und Enkelkinder. »Wenn er gelegentlich auf einem Zeitungsblatt seinem Namen begegnete, dann lächelte er listig, weil es ihm gelungen war, unbeachtet das Leben eines einfachen Mannes mit regelmäßigen Gewohnheiten zu führen . . . ›Da scheinen ja einige Leute durch Beschäftigung mit meinen Betrachtungen ganz gut vorwärtsgekommen zu sein‹, sinnierte der wieder zum Leben Erweckte, beziehungsweise niemals Verstorbene, ›sogar Professoren sind darunter.‹«

Am 19. Juni 1924 hatte Johannes Urzidil als Achtundzwanzigjähriger nach Hans Demetz und Max Brod bei der Gedächtnisfeier für Franz Kafka eine Trauerrede gehalten.

Als FRANZ KAFKA (1883 Prag – 1924 Kierling bei Wien) 41jährig starb, waren von seinem umfangreichen Werk, das Max Brod gefördert, betreut und der Nachwelt erhalten hat, erst einige kleine Arbeiten erschienen: »Betrachtungen« (1912), »Der Heizer« (1913), das erste Kapitel aus »Amerika«, »Die Verwandlung« (1915), »Das Urteil« (1916), »In der Strafkolonie« (1918), »Ein Landarzt und kleinere Erzählungen« (1920). Sie fanden über den Prager Freundeskreis hinaus Beachtung, schon früh anerkennende Urteile bekannter Literaturkritiker, aber auch krasse Verkennung und Fehleinschätzung. Die seit 1925 erschienenen großen Werke »Der Prozeß«, »Das Schloß«, »Amerika« (»Der Verschollene«) und die umfangreichen und kleinen Erzählungen rückten Franz Kafka als besonderes Phänomen in den Zusammenhang der gesamtdeutschen und Weltliteratur, konnten aber wegen des hereinbrechenden Dritten Reiches in Deutschland nicht zu der gebührenden Wirkung und Würdigung gelangen. Das geschah erst nach 1945.

Während der Jahre, in denen Franz Kafkas Werk den Deutschen vorenthalten worden war, glich es einem Strom, der in einer verkarsteten Landschaft unterirdisch weiterfloß, bis er wieder, verstärkt, hervorbrach.

Franz Kafkas Werk wurde weltweit bekannt, als eines der wesentlichen, wenn nicht als das wesentlichste der Epoche erkannt, aber auch verkannt und vom Schutt der Kommentare überlagert. Wie viele sind auf der Suche nach dem realen Vorbild von Franz Kafkas Schloß, das nirgendwo und überall steht!

Ernst Weiß hat Franz Kafka gegen die Prager einsichtig abgegrenzt: »Dieser magische Genius sah mehr und anderes, tiefer, himmlischer und höllischer sah er als die anderen.« Mit den »anderen« meinte Ernst Weiß sich selber mit seinem Glauben an den bösen Gegengott, Franz Werfels »Spiegelmenschen«, Paul Kornfelds beseelten Menschen und Ludwig Winders jüdisches Trauma. Die Kennzeichnung Ernst Weiß' hätte die Ausdeuter von Franz Kafkas Werk belehren können, daß es durch die herkömmliche Philologie, durch schulmäßige Philosophie, Theologie oder moderne Psychoanalyse nicht entschlüsselbar ist, weil es weit mehr aus dem Unbewußten lebt, als aus dem Unterbewußten, in dem das Strandgut irdisch-materiellen Lebens liegt.

Franz Kafka ging es im Leben und im Schaffen um die Frage: »Wie ist dem Menschen in dieser Welt zu leben möglich?« In seinen Aphorismen hat er darauf einige Antworten gegeben, so diese: »Glauben heißt, das Unzerstörbare in sich befreien oder richtiger: sich befreien oder richtiger: unzerstörbar sein oder richtiger: sein.«

Diese Antwort ist die aller Mystiker, auch die des Angelus Silesius:

> Mensch, werde wesentlich, denn wenn die Welt vergeht,
> Dann fällt der Zufall weg, das Wesen das besteht.

Als Mystiker kann Franz Kafka nicht von einer Religion oder Konfession her gedeutet werden; er hatte nicht wie Kierkegaard oder Pascal den Kampf um die christliche Lehre zu bestehen, nicht den Ludwig Winders um das Judentum. Er hat es ausgesprochen: »Ich bin nicht von der allerdings schon schwer sinkenden Hand des Christentums ins Leben geführt worden und habe nicht den letzten Zipfel des davonfliegenden Gebetsmantels noch gefangen wie die Zionisten. Ich bin Ende oder Anfang.«

Seine Wurzeln reichen in den Anfang zurück, in den Uranfang, ins Vorbewußte, und sie lassen sich vom Bewußten und Realen her nicht erfassen. –

Die Grundbefindlichkeit Franz Kafkas gleicht der R. M. Rilkes. Hugo von Hofmannsthal hat sie im Lord Chandos-Brief (1901) und in den »Briefen des Zurückgekehrten« (1907) ausgesprochen. Sie ist auch bei Franz Kafka nur in der Erscheinung persönlicher Art, begründet ist sie im irdischen Menschsein an sich, in das er sich so tief wie wenige um ihn einließ. Auch bei Kafka ist diese Grundbefindlichkeit, mehr als auf eine Formel gebracht, Daseinsverlust und Gottesferne, die, von weiter her gesehen, ineinander überfließen. Sie entspringt dem Persönlichen Franz Kafkas, zugleich der Situation einer dem Dasein und Gott entfernten säkularisierten Menschheit der Epoche, letzten Endes dem Sosein der Welt. Das ist »die schöne Wunde«, mit der der »Landarzt« in die Welt kam, das ist seine »ganze Ausstattung«.

Franz Kafka hat den Kontaktverlust zum Menschen, wiederum aus dem allgemeinen Wissen, daß letzten Endes jeder Mensch einsam ist, oft beklagt: »Ich bin ja wie ein Stein, wie mein eigenes Grabmal bin ich.« – »Es ist, als wäre ich nicht mehr am Leben.« – »Hauptsächlich tut es not, zu wissen, daß, wenn in mir Nicht-Liebe ist, ich schon deshalb, weil diese Nicht-Liebe in mir ist, schuldig bin.«

Diese Nicht-Liebe zum Menschen, auch zum Sein, zum Daseienden ist zugleich Gottesferne. Die Fühllosigkeit gegenüber dem Menschen als Gottes Geschöpf ist gleichermaßen Sünde und Schuld wie die Nicht-Liebe zum Seienden als

Schöpfung Gottes. Dies gilt auch im theologischen Sinn des Thomas von Aquin: »Omne quod est, quocumque modo sit, inquantum est ens, bonum est. Malitia totaliter in non-esse consistit.« Das entspricht der Erkenntnis Franz Kafkas: »Das Sein selbst hat den Charakter des Guten. ›Gut‹ und ›seiend‹ sind vertauschbar. Das Böse besteht ganz und gar im Nichtsein.« Hinter dem Zerstörbaren (dem Zufall) ruht das Sein (das Wesen). Der Mensch kann nicht leben »ohne ein dauerndes Vertrauen in etwas Unzerstörbares, wobei sowohl das Unzerstörbare als auch das Vertrauen ihm dauernd verborgen bleiben können.«

Dem Menschen, der in dem ihm nur Zufallenden beharrt, fehlt der Zugang zum Wesen, zum Sein, zum Dasein; dieser Mensch ist wie der »Landarzt« »dem Fehlläuten der Nachtglocke gefolgt – es ist niemals gutzumachen.« Dieser Mensch lebt wie R. M. Rilkes gefangener Panther abgeschnitten von der Welt, im Käfig, wie Franz Kafkas Fabeltier in seinem »Bau«, in steten Ängsten vor ihn bedrohenden Gefahren, gefangen. Der so gefangene Mensch hat nur die Möglichkeit der Hoffnung, daß, wenn er als Gefangener (der irdischen Welt) aus einer Zelle in eine andere geführt wird, der Herr zum Gefangenenwärter sagen könnte: »Den sollst du nicht wieder einsperren, der kommt zu mir.«

Leben in einer Welt, in welcher das Licht der Sonne verdunkelt oder erloschen ist – in seiner Beschreibung einer Sonnenfinsternis gebraucht Adalbert Stifter Worte, die sich bei Franz Kafka wiederfinden, wie »verfremdet« und »gespenstisch«. In einer zwielichtigen Welt wird der Mensch schattenlos wie Peter Schlemihl und wird sich so, da er seinen Schatten dem Teufel verkauft hat, selber zum Gespenst. Das Gespenstische bleibt übrig, nach dem Verlust des Unzerstörbaren oder des Glaubens daran, nach dem Herausfallen aus dem Sein, nach der Entfernung von Gott.

Was übrig bleibt,
ist ein Gespenst, das mit vergeblichem Streben
verlorenen Besitz zu greifen wähnt,

sagt Goethe in der »Natürlichen Tochter«. In einem Brief an Goethe schreibt Schiller, es gäbe zwei Möglichkeiten, »die Leute zu inkommodieren, ihnen ihre Behaglichkeit zu verderben, in Unruhe zu versetzen, indem die Dichter das genial Große oder ein Gespenst darstellen.« Eine des Sonnenlichts beraubte Welt wird zur »mondischen Welt« mit unterweltlichen Gefahren, Bedrohungen, Verirrungen und Verwirrungen. (Jacob Burckhardt)

Was sind denn die Bürger unterm *Monde?*

fragt Schiller in einem frühen Gedicht und antwortet:

Gaukler, theatralisch ausstaffiert,
mit dem Tod in ungewissem Bunde.

Ein Leben im Daseinsverlust bedeutet zugleich den Verlust der Beziehung zum Tod. Diesen Verlust zeigt Franz Kafka im »Jäger Gracchus« auf, den der Tod nicht an- und aufnimmt. Immer wieder stoßen wir bei Franz Kafka auf ein vom Unzerstörbaren trennendes Dazwischen.

Ein Leidenselement schwärt als unheilbare Wunde, eben jenes Dazwischen, das den Menschen nicht zum Menschen, nicht zum Sein, nicht zu Gott gelangen läßt. Franz Kafka nennt es das »fremde Element«. Es steht als undurchdringbare Mauer zwischen Heil und Unheil, zwischen dem Heiligen und Profanen.

Es gibt den Kaiser, es gibt die Botschaft, die der Kaiser an seinen Untertanen aussendet, der weiß, daß es eine für ihn bestimmte kaiserliche Botschaft gibt, es gibt den Boten, der sie überbringen soll, aber dieser dringt nicht durch. (»Eine kaiserliche Botschaft«) Die Mauer, die das Reich schützen soll, bleibt durch ihre vielen Lücken Stückwerk. (»Beim Bau der chinesischen Mauer«)

Franz Kafka mit den frühesten Äußerungen der Menschheit und mit der alten und ältesten Weltliteratur in Zusammenhang zu bringen, ist zweifach legitim. Er hat viele Werke der zeitgenössischen Literatur gelesen, aber das meiste aus seiner Weltsicht und als Künstler verworfen. Das Werk Franz Kafkas ist von so großer Tiefe und Weite, daß es sichtbar und unsichtbar mit allen großen Aussagen der Weltliteratur zusammenhängt, wobei er zugleich in seiner Verehrung Kleists, Stifters, Johann Peter Hebels, Justinus Kerners und Eichendorffs seiner Zeit als konservativ erscheint. Seine Sprache ist frei von allem Modischen.

Ernst Blochs Wort vom »fabelnden Denken« trifft besser als mühselige Umschreibungen und Deutungen auf Franz Kafkas Bilderwelt zu. Er dachte nicht abstrakt, darum schrieb er nicht abstrakt, er dachte in Bildern, wie frühe Völker in ihren Mythen, Märchen und Sagen, dachte in den Bildern ihrer Felsenzeichnungen. Bevor der Mensch denken, ja noch bevor er sprechen konnte, lebte er in Bildern – und träumte er. Es müssen Angstträume gewesen sein, denn alles, was von außen auf ihn zudrängte, waren Gefahren, auch des Wetters und des Klimas, der undeutbare Wechsel des Mondes, Gefahren durch Tiere, Angst vor dem Rätsel Tod und vor den Toten.

Franz Kafka erdachte, erfand seine Bilder und Gestalten nicht, sie bildeten sich ihm ohne den Umweg über das Denken, aus dem Unbewußten stiegen sie in ihm auf. (Rudolf Kassner spricht mit Bezug auf Goethe vom »Zusammen von Sehen und Denken.«) So entstand Kafkas »Schloß« wie sein »Amerika«, was immer er über dieses Land auch gelesen haben mochte. Die Freiheitsstatue im Hafen von New York hält bei Kafka keine Fackel in der Hand, sondern ein Schwert.

Mit Bezug auf Franz Kafkas Persönlichkeit und Werk wurde und wird auf zahlreiche Paradoxe hingewiesen; sie schließen aber, scheinbar gegensätzlich, nicht aus, sondern ein. Ein Paradox ist besonders auffällig: Der im Sinn Schillers »sentimentalische«, aus dem Gedanklichen, Reflexiven und Analytischen lebende Dichter schrieb naiv. So bot das dichterische Werk Franz Kafka Ausflucht und Rettung, es ermöglichte ihm zu existieren.

Franz Kafkas Romane und Erzählungen erörtern keine weltanschaulichen Probleme, mit denen sich die anderen Prager herumschlugen. Das wäre bei der Art seiner Gestalten gar nicht möglich. Sie sind durchwegs kleine Leute, Leute des Alltags, oft namenlos, auch als Schullehrer im »Schloß« oder Landarzt oder Offizier in der »Strafkolonie« oder als Jäger mit dem mythologischen Namen Gracchus. Es sind keine intellektuellen Menschen; wenn sie schon Gedanken äußern – es sind deren sehr tiefe –, sprechen sie sie nicht logisch, sondern bildlich, inkarniert aus. Franz Kafka selber spricht in seinen Dichtungen die Probleme nicht aus, er ist und lebt sie. Welchen Aufwand trieben die Prager demgegenüber in ihren Gestalten, so Max Brod mit Tycho de Brahe und Kepler, Galilei, Cicero u. a., die zum Sprachrohr seiner Weltanschauung und seiner Probleme wurden. Sie beschworen in ihren Romanen und Dramen in einem großartigen Szenarium Gott und die Welt. Franz Kafkas Dichtungen sind alltägliche Geschichten mit alltäglichen Menschen, wie dem landlosen Landvermesser K.

Wir können Franz Kafka in mancher Gestalt anderer Dichter erkennen, mit denen er sich als wahlverwandter Leser beschäftigt hatte, etwa in Adalbert Stifters »Hagestolz«. Die Gestalt des Junggesellen taucht bei Franz Kafka als Leitfigur auf. Keine seiner Gestalten ist verheiratet.

Der Hagestolz Adalbert Stifters lebt in einem verfallenden

Klostergebäude auf einer von der Welt und den Menschen isolierenden Insel, der See ist von einer erhaben herrlichen Bergwelt umschlossen. Die traurige Verwahrlosung des Hauses wird sichtbar in den labyrinthischen Gängen und unübersichtlichen Räumen, vollgestopft mit altem brüchigen und verstaubten Hausrat. Die Türen sind verstellt, die Tapeten blättern ab. Von diesem Hagestolz, der auch von Franz Kafka durchlittenen Gestalt des Junggesellen, des typisch ungeselligen Menschen, heißt es am Schluß der Erzählung: »Wenn in dem Ozean der Tage endlich alles, alles untergeht, selbst das Größte und das Freudigste, so geht er eher unter, weil an ihm schon alles im Sinken begriffen ist, während er noch atmet, und während er noch lebt.«
Ibsens vier Verse gelten für Franz Kafkas Leben und Schreiben:

Leben heißt – dunkler Gewalten
Spuk bekämpfen in sich.
Dichten – Gerichtstag halten
Über sein eigenes Ich.

In seinem gesamten Werk hält Franz Kafka Gerichtstag über sich selbst, er stellt sich einem Gericht, das permanent und überall tagt. Schon die Titel deuten es an, beginnend mit dem frühen »Urteil« (1912) bis zum »Prozeß«. Seine angeklagten oder verurteilten Gestalten sind er selbst, der Bankbeamte Josef K. im »Prozeß«, der Landvermesser K. im »Schloß«. Immer geht es um Schuld und Sühne und Strafe. Wie sehr an diesen Gedanken die Tradition des judenchristlichen Gnostizismus beteiligt ist – die Welt ist, als von einem Demiurgen geschaffen, böse, gehört den bösen Mächten, das Eintreten des Menschen in diese Welt durch die Geburt ist Sünde und Schuld –, soll hier nicht ausgeführt werden.
Der Landvermesser K. im »Schloß« kommt spät abends aus

dem landlosen Irgendwo in das Dorf, in welchem es keine Bauern, sondern nur Untertanen des Schlosses gibt, und in welchem er nichts zu vermessen hat; vergeblich versucht der landlose Landvermesser eine Anstellung in seinem Beruf und Heimat- oder doch Wohnrecht zu erhalten; er erhält vom Schloß mit seiner undurchschaubaren Bürokratie keinerlei Bescheid.

Im »Prozeß« wird der Bankbeamte Josef K. eines Morgens verhaftet, »ohne daß er etwas Böses getan hätte.« Am Ende wird er als schuldig hingerichtet – er stirbt »wie ein Hund.«

Ein Werk, das herangezogen werden kann, um Franz Kafkas »Prozeß« zu erhellen, stammt aus der Barockdichtung des 17. Jahrhunderts, Jacob Bidermanns 1609 in München uraufgeführtes geistliches Drama »Cenodoxus, der Doktor von Paris.«

Um diesen hochgelehrten und hochgeehrten Doktor als Toten zu ehren, versammeln sich vor seinem Katafalk Professoren und Studenten zu einem geistlichen Offizium. Da richtet sich der Tote von der Bahre auf und ruft: »Justo Dei justicio accusatus sum.« (Durch Gottes gerechten Spruch bin ich angeklagt.) Nach diesen Worten sinkt Cenodoxus auf die Bahre zurück, und die Trauergesellschaft läuft vor Schrecken auseinander. Am andern Tag erhebt sich der Tote wieder und ruft vor einer noch größeren Menge: »Justo Dei justicio judicatus sum.« (Durch Gottes gerechten Spruch bin ich gerichtet.) Am dritten Tag erhebt sich der Tote und ruft: »Justo Dei justicio condemnatus sum.« (Durch Gottes gerechten Spruch bin ich verdammt.)

Wie deutet der Dichter des 17. Jahrhunderts diese Anklage, Verurteilung und Verdammung des Cenodoxus, der im Ruf großer Frömmigkeit stand? Aus des Cenodoxus Hoffart. Sie, die Kardinalssünde, deren Mißfrüchte Selbstsucht gegenüber den Menschen und Selbstherrlichkeit gegenüber Gott sind,

macht das innere Auge des Menschen blind für dessen überirdische Herkunft und für sein überirdisches Ziel.
Josef K. wurde nicht durch eine bestimmte Tat schuldig, er ist es dadurch, daß er, ohne es erkennen zu wollen, im Zerstörbaren seines säkularisierten Lebens verharrt. Franz Kafka spricht von einem unsichtbaren Gericht, das permanent tagt. Das »accusatus« des »Cenodoxus« entspricht dem ersten Kapitel des »Prozeß« mit der Ankündigung der Verhaftung, das »judicatus« vollzieht sich in der Domszene; das »condemnatus« in der Hinrichtung. Josef K. wird gerichtet und hingerichtet, weil er dem Kardinallaster der Hoffart verfallen war, sich nicht schuldig zu fühlen, und die Kardinaltugend der Demut versäumte.
Es muß nicht noch einmal betont werden, wie sehr Prag an dem Szenarium des bilderreichen Werks Franz Kafkas teilhat, ähnlich dem in Alfred Kubins phantasmagorischen Roman »Die andere Seite« (1909). Alfred Kubin kannte Kafka, hatte Gespräche mit ihm und illustrierte einige Erzählungen. Seine Graphik ist insgesamt der Prosa Kafkas kongenial.
Prag ist nicht nur die Stadt, aus der Franz Kafka seine Bilderwelt ablas, er selber war dieses Prag. Er lebte in und mit Prag, wie Prag in und mit ihm lebte. An ihm war alles aus einem Guß. Gustav Janouch berichtet diese Äußerung Franz Kafkas: »In uns leben noch immer die dunklen Winkel, geheimnisvollen Gänge, blinden Fenster, schmutzigen Höfe, lärmenden Kneipen und verschlossenen Gasthäuser. Wir gehen durch die breiten Straßen der neuerbauten Stadt. Doch unsere Schritte und Blicke sind unsicher. Innerlich zittern wir noch so wie in den alten Gassen des Elends. Unser Herz weiß noch nichts von der durchgeführten Assanation. Die ungesunde alte Judenstadt in uns ist viel wirklicher als die hygienisch neue Stadt um uns. Wachend gehen wir durch einen Traum: selbst nur ein Spuk vergangener Zeiten.«

Nicht nur der Raum und die Stadt, auch die Zeit, vor allem die um den Ersten Weltkrieg traf Franz Kafka mit einer Verdüsterung, die sich in seinem Werk niederschlug. Aus Einsamkeit, Verlorenheit und Bedrohung steigen die Visionen aus dem Unbewußten, das das Kommende einschließt, zu Prophetien.

Die »Strafkolonie« beschreibt in einer haarscharf graphischen Prosa eine öde Hinrichtungsstätte mit einer modernen tötenden Maschine, die ein Offizier einem ausländischen Forschungsreisenden vorführt. Nach der Hinrichtung eines Soldaten steigt der Offizier selber in die Maschine und läßt sich als letzter töten. Der ausländische Forschungsreisende wird daraufhin in ein Teehaus geführt, worin der »Alte«, der Herr über die Strafkolonie, unter dem Tisch unter einem Stein begraben liegt, weil ihm »sein Platz auf dem Friedhof vom Geistlichen verweigert wurde.«

Aktueller kann diese prophetische Vision nicht sein, wie auch die in der Erzählung »Ein altes Blatt«, in welchem die Invasion eines barbarischen Volkes aus dem fernen Asien, das auf dem Platz vor dem Schloß kampiert, geschildert wird. Deutlich ist darauf bis in Einzelheiten der Platz vor dem Hradschin zu erkennen. Adalbert Stifter wurde nach 1866 von ähnlichen Angstvorstellungen heimgesucht. Propheten haben stets in Bildern vorausgesagt.

Flucht und Ausflucht ins Nichtmenschliche schildert die »Verwandlung« (1912). Gregor hat sich in einen Käfer verwandelt, nicht als Strafe, sondern um sich vor den Menschen unkenntlich zu machen. Schon in den »Hochzeitsvorbereitungen auf dem Lande« wird diese Flucht in die Gestalt eines Käfers als Ausflucht, als Zuflucht herbeigesehnt. Während Raban (Rabe-Krähe-Dohle, tschechisch Kavka) seinen »angekleideten Körper« auf die ihm unangenehme Reise schickt, träumt er sich in seinem Bett liegend, »glatt zugedeckt mit gelbbrauner Decke, in der Gestalt eines großen Käfers, eines Hirschkäfers oder Maikäfers.« (Ernst Weiß erlöst die Dirne Olga von ihrem elenden Menschsein durch Verwandlung in einen Tiger.)

Aus Rabans verschattetem Dasein, aus seiner verzweifelten Sehnsucht, »noch eine andere Luft zu schmecken als die des Gefängnisses«, sagt wie eine andere Stimme das Dennoch und Trotzdem: »Nicht verzweifeln, auch darüber nicht, daß du nicht verzweifelst. Wenn schon alles zu Ende scheint, kommt doch noch eine Kraft angerückt, das bedeutet eben, daß du lebst.« In einem Gespräch sagte Franz Kafka zu Gustav Janouch: »Ich habe zu allem ja gesagt. So wird das Leid zum Zauber und der Tod – der ist nur ein Bestandteil des süßen Lebens.« –

Vor seinem Tod erbat Franz Kafka die Verbrennung seiner Manuskripte. Über den Ernst dieser Bitte wurde und wird viel gerätselt. Nach seinem Wesen, war sie ernst gemeint. Auch Thomas von Aquin hörte von einem zum anderen Tag auf, an seinem Werk weiterzuarbeiten, weil ihm alles, was er bisher geschrieben, wie Spreu vorkam. Er schrieb keine Zeile mehr. Franz Kafka hat sein Schreiben als eine Form des Gebets bezeichnet, des Gebets, das dunkler Gewalten und dunkler Mächte Spuk abwenden oder doch bannen möchte. Dazu fügt sich ein Wort der Marie von Ebner-Eschenbach: »Es schreibt nicht wie ein Gott, der nicht gelitten hat wie ein Hund.« Franz Grillparzers »Armer Spielmann« taucht wie ein Schatten hinter Franz Kafka auf. Er klagt: »Sie spielen den Wolfgang Amadeus Mozart und den Sebastian Bach, aber den lieben Gott spielt keiner.« Dieser arme Spielmann Gottes war Franz Kafka.

Franz Kafka lebte aus der Grundbefindlichkeit Grillparzers, der den Österreicher verkörpert. Er war sein Leben lang dem ererbten Wahnsinn nahe. Nestroy nannte eine seiner Possen

»Der Zerrissene«, Hofmannsthal eines seiner Lustspiele »Der Schwierige«; aus einer erst spät erkannten Untergründigkeit beging Adalbert Stifter Selbstmord, wie auch der Zauberspieldichter Ferdinand Raimund. Bei Rilke wie bei Kafka traten zu dem Problem des Österreichertums die Enge, Düsternis und nationale Aufspaltung Prags. Es war einem Außenstehenden vorbehalten, das Österreichertum in seiner Tragik erkannt und dargestellt zu haben: Claudio Magris: »Il mito absburgico nella letteratura austriaca moderna.« (1963) Das schwierige, zerrissene, durchlöcherte Leben führte bei den verschiedenen Dichtern zu besonderen Formen, bei Kafka zur Sublimierung der fragwürdigen Weltwirklichkeit und menschlichen Existenz im Sinne von Schillers Paradox:

Was sich nie und nirgends hat begeben,
das allein veraltet nie.

Der Schwebezustand von Kafkas Stil wird besonders deutlich in seinen wenigen, kaum beachteten Versen. Das titellose Abendgedicht läßt sich unschwer lokalisieren. Es ist voll entrückender Schwermut und Beklemmung in einer reglosen Stille.

Menschen, die über dunkle Brücken gehn,
Vorüber an Heiligen
Mit matten Lichtlein.

Wolken, die über grauen Himmel ziehn,
Vorüber an Kirchen,
Mit verdämmernden Türmen,

Einer, der an der Quaderbrüstung steht
Und in das Abendwasser schaut,
Die Hand auf alten Steinen.

DIE FRAUEN

Die Eigenart der schreibenden Frauen in Böhmen und Mähren hängt mit deren Stellung innerhalb der Gesellschaft und dem sich vorbereitenden Verfall Österreichs zusammen, aber auch mit weit zurückreichenden Traditionen. Noch lebte, vorweg vom Slawischen her, das Matriarchalische weiter. Nicht zu unterschätzen für das Ansehen der Frau als Gattin und Mutter ist der Einfluß der katholischen Marienverehrung. Daher war die Stellung der Frau in der Familie in den zumeist katholischen Ländern der böhmischen Krone anders als in protestantischen Gegenden. Der Unterschied der Stände war in Österreich weniger kraß als anderswo. Der Adel war volksnah, der Offiziersstand war nicht so starr, den Frauen blieb ein breiterer Raum eigener Betätigung. Bei allem Charme der Österreicherin zeigten sich die schriftstellernden Frauen, vielfach Gattinnen höherer Offiziere oder wohlhabender Patrizier, freimütig, fortschrittlich, kühn in der Wahl der Stoffe und zupackend in der Form, dem Leben näherstehend als die in Gedankliches versponnenen Kollegen.

Noch immer war die mütterliche und zugleich tatkräftige Kaiserin Maria Theresia vorbildlich im Vergleich zu ihrem ganz anders beschaffenen Gegenspieler und Widersacher, dem preußischen König.

Überragend steht am Anfang der Frauendichtung in Böhmen und Mähren zu Beginn des 20. Jahrhunderts Marie von Ebner-Eschenbach, ein Vorbild an Mut und Tapferkeit, Herzenswärme und Gerechtigkeit, an Aufgeschlossenheit gegenüber einer sich wandelnden Zeit. An ihrer Seite, ihr Gatte, hoher Offizier im Kriegsministerium, Feldmarschalleutnant Freiherr Moritz von Ebner-Eschenbach, der wegen der nachlässigen und reformunfreundlichen Zustände innerhalb des Heeres frühzeitig den Dienst quittierte. Da sie in ungebrochener Kraft ein hohes Alter erreichte, ging der Einfluß der Marie von Ebner-Eschenbach über die Jahrhundertwende

hinaus; sie starb im Alter von 86 Jahren mitten im Ersten Weltkrieg (1916).
Unmittelbar vor dessen Ausbruch war BERTHA VON SUTTNER gestorben. Ihr Wirken um den Frieden in der Welt wurde bereits gewürdigt. In Paris war sie Sekretärin Alfred Nobels gewesen. Gegen den Willen ihrer Familie – ihr Vater war der Feldmarschalleutnant Graf Kinsky – heiratete sie den Freiherrn Alfred Gundaccar von Suttner, mit dem sie wegen ihrer unstandesgemäßen Ehe zehn Jahre in Tiflis im Kaukasus lebte; in dieser Umwelt entstanden einige ihrer Romane (»Kinder des Kaukasus«).
Als 1883 ihr Roman »Inventarium der Seele« in der von Martin Buber herausgegebenen Buchreihe »Die Gesellschaft« erschien – auch Fritz Mauthners Werk »Die Sprache« kam dort heraus –, legte sie die Absicht ihrer schriftstellerischen Tätigkeit und ihrer Bemühungen um Erhaltung des Friedens dar: »Es gibt nur einen Grundsatz der Moral, und derselbe heißt Wahrheit.« Man erinnert sich des Aphorismus der Marie von Ebner-Eschenbach: »Es gibt keine Religion, die höher ist als die Wahrheit.« Bertha von Suttner bekämpfte den Standesdünkel, vor allem des Adels und der Offiziere, und die Verlogenheit in geschlechtlichen Dingen. Ihr bewegtes, von leidenschaftlichem Ethos erfülltes Leben schildert sie in ihren »Memoiren« (1900); geistreich, scharf und lebendig, frisch geblieben bis heute, sind sie das Bekenntnis einer unbeugsamen Persönlichkeit und ein Spiegel der österreichischen und europäischen Gesellschaft und Zustände am Beginn des 20. Jahrhunderts.
AUGUSTE HAUSCHNER (1851 Prag – 1928 Berlin), die Gattin des Fabrikanten Bruno Hauschner, geborene Sobotka, lebte lange Zeit in Berlin; in ihrem Salon verkehrten die bedeutendsten Männer der Stadt und der Zeit. Zu ihrem Kreis gehörte Fritz Mauthner, mit dem sie verwandt war. Vor ihm

als emanzipiertem Juden wurde sie von Max Brod eindringlich gewarnt.
Auguste Hauschner hat die Probleme der Zeit in ihren Romanen hellhörig und mit sicherer Hand gezeichnet. Innerhalb der gesellschaftlichen Veränderungen greift sie das Problem der Emanzipation der Frau auf, nicht in Form einer Forderung nach Gleichstellung der Frau mit dem Mann, sondern nach Hinfindung zu ihrer besonderen, vielfach verschütteten und verzerrten Eigenbestimmung als Liebende und Mutter.
Das Ringen der Geschlechter um- und gegeneinander schildert sie in dem Roman »Doktor Ferenczy« (1895) als tragische Liebe einer Mutter und deren Tochter zu demselben Mann. In den dramatischen Skizzen »Frauen unter sich« (1901) ist in dem Nachtstück »Asyl für Obdachlose« der Einfluß Tolstojs erkennbar. In der in einem holländischen Dorf handelnden, episch durchgestalteten Erzählung »Daatjes Hochzeit« (1902) ringen zwei Seeleute um dasselbe Mädchen.
Es folgen die in Prag und Böhmen handelnden Romane, beginnend mit dem Roman »Zwischen den Zeiten« (1906), dessen Umwelt ein böhmisches Industriegebiet ist. In diesem Roman macht sich der Einfluß Zolas bemerkbar. Die Autorin analysiert, von der Sorge und Ahnung um eine zusammenbrechende Zeit bewegt, in dem Doppelroman »Die Familie Lowositz« und »Rudolf und Camilla« (1910) die brüchige aristokratische und bürgerliche Gesellschaft. In dem von Resignation erfüllten Roman »Die Siedlung« (1918) scheitert der Wille zur Gemeinschaft an der Eigensucht der einzelnen.
Schon in dem frühen Roman »Die sieben Naturen des Dichters Clemens Beißmann« (1906) hatte Auguste Hauschner halbe, verstörte und gebrochene Menschen dargestellt, die nicht ins Leben und zu ihrer menschlichen Verpflichtung hinfinden können. Wie bei Thomas Mann scheitert der Künstler, der sich der Wirklichkeit und dem Natürlichen entzieht, am

Leben. Den Gegensatz zwischen Kunst und Leben greift die Dichterin noch einmal in dem Roman »Die große Pantomime« (1913) auf.

Wie ein Teil der jungen Dichtergeneration ist auch sie auf der Suche nach einem neuen Menschentum. In dem Roman »Die Heilung« (1922) sieht sie als Grundlage einer conditio humana Güte, Duldsamkeit und gegenseitige Hilfe, Abtun des Egoismus, Vertrauen aus einem »grundlosen Optimismus«, zu dem der Brünner Hieronymus Lorm (1821–1901) aus einem bewegten und leidvollen Leben gelangt war. Sie findet dorthin, wo Marie von Ebner-Eschenbach begonnen hatte.

Ebenfalls in einer Zeitenwende handelt der historische Roman um den Tod Kaiser Rudolfs II. in Prag »Der Tod des Löwen« (1916), der mit Zeichnungen von Hugo Steiner erschien. Hier gelangte Auguste Hauschner in die Zeit und Umwelt von Max Brods Roman »Tycho Brahes Weg zu Gott«, der ein Jahr vorher erschienen war.

Einige Romane schildern böhmische Verhältnisse im Zwiespalt der Nationen, wobei die Tschechen wenig freundlich behandelt werden. Auch der Zwiespalt zwischen emanzipierten und orthodoxen Juden spielt seine Rolle.

Ein Dokument der vielseitigen und überragenden Persönlichkeit Auguste Hauschners ist der Band mit den an sie gerichteten Briefen (1928), der den Umkreis der Menschen aufzeigt, denen sie verbunden war: Fritz Mauthner, Thomas Mann, Stefan Zweig, Martin Buber, Romain Rolland, Hermann Sudermann, Christian Morgenstern, Max Brod und viele andere.

Als Auguste Hauschner am 10. April 1924 in ihrem 73. Lebensjahr starb, hielt ihr Jakob Schaffner im Berliner Lyzeumsklub die Gedenkrede.

ALOISIA (LOLA) KIRSCHNER (1854 Prag – 1934 Schloß Koschatek/Böhmen), nannte sich als Schriftstellerin nach einer Gestalt aus Turgenjevs Roman »Helena« OSSIP SCHUBIN.

»Sie führte die österreichische Welt nach der europäischen Seite und schon in vollem Niedergang vor. Und ihre zerrütteten Nerven hatten die ahnungsvolle Hysterie einer sterbenden Gesellschaft aus schon größter Nähe des Gefahrenpunkts.« (Josef Nadler) Ihre mehr als ein halbes Hundert zählenden Bücher, Romane und Erzählungen, stehen schon im Schatten des verfallenden Österreich und zeigen die Risse der brüchigen Lebensformen. Durch Aufenthalte in Brüssel, Paris und Rom, von wo sie immer wieder auf ihr Schloß Koschatek zurückkehrte, hatte sie die europäischen Lebensverhältnisse kennengelernt. Russisches (Turgenjev) wie Französisches (Maupassant) wirkten auf sie gleichermaßen ein. Die europäische Untergangsstimmung erfaßte sie und bedrängte sie, ähnlich wie Herman Bang mit seinem Roman »Hoffnungslose Geschlechter«. Sie schildert die spätösterreichische Umwelt, an der R. M. Rilke gelitten hatte.
Aloisia Kirschner war als Sängerin ausgebildet worden und wählte nach dem Versagen ihrer Stimme das Schreiben als Ersatz. Einige ihrer Prosawerke kreisen um das Thema Musik und Musiker (Rubinstein), der Gegensatz von Kunst und Leben kehrt in ihren Romanen oft wieder. Sie bekämpfte die Lebensentrücktheit und -untüchtigkeit der Künstler und war ihnen doch selber preisgegeben (»Boris Lensky«, 1889). Die Frage ihres dreibändigen Romans »Woher tönt dieser Mißklang durch die Welt?« (1894) schreckte sie auf und quälte sie. Die verfallende österreichische Aristokratie war das Motiv, das in eindringlicher Kraft der Gestaltung immer wiederkehrte und von ihr abgewandelt wurde, aber sie liebte diese müde Gesellschaft, sie schwärmte und war zugleich von Weltschmerz erfüllt. Sie liebte das Dekorative, Schloß und Park, in allem ein Schuß Bohème. (»O du mein Österreich!«, 1890, »Toter Frühling«, 1893, »Gebrochene Flügel«, 1894, »Wenn's nur schon Winter wär!«, 1898)

Sie kannte das Volk, vor allem in ihrer böhmischen Heimat. Eine Gestalt ihres Romans »Confiocchi« (1896), die sonst so emsige und fleißige Bjetuschka, legte, wenn sie allein war, stundenlang ihre Hände in den Schoß und dachte nach Hause: »Durch ihre Erinnerung schwebte der Duft des Quendels (Thymian) auf der Hutweide hinter ihrem Gärtchen oder von der lieben kleinen Wohnung an der Stirnwand des Stalles, und der Duft des Waldes hinter der Hutweide. Über den schwarzen Kiefern hing die weiße Sichel des Mondes. Der Himmel wurde dunkelblau, die Mondsichel fing an zu leuchten, die Luft wurde kühl. Der Quendelgeruch wurde stärker, und auch der Duft des Waldes, nicht nur der Nadeln der Kiefern, auch die roten Stämme mit ihrer sich schuppenden, bröckelnden Rinde dufteten.«

Ossip Schubins spätere Romane tragen die sinnbildlichen Titel: »Ein Frühlingstraum«, 1888, »Es fiel ein Reif«, (1888), »Torschlußpanik« (1892), »Vollmondzauber« (1899). Die Reihe klingt aus mit dem Roman »Der Rosenkavalier« (1924).

Neben und nach Bertha von Suttner, Auguste Hauschner und Ossip Schubin widmeten sich die Frauen bevorzugt der Lyrik. Hedda Sauer (1875 Prag – 1953 Prag), geborene Rzach, deutsch-italienisch-tschechischer Herkunft war die Gattin August Sauers, des Germanisten an der deutschen Universität in Prag, der durch die von ihm 1901 mitbegründete Zeitschrift »Deutsche Arbeit«, durch die »Gesellschaft deutscher Wissenschaft, Kunst und Literatur in Böhmen« und als Herausgeber der »Bibliothek deutscher Schriftsteller aus Böhmen« einen fruchtbaren Einfluß auf das Schrifttum in Böhmen ausgeübt hat. Hedda Sauer ist in erster Linie Lyrikerin mit der Neigung zum erzählenden Gedicht und zur Ballade. (»Ins Land der Liebe«, 1900, »Wenn es Rosen schneit«, 1904, »Gedichte«, 1912) Prag und Böhmen stehen im Mittelpunkt ihres Schaffens. In ihrer Bilderfülle, darin Böcklin und Klinger verwandt, neigt sie zu Prunk und Farbenpracht, Sage und Historie. Das ist Prager Neuromantik, die auch die bildende Kunst beherrschte, so die Anfänge August Brömses, die bereits zum Expressionismus neigten. Bei Hedda Sauer reitet der todumfangene Ritter an der dunkelblauen Wand der Fichten entlang; der Efeu ist grün wie das samtene Gewand des jungen Pagen; im Windhauch klingt der blaue Fliederbaum wie Amethyste; der Herbst ist der stille Alchimist, der den Garten in Gold verwandelt; jedoch in den Träumen übergroßer Schönheit nistet das Unheimliche, das Grauen.

Die Todesumfangenheit kommt von Rilke her, dessen »Cornet« in der ersten Fassung in der »Deutschen Arbeit« abgedruckt wurde. Mit August Sauer trat Rilke später, auf der Suche nach dem »Nachsommer«, brieflich in Verbindung; August Sauer veranstaltete die erste Gesamtausgabe der Werke Adalbert Stifters.

Prag sieht Hedda Sauer mit den Augen Liliencrons, der die Stadt, angeregt durch oftmalige Aufenthalte, als »Goldnetz von Gedichten« besungen hat. Für Hedda Sauer ist Prag ein »Schatzkästlein«:

Was durch der goldnen Zweige Gitter glänzte,
Die bunten Türme und das rote Wasser,
War wie ein Schatzkästlein, und zart begrenzte
Türkisenblaue Luft das helle Bild.
Die Mauern waren wie ein blanker Schild
Und grell und flimmernd. Fernhin standen blasser
Die Türme wie in einem Silberduft.
Rubinendächer und Smaragdendächer,
Und über allem lag der zarte Fächer
Der glänzenden, türkisenblauen Luft.
Ein warmer Wind, der durch die Bäume fuhr,

Bog einem Rahmen gleich den spanischen Flieder,
Und weiße Tauben flogen hin und wieder
Und leuchteten wie eine Perlenschnur.

In manchen Gedichten klingt das Volkslied weiter; zu den ausgereiftesten gehören »Bei den gefangenen Tieren« (1920) und die »Biblischen Balladen« (1923).
Aus zarten Fäden gewebt sind Hedda Sauers Erzählungen. Den Spuren der Forschungen ihres Gatten folgt sie mit der Erzählung um die Altersliebe Goethes und die Entstehung seiner ›Marienbader Elegie‹ (»Goethe und Ulrike«, 1923). »Am himmlischen Ort« (1926) erzählt die Geschichte der Liebe eines Mädchens und zweier junger Gelehrter, die wie »Goethe und Ulrike« mit Entsagung endet. »Am himmlischen Ort« begibt sich in der Schönheit eines ländlichen Sommers, in einer barock-biedermeierlichen Kleinstadt; Lavendelduft atmet aus vergilbten Blättern wie aus Theodor Storms »Immensee«. Das ist alles anders als in den von Zeitfragen aufgewühlten Romanen der Auguste Hauschner und Ossip Schubin; sie sahen, zum Teil von Berlin aus, die Problematik der Zeit genauer.
Ein Sonderheft der »Deutschen Arbeit« (5. Jahrgang) stellte die aus Prag stammenden neuromantischen Dichterinnen zusammen, so Hella von Zedník, die schon vor Rilke Altprager Kleinbilder im Gedicht eingefangen hatte, Nora von Görnes, die Novellistin Gräfin Thun – fast ununterscheidbar im Ton, in der Farbe, im Atem. Welche Stadt ist so oft besungen worden wie Prag?
INGE THIELE (1903 Prag), Gattin des Professors an der Prager Kunstakademie Franz Thiele, besingt in dem Band »Die Insel« die alten Gärten Prags:

Grüne Wildnis, vom Flug blauer Meisen bewegt,
Alte Gärten, von rostigen Gittern umhegt,

Glanz auf den Beeten, Klematis und Rose im Licht,
Dunkler Efeu die brüchige Laube umflicht.

Fruchtschwere Äste, zum Grase niedergeneigt,
Zarte Fontäne, die hell dem Becken entsteigt,
Pfade, verwachsen, als schritte sie keiner mehr,
Führen an Steinportalen, Terrassen leer.

Panische Stunde – die Sonne im Mittag steht,
Heuduft von nahen Wiesen herüberweht.
Irgendwo schlägt eine Uhr – zwölfmal – und verstummt.
Nur in den Linden die Wolke der Bienen summt.

Inge Thiele führt in ihren Prosaskizzen zu den heimlich-unheimlichen Stätten Prags, in das von Geheimnissen umwitterte Frauenkloster unterm Hradschin, durchgeistert von dunklen Leidenschaften.

MARIA STONA (geborene Stonavski, verheiratete Marie Scholz, 1868 Střebowitz bei Mährisch-Ostrau – 1944) lebte wie Ossip Schubin in einer schloßartigen Villa, umgeben von alten schönen Dingen, einem Park und kleinen Dörfern. Von Mährisch-Ostrau tönte der Lärm der Fabriken herüber, nachts war der Himmel vom Feuerschein der Schmelzöfen gerötet. Dort in der Ferne dichtete ein tschechischer Postbeamter, Petr Bezruč, seine aufbegehrenden, menschliche und soziale Gerechtigkeit fordernden »Schlesischen Lieder«. Aus dieser Industriewelt drang kaum etwas in die Prosa und Lyrik Maria Stonas.

Sie schilderte satirisch das Kleinstädtertum in »Die Provinz unterhält sich« (1898); sie liebte die Satire, noch in einem späten Buch mokierte sie sich über ihre Geschlechtsgenossinnen (»O du spaßige Welt der Frauen«, 1924). Im Gefolge ihrer Landsmännin, der Marie von Ebner-Eschenbach, schrieb sie Dorfgeschichten (»Mein Dorf«, 1908, »Die Heidelerche«). Zahlreich sind ihre Gesellschaftsromane. Slawisches Dorf- und Schloßleben spielt in ihren Roman »Der Rabenschrei« (1907) hinein, mit einer Frau im Mittelpunkt, »der die Liebe viel, aber nicht mehr alles ist«, einer Dilettantin der Liebe, wie Kurt Günther, die Hauptgestalt des Romans einer Mischehe »Rahel« (1909) ein Dilettant des Lebens und der Kunst ist; er schriftstellert, schreibt Kunstkritiken, malt und entwirft Baupläne, ohne etwas zu Ende zu führen.

Groß ist die Zahl der Gedichtbücher, die Maria Stona veröffentlichte, vom »Buch der Liebe« (1888) bis zu »Der Liebe Gewalt« (1938). Sie sind epigonenhaft. Die Lyrik seit Hermann von Gilm (»Stell auf den Tisch die duftenden Reseden«) bis Franz Karl Ginzkey war zu oft und zu lange nachgeahmt worden, als daß sie noch Kraft zu eigener Aussage hätte finden können.

Allen Glanz des Herbstes
Streu ich über dich hin,
Lasse dir zu Füßen
Georginen blühn.

Leg in deine Hände
Astern zart und hold,
Zünd dir an zu Häupten
Sonnenblumengold.

Doch an deine Lippen
Preß ich alle Pracht
Einer letzten Rose,
Die für dich erwacht.

Anders GERTIE HAMPEL-FALTIS (1895 Trautenau – 1944 Wekelsdorf). Sie lebte auf ihrem Schloß in der Wald- und Felsenlandschaft von Adersbach-Wekelsdorf, woher Sidonie

Nadherný stammte. Ihre Lyrik (»Das große Rauschen«, 1931) ist stark und tief im Erleben und einfach in der Form, ihr Herz schlägt mit der Natur und den Jahreszeiten. Das Gedicht »Ich lese ein Buch, das dir gehört« ist ein Beispiel dafür, wie ein Liebesgedicht das allgemeine Klischee überragen kann:

Auf diesen Seiten ruhte deine Hand
Und wandte Blatt um Blatt.
Aus diesen schwarzen Zeichen kommt dein Blick
In meine Augen, warm und lebensvoll.
Dein Atem rührte diese Blätter an,
Ich fühle ihn, als wärst du neben mir.
Und Menschenschicksal, eingepreßt in kurze Zeilen,
Das mich nun anrührt,
Ging an dein Herz, das mir so nahe war.

O Herz, ihr Hände, Blicke, tief vertraut,
Wie faßt ihr mich mit allzuviel Gewalt,
Daß ich, als wärst du's selbst,
Die Wange lege auf das kühle Buch,
Und bei dir bin – wie einst.

Erika Spann-Rheinsch, aus Bayern gebürtig, kam mit ihrem Mann Othmar Spann 1908 nach Brünn, wo er an der Technischen Hochschule lehrte. Ihre herbe, sachliche Lyrik neigt zum Gedanklichen und Aphoristischen, so in den Zwiegesprächen »Parazelsus und seine Jünger« (1920). Dem Grenzlanddeutschtum widmete sie den Band »Trutznachtigall« (1919). Sie hat Brünn in einigen Gedichten besungen.

Alles steigt an der Stadt. Sie wandert die grünen Hügel
Leise im Kreis hinan, um den granitenen Fluß
Legt sie den Gürtel der Straßen und schmiegt sich mit
  Markt und mit Rathaus

Enger am Abhang empor, setzt den ferngrüßenden Dom
Hoch auf die Schulter des Berges, und drängt sich mit Häusern und Gärten
Breit und lebendig hinauf, jugendlich strebt sie ins Licht!
Und so wüchse sie fort in den Himmel; doch setzt ihr des Spielbergs
Ernste Festung zuletzt würdig die Krone aufs Haupt.

Das Einmünden in den Strom des Lebens, das Suchen des Einklangs zwischen Ich und All, religiöse Aussage sind die ebenfalls zum Gedanklichen und zu vergeistigter Form neigenden Gedichte, Legenden und Aphorismen (»Die Werdenden«, 1923), »Vom Lebendigen Leben«, 1928).

HEDWIG TEICHMANN (1875 Buchbergthal/Österreichisch-Schlesien – 1949 Geldern/Hessen) vertritt mit ihren Novellen, Erzählungen und Romanen unter den Frauen die Heimatliteratur. (»Aus meinem Königreich«, 1912, »Die Mädlmühle«, 1916, »Im Banne der Heimat«, 1922, »Irrgarten des Lebens«, 1925, »Die bösen Glocken von Würben«, 1926, »Die Lindenmühle«, 1929). Nach der »Lebensbeschreibung von ihm selbst«, die der Komponist Ditters von Dittersdorf zwei Tage vor seinem Tod 1799 auf Schloß Roth-Lhota bei Neuhaus in Böhmen abgeschlossen hatte, schrieb Hedwig Teichmann den Roman »Ein Stern zieht seine Bahn« (1936).

Rund um den Altvater handeln die Dichtungen ANNA KÖHLERS (1890 Lichten/Freudenthal – 1957 Ludwigsburg). Neben dem Roman »Saat und Ernte« (1939) schrieb sie einige Volksstücke, teils in der Mundart: »Erbe des Hofs« (1934), »Bei der Renkenmahm«, »Ofm Einschichthof« und Freilichtspiele: »Deutscher Acker«, »Mutter Erde«, »Der Johanniszauber«. Ihre Heimat stellte sie in Hörspielen vor: »Der Altvater und seine Kinder«, »Unsere Bauern.«

Als österreichischer Beamter war der aus Brünn stammende

Vater ILSE RINGLER-KELLNERS (1894 Sarajevo – 1958 Salzburg) aus Bosnien-Herzegovina nach Brünn zurückgekehrt. Ilse Ringler-Kellner hat in schlichten Gedichten, die sich aller Heimattümelei fern halten, Bild um Bild ihre südmährische Heimat festgehalten. (»Ahnenlandschaft«, 1934, »Heimat Südmähren«, 1940).

Südmährischer Hof

Graues Gemäuer mit hängenden Rebenranken,
Maulbeeren, verstreut, liegen auf Tisch und Bank.
Eibischgebüsch, aus dem lila Blüten schwanken,
Und zur Scheune hinauf, der hallige Bogengang.
Dämmerung schaut aus halbgeöffneten Türen;
Schlafendes Kätzchen am hölzernen Brunnenrand.
Niemand ist da, um mich hineinzuführen,
Nur die wandernden Schatten der Blätter berühren
Mich wie eine längst verlorene Hand.

Ihr verwandt ist HILDE BERGMANN (1878 Prachatitz – 1947 Astorp/Schweden). Auch sie ist vor allem Lyrikerin, die ihre Heimat besingt. (»Der heilige Reiher«, 1925, »Die stummen Dinge«, 1933, »Zünd Lichter an«, 1933) Ihre zarten Gedichte bringen die stummen Dinge zum Reden, fühlen mit den Tieren, mit der Landschaft. Um die Dichterin schwebt etwas vom Geheimnis und Zauber der Märchen, die sie zu erzählen weiß. (»Märchen aus Wiese und Wald«, 1938).

Gesinnung und Gestaltungskraft, auch die Bevorzugung historischer Stoffe in den Dichtungen von ALMA JOHANNA KÖNIG (Freifrau von Ehrenfels, 1889 Prag – 1942 KZ Minsk) zeigen eine enge Verwandtschaft mit Ricarda Huch. Ihre Hinwendung zur Geschichte entspringt nicht neuromantischer Gesinnung, die Gewalt des Menschlichen fesselt sie. In dem Roman »Der heilige Palast« (1922) mit der Gestalt der Theodora als Mittelpunkt, der Schauspielerin und Tochter eines

Bärenwärters im Circus, die die politisch hochbegabte Gemahlin des byzantinischen Kaisers Justinian I. (527–565) wurde, entwirft Alma Johanna König ein riesiges, figurenreiches Gemälde menschlicher Größe und menschlichen Elends einer aufgewühlten Epoche. Mit männlichem Zugriff meistert sie den Stoff, macht eine ferne Zeit lebendig. »Die Geschichte von Half dem Weibe« (1924) ist von der urtümlichen Kraft einer nordischen Saga; sie handelt wiederum an einer Zeitenwende, schildert den Kampf der Wikinger zwischen Heidentum und Christentum.

Neben eigenen Gedichten (»Die Windsbraut«, 1918) übersetzte sie die »Lieder der Fausta« (1932), der Gattin Kaiser Konstantins des Großen. Aus der aufgewühlten Schreckenszeit, bevor sie 1942 ins Konzentrationslager Minsk gebracht wurde, wo sich die Spur ihres Lebens verliert, schrieb Alma Johanna König einige ergreifende Gedichte. Einer ihrer Verse wurde der Buchtitel für die Anthologie von verfolgten, in Lager verschleppten und ermordeten österreichischen Dichtern oder von solchen, denen zu emigrieren gelang: »Dein Herz ist deine Heimat« (1955); von ihnen stammen einundzwanzig aus Böhmen-Mähren. Von Alma Johanna König wurde neben anderen das Gedicht »Credo« aufgenommen:

Es ist mein Amt nicht, zu vermaledein.
Zum Trost berufen, aber nicht zum Fluche,
Ist es mein armes Teil, wenn ich versuche,
Im allerengsten Rahmen gut zu sein.

Was auch an Leiden die Geschichte buche,
Den großen Sündern möge Gott verzeihn.
Ich zeichne an des Bildes Rand mich ein,
Mit seinem Inhalt stumm im Widerspruche.

Denn wie ein Sperling ohne Unterlaß
Im Abfall pickend seine Nahrung findet,
So such auch ich in einer Welt voll Haß

Nach Liebe, die uns tiefgeheim verbindet.
Und davon leb ich – mich erhält nur das.
Ich liebe – und wer liebt, der überwindet.

Auch ELISABETH JANSTEIN (1893 Iglau – 1944 Winchcombe/England) wurde ein Opfer der harten dunklen Zeit. Aus Paris, wo sie beruflich tätig war, flüchtete sie bei Ausbruch des Zweiten Weltkriegs nach England, wo sie, schwer krank, von Freunden bis zu ihrem Tod gepflegt wurde. Außer dem Gedichtband »Gebete um Wirklichkeit« (1919), der sie als eine der bedeutendsten Lyrikerinnen ihrer Heimat ausweist, und der kleinen Prosa »Die Kurve« (1920) ist ihr Werk verschollen. Ihr frühes Gedicht »In der Einsamkeit« enthält die Vorahnung ihres Schicksals:

Menschen, wir stehn im Hemde
Bitterster Scham allein.
Sollten wir nicht in der Fremde
Brüder und Schwestern sein?

Um das Schöne des Gebens
Bringt uns falscher Verzicht.
Taschenspieler des Lebens
Wissen wir Nächstes nicht.

Alle Wege verloren,
Gift in Worte gestreut,
Krumm, zur Lüge geboren
Stehen wir in der Zeit.

Brücken werden zerbrechen,
Wachsend ballt sich Gericht.

Brüder, werden wir sprechen,
Eh uns das Dunkel zerbricht?

SUSANNE WANTOCH, geboren 1912, emigrierte 1938 aus Böhmen nach China, kehrte 1945 zurück und wurde in Wien als Schriftstellerin und Journalistin tätig. Das Gedicht »Eure Kinder« entstand im Exil; der Schluß lautet:

Aber du, mein Ungeborenes,
Verscharrt im Getto von Wien.

Du, mein Ungeborenes,
Verbrannt in den Wüsten von China.

In Knochenmühlen zermalmt,
Auf Scheiterhaufen verqualmt,
In siedenden Brunnen ertränkt,
An tausend Galgen gehenkt.

Ihr meine Ungeborenen . . .

Auf Erna Haberzettl, die als politisch Verfolgte Selbstmord beging, und auf Erna Künast, die 1938 nach Schweden emigrierte, wurde bereits als Arbeiterdichterinnen hingewiesen. Zu der damals heranwachsenden Generation gehörte GERTRUD FUSSENEGGER (1912 Pilsen). Sie veröffentlichte bis 1939 den Roman »Geschlecht im Advent« (1937), die Geschichte und das Verhängnis einer Frau im Dunkel der endenden Epoche der Karolinger und die »Mohrenlegende« (1937), eine Erzählung aus der Zeit der Kreuzzüge. Ein verlassener Mohrenknabe überwindet seinen Haß gegen die weißen Menschen, als er den Mohrenkönig einträchtig unter die Sternsinger aufgenommen sieht. Auch in den Erzählungen »Eines Menschen Sohn« (1939) und »Der Brautraub« (1939) tritt die bedeutende Epikerin in Erscheinung, die in ihren späteren Werken die unbedingte Menschlichkeit zu gestalten versteht, und die Tiefen und Untiefen der Seele und der Zeit auslotet, vor allem im »Haus der dunklen Krüge« und im »Verschütteten Antlitz«. In ihrem Werk erscheint das Sudetendeutsche wieder und noch einmal mit dem Österreichischen verknüpft. In einem Buch huldigte sie im Gefühl ihrer Wahlverwandtschaft der Marie von Ebner-Eschenbach (»Der gute Mensch von Zdißlawitz«).

Von den Frauen, die sich am nationalen Schrifttum beteiligten, ist nur RUTH STEFFAN (1909 Jaffa) zu nennen. Sie ist nordmährischer Herkunft und mit dem Germanisten Gerhard Eis (1908 Aussig) vermählt, der den Sammelband »Sudetendeutsche Rufe aus einem Jahrhundert« (1936) veröffentlichte. Ruth Steffan schrieb den Gedichtband »Kameraden der Zeit« (1934) und gab ein »Sudetendeutsches Liederbuch« (1939) heraus.

Jenseits des allgemeinen literarischen Zusammenhangs sollen zwei Frauen nicht vergessen sein, die von der weiten Welt angelockt und zum Schreiben angeregt wurden.

CHRISTIANE RITTER (1897 Karlsbad) kam als Gattin des Kapitäns zur See und Arktis-Forschers Hermann Ritter an die einsame Nordküste Spitzbergens. In einer kleinen Hütte erlebte sie ein Jahr lang die ewige Nacht der Eisregion und berichtete darüber in dem Buch »Eine Frau erlebt die Polarnacht«, dem sie eigene Federzeichnungen und Aquarelle beifügte. Die großartige Natur der Arktis und die Tierwelt werden schlicht, aber anschaulich geschildert. Das Buch erschien in mehr als 18 Sprachen; auch im Japanischen.

FRIEDERIKE VICTORIA GESSNER, verheiratete Joy Adamson (1910–1980), war die Tochter eines reichen mährischen Tuchfabrikanten. Sie verlebte ihre Jugend im immer noch mondänen Wien. In ihrem Hang zum Außergewöhnlichen verließ sie beim Einmarsch Adolf Hitlers Wien und ging nach Nordafrika, wo sie ihren dritten Gatten, den Großwildjäger und -heger

George Adamson kennenlernte. Sie erforschte Kenia, auch andere afrikanische Staaten wie Tansania und Uganda. Bei ihren Streifzügen durch Kenia hielt sie in Zeichnungen und Aquarellen die Flora des Landes fest, dann auch die Menschen in ihrer Kleidung und den alltäglichen Gewohnheiten; ihr Buch »The people of Kenya« hat infolge der auch in jenen Ländern rasch fortschreitenden nivellierenden Zivilisation schon heute dokumentarischen Wert. Sie faßte große Zuneigung zu den Tieren und versuchte ihr Aussterben und ihre Vernichtung durch Großwildjäger aufzuhalten; sie schrieb die Bücher »Born free«, »Living free« und »Forever free«. In ihrer Selbstbiographie »The Searching Spirit« schildert sie ihre Bemühungen und berichtet über ihre Forschungen. Weltberühmt wurde sie durch ihre Bücher über die Löwin Elsa. Am 3. Januar 1980 wurde Joy Adamson im Shaba-Tierreservat in Nordkenia, nahe der Stadt Isiolo, wo sie viele Jahre gelebt hatte, ermordet aufgefunden.
Klösterliche Erziehung und theologische Studien in Wien und Freiburg geleiteten IDA FRIEDERIKE GÖRRES (geborene Gräfin Coudenhove-Kalergi, 1901 Schloß Ronsberg im Böhmerwald – 1971 Frankfurt/Main) in einen zutiefst religiösen und werktätigen Katholizismus. Grundlegend für ihre Weltanschauung ist das »Gespräch über die Heiligkeit« (1932); ihm folgten hagiographische Darstellungen (Radegundis, Hedwig von Schlesien), Meditationen über »Weltfrömmigkeit und Gottesleidenschaft« und »Begegnung mit dem Heiligen Geist«. Ihre Gedichte sammelte sie in dem Band »Der verborgene Schatz«. Ihre Tagebücher künden von einer im Glauben ruhenden Daseinsgewißheit und unbeirrten Weltbejahung, überstrahlt von Heiligung alles Irdischen.

LANDSCHAFTEN UND STÄDTE II

Der Anteil der Deutschen an der Bevölkerung innerhalb der 1918 gegründeten Tschechoslowakischen Republik betrug nahezu ein Viertel. Die Tschechen fühlten sich als das Staatsvolk und regierten als solches. Die verspätete Hereinnahme der Deutschen in die Regierung (1926) änderte an der politischen Lage kaum etwas; bei den Parlamentswahlen 1935 errang die sudetendeutsche Heimatfront, in Sudetendeutsche Partei umbenannt, zwei Drittel der deutschen Mandate. Der von den Sozialdemokraten, Agrariern und Christsozialen getragene Aktivismus brach zusammen. Neben den politischen Ereignissen, die sich nationalisiert hatten, führte die Wirtschaftskrise seit 1930, die in den stark industrialisierten deutschen Randgebieten eine dreimal größere Arbeitslosigkeit als bei den Tschechen zur Folge hatte, bei den Deutschen zur Staatsverdrossenheit, die sich zur Ablehnung des Staates steigerte.
Die Sudetendeutschen zogen sich zunächst in verstärktem Maße auf ihre Heimatlandschaften zurück und versuchten ein vom Staat abgekehrtes Eigenleben. Sie lebten zwar noch in der Tschechoslowakei, aber mit Gefühlen, Gedanken und Wünschen schon außerhalb. Mit der Machtergreifung Adolf Hitlers verstärkte sich die Forderung nach einer Autonomie, schließlich nach dem Anschluß ans Dritte Reich.
Lange Jahrhunderte hatten sich die Sudetendeutschen nach Österreich orientiert. Nach dem Zerfall Österreichs wurde das Zusammenleben der beiden Völker in den ehemaligen Ländern der böhmischen Krone, das im 19. Jahrhundert noch möglich gewesen war, immer schwieriger. Die Sudetendeutschen bemühten sich schon vor dem Anschluß, sich Gesamt- und Großdeutschland anzugleichen und entfremdeten sich dadurch von sich selber und ihrer eigenen Art. Sie prussifizierten sich.
Der politische Strukturwandel, der eine geistige Umstruktu-

rierung nach sich zog, steigerte die nationalen Gegensätze, bis zum Münchener Abkommen von 1938, wodurch die deutschen Gebiete der Tschechoslowakei dem Reich angeschlossen wurden.

Dem sudetendeutschen Schrifttum nach 1918 wurde die Politik zum Schicksal. Es engte sich zum großen Teil auf die Heimatdichtung, die Schilderung des Grenzlandkampfes und die Hoffnung auf die Heimkehr ins Reich ein. Die Beschränkung aufs Heimatliche, schließlich auf das Nationale in polemischer Form, führte zu Verlusten. Das Wort Goethes: »Gehe vom Häuslichen aus und verbreite dich, so du kannst, in alle Welt« verlor an Gewicht, weil die existenziellen Fragen und geistigen Anliegen vom Politischen und Nationalen überspielt wurden.

Es gab auch so gut wie keine Verbindung mehr von der Provinz zu der deutschsprachigen Literatur Prags, die inzwischen Weltformat erreicht hatte. Sie blieb in ihrer geistigen Struktur den Sudetendeutschen weitgehend fremd. Schließlich waren die meisten deutschsprachigen Dichter und Schriftsteller Prags Juden; mit dem Nationalismus schlugen auch die Wellen des Antisemitismus hoch und höher. Zwar gab es einige Kontakte hin und her, doch diese waren spärlich. Die Abkapselung ins Heimatlich-Bäuerliche und Nationale führte zu einer von Pathos getragenen Monotonie, in der sich nur wie auf Inseln jenseits der Politik ein Schrifttum aus der conditio humana entwickeln, aber nicht entfalten konnte. Gegenüber dem sudetendeutschen Schrifttum im 19. Jahrhundert erlitt die Literatur der Sudetendeutschen im 20. Jahrhundert einen erheblichen Substanz- und Qualitätsverlust, der in der Zugehörigkeit zum Dritten Reich nicht aufgeholt wurde, geschweige denn während des Zweiten Weltkriegs.

Viele vom Nationalismus mitgerissene Dichtungen hatten ein niedriges künstlerisches Niveau; E. G. Kolbenheyer urteilte darüber: »Unter dem kulturpolitischen Extrem des Nationalsozialismus waren sekundäre Leistungen als vollwertige Leistungen des deutschen Kulturlebens vorgestellt worden, und nur einzelne Künstler und Denker hatten sich neben dem Ephemeren zu behaupten vermocht.«

Beginnend mit dem ehemaligen Österreichisch-Schlesien sollen die dichterischen Leistungen in den Landschaften aufgezeigt werden, die sich wie ein Kranz um die tschechische Mitte legten.

Bruno Hanns Wittek (1895 Freudenthal – 1935 Troppau) gelangt nach romantisierenden Anfängen zum Volksschrifttum bäuerlicher Prägung, schon in den zur Sammlung aufrufenden Zeitschriften »Die Heimat« und »Höhenfeuer« (1920), dann in dem Roman »Sturm überm Acker« (1927) um Hans Kudlich, der im ersten Reichstag nach der Revolution von 1848 die Befreiung der Bauern von Robot und Zehent angeregt und gemeinsam mit den Stimmen der tschechischen Abgeordneten durchgesetzt hatte. Die soziale Überwindung des Untertanenverhältnisses der Bauern und der vormärzlichen politischen Unfreiheit ordnet Bruno Hanns Wittek dem nationalen Gedanken unter. Auch die folgenden Romane Bruno Hanns Witteks stehen unter seinem Leitgedanken: »Ich will wie ein Bauer ausstreuen die Saat der Freiheit über einen riesengroßen Acker, der Deutschland heißt . . . Laßt uns eine Furche durch das Herz Deutschlands ziehen, und so will ich mich bescheiden und wie diese Pflüger hinter dem Werk einhergehen. Und laßt mich den Samen ausstreuen in die gestürzte Erde, die mit dem Blut, dem Schweiß und den Tränen eines unendlich armseligen Volkes gedüngt und getränkt ist.« Der Roman wurde seinerzeit gewürdigt: »Aus Leid und Liebe eines Volkes ist hier – unter reicher Verwendung der schlesischen Mundart – ein kleines Stück Weltgeschichte mit Herzblut geschrieben worden.«

(N. Langer: Die deutsche Dichtung seit dem Weltkrieg, 1939)
Am historischen Beispiel einer im 30jährigen Krieg im Schutz des Waldgebirges gebildeten Notgemeinschaft wird in dem Roman »Peter Leutrecht« (1930) der nationale Abwehrkampf der Sudetendeutschen geschildert.
Bruno Hanns Wittek erteilt dem alten Österreich eine Absage: »Nennt künftig Österreich euere Geliebte, aber nennt Deutschland euere Mutter! Wir müssen einmal los von schwarz-gelber Engstirnigkeit. Wir müssen uns daran gewöhnen, daß wir nur ein Teil vom Ganzen sind.«
Bruno Hanns Witteks Landsmann BRUNO NOWAK (1901 Troppau – 1940 Berlin), der sich Gottfried Rothacker nannte, hat im Dienst des nationalen Kampfes eine Reihe volkstümlicher Freilichtspiele verfaßt (»Der Bauer«, 1931, »Roderich«, 1933, »Opfer der Notburga« 1935, »Anno 1627«, 1935) und in seinem Roman »Das Dorf an der Grenze« (1935) das oft wiederkehrende Thema des Grenzlandkampfes aufgegriffen. Auch der Roman »Die Kinder von Kirwang« (1937) und die Erzählungen »Bleib stet« (1933) sind dem Volkstumskampf verpflichtet.
LEOPOLD WOLFGANG ROCHOWANSKI (1885 Zuckmantel – 1961 Wien) begann mit einer Sammlung mährisch-schlesischer Mundartgedichte »Hämetgsang« (1912). In Wien, wo er als Redakteur und Verleger tätig war, schloß er sich der literarischen Avantgarde an. Sein Gedichtband »Abend-Morgen-Mittag« (1923) ist dem Expressionismus und seiner Sehnsucht nach Menschen in einer geläuterten Zeit verpflichtet. Das Gedicht »Mittag« schließt:

Schattenfrei jedes Haus.
Jeder Mensch verklärte Erfüllung.
Jeder Baum, jedes Tier
Verhimmelte Freundschaft.

Jede Furche der Hand
Entriegeltes Paradies.
Jedes Lächeln
Quellendes Brüdertum.
Auf jeder Stirn
Tätige Ruhe
Wirkender Frieden.

Die Dramen Rochowanskis, die an Sternheim erinnern, steigern den Expressionismus ins Groteske und Absurde: »Unsterblicher Daniel« (1918), »Festung« (1923), »Schlapphut und Zylinder« (1923), »Im Namen des Gesetzes« (1924).
Beachtlich sind die kunstgeschichtlichen Betrachtungen, so die Monographie »Der brennende Mensch« (1923) über den mährischen Bildhauer Anton Hanak und den mährischen Architekten Josef Hoffmann, den Mitbegründer der Wiener Sezession und des Österreichischen Werkbundes, über Wiener Keramik (1923) und über den Jugendstil.
Mit seiner Reiseschilderung »Columbus in der Slowakei« (1936) und der Novelle »Rändlaleut« kehrt Rochowanski zu heimatlichen Themen zurück.
Das vielfältige Werk Rochowanskis steht vereinsamt in der sudetendeutschen Nachkriegsliteratur, es ist kaum erschlossen. Der satirische Roman »Der Spitzkinn« wurde nicht vollendet; die Fragmente deuten auf ein bedeutsames zeitkritisches Werk hin.
Emil Hadina (1885 Wien – 1957 Ingolstadt) kam schon früh in die schlesische Heimat seiner Eltern. Seine impressionistischen und neuromantischen Dichtungen sind der österreichischen Literatur verbunden. Seine stimmungsvolle, musikalisch verschwebende Lyrik, wie auch seine Prosa, stehen neben Karl Franz Ginzkey und Hugo Salus. Sehnsucht nach Schönheit und Stille, sommerliche Stimmungen und Frauen-

liebe erfüllen seine Gedichtbände »Alltag und Weihe« (1914), »Sturm und Stille« (1916), »Nächte und Sterne« (1917), »Heimat und Seele« (1918), »Lebensfeier« (1921), »Himmel, Erde und Frauen« (1926).
Verträumt und schwermütig sind die frühen Erzählungen »Kinder der Sehnsucht« (1914); ein Buch von Frauen und Heimweh nannte er den Roman »Suchende Liebe« (1919), ein weiterer Roman ist »Maria und Myrrha« (1924), die Geschichte zweier Frauen und einer Liebe. Emil Hadinas zahlreiche biographische Romane kreisen um Frauen, die von Dämonen bedroht sind; die beiden Romane um Theodor Storm »Die graue Stadt – die lichten Frauen« (1922) und »Kampf mit dem Schatten« (1925), Romane um Gottfried August Bürger »Dämonen der Tiefe« (1925), um Karoline Schlegel »Madam Luzifer« (1928), um Charlotte Kalb »Ihr Weg zu den Sternen« (1926), um Wilhelm Hauff »Gottes Liebling« (1927), um Goethes Geliebte Friederike Brion »Friederike erzählt« (1931). In diesen Romanen verbindet sich der Dichter mit dem Germanisten zur Deutung von Menschen und Mächten, vor allem Mächten der Liebe. Die einst vom Sudetendeutschtum viel gelesenen Romane traten in der politisch aufgeregten Zeit mehr und mehr in den Hintergrund.
Auch ERWIN OTT (1892 Jägerndorf – 1947 See bei Parsberg) widmete sich dem biographischen Roman, »Erloschenes Licht« (1922) um Hölderlin, »Der Weg ins Dunkel« um Lenau, »Das Schicksal setzt den Hobel an« um Ferdinand Raimund, und »Musik im Schloß« um Ditters von Dittersdorf, dessen Lebensweg auch Hedwig Teichmann in ihrem Roman »Ein Stern zieht seine Bahn« nacherzählt hat. Am stärksten wirkt Erwin Otts dokumentarischer Roman »Das Ende« (1931) vom Zusammenbruch der italienischen Front 1918. Dann wandte sich Erwin Ott, dem Zug der Zeit folgend, nationalen Themen zu. Die Zeit von 1918 bis 1938 in

seiner Heimat wird in dem Roman »Die Gejagten« festgehalten, in »Die Gefesselten« die Zeit von 1944 bis 1945. 1945 bis 1946 war Erwin Ott in tschechischer Haft, an deren Folgen er bald nach der Entlassung starb.
Der bedeutendste Mundartdichter Sudetenschlesiens ist VIKTOR HEEGER (1858 Zuckmantel – 1935 Troppau). Neben den »Geschichten vom alten Haiman« (1888) und den Erzählungen in »Köpernikel und Arnika« (1909) wurden seine Gedichte »Mei grüne Schles« zum beliebten Heimatbuch.
Viktor Heeger gründete 1912 die schlesische Volksbühne »Die Reihwiesner«, für die er einige Mundartdramen und Volksstücke schrieb, u. a. »Der Pfeifla-Schuster« (1914) und »Die Wunderkur« (1915), ein Volksschauspiel um den Bauernbefreier Hans Kudlich (1914), dessen Leben und Wirken auch Bruno Hanns Wittek in seinem Roman »Sturm überm Acker« (1927) schilderte.
Von 1921 bis zu seinem Tod lebte Heeger auf dem Koppenhaus bei Gräfenberg, von wo er seinen Landsleuten die »Koppenbriefe« schrieb. Die Vertriebenen bewahrten ihre Anhänglichkeit an den Dichter ihrer Heimat; 1958 errichteten sie ihm in Memmingen einen Gedenkstein.
JOSEF SCHNEIDER (1911 Jauernig – 1969 München) war vor allem Lyriker, beginnend mit dem Band »Ewiger Arbeitstag« (1933) über »Unergründliches Herz« (1940) bis zum »Bekränzten Jahr«. Seine Heimatstadt hat er in antikisierenden Versen besungen:

> Stille, verträumte Stadt, wachsend aus dörfischem
>   Grund:
> Wogende Felder und Wald schließen dich sommerlich
>   ein.
> Doch über Giebel und Turm, eng ans Gebirg schon
>   gelehnt,

Hebst du das Schloß empor, daß es wache und schau:
Um deine Mauern kreist im unsterblichen Lied
Eichendorffs ewiger Geist, Zedlitz mit Lied und
Gesängen
Drängt in die Welt hinaus, und im festlichen Raume
Klingt gedämpfte Musik: Ditters von Dittersdorf!

Heimat, Brunnen so tief, rauschender Quell in mir:
Höre ich deinen Ruf, horche ich sinnend ihm zu:
Was an Gutem ich hab, gabst du mir auf den Weg –
Und wo immer ich geh, schöpfe ich Kraft aus dir.
Tal du glücklicher Jugend, tröstende Zuflucht und
Schild.
Immer trag ich im Herzen unvergänglich dein Bild.

Humanistischer Geist und humane Gesinnung, lang her in die böhmisch-mährischen Länder eingepflanzt, die Urbanität der Städte, das Rustikale der Dörfer, die reiche Schönheit der Landschaften, all das prägte die sudetendeutsche Dichtung, solange nicht die schrillen Töne der überbetonten Nationalpolitik sie übertönten, ja zum Verstummen brachten. Die Sudetendeutschen hatten in ihren mannigfachen und vielgestaltigen Landschaften das um sich, was Nietzsche in der Heimatlandschaft Adalbert Stifters erlebte: »Wenn man nicht feste, ruhige Linien am Horizonte seines Lebens hat, Gebirge und Waldlinien gleichsam, so wird der innere Wille des Menschen sehr unruhig, zerstreut und begehrlich wie das Wesen des Städters: Er hat kein Glück und gibt kein Glück.«
Der josefinische Geist wirkte noch nach, der Geist der Toleranz in nationalen und konfessionellen Bereichen. Goethe, der sich oft und lange in Böhmen aufgehalten hatte, schrieb über Dichtung, Wissenschaft, Kunst, Forschungen und Volks-

kunde in Böhmen: »Es ist ein männlich reiner Geist in diesen Dingen, ein stilles Fortschreiten von Schritt zu Schritt, daß, wenn sie das Glück haben, noch zehn bis zwanzig Jahre auf dieselbe Art fortfahren zu können, so gelangen sie zu philosophisch literarischer Freiheit, ohne Revolution und bewirken die Reformation im Stillen.« – Der Weg verlief anders und endete in einer »polarischen« Trennung der Geister und Nationen, in einer wachsenden Spannung, die für beide Nationen nur unglücklich enden konnte. –

Die Sudetendeutschen in Stadt und Land lasen viel. In nicht wenigen Haushalten war die Zeitschrift »Der Heimgarten« zu finden, die Peter Rosegger 1876 gegründet und bis zu seinem Tod 1918 geleitet hatte. Sie, wie auch seine Erzählungen und Romane, übten durch ihre humane, soziale und echte heimatliche Gesinnung, durch den Willen zum Frieden im Staat und in der Welt, einen großen sittigenden Einfluß aus.

Es wurde viel gelesen und viel gedichtet. Jede Landschaft hatte ihren Mundartdichter und so gut wie jede Stadt ihren Hausdichter. Es waren nicht nur Wald- und Wiesenpoeten und Hinterwäldler. Sie schrieben in der breit fließenden Tradition der österreichischen Lyrik, die Einflüsse reichten von Richard von Schaukal bis Rainer Maria Rilke. Sie gaben sich einfach und herzlich, sie können nicht von vornherein als nur konservativ oder irgendwie tümelnd abgetan werden. Ein Dichter wie Ernst Redlich, der in seiner Bescheidenheit nie ein Buch herausgab, hielt in zahllosen Gedichten die Landschaft des Riesengebirges, seine Heimatstadt Trautenau und ihre Menschen fest.

In einer umgreifenden Darstellung können nur einzelne der vielen lokalen Dichter erwähnt werden, und nur einzelne ihrer Dichtungen als Beispiel fürs Ganze hervorgehoben werden, wie hier das Gedicht »Bergwald« von Ernst Redlich:

Du Bergwald, liebst das Einsamsein
Und magst die lauten Straßen nicht.
In Sturmnot stehst du ganz allein
Und ganz allein in jungem Licht.

Nur wer so hoch und still wie du,
Kann deiner Stimme Ruf verstehn
Und deiner Schätze Schimmertruh
Am Sonntagmorgen offen sehn.

Und nimmt des Leuchtens hohen Schein
Nachhaus mit wie ein Traumgesicht
Und liebt wie du das Einsamsein
Und braucht die lauten Straßen nicht.

In allen Landschaften wurde, oft von Laien, eine emsige volkskundliche Forschung getrieben, gefördert vom Ordinarius für Volkskunde an der Prager Deutschen Universität Adolf Hauffen. Viele Landschaften besaßen ihre eigene Zeitschrift oder ein Jahrbuch, die Volkskunde und Dichtung sammelten, wie Julius Pausewangs »Trostbärnla« (Trostbrünnlein) für das Adlergebirge.
Seine bäuerliche Lebens- und Arbeitswelt hat der im Braunauer Ländchen beheimatete HUGO SCHOLZ (1896 Ottendorf) in zahlreichen Büchern festgehalten, die von bäuerlichen Menschen und deren Schicksalen, von Eigenart und Brauchtum erzählen. »Die Dörfler« (1926), die von der Arbeit und den Festen im Kreislauf der Jahreszeiten berichten, sind neben den Erzählungen »Taldorfheimat« (1923) in schlichter Form ein Dokument des Braunauer Ländchens. Den Konflikt zwischen Stadt und Land behandelt das Drama »Hof ohne Erben« (1930). Als Auftrag nationaler Verpflichtung und als Aufruf zur Freiheit des Volkes sind der Roman »Noch steht ein Mann« (1927) und die Erzählungen »Men-

schen an der Grenze« (1939) gemeint. Die ausgebreitete literarische Tätigkeit Hugo Scholz' erfolgte nach dem Anschluß des Sudetenlands ans Dritte Reich und, in Form der Erinnerung an die verlorene Heimat, nach der Vertreibung von 1945. Die Prosa von Hugo Scholz begleitet die Mundartdichtung HUBERT H. BIRKES (1892 Hermdorf – 1950 Doschendorf/Oberfranken), teils schlicht und liedhaft, teils erzählend und scherzhaft; das Tagwerk der Dörfler, einschließlich des Leiermanns, sowie der Jahreslauf werden besungen: »Aus unsa Barcha« (1926), »A Steckla Haaimt« (1926), »Haaimtbeldlan« (Heimatbildchen, 1927).
Einer der besten sudetendeutschen Mundartdichter entstammt dem Riesengebirge, MEINRAD ALEXIS NOSSEK (Pater Meinrad, 1891 Arnsdorf – 1946 Wiener Neustadt). Die Landschaft, »zaubervoll von der Natur hingedichtet« (Adalbert Stifter), wird in den kleinen Mundartgedichten Pater Meinrads weitergedichtet, in ihr das Dorf und seine Menschen im Ablauf des Jahres, der Arbeit, der kirchlichen und weltlichen Feste. Eine sparsame Lyrik umfaßt eine kleine, aber erfüllte Welt, bunt und anmutig wie die Malereien auf Bauernmöbeln. Die Gedichte wirken nie wie aus dem Hochdeutschen übertragen, sie fühlen, denken und sprechen aus dem Mundartlichen. Wie bei dem österreichischen Mundartdichter Franz Stelzhammer ist der Mittelpunkt des Gebirgsdorfes die Mutter, oft auch die Großmutter, ist doch die Heimat das kleine Mutterland im großen Vaterland. »Drheem zom Rocka« (1923), »Pfafferküchlan« (1927), »Pampelrusa« (1939) wurden aus dem Nachlaß zu dem Sammelband »Ich möcht om liebsta hejm« (1962) ergänzt.

Polmsonntich

Zengstrem der Schnie is schun zerloffa,
Aus olla Tölka quellt a Bronn,

Die Wentersoota liegha offa,
Polmkatzlan kitzelt raus die Sonn.

Die Storlan pfeifa em a Giewel,
Eim Stüwla drenn der Sägher teckt,
Der Koter spult, on bei der Biwel
Die Grußmutter ist eigeneckt.

Im Isergebirge steht neben und nach Gustav Leutelt ADOLF WILDNER (1882 Morchenstern – 1966 Ostrau Werderthau/ Saale). Die Klassizität Gustav Leutelts hat sich bei Adolf Wildner in einen kräftigen Realismus verwandelt, der vielfach die Mundart verwendet, so in den Erzählungen »Meine Hejmt« (1922). Der Roman »Aus Waldhütten« (1925) handelt im Dreißigjährigen Krieg, nicht so ungestüm wie Hans Watzliks Romane aus derselben Zeit; der Krieg klingt nur von Ferne in die Einsamkeit des vom Wald beschützten Gebirgsdorfes. Im Mittelpunkt des Einakters »Aufbruch« (1926) steht Friedrich Ludwig Jahn als Lützower Jäger. Einen Beitrag zur spärlichen sudetendeutschen Dramatik lieferte Adolf Wildner mit der heimatlichen Dorftragödie »Der Buchenhof« (1923). Da der alte Buchenhofbauer von seinem Sohn daran gehindert wird, auch noch als alter Mann mitzuarbeiten, versteht er die Welt nicht mehr, verfällt dem Wahnsinn und zündet den Hof an. Einflüsse von Gerhard Hauptmann, vor allem von seinem »Fuhrmann Henschel«, sind deutlich, doch steht das Drama mehr in der österreichischen Tradition Ludwig Anzengrubers.

Einem der schönsten Landstriche Böhmens huldigt WILLY LANG (1892 Sandau – 1972 Köln) als Dichter und Graphiker in seinem Roman »Elbtal im Frühling« (1937), einem zarten und behutsamen Buch in einer einfachen, klaren Prosa. In dem Roman »Hockewanzel und das Fischerkind« (1939) steht der volkstümliche Pfarrer Wenzel Hocke im Mittelpunkt

der Erzählung. Die weitere Dichtung Willy Langs, vor allem Bücher der Erinnerung an die verlorene Heimat, liegt jenseits des zu betrachtenden Zeitraums.
Josef Kerns (1883 Leitmeritz – 1945 Leitmeritz) »Leibmaritza Laggaz« (1923) erzählt heitere Geschichten aus dem Leben der Elbfischer, sie werden in dem Band »Jessmantissn« fortgesetzt. Mit dem flotten Tetschener Mundwerk erzählte M. Kunert »Geschichten und Gedichte aus unsn liebn Tatschn, wie sie marakln und redn und ratschn« (1923). Hans Kreibich (1862 Algersdorf/Bensen – 1939 Wuppertal) hat neben seinen Mundartgedichten »Olerlee aus'n Darfe« (1895) und »Ouf dr Ufnbank« (1926) und den hochdeutschen Gedichten »Aus stillen Stunden« (1930) in der Anthologie »Pachblüml und Blattzwackn« (1907) die Mundartdichtung der Bensener Gegend gesammelt.
Beliebt waren gereimte humorige Mundarterzählungen um verschrobene Personen. Anton Nittel (1826 Bockwen – 1907 Martinsthal) wählte dafür Wenzel Hocke. »Hockewanzl« genannt, einen nordböhmischen Abraham a Sancta Clara, Erzdechant von Politz-Sandau, der durch seine schlagfertige, oft derbe Redeweise und durch seine tollen Einfälle weitum bekannt wurde. Er lebte von 1723 bis 1808, ein gut Stück böhmisches Bauernbarock. Anton Nittel mußte sich kein Blatt vor den Mund nehmen, war er doch als katholischer Priester zum Altkatholizismus übergetreten. Die »Geschichten vom Hockewanzl« (1881) wurden immer wieder erzählt, variiert und ergänzt und sind noch heute ein beliebtes Volksbuch. Ebenfalls aus Nordböhmen stammte Anton Mattauch, der in heiteren Mundartgedichten die »Geschichten vom Schaufelnaz« (1926) erzählte.
In den von Dörfern umgebenen Kleinstädten lebten die Bürger aus und mit der ländlichen Umwelt, die sozialen Unterschiede spielten kaum eine Rolle. Anna Waldhauser (1860

Schönlinde – 1946 Schönlinde) stammte aus einer Bankiersfamilie, die in einem stattlichen Barockhaus am Marktplatz lebte; sie wurde als Sängerin und Pianistin ausgebildet. Sie schrieb in der Mundart des böhmischen Niederlandes kurze Gedichte aus vierzeiligen Strophen, mehr beschreibend, als gefühlvoll. Sie verglich die Mundart mit der Wurzel, das Hochdeutsch mit der Blüte einer Pflanze. In ihren Versen schildert sie die kleinen Leute des kleinstädtischen Alltags, ihre Umwelt und meist heitere Erlebnisse, die Lebensgewohnheiten der Städter und Dörfler, Geräte und Dinge des Hauses, umzirkt die dörfische und penatische Welt. Aus den kleinen Gedichten werden zuweilen kurze Prosastücke und dramatische Szenen, ebenfalls humorvollen Charakters. Ihre Gedichtbände bilden einen geschlossenen Kreis: »Dreißig kleine Gedichte« (1908), »Neue Gedichte« (1919), »Dos und jess vo dr Waldhauserin« (1926), »Enn schinn Gruß vo dr Waldhauserin« (1930), »Ee Odenken o de Waldhauserin« (1933). Sie hat das Schicksal ihrer viel besungenen Heimat bis zum bitteren Ende erleben müssen. Als sie schwer gichtleidend und bettlägerig in ein tschechisches Siechenheim gebracht werden sollte, öffnete sie sich die Pulsadern.
Der erste Gedichtband von ROBERT LINDENBAUM (1898 Komotau – 1979 Bayreuth-Leineck) »Morgenruf« (1925) enthält vor allem Landschaftsgedichte; eines beginnt:

Da sind schon Spiel und Widerspiel
In tausend Dingen still am Werk,
Und es geschehn der Wunder viel.
Es rinnt das Tal, es steigt der Berg . . .
Wie rauscht das Wasser erdenschwer
Durch Tag und Nacht am Mühlenwehr.

»Das ist das weit ausholende Gefühl, das Einströmen in die Natur, das Aufsteigen aus ihr. Die Kraft organischen Wachs-

tums wirkt in diesen Gedichten, das Traumhafte aller Welterscheinungen schläft in ihnen. Ein Gedicht wie ›Das alte Haus‹ ist von erhabener Zeitlosigkeit. Selten vorher ist die westböhmische Heimat so schön geschaut und gestaltet worden wie in dem Gedicht ›Pfingsten zu Kulm‹ oder im ›Sommerabend im Böhmerwald‹. Eine urtümliche Irdischkeit vermengt sich mit einer andächtigen Verklärung zu Versen, die zum Schönsten der sudetendeutschen Lyrik gehören.«
(Zeitschrift »Witiko« III/1939)
Von derselben reinen Form, stillen Kraft, geklärten und verklärten Anschaulichkeit und Mensch-Naturverbundenheit ist auch Robert Lindenbaums Prosa in den Romanen »Das alte Haus« (1933), »Wir haben eine Heimat« (1935) und »Land der Äcker« (1938). Sie sind ein Lied an die Erde, ein Lied von der Erde, vor allem ihres vegetativen Zaubers und ihres Geheimnisses, in die der Mensch einmündet, von denen sich auszuschließen den Menschen glücklos macht. Hier wird nach keinem Programm, nach keiner These gedichtet, die Welt wird angeschaut und das Leben der Menschen wird erzählt.
Lindenbaum kam nicht »von der Scholle«, was damals als rühmenswert galt, er war kaufmännischer Leiter im Falkenauer Kohlenbergbau. Fern aller Blut-und-Boden-Romantik sieht er den arbeitenden Menschen auf dem Lande, in der Grube und Fabrik, sieht er die Veränderung der Landschaft durch die Industrialisierung; er kennt die Konflikte, den Unsegen der Landflucht, und die Sehnsucht nach festem Boden unter den Füßen, vermeidet jede heimattümelnde Schönfärberei, stellt Irrsale, Beglückungen und Gefahren ohne Schwarz-Weiß-Malerei dar.
Der Roman »Das alte Haus« beginnt: »Vom Westen her kam ein Mann. Er war größer und breiter als die Menschen hier, er war wie ein Baum des Waldes, mit einem struppigen Bart und braun bis an den Scheitel. Er ging auch ganz anders,

leicht, trotz seiner Größe und Schwere, und fröhlich.« Ein Kreisen beginnt um den einzelnen, nach und nach werden die Menschen und deren Schicksale in den Kreis einbezogen und der Landschaft verbunden.

Lindenbaum bekennt: »Als ich den Wald selbst erleben durfte, war mir klar, daß alles das, was ich vorher geschrieben hatte, unwahr gewesen ist. Daß jedes Gedicht, jede Zeile eines Buches so lebenswahr sein müßte, wie es der Wald ist, die ganze Landschaft, wie es die einfachen Menschen sind. Auf einmal mußte ich mich nicht mehr mit Problemen beschäftigen, nein, ich konnte Menschen, Tiere, alle toten und lebendigen Dinge in mich hineinwachsen lassen, um ihnen einen eigenen Hauch einzuatmen. Es war alles so klar und deutlich.«

Dem ruhigen Schauen, dem aufmerksamen Lauschen offenbaren sich unzerdachte, zeitlose Urerlebnisse, von denen Lindenbaums Gedicht »In der Fülle des Lichts« spricht:

Täglich stehn wir flammend vor den Dingen,
Die im Feld sich wandeln, im Gestein,
Wie sie so erschauernd aus geringen
Wesen wachsen in ihr größres Sein.

Sie erdulden still an sich die Fülle,
Daß der Tau sie näßt, Duft sie befällt,
Daß der Falter in vertiefter Stille
Sichtbar sich an Unfaßbarem hält.

Die letzten Verse des Gedichtes »Kornfeld« lauten:

Schon neigen sich die Ähren hin
Dem zarten Hauch, der sie berührt,
Als ahnten sie von Anbeginn,
Daß jetzt der Samen heilig wird.

In der Sauberkeit der Arbeit, ähnlich den Dichtungen Lindenbaums, aber sehr anders in der Grundbefindlichkeit sind Lyrik und Prosa von EMIL MERKER (1888 Mohr bei Podersam – 1972 Ebratshofen/Lindau). Er trat erst spät an die Öffentlichkeit.

Emil Merkers Heimat ist die vor übergroßer Fruchtbarkeit schwermütige, von der Eger durchflossene waldlose Saazer Felderebene, die einmal eine »heidnische Landschaft« genannt wurde. »Diese Landschaft ist eins mit dem flammenden Brand der Sonne; die smaragdenen Rübenäcker, die geheimnisvoll wehenden Girlanden der Hopfengärten, die Felder braun von Weizen und weißblond von Roggen, dazwischen kaum sichtbar die fette, schwarze Erde, die eine fast mythische Fruchtbarkeit erzeugt.« (Josef Nadler)

Emil Merkers Menschen sind umschattet und von Dämonen heimgesucht, chthonischen Mächten ausgeliefert und preisgegeben. Merker bedeutet Dichten Meisterung unheildrohenden Ungestüms. Sein Buch über Flaubert weist darauf hin. Bei Flaubert suchte er das Vorbild zur Bewältigung des Schreckens, »aus immer heißerer Verworrenheit nach Stille und Klarheit strebend.«

Innerhalb der an Lyrik reichen sudetendeutschen Dichtung heben sich Emil Merkers Gedichte durch die dunkle Musik, die harte, plastische Kontur und Bildkraft hervor. Sie erinnern an die ausgebrannten, bunten, nackten, scharfen »Racheln« über vulkanischen Schlünden, die aus der einförmigen Landschaft hervorbrechen. Seine Gedichtbände tragen die Titel: »Verzückte Erde« (1931), »Kreuzweg« (1933), »Die große Trunkenheit« (1950) und »Das brennende Staunen« (1958), Ton und Form halten vom Anfang bis zum Ende dieselbe Höhe. Das Gedicht »Lemuren« steht im ersten Band; es ist erschütternd im Hinblick auf das jahrelange Sterben des Dichters:

Mit dicken Mauern aus Einsamkeit
Steht abseits vom Weg mein verrufenes Haus.
Von grauem Leid
Erblindete Fenster starren hinaus
In verrieselnde Tage.

Doch in den Nächten gellt Saus und Braus
von wildem Gelage.
Gäste sitzen zu Tisch, im Genick

Das grinsende Antlitz; sind alle tot.
Essen meine verwesten Tage,
Treiben mit meinem Heiligsten Spott,
Trinken mein Herzblut, lästern Gott
Und würfeln um mich.

Leute, eh noch der Tag anbricht.
Bin ich verspielt.

Emil Merkers frühe Erzählung um den sechzehnjährigen Studenten Peregrin trägt den Titel »Verwilderung im August«. Verwilderung, dennoch sich zum Leben durchkämpfend, Weglosigkeit, dennoch nicht Ausweglosigkeit sind die Merkmale der grobkörnigen, gerafften Prosa Merkers. So in der großen Erzählung »Der junge Lehrer Erwin Moser« (1932), die Emil Merker eine stille Geschichte nennt – die Stille meinend, die dem Sturm der Leidenschaften und verschmerzter Enttäuschung folgt. Immer ein hart abgerungenes Dennoch. Den Irrwegen, dem ekstatischen Begehren und Genießen der Sinne, der Lebensgier und dem Scheitern in dem Roman »Die Kinder« (1937) steht der Dichter nicht als Ankläger gegenüber, sondern als ein erschütternd Staunender, »Der Weg der Anna Illing« (1939) ist der Roman eines sich aufopfernden Lebens (eine junge Frau opfert sich für ihren Bruder), der Roman eines großen Verzichts, der nur durch größte Tapfer-

keit geleistet werden kann. Emil Merkers Erzählung »Die Schwestern«, eine von den »Geschichten der Dämmerung«, beginnt: »Der Mensch ist ein Zauberberg, der sich nur zu gewissen kostbaren Stunden auftut. Dann aber zeigen sich in seinem Innern Labyrinthe voll rätselhafter Kristalle.«
Manche Dichtungen Emil Merkers nahm die Zeit als ihr nicht gemäß nicht an, so die fünf großen Erzählungen des Bandes »Im Labyrinth«, die in die dunklen Gründe und Abgründe des Menschseins vordringen. 1939 erschien eine Monographie über Adalbert Stifter. Erst nach 1945 entfaltete sich das Werk Emil Merkers noch einmal, wobei seinem Lebensbericht »Unterwegs« besondere Bedeutung zukommt.
HERMANN RITTERS (1877 Falkenau – 1966 Wetzlar) einziger Roman »Des Felberbauern erstes Ehejahr« (1936) hält sich den politischen Ereignissen fern. Hermann Ritter schreibt aus vieljährigen Erfahrungen in Österreich und Deutschland und seiner Tätigkeit als Prokurist in verschiedenen nordböhmischen Bergbaugesellschaften. Den Roman zeichnet der ruhige Fluß des Erzählens aus. Er erinnert in der Schilderung von Leben, Landschaft und Brauchtum an die Egerlandtrilogie von Hans Nikolaus Krauss.
An weit zurückliegende Zeiten, an die humanistische Epoche des Egerlandes im 15. und 16. Jahrhundert (Kaspar Brusch, Bohuslav Lobkowitz von Hassenstein) erinnert JOHANN BACHMANNS in Hexametern verfaßtes Gedicht. In einer Einleitung und zehn Kapiteln beschreibt und lobpreist es Land und Leute, Leben, Hausrat, Arbeit und Brauchtum des Egerlandes. Das an Heinrich Voß anschließende Versepos »Egerländer Volkstum« erschien nur in der Zeitschrift »Unser Egerland« (11. Jahrgang). Geschildert wird die Egerländer Tracht, das bodenständige Bauernhaus, Nahrung, seelische Eigenart, Tauf-, Hochzeits- und Totenbräuche – nichts wird vergessen. ERNST FRANK (1900 Karlsbad), aus der Turnbe-

wegung hervorgegangen, hat seine Veröffentlichungen ganz in den Dienst des Volkstumskampfes und der wachsenden nationalsozialistischen Bewegung gestellt. Nach den Erzählungen »Ewige Kindheit« (1932) und »Leidenschaftliches Egerland« (1933) erschienen die Romane »Kameraden, wir marschieren« (1936) und »Not hämmert die Menschen« (1937). »Die Lage des Sudetendeutschtums wird mit schonungsloser Offenheit aufgezeigt«, heißt es in der zeitgenössischen Literaturgeschichte »Die deutsche Dichtung seit dem Weltkrieg« von Norbert Langer über die schriftstellerische Tätigkeit Ernst Franks; »höchstes Ethos: überm Teil steht das Ganze, dem sich alles dienend einordnen muß. Die aufbauenden Kräfte der deutschen Volksgruppe werden im dichterischen Bild umrissen, die Notwendigkeit ihrer völkischen, kulturellen und wirtschaftlichen Freiheit erwiesen. Schon die Jugend muß zu Härte und Heldentum erzogen werden. Dies tut das Büchlein: ›Hei, wie die Helden fielen im Streit!‹«
ERNST LEIBL (1895 Graslitz) schrieb schon 1917 das »Weihelied der Sudetendeutschen«: »Wir heben unsere Hände aus tiefster, bitterer Not«. Die Gedichtbände »Aus unerlöstem Lande« (1924), »Zelt unterm Stern« (1930), »Der kleine Wagen« (1934) enthalten neben nationaler Lyrik zarte Muttergedichte, Kinderlieder und solche, die die heimatliche Landschaft liebevoll und echt festhalten, so »Spätherbst im Erzgebirge«:

Über den Kamm des Erzgebirges tanzt johlend der herbstliche Wind,
schüttelt die Vogelbeerbäume, die blutrot von Dolden sind.
Krammetsvögel treibt er umher wie wirbelndes Laub,
Von seinem Rauschen werden dem Wanderer die Ohren taub.

Der Bauer sitzt in der Stube. Er denkt: Ob es heute noch schneit?
Eine Tür schlägt wo zu. Die Bäuerin zerkliebt ein Scheit,
Daß sie trockene Späne hat zum Einheizen morgen früh.
Heute Nacht gibt es Frost ganz sicher. Drum glüh, Ofen, glüh!
Im Häuschen des Nachbars riecht's immer nach Leim und Lack,
Die Kinder bemalen Spielzeug, das ist was für Christkindels Sack.
Bald wird der Vater die Krippe aufbaun. Ein goldener Traum
Kommt schon leise daher und erblüht wie ein strahlender Lichterbaum.

Über Ernst Leibls Roman »Auf steigt ein Land« (1938) mag wiederum ein Urteil aus der Zeit, aus Norbert Langers »Die deutsche Dichtung seit dem Weltkrieg« angeführt werden: »Die Fülle des Stoffes, der bewußt erzieherisch geordnet ist und sich an weite Volkskreise wendet, wird von unmittelbarem Erleben durchblutet. Die geistige und kulturelle Entwicklung des Sudetenlandes, seine Geschichte, der Kampf gegen die Tschechen wird nicht zerlegt und nicht von der kritischen Vernunft untersucht, sondern vom Gefühl her durch die Anteilnahme an den Geschichten des Helden erschlossen: von seiner ersten Schneeballschlacht in den böhmischen Grenzbergen an bis zur Feierstunde, in der die Rütliszene mit dem Schwur ›Wir wollen sein ein einzig Volk von Brüdern‹ zum Gleichnis für das geknechtete und entrechtete Land wird.«
Späterhin schlug der Lebensweg und das Denken Ernst Leibls einen neuen Weg ein bis zu der politischen Schrift »Rettet den Menschen! Die Waffen nieder!« (1965)

Die ältere Generation wirkte über 1918 hinaus weiter. In der Dichtung des Böhmerwaldes tritt neben Hans Watzlik ZEPHYRIN ZETTL (1876 Stadin – 1935 Wien) mit mundartlicher Lyrik »Waldlerisch« (1919), »Woldgesangla« (1922), »Boa uns dahoam« (1923) und Prosa »Vo'n Vogerla, wo in Himmel kömma si« (1923), »Woldgschichtn« (1925), »Altstadler Geschichten« (1933).

Sparsam ist das bedächtig geschaffene Werk KARL FRANZ LEPPAS (1893 Budweis). Seine Mundartgedichte »Kornsegen« (1922) sind erfüllt vom Atem des Böhmerwaldes. In mundartlich getönter Sprachweise erzählt Franz Karl Leppa im »Königsbrief« (1924) die sudetendeutsche Geschichte in volkstümlicher Art; vorausgegangen war das Trost- und Wehrbüchlein für das deutsche Volk »Herzenssachen« (1922). Im guten Sinn Hausmannskost, ohne Polemik und Schärfe.

Ist die Erzählung »Antonia« (1931) nur eine wiedererzählte Sage oder begibt sie sich heute? Ist sie von Mund zu Mund durch Generationen weiter berichtet worden und hat der Dichter ihr nur die geprägte Form gegeben? Es ist wie mit den Ackerfurchen, von denen Karl Franz Leppa sagte: »Ackerfurchen laufen alle in den Himmel hinein. Der Herrgott ist auch ein Bauer.« Einem Böhmerwäldler Bauernsohn ruft Franz Karl Leppa zu:

> Tauch an und pflüge, bis die Pflugschar glüht:
> Es lebt ein Volk, solang das Korn ihm blüht;
> Tauch an und ackre, daß der Acker staubt:
> Es lebt ein Volk, nur wenn es an sich glaubt!
> Und säe weit und breit ins Land hinaus
> Den goldnen Samen deutscher Eintracht aus:
> Es wachse über Grenze, Pfahl und Stein
> *Ein* Volk vom Böhmerwald bis an den Rhein!

Seine besten Erzählungen veröffentlichte Karl Franz Leppa erst nach der Vertreibung, die Erzählung »Der Holderbaum« – eine Liebesgeschichte während eines Böhmerwaldsommers, in die drei Menschen verstrickt sind und die mit Elend, Verderben und Tot endet – und die »Zürcher Elegie« um den alternden Gottfried Keller – beides erlesene Prosakunstwerke.

Der Germanist HEINRICH MICKO (1899 Heuraffl – 1969 Wien) widmete seiner Heimat den Gedichtband »Der Acker« (1926) und schrieb kunsthistorische und literaturhistorische Arbeiten über den Bildhauer Hermann Zettlitzer (1928), die Plastiken Robert Ullmanns (1929) und die frühesten Dichtungen Adalbert Stifters (1937).

In den kleinen Prosaskizzen »Waldheimat« (1923) schildert SEPP SKALITZKY (1901 Rothenbaum) den Böhmerwald, erzählt in seinen »Menschen im Walde« (1935) von den Böhmerwäldlern und berichtet von ihren Schelmereien in dem Band »Holzäpfel« (1927). Nach der Vertreibung gilt sein Dichten und auch Forschen weiterhin dem Volkstum des Böhmerwaldes.

Von der Doppelliebe LEO HANS MALLYS (1901 Hammern) zu seiner Böhmerwaldheimat und Prag wurde bereits berichtet. Wie man ohne betonten Nationalismus Heimatdichtungen schreiben kann, das beweisen Mallys Erzählungen, in denen er dem Werden und Weiterleben von Sage, Legende und Märchen in den weiten dunklen Gebirgswäldern und dem Alltag der Bergbauern nachspürt. So auch in seiner Lyrik.

Verschollene Göttermären
Gewittern mir im Blut;
Vor vergessenen Steinaltären
Lupf ich scheu den Hut.

Das Geheimnis der schwarzen Seen,
Ich heb es vom dunklen Grund;
Ich sah tausend Geschlechter gehn,
Sie reden durch meinen Mund.

Ich bleibe die ewige Frage
Nach dem sausenden Leben im Wald;
Ich bin eine alte Sage –
. . . ich bin so alt
Wie der Böhmerwald.

Aus Graslitz, der Heimat Ernst Leibls und Franz Höllers, stammt JOSEF MODER (1909). Neben die Gedichtbände »Aus bunten Stunden« (1928) und »Orgel des Lebens« (1934) treten die Mundartgedichte »Greimts und Gfeimts« (1929) und das Sagenbuch »Der Faust des Erzgebirges« (1935). Mit Lyrik und Erzählungen aus der alten und neuen Heimat setzt sich sein dichterisches Schaffen nach 1945 fort. ALFRED GÖRGL (1908 Wscherau) ist in erster Linie Lyriker. Der weiteren Entfaltung nach 1939 gehen die Bände »Frommer Alltag« (1935) und »Leuchtende Welt« (1939) voraus. Es sind behutsame, stille Gedichte. Die späteren Gedichte beklagen, auch in stiller Weise, den Verlust der Heimat (»Gruß an Böhmen«, 1952).

OTTO ZERLIK (1907 Uitwa/Tepl) ging aus der Volkstumsarbeit hervor. Am Anfang stehen die schlichten Verse »Heimliches Blühen« (1936) und die Erzählungen »A Herzl für d'Hoimat« (1936), denen neben Forschungen über das Egerland, vor allem über Karlsbad, einige Gedichtbände folgten.

HANS DEISSINGER (1890 Mies) ist dem Barock zweifach verpflichtet, aber auch verfallen; dem seiner Heimat und dem des Salzburger Landes. Sein Leben und Schaffen ist eng naturverbunden, wie bei vielen Sudetendeutschen. Von seiner neuen Heimat sagt er: »Das Gebirge offenbarte sich mir, der ich vor der schlichten Wald-Acker-Schönheit des Egerlandes erfüllt war, als ein Gebilde voller Mystik, voller Dramatik und voll unerhörter Spannungen.« Die Landschaft um Salzburg versetzte ihn in einen »Rausch, in einen Taumel von Verzükkung, stürzte in überwältigender Größe« auf ihn ein. In seinen Gedichten »Erde, wir lassen dich nicht!« gelingen ihm Erfassen und Gestaltung dieses Erlebnisses nicht. Sie wirken übersteigert. Sie wurden mit der Lyrik Brittings verglichen; aber Hans Deißingers Gedichte sind, auch wegen ihrer forcierten Sprache, zu gewollt, um mythisch wirken zu können. In dem Gedicht »Frühling unter Wolken« stehen diese Verse:

Täler äugen, Föhnblut um die Nüstern,
Recken schlanke, nackte Primelhälse,
Modrig klebt zerschliss'ne Locke,
Schwarzes Fallaub. Ihre Wangen
Duften erderüchig.

Die Landschaft wird so gesehen:

Fernen zechen im Ätherblau,
Trinken sich duftblauen, luftblauen Rausch.
Und Gott Vater lehnt in den Glanz hinaus,
Vor den Brauen wölkt ihm der blaue Schaum,
Träumt seinen blauesten Mittagstraum.
Urmüttertiefe Stille glüht,
Urgreises, urgrimmiges Parzenlied . . .

In seinem Roman »Das ewige Antlitz« (1936) und in dem düsteren Drama »Geschwister« (1936) ist das Grundthema Versöhnung über Haß und Rache hinaus. Der Roman geht von einer Begebenheit zu Beginn des Ersten Weltkriegs aus; die deutschfranzösische Feindschaft findet nach vielen Verwicklungen schließlich einen lichten Ausweg. Das Nationale aber steht im Vordergrund und über dem Menschlichen.

Der aus Südböhmen stammende RUDOLF WITZANY (1911 Gratzen – 1945 gefallen im Osten) verdirbt sich seine schon abgebrauchte Thematik vom völkischen Bauerntum in dem Roman »Der Bauer von Rauhenschlag« (1937) noch durch eingeschobene langatmige Reden und Proklamationen, die, weil schon zu oft ausgesprochen und gehört, inzwischen zum Klischee geworden waren. Auch er flüchtet aus der Zeit in die Historie, um durch sie der Gegenwart ein Leitbild zu geben, so in dem Roman »Die gefesselte Stadt« (1937) (der Kampf der Stadt Iglau gegen die Schweden). Aber auch das Thema des Dreißigjährigen Krieges war durch zu häufige Darstellung schon abgegriffen, und so wirkt dieser Roman auch durch die Namengebung der Gestalten aus dem Geist der Blut-und-Boden-Ideologie bis zur Lächerlichkeit manieriert.
In dem Tagebuch in Romanform »Der Freiheit Mutter war die Not« hält Rudolf Witzany die Zeit von 1933 bis 1938 im Sudetenland fest.
Die Gedichtsammlung »Ritter Jörg am Hradschin« (1938) ist der Flucht junger Sudetendeutscher über die Grenze zum Freikorpseinsatz und dem Glück über die Heimkehr ins Reich gewidmet:

Heut sind wir dort, wo unsre Träume waren,
Als schmerzhaft uns die Not in Ketten schlug.
Und Erde jubelt, die seit zwanzig Jahren
Die Fessel unsres tiefsten Leides trug.
Wir treten betend vor dem Heiligtume,
Des Reiches Dom, zum Schwurbekenntnis an.
Da blüht ein jedes Herz gleich einer Blume,
Und nicht ein Opfer ist umsonst getan.

Neben der deutschsprachigen Dichtung der Juden in Prag spielte das literarische Schaffen der Juden in der Provinz keineswegs eine nur untergeordnete Rolle. Hier aber, im engen Kontakt mit der deutschen Bevölkerung, auch mit den ländlichen Verhältnissen, war das Schrifttum anderer Art als in Prag. Vor allem die in Mähren geborenen Juden traten hervor.

Ernst Sommer (1888 Iglau – 1955 London) ist beispielhaft für das Leben eines jüdischen Schriftstellers aus der Provinz. Iglau, wo Ernst Sommer Kindheit und Jugend verlebte, eine alte, durch Silbergruben reich und berühmt gewordene Stadt, entwickelte nach den Zerstörungen des Dreißigjährigen Krieges eine bedeutende Tuchmacherindustrie. Iglau ist auch der Geburtsort Karl Hans Strobls und Louis Fürnbergs. 1900 hatte Iglau 23761 Einwohner, von denen 4167 Tschechen und 1497 Juden waren. Als Ernst Sommer nach seinem Studium in Wien als Advokat nach Karlsbad kam, fand er dort ähnliche Verhältnisse wie in Iglau vor, nur war in Karlsbad der Nationalismus stärker ausgeprägt als in Iglau.

1924 gründete Ernst Sommer die Zeitschrift »Die Provinz«, die, so wurde betont, nicht der Welt und der Menschheit dienen sollte, vielmehr eine Verständigung jenseits nationaler, rassischer und politischer Schranken bewirken wollte. Die Zeitschrift hielt sich nur ein Jahr. Die Deutschen verzichteten darauf, sich von einem Juden geistig führen zu lassen, zumal einige bedeutende tschechische Autoren an der »Provinz« mitarbeiteten; die Prager ignorierten die Zeitschrift.

Ernst Sommer hatte sich dem Zionismus angenähert, den letzten Schritt aber nicht getan. Er schloß sich der Sozialdemokratie an und entfernte sich dadurch von den nationalbewußten Deutschen. In seiner späteren Bemühung um Assimilation trennte er sich auch von den Zionisten.

Was er gewollt, hatte er im ersten Heft der »Provinz« ausgesprochen. Die Fragen der verschiedenen Sprachen und Kulturen betreffend, wollte er an der »Aufrichtung eines besseren Lebens mitwirken, das hervorgehen soll aus einer vernünfti-

gen Ordnung der Freiheit und gegenseitigen Verpflichtung.« Dieses humane Ideal zu verwirklichen gelang ihm nicht.
Ernst Sommers Einstellung zum Zionismus fand seinen Niederschlag in dem Roman »Gideons Auszug« (1913). Was ihn von einer Auswanderung nach Palästina zurückhielt, war die Gebundenheit an sein Heimatland. Bei zionistischen Auswanderern aus Odessa war ihm klar geworden, daß diese »von Anfang an keine Heimat hatten und Samen glichen, der geschaffen ist, in fremden aufgerissenen Furchen aufzukeimen.« Er selber fühlte sich in Westeuropa beheimatet.
Bald nach dem Krieg, den Ernst Sommer von 1914 bis 1918 als Richter an der Front mitgemacht hatte, erschienen die Novellen »Der Aufruhr« (1920) und »Der Fall des Bezirksrichters Fröhlich« (1922). Er nannte sie groteske Novellen, aber sie sind mehr als das. In der aus den Fugen geratenen Welt stürzen die Hauptgestalten, aus Verzweiflung die Herrschaft über sich selbst verlierend, in Wahnsinn.
Die Novellen sind unerbittlich folgerichtig erzählt; sie sind den besten Dichtungen der Zeit zuzuzählen. Die Hauptgestalt im »Aufruhr« ist ein durch die Zeitumstände heruntergekommener und erfolgloser Schauspieler, der endlich seinen großen Erfolg erzielt, als er durch pathetische Deklamation von Zitaten aus den »Räubern« und dem »Fiesco« die Menschen, die die ganze Nacht auf Fleischzuweisung gewartet hatten und am Morgen erfahren, daß es kein Fleisch gibt, zum Sturm auf die Markthalle fortreißt.
In der zweiten Novelle wird ein Richter, der einem Arbeiter gegen einen Rittmeister recht gibt, durch Verleumdungen und Erniedrigungen, schließlich Nachstellungen und Drohungen verfolgt. Auch hier geschieht es aus der Verzweiflung des in die Enge Getriebenen, daß der Richter im Gerichtssaal mit der Waffe in der Hand Kläger und Angeklagte zwingt, eine Quadrille zu tanzen; dann erschießt er sich.

Diesen Weg seines Schaffens verläßt Ernst Sommer bald und wendet sich ausschließlich dem historischen Roman zu. Das bedeutet wohl eine Flucht aus der bedrängenden Gegenwart. Doch die humane Gesinnung bleibt erhalten, sie will jetzt durch das distanzierte historische Beispiel veranschaulichen und verdeutlichen. Meist handelt es sich in den Romanen um schuldlose Menschen, die durch die Zeit und deren Umstände schuldig oder vernichtet werden.

Der Roman »Die Templer« (1935) schildert die Zeit von 1301 bis 1309, als in einem Drama von Niedertracht, Heuchelei und Verrat, Hunger nach Macht und Gier nach Geld, von Fanatismus und Geltungssucht der Templer-Orden ausgerottet wurde. »Die Botschaft aus Granada« (1937) widmet sich der Zeit der Judenverfolgung in Spanien, der Problematik des Jude-Seins (drei Juden werden in konträrem Verhalten gezeigt) und der Frage, inwieweit der Mensch ethnisch vorbestimmt und gebunden ist. Es ist ein in der mitreißenden Handlung und in der Fragestellung und Infragestellung, in Antworten, Zweifeln und Gewißheiten aufwühlendes Werk. Die anderen Romane »Revolte der Heiligen« und »Die Sendung Thomas Münzers«, die Romane um François Villon, Rabelais und Ulrich von Hutten erschienen im Londoner Exil.

Die Erzählung »Die Unschuldigen« kehrt in die damalige Gegenwart zurück. In ihr geht es um die Frage der deutschen Kollektivschuld, dargestellt in zwei gegensätzlichen Gestalten, einem SS-Mann und einem parteilosen Bankdirektor. Diesem macht der SS-Mann in einer Angsttraumbegegnung den Vorwurf: »Auf mich zeigt das Ausland mit Fingern und setzt mich auf die Liste der auszuliefernden Verbrecher. Du glaubst dich befähigt, am Tage des Waffenstillstandes an den Verhandlungstisch zu treten, als Vertreter des sittlichen Elements, das jederzeit im Deutschen stak. Ich dünge den Boden,

du aber heimst den Nutzen ein. Ich heize Gaskammern und elektrische Öfen, du aber verfertigst die Bilanz des schauerlichen Reingewinns.«
Als sich der Zweite Weltkrieg dem Ende und der deutschen Niederlage zuneigte, diskutierten die Emigranten, soweit sie überlebt hatten, die Rückkehr in ihre Herkunftsländer und die Art des Weiterlebens. Sie hatten sich im Asyl nicht assimiliert, hatten an der deutschen Sprache festgehalten. 1943 hatte Ernst Sommer bei einer Landeskonferenz der deutschen Antifaschisten aus der Tschechoslowakei in London erklärt: »Unsere Feinde haben sie (die deutsche Sprache) nicht anders als andere hilflose Opfer behandelt. Modernes Barbarentum begann neben der Judenhetze immer mit der Sprachschändung. Unsere Kulturarbeit muß mit der Wiederbelebung der deutschen Sprache beginnen.«
Die deutschsprechenden Juden, die nicht nach Palästina emigriert waren, hatten zu ihren Herkunftsländern eine andere Beziehung als die Juden in Palästina, die dort bodenständig geworden waren. Die Emigranten in England versuchten schon vor Kriegsende einen modus vivendi für beide Nationen in Böhmen und Mähren zu finden, denn man vermutete, daß die Erschütterungen der Zeit den Boden für Versöhnung bereitet hätten.
Ernst Sommer war zur Vermittlung besonders geeignet, hatte er doch nach jahrelangen Vorstudien, wie auch Johannes Urzidil, ein Werk über die tausendjährige böhmische Geschichte verfaßt. Allem Planen für die Zukunft wurde aber auch für die Emigranten durch die Ereignisse vom Mai 1945 und das Bekanntwerden der Vertreibung der Sudetendeutschen ein Ende bereitet. Auf seltsamen Umwegen wurden beide, Sudetendeutsche und Juden, in die Heimatlosigkeit geworfen. Es gab für die Juden keine Heimkehr in die völlig veränderte Tschechoslowakei. Nur Egon Erwin Kisch, Louis

Fürnberg und Franz Carl Weiskopf kehrten zurück. Egon Erwin Kisch starb schon 1948, die andern beiden verließen die kommunistisch gewordene Tschechoslowakei nach dem Prozeß gegen den Generalsekretär der KPČ Rudolf Slánský, der 1952 hingerichtet wurde.
Louis Fürnberg ging nach Weimar, wo er stellvertretender Direktor der nationalen Forschungs- und Gedenkstätten der klassischen Literatur wurde, Franz Carl Weiskopf wurde in Ostberlin Mitherausgeber der Zeitschrift »Neue deutsche Literatur«.
Ein großer Teil der Werke, die in der Emigration geschaffen worden waren, blieb weiterhin im Exil und wurde und wird erst nach und nach ins Bewußtsein der gesamtdeutschen Literatur gerückt.
Das Werk des anderen aus Mähren stammenden jüdischen Dichters, Hermann Ungars (1893 Boskowitz – 1929 Prag), fand bei den Zeitgenossen eine widersprüchliche Beurteilung. Max Brod kann sich in seinem Buch über den »Prager Kreis« an Hermann Ungar überhaupt nicht erinnern, trotzdem sich Ungar in Prag aufhielt, im »Prager Tagblatt« verkehrte und sein erstes Buch »Mörder und Knaben« (1920) Max Brod gewidmet hatte. Max Brod nennt das Buch eine »Nullität«. Stefan Zweig hingegen würdigt es: »Ein Rufzeichen hinter diesen Namen! Hier ist dämonisches Wissen um letzte Dinge der Seele mit einer harten, klaren, grausam scheidenden Darstellungskunst vereint – unendliches Mitleid mit der Kreatur kontrastiert großartig mit einer fast elementaren Unbarmherzigkeit der Gestaltung. Wenige der Jugend in unseren Tagen haben ein kühneres Erzählerbuch geschaffen, keiner vielleicht ein bedeutenderes als dieser junge Autor.«
Ohne abschweifende Gedanken oder Erklärungen erzählt Hermann Ungar das Leben eines Knaben im Siechenhaus, der vergeblich um die Gunst der häßlichen, viel älteren Magd

Stasinka wirbt. Er stiehlt, geht nach Amerika, hat Erfolge, kommt zurück und holt Stasinka nach Amerika. Dort verkauft er sie in ein Bordell. Damit ist sie aus seinem Leben, der ein reicher Fabrikant geworden war, verschwunden. Als ihm nach Jahren ein Kind der inzwischen gestorbenen Stasinka gebracht wird, das auch sein Kind ist, schickt er es in das Siechenhaus, in welchem er selber unter alten Männern und mit der Gier nach der Magd aufgewachsen war.

Über Hermann Ungars Roman »Die Klasse« (1927) schrieb Oskar Loerke, er werde »als Dokument unserer Zeit übrig bleiben«. – Dargestellt wird eine Schulklasse mit ihrem Lehrer. Die Schüler erkennen mitleidlos die Schwächen des Lehrers, der seine Blößen hinter zynischer Grausamkeit zu verbergen sucht. Die ungebrochene Natur der Kinder verstrickt ihn in einen erbärmlichen Kampf, der ihn aufzehrt; ihm, einem im Grunde armseligen Menschen, bleibt als einzige Rettung, »mit allen Mitteln die Zucht aufrechtzuerhalten. Es war alles verloren, wenn sie sich einmal aufgelöst hatte.«

Über Hermann Ungars Roman »Die Verstümmelten« (1923) schrieb Thomas Mann: »Er ist gespeist von der aus Osten kommenden Kunst, alles Extreme, dessen die Seele fähig ist, als wahrhaft menschlich fühlbar zu machen.« Thomas Mann hat einen Nekrolog für Hermann Ungar geschrieben, der, erst 36jährig, an einer nichterkannten Blinddarmentzündung starb. Dieser Nekrolog erschien als Vorwort zu den posthum veröffentlichten Erzählungen »Colberts Reise« (1930). Darin heißt es: »Ungar besaß einen ausgesprochenen Sinn für Familie und Herkunft. Was man Heimatliebe nennt, tritt bei ihm als die Überzeugung auf, daß nur die Sphäre seines Ursprungs die dem Menschen gemäße und zuträgliche, und, sie gegen eine andere zu vertauschen, Sünde und Lebensfehler sei. Nie, meinte er gesprächsweise, sollten die Menschen die Heimaterde verlassen, die sie hervorgebracht, wenn sie glücklich und in Sicherheit leben wollten.« Und Thomas Mann spricht von der »Dichter-Innigkeit«, mit der Hermann Ungar um das Leben warb.

Die Erzählungen in dem Band »Colberts Reise« waren nach den Erfolgen der dramatischen Werke Hermann Ungars in Berlin und Wien (das Trotzki-Schauspiel »Der rote General«, 1928, und die Komödie »Die Gartenlaube«) erschienen. Darin reiht sich eine Kostbarkeit ausgereifter kleiner Prosa an die andere. Aus der Erzählung »Der Weinreisende« bleibt diese Stelle in der Erinnerung haften: »In altem Wein sind die Gerüche aller Blumen, die Strahlen der Sonne, Lachen der Kinder, Schweiß der Männer, das Bild der sommerlichen Landschaft, alles reif und schwer wie die Brust der stillenden Mutter.«

Darin ist der Glanz und Duft des südmährischen Weinlandes eingefangen, in welchem der Geburtsort Hermann Ungars liegt, eine mittelalterlich anmutende Stadt mit einem völlig erhaltenen Getto mit Synagoge, Wohnhäusern und großem Friedhof.

Die alte Bischofs- und Universitätsstadt, Festung und Garnison Olmütz um die Jahrhundertwende hält JULIUS KRICK (1869 Olmütz – 1939 Wien) in den Erzählungen des Bandes »Die Stadt an der March« (1939) fest. »In ihnen wurde das Leben der alten Marchfestung eingefangen, so wie es sich abgespielt hatte, als gegen das Ende des vorigen Jahrhunderts die alten Festungsmauern fielen und die Stadt sich ins Weite des Vorlandes zu strecken und zu dehnen begann ... Die Erzählungen sind Bilder dessen, was sich an geistigen, sozialen und wirtschaftlichen Ereignissen in jener bedeutungsvollen Zeit zugetragen hat. Das ganze war umwittert von der feinen, etwas an Alt-Wien gemahnenden Atmosphäre der Geselligkeit und des festlichen Glanzes, typisch für das im Wiener Kulturkreis lebende Olmütz« (Richard Zimprich:

»Mährische Aufsätze«, 1980). Auch in den folgenden, erst aus dem Nachlaß veröffentlichten Prosadichtungen erzählt Julius Krick aus dem Umkreis seiner Heimat; die Buchbindergeschichte »Meister Klose und sein Geselle« – anklingend an E. Th. A. Hoffmans »Meister Martin der Küfner und seine Gesellen« –, »Onkel Bumm« aus dem Leben und Treiben der Offiziere in der Garnison, die heiteren Gymnasialgeschichten und die Erzählung »Hauptmann Mathes«, eine kritische Darstellung der bürgerlichen Gesellschaft am Beginn des Ersten Weltkriegs.

Julius Krick ist in seiner breit und genau erzählenden Prosa den Dichtern der alten Generation verpflichtet, Gottfried Keller, Wilhelm Raabe, Otto Ludwig.

Der Erste Weltkrieg, an dem Julius Krick teilnahm, veränderte mit neuen Stoffen seinen Stil; die noch unveröffentlichten Dichtungen aus jener Zeit handeln meist in der Ukraine.

Ungewöhnlich sind das Leben und die Dichtungen des im Getto einer mährischen Kleinstadt geborenen HUGO SONNENSCHEIN (1889 Kýjov/Gaya – 1953 Mýrov/Mürau). 18jährig kam er nach Wien und schlug sich dort arbeits- und obdachlos durch. Sechs Jahre wanderte er durch Europa, vor allem Italien. Seine Erlebnisse hielt er in den Gedichten »Geuse Einsam von Unterwegs« (1912). Der Umgetriebene nannte sich »Sonnenbruder«. Während des Ersten Weltkriegs war er Soldat auf dem Balkan, mehr in Lazaretten und Gefängnissen als an der Front. Nach dem Krieg, unter den expressionistischen Dichtern schon bekannt, wandte er sich der Politik zu. 1920 nahm er am Kongreß der III. Internationale in Moskau teil, floh aber über Sibirien und Norwegen nach Berlin. In der Tschechoslowakei kam er wegen Hochverrats in Kuttenberg ins Gefängnis. 1921 wurde er in London Mitbegründer der tschechoslowakischen Kommunistischen Partei. In dunklen Vorstadtverstecken in Wien, Berlin und Paris warb er für den

Kommunismus. 1927 wurde er wegen seiner Gegnerschaft zu Stalin aus der Partei ausgeschlossen. 1930 erschien in Wien im Zsolnay Verlag »Der Bruder Sonka und die allgemeine Sache oder Das Wort gegen die Ordnung«; er selber nannte sich »Genosse Sonka, der gottverkommene Bettelpoet«. Im selben Jahr gründete er in Paris den »Offenen Weltbund der Brüder«, verzichtete aber auf eine parteiartige Organisation, denn »der Vagabund will nichts sein als ein Partisan der Freiheit.«

Inzwischen hatte ihn Karl Kraus in seiner »Fackel« festgenagelt: »Sonka dichtet. Ist größere Tragik auf Erden? In der Wind-ins-Gesicht-Gasse wohnt er als Aftermieter bei (Albert) Ehrenstein, sein Sieb-Dach für Anregungen ist über seinem Haupte, Schimmel für neue Formen freut sich an den Wänden, gute Ritzen sind für den Expressionismus da, immer muß er an das Herz der Lasker-Schüler denken . . . Ich halte den weltverkommenen Sonka für einen Simulanten; und zwar für einen ungeschickten, denn ich habe schon bessere Gedichte aus Irrenhäusern bekommen.«

Die Fäden, die in Hugo Sonnenscheins Lyrik zusammenlaufen, wurden sorgsam bloßgelegt; es sind deren viele. Weltverbundenheit und Menschenbruderschaft Franz Werfels mußte sich freilich bei dem heimat- und brotlosen Proleten anders als bei dem Dichter aus großbürgerlichem Hause dokumentieren. Hugo Sonnenschein singt aus der Gosse:

> Ja, das ist des Lebens Lauf,
> Mich fressen zum Schluß meine Läuse auf –
> Ich bin nur ein verlauster Hund,
> Ein verkommener Vagabund.

Hugo Sonnenschein war in der zeitgenössischen Literatur wohl bewandert: Expressionismus, Mombert und Däublers kosmische Hymnik, Walt Whitman, die französischen Symbolisten – jedoch, so viele Anklänge sich bei ihm herausfinden lassen, er verwob die Fäden zu den ihm eigentümlichen Mustern. Er sagte von sich:

Im Wort ist deine Heimat,
Sonka, deutscher Dichter.

Seine engsten Beziehungen bestehen zum Slawischen, zu dem ihm gesinnungsverwandten tschechischen Dichter Stanislav Kostka Neumann, vor allem zu Petr Bezruč, dem Dichter der »Schlesischen Lieder«. Hugo Sonnenschein verfaßte »Slovakische Lieder« (1919) und »Meine slovakische Fibel« (1935) aus Zuneigung zu dem am meisten bedrückten und ärmsten Volk in der Tschechoslowakei. Mehr als zum städtischen Proletariat neigte Hugo Sonnenschein den Knechten und Mägden bei den Bauern und den Waldarbeitern zu. Ihre Not zu besingen, griff er zur Balladenform, die unmittelbar an Petr Bezruč erinnert. In dem Band »Der Bruder Sonka und die allgemeine Sache oder Das Wort gegen die Ordnung« steht das Gedicht »Herkunft«:

Franziska aus Bukwan, Malkes Magd,
Hat meiner Wiege ihr Leben geklagt.
Und in dem Liede sang das Leid:
Wann kommt der Heiland, der uns freit,
Mein Kind?

Martin aus Borschow, Vaters Knecht,
Führte mich in das Land der Vasallen:
Die Saat der Slowaken von Unrecht und Recht
Ist in das Schicksal der Juden gefallen.

Von zweier Völker Not gequält,
Doch nur von einer Sehnsucht beseelt,
Lieder der Mägde – der Menschheit Geist:

Die freie Erde, die du freist,
Mein Volk!

Hugo Sonnenschein fühlte sich mit seinen Vagantengedichten als »Geuse Einsam Unterwegs« (1912), sang sich das Herz frei in »Mein Becher wider die Schwere der Welt« (1914), fühlte sich aus tiefer Naturverbundenheit leidvoll beglückt in »Erde auf Erden« (1915). Nach seiner »Legende vom weltverkommenen Sonka« (1920) nannte er sich Sonka, fühlte sich als Gestalt neben François Villon und dem »Heiligen Trinker« Joseph Roths.
Manche Gedichte klingen wie Lieder, so die »Elegie«:

Des Abends lag die Gegend klar,
Und tief im Sternenschweigen,
Allein im grauen Morgen war
Der Tod auf allen Zweigen.

Da wurde meine Seele (Wald,
Du schweigsamer und trüber!)
Wie die der Landschaft fremd und kalt.
Mein Sommer ist vorüber.

Er fühlte sich als ein »Todmüdegewanderter« –

Ich werde zerfallen, Unkraut düngen,
Dasein wird mich überwuchern.

Das ist ein Hinüberschwingen ins Kosmische, ein Einmünden in die Natur, die er in einigen Gedichten in lichter Magie zu beschwören versteht, wie in dem Gedicht »Rast im Juli«:

Wie Gewässer wellt Getreide
Sich im sonngewebtem Kleide.
In der frühen Abendstunde,
Gold und Rot auf blauem Grunde.

Aus den Halmen gucken Raden,
Schwärmerinnen voll Vertrauen,
Die zu Liebeleien laden,
Wunderschöne Kornblauen
Blühen Sehnsucht neben roten
Mohnen, höllenbrandumlohten.

Rittersporn wiegt ungezogen
Sich im Takt der Roggenwogen
Zärtlich mit den wilden Wicken,
Die wie Mädchenaugen blicken
In verzückten Augenblicken.

Tief verneigt der violette
Klee sich vor der Esparsette,
Die dem Lieblichsten von allen
Lächelt helles Wohlgefallen
Aus dem Zwielicht reifer Fluten.

Still wird nun der Tag verbluten.

Hugo Sonnenscheins eigenwüchsiges Werk ist kaum mehr zugänglich; es sollte aus der Verschüttung befreit werden. Sein Leben endete düster. Nach seiner Ausweisung aus Österreich lebte er seit 1934 in Prag, von wo er 1943 nach Auschwitz gebracht wurde. Dort starb seine Frau, er überlebte und starb, als Nazi-Helfer denunziert, 1953 in der Strafanstalt im ehemaligen Schloß von Mürau (Mýrov) in Mähren.
Es schien, als würde sich der politische Kampf und das Schicksal der Sudetendeutschen durch das Auftreten und die Erfolge Konrad Henleins mit der alten Reichsstadt Eger verbinden. So geschah es aber nicht. Das Zünglein auf der schwankenden Waage neigte sich Reichenberg zu, das wirklich die Hauptstadt des Sudetengaues wurde. Dorthin wurden auch die wesentlichen geistigen und kulturellen Institutionen ver-

legt. Doch auch Reichenberg war nur eine Ersatzhauptstadt für die ungünstig gelegenen Sudetenländer. Mittelpunkt konnte die Stadt schon geographisch nicht werden; geistig waren ihre Grundlagen provinziell. Die kulturelle Humusschicht war in der industriereichen Stadt zu dünn, um Nährboden für Kunst und Dichtung zu werden.

FRIEDRICH JAKSCH (1894 Budweis – 1945 vermißt) wurde Direktor der Bücherei der Sudetendeutschen, die in Verbindung mit einer geplanten Verlegung der deutschen Universität aus Prag nach Reichenberg gegründet worden war. Hatte man damals nicht gemeint, daß Prag alsbald ans Reich fallen würde?

In der Lyrik und Prosa und im Drama wandelte Friedrich Jaksch alle Stilarten der Zeit ab. Auch die behandelten Stoffe waren bis zur Gegensätzlichkeit verschieden, so daß sich das Werk nicht abrundete. Eine ruhelose Zeit machte den an sich nicht genug in sich selbst zentrierten Dichter und sein Werk ruhelos. Vieles verliert sich in einem barock-expressiven Wirrwarr von Gestalten und Handlungsabläufen, wird nicht zuletzt auch unverständlich durch eine gekünstelte, verkrampfte Sprache.

Die Gedichte »Wellen und Wogen« (1918) verarbeiten in kaleidoskopartig wechselnden Bildern die Erlebnisse des Weltkriegs, die Gedichte »Eros-Licht« (1921) wurden »Wege eines Ringenden« genannt. Erlösung durch Leiden und Opfer der Liebe wird in diesem Arsenal von Menschen, Heroen und Göttern besungen: Tantalus, Prometheus, Herakles, Jesus und Satan und Maria Magdalena; ein »Aufsteilen« – dies ein expressionistisches Modewort – in konturlosen Bildern, in Sonetten, Stabreimen, gereimten Jamben, aufschreienden Versen mit dem ganzen Inventar der damaligen Poetik.

Die Dramen wechseln von der klassizistisch-neuromantischen Szenerie in »Hartherz der Zwerg« (1919) – Liebesleidenschaft umgarnt den verkrüppelten Hofnarren und Irmgard, die Frau eines Kreuzritters – zu düsterem Naturalismus in der »Sklavin« (1920); die junge Dirne muß in dem brünstigen Liebhaber ihren verschollenen Vater erkennen. Das Dirnenmilieu war in Mode gekommen, und Friedrich Jaksch wetteiferte, auch in der überhitzten Sexualität, mit dem Drama »Die weiße Sklavin« (1918) von Dietzenschmidt.

Der Roman »Der enthauptete Heiland« (1921) um den Gottsucher mit dem symbolisierenden Namen Johannes Wehrgang, einen jungen Studenten, und seinen gottverspottenden Gegenspieler Martin Folger verwirrt sich zu einem psychopathologischen Pandämonium, in welchem Gott zum Satan, Johannes Wehrgang zum Gott wird; der Ödipuskomplex im Hinblick auf den eigenen Vater und Gottvater wird niedergerungen – »auf den Sesseln der Gestirne thront der Elterngott und segnet die Menschheit.«

In der Erzählung »Das Haus mit den Steinfiguren« (1927) wird die »Selbstaufopferung eines reinen Weibes, das unbeirrt seinen Lebensweg zu Ende geht«, berichtet. Diesen Lebensweg ihrer Tochter berichtet die Mutter dem Arzt, der durch Telepathie zu der Sterbenden gerufen wird. Der Bericht läßt den am Leben irrgewordenen Arzt den Sinn des Lebens erkennen, den ihm jetzt auch die Steinfiguren an dem alten Haus offenbaren: »So zu sein wie diese Figuren: einfach und schlicht und deshalb ein unerschütterlicher Eigenmensch, dessen Treue zu sich selbst sein innerstes granitenes Leben ist . . ., auf Heimaterde ein Heimatmensch.«

Der neue politische Wind, der sich schon zum Sturm steigerte, erreichte Friedrich Jaksch. Er veränderte ihn und sein Werk, veränderte auch, wie das damals häufig geschah, seinen slawisch klingenden Namen in Friedrich Bodenreuth. Jaksch bekannte: »Vierhundert Jahre an der Grenze des Volkstums: da wird einem dieses Volkstum anders bewußt als im sicheren

Binnenland, da setzt man sich ein und schweigt, weil ein Soldat im Graben nicht davon redet, wofür er sich hingibt. Da wird man schlicht und einfach des Daseins bewußt, aber auch des Da-Bleibens ... Wir Deutschen Böhmens müssen in einem ewigen Graben liegen, vom ersten Tage des Lebens bis zu seinem Ende. Aber wir dürfen vor Deutschlands Ruhe liegen! Das heißt viel! Das heißt sehr, sehr viel! Und wir wollen gute Soldaten sein!«

Der Roman »Sonne über Böhmen« (1934) ist die Geschichte eines Budweiser Jungen, der durch die Wirren des Siebenjährigen Krieges zum Frieden seines Herzens findet. – In der Umkehr des Ausspruchs des alten böhmischen Chronisten Cosmas, daß kein Fluß, der außerhalb Böhmens entspringt, den Boden Böhmens berührt, nannte Friedrich Jaksch seinen Roman »Alle Wasser Böhmens fließen nach Deutschland« (1937). Er wurde zu seiner Zeit das »Epos vom tausendjährigen Heldentum um Böhmen« genannt. Lyrisch wird er ergänzt durch den Gedichtband »Gott stellt die Zeiger« (1935). »Im Namen Gottes beginnt das lyrische Büchlein und schließt mit der starken Zuversicht auf die nahende Gottesstunde der Deutschen.« (Josef Nadler)

»Kathrein« (1938) ist die Geschichte einer späten Liebe zwischen zwei alten Armenhäuslern. Am Todestag ihrer früheren Herrin finden der Brosig Anton und die Elger Kathrein endlich zusammen. Vom Begräbnis der Herrin heimgekehrt, hat Kathrein mit zitternden Händen das Brautkleid der Toten angelegt, die alte Spieluhr in Gang gesetzt und erwartet den so lange vergeblich geliebten, endlich für sich gewonnenen Brosig Anton. »Und da hebt es von irgendwo an wie von tausend Glocken: Klinglala, Klinglala ... und beide fahren in einem goldenen Wagen durch das Sternenlied auf die geöffnete Himmelstür zu.«

BRUNO BREHM (1892 Laibach – 1974 Alt-Aussee) wurde als

Sohn eines österreichischen Offiziers in Laibach geboren; der Vater stammte aus dem Egerland, die Mutter aus dem Erzgebirge, das Herz Bruno Brehms schlug für Mähren, im engeren Sinn für Olmütz und Znaim, im weiteren Sinn war er Österreicher, wobei er Österreich mit der Idee des alten Röhmischen Reichs Deutscher Nation verband. Er sah es als Offizier: »Wir haben das erlebt, wonach sich jetzt die ganze Welt sehnt: friedlich, einträchtig, brüderlich durch das Du der Kameradschaft verbunden, an einem Tische, in einer Messe zu sitzen und sich nicht um das Gezänk und Gestreite der Völker zu kümmern. Keiner von uns hat geglaubt, daß er besser sei als der andere, weil er ein Deutscher und der andere ein Tscheche, Pole, Slowake, Ungar, Rumäne oder Italiener war.« (»Die unverlierbare Heimat«) Das war im Geist des Gedichts von Grillparzer auf den Feldmarschall Radetzky geschrieben. Im Hinblick auf das Vielvölkerheer heißt es dort: »In deinem Lager ist Österreich!«

Für dieses Österreich zog Bruno Brehm 1914 als junger Offizier in den Krieg, kam sogleich zu Beginn schwerverwundet in russische Gefangenschaft und war, nach der Entlassung ausgeheilt, bis zum Ende auf den Kriegsschauplätzen in Mazedonien und Italien. Immer wieder hat er seine Kriegserlebnisse berichtet, den Soldatenstand als anständig und ritterlich gepriesen. Er hat das bittere Ende von 1918 dargestellt, aber sein Lebensweg sollte weiterführen bis zu seinem verbitterten Ende in Alt-Aussee, dem Sommersitz einer ganzen Generation österreichischer Dichter, Leopold Adrians, Hugo von Hofmannsthals, Hermann Bahrs und anderer.

Bruno Brehm war in der Geschichte, Kunst und Literatur Wiens und der österreichischen Kronländer, die er aus eigener Anschauung kannte, wohlbewandert. Er konnte aus dem Vollen schöpfen. Dazu war er ein begnadeter Erzähler. Seine vielen kleinen Prosadichtungen in den Bänden »Das gelbe

Ahornblatt« (1931), »Heimat ist Arbeit« (1934), »Die weiße Adlerfeder« (1937) ergeben zusammen das Leben der alten Kronländer, Wiens und seines eigenen Lebens in Geschichten.
Der erste Roman Bruno Brehms ist voll nobler Fröhlichkeit, voll herzlicher Ausgelassenheit. Im »Lachenden Gott« (1927) schildert er die Turbulenz der lüstern-muckerischen Bürger um einen in einer mährischen Kleinstadt aufgefundenen antiken Priapus. Den Humor überschattet tragische Verwirrung. Der alte Religionslehrer steht über Streit und Widerstreit: »Im Grunde genommen sind sie weder Christen noch Heiden, es sind ganz einfach schwache Menschen, die ein wenig leben wollen.« Die Besprechung des Romans in der Zeitschrift »Witiko« schließt: »Ein neuer Name, aber schon ein voller Klang.«
Als ein österreichischer Jean Paul erscheint Bruno Brehm in den Romanen »Susanne und Marie« (1923, später: »Auf Wiedersehen, Susanne!«), »Wir alle wollen zur Opernredoute« (1930) und »Ein Graf spielt Theater« (1930). Von unvergleichbarer Innigkeit sind die beiden frechen, bubenwilden Mädchen Susanne und Marie, »holde« Geschöpfe neben der grotesken Gestalt der jodelnden Großmutter. Dem Jungmädchenroman aus dem unbeschwerten Wien der Vorkriegszeit folgt der Schwanengesang um das Wien des Nachkriegs. In dem Roman »Wir alle wollen zur Opernredoute« ergänzen Humor und Galgenhumor einander. Der Roman um den ins Theater vernarrten gräflichen Grundherrn handelt in einem böhmischen Städtchen zur Zeit Kaiser Ferdinands des Gütigen. Auch hier liegen Tragik und Komik, Lachen und Weinen nahe beieinander, verbunden durch die Freude am bildlichen Gestalten und die Kunst lockeren Erzählens. Die Gräfin Josefine klagt: »Schlechte Luft hier!« und »sie führte ein schwarzgerändertes Tüchlein, in dem sie sich eine bessere

Luft mitgebracht hatte, zu ihrer kräftigen Hakennase. Wie ein über Rübenäcker verirrter Schmetterling schwebte das zarte Parfüm über dem kräftigen Geruch des versammelten Volkes.«

So hätte es weitergehen können, aber Bruno Brehm mußte gestalten, was ihm auf dem Herzen lag: den Untergang Österreichs. Er tat es in den drei Bänden »Apis und Este«, »Das war das Ende« und »Weder Kaiser noch König« (1929–1933), später zusammengefaßt als »Die Throne stürzen«. Im Mittelpunkt des ersten Teils stehen der Serbe Dragutin Dimitrijevic, genannt Apis, der Stier, und der österreichische Thronfolger Erzherzog Ferdinand von Este; der zweite Teil schildert das Schicksal Österreichs seit dem Mord in Sarajevo, der dritte Teil den Zusammenbruch Österreichs unter seinem letzten Kaiser. Gesichert in den geschichtlichen Quellen, dennoch mehr als Geschichte, die politischen Fäden behutsam verwebend, in zupackender Kraft und bedrängender Fülle von Menschen und Schauplätzen, entstand hier das Epos weltverändernder Ereignisse, die in die Hand eines Dramatikers gehört hätten. Aber die sudetendeutsche Literatur besitzt diesen Dramatiker von der Größe Shakespeares der Königsdramen nicht. Bruno Brehms Trilogie ist ein Fresken-Zyklus.

Mit anderem Zugriff hat Karl Kraus den ersten Weltkrieg und das Ende Österreichs festgehalten. Beide Werke, das von Karl Kraus und das von Bruno Brehm, stehen gültig nebeneinander – welches andere Reich besitzt einen solchen Abgesang? Karl Kraus nannte sein riesiges Szenarium »Die letzten Tage der Menschheit« (1922). Es waren erst die vorletzten. Was ihnen folgte, hat Karl Kraus 1933 in der »Dritten Walpurgisnacht« ausgesagt. In dieser Walpurgisnacht spielte Karl Kraus eine eigensinnige Rolle als leidenschaftlicher Anhänger von Dollfuß und Gegner der Sozialisten. Auch Bruno Brehm sollte in seiner Romantrilogie »Das zwölfjährige Reich« seine tragische Rolle spielen.

Den Titel des zweiten Teils der Habsburger-Trilogie ergänzte Josef Nadler: »Weder Kaiser noch Reich – sondern der Führer.«

Als Dank für die Heimholung Rest-Österreichs und der böhmischen Länder ins Reich brachte Bruno Brehm sein Buch »Tag der Erfüllung« (1939) dar. Viele von den 28 Beiträgen haben die Absicht, aufzuzeigen, daß Österreich und die böhmischen Länder nicht mit leeren Händen ins Reich heimkehrten; darzustellen, was sie dem Reich einbrachten. Andere Beiträge sprechen von der »schweren Last des Glücks«, werden zu einer Apotheose Adolf Hitlers: »Daß es ein einfacher Soldat aus dem Lande Österreich ist, der dem Reich wieder das alles zurückgibt, was dem Reich in Stunden der Not und Schwäche entrissen worden ist, macht uns stolz und demütig zugleich. Wir leben in einer Sage, liebe Kameraden, wir wissen es, aber wir können die Worte nicht finden, weil wir zu tief noch im Geschehen selbst stecken. Es bleibt auch kein anderer Wunsch als dieser: Gott schütze den Führer!« (»Wiedersehen mit Prag«)

Die reiche Entfaltung des dichterischen Werkes Bruno Brehms während des Dritten Reichs darzustellen, greift über den Rahmen dieser Übersicht hinaus. Der Stern, den auch Bruno Brehm wie einen auf dem deutschen Himmel aufgehenden Morgenstern begrüßt hatte, erwies sich auch ihm schließlich als Unstern. Bruno Brehm hat sich nicht entzogen, er hat sich in der Romantrilogie »Das zwölfjährige Reich« (1959–1961) der Katastrophe gestellt. Dem Adolf Hitler als dem »einfachen Soldaten aus dem Lande Österreich« tritt nun »Der böhmische Gefreite« – so der Titel des zweiten Teils der Trilogie – gegenüber. Bruno Brehm wurde übelgenommen, Adolf Hitler mit einem Trommler verglichen zu

haben – »Der Trommler« ist der erste Teil der Trilogie –, zumal er selbst, Bruno Brehm, kräftig mitgetrommelt habe. »Wehe den Besiegten allen!«, der dritte Teil, ist wie auch die anderen Teile im Aufzeigen des Tatsächlichen, aber ohne Verzerrung, eine unerbittliche Abrechnung.
Die beiden historischen Roman-Trilogien Bruno Brehms führen von 1914, das sich als Vorspiel erweisen sollte, über 1938 und den Zweiten Weltkrieg zum Endspiel von 1945. Als Ganzes ist Bruno Brehms Leben und Werk so geschlossen, konsequent und symptomatisch, daher tragisch, wie Leben und Werk weniger sudetendeutscher Dichter.
Die Feststellung Herbert Cysarz' (1896 Oderberg), damals Ordinarius an der Prager deutschen Universität: »Unser Sudetenschrifttum, das deutsche Auge in die Schicksalsräume des Ostens und Südostens«, veränderte die Blickrichtung der sudetendeutschen Literatur; in den von Herbert Cysarz veröffentlichten Bänden »Wir tragen ein Licht, Rufe und Lieder sudetendeutscher Studenten« (1934) und »Wir, Bekenntnis der Gemeinschaft« heißt es: »Unsere Dichtung merzt ein verwaltend-verwischendes Deutschtum alt-österreichischer Herkunft aus zugunsten eines durch und durch geprägten, keinesfalls unzulänglichen und selbstgenügsamen, sondern um so widerstandshärteren und ausgleichsmächtigeren Volkstums. Sudetendeutsch heißt unverfälscht und unbezwinglich deutsch unter sudetendeutschem Schicksal.«
So geschah es. Die sudetendeutsche Dichtung glitt aus dem alten Schwerpunkt, der noch immer gesamtösterreichisch gewesen, in den reichsdeutschen, preußischen Bannkreis, der ihr nicht gemäß war, was die Erfahrungen nach 1938, gar erst nach 1945 erweisen sollten. Sie wuchs von sich fort in etwas hinein, das nicht ihr Eigenes und Eigentliches war. Einige erschraken über diese Entfremdung, als sie ihnen bewußt wurde. Aber die Entwicklung war nicht aufzuhalten.

Gegensätzlich zu einem sentimentalen, romantisch schönfärbenden Heimatschrifttum erschien das auf den Volkstumskampf ausgerichtete Werk WILHELM PLEYERS (1901 Eisenhammer/Westböhmen – 1974 Starnberg). Aus dieser Gesinnung und Haltung heraus schrieb er einige Romane, die über das Sudetendeutschtum hinaus im Reich eine starke Wirkung erzielten. Sie richteten sich nach zögernden Anfängen unbeirrt nach dem Ziel aus, das über die landschaftliche Gebundenheit hinausweist: Großdeutschland. Pleyer stand in der Reihe der völkischen Dichter des Sudetenlandes an erster Stelle. Er betrachtete »das Sudetendeutschtum in seiner stammlichen Vielfalt als verkleinertes Abbild des deutschen Volkes.« Er, der als Journalist nach Reichenberg kam, umschrieb programmatisch seine Aufgabe und Sendung: »Grenzlanddeutscher sein heißt: ganz vorn deutsch sein und trotz allem deutsch sein. Kein Sich-Absondern, vielmehr ein sich An-Schließen mit allen Kräften der Seele. Der grenzlanddeutsche Dichter und Schriftsteller kann hierin viel mehr wirken als der Politiker.«

Wilhelm Pleyer überschätzte den Einfluß der Dichter und Schriftsteller gegenüber dem der Politiker, und er unterschätzte den Einfluß der Politik auf die Dichtung. Als Journalist war er selbst Politiker und nannte sich einen »Zeitunger Gottes«. Er machte sich zum Sprecher einer Dichtung, die die nationale Thematik nicht nur in den Vordergrund rückte, sondern in ihr die herrschende Ideologie sah. Jede historische Epoche untersteht einem anderen Schicksal, diesmal war es der Nationalismus. In Pleyers Werk erreichte der von der Heimat ausgehende Nationalismus einen Höhepunkt, dem die anderen menschlichen Seinsweisen untergeordnet wurden, so schön Pleyer Landschaften, so stark er Menschen zu schildern verstand.

Aus seinen Anfängen war dieser Weg noch nicht abzulesen.

Pleyers Gedichte und Balladen »Jugendweisen« (1921) stehen unter dem Einfluß konventioneller Vorbilder, wozu auch die satirische Ironie Heinrich Heines zählt:

Ich liege noch immer munter,
Mein Herz ist viel zu laut.
Der Mond geht langsam unter.
Der Schelm, als wir uns küßten,
Hat er zugeschaut.

Das satirische Element verschärft sich, ohne zum Humor auszureifen, in dem Bändchen »Aus der Spaßvogelschau« (1924). Dann wird die Lyrik Pleyers zu einhelliger nationaler Verkündigung und Mahnung: »Deutschland ist größer« (1937), »Lieder aus Böhmen« (1938) und »Die letzten und die ersten Tage« (1939). Die Erzählungen »Aus Bauernland« (1926) (später unter dem Titel »Im Gasthaus zur deutschen Einigkeit«) erweitern sich zu dem Roman »Till Scherauer« (1931, später zu der Trilogie »Tal der Kindheit«, »Wege der Jugend« und »Der Heimweg« ausgeweitet), »Der Puchner« (1934), »Die Brüder Tommahans« (1937).
Die Romane Wilhelm Pleyers enthalten viel Autobiographisches. Er erfaßt sich selber von seiner stammlichen Herkunft: »Ich bin wohl fränkischen Stammes, wenn auch von der böhmischen Seite, und das bedeutet mancherlei Zwiespalt im Herzen, Zweikampf zwischen Witz und Gewissen, Spannung zwischen Mystik und Tatsächlichkeit, Balgerei zwischen dem Eulenspiegel und dem Schildbürger, Hangen zwischen Lachen und Weinen und noch allerhand.« So schreibt er im »Till Scheerauer«, der Geschichte eines jungen Egerländers, der sich nach dem böhmischen Schilda Scheerauer nennt; erzählt wird teils als Bekenntnis, teils als Tagebuch und Zeitschilderung der Lebensweg eines Hegerbuben zum Bildhauer.
Auch »Der Puchner« ist gemischt aus Wahrheit und Dich-

tung: Selige Kinderjahre, Krieg und Zusammenbruch, dem wirtschaftliches Elend und Grenzländerkämpfe folgen, Prager Studentenleben, Teilnahme an einem Ferienlager auf Rügen, wofür Puchner zu zwei Jahren Gefängnis verurteilt wird. – Für den »Puchner« erhielt Willy Pleyer durch Hans Grimm den Erzählerpreis des Verlages Carl Schünemann verliehen. Der Roman »Die Brüder Tommahans« schildert die Verhältnisse in Böhmen nach 1918 im Rahmen eines Egerländer Dorfes, das sich gegen das Eindringen der Tschechen zur Wehr setzt. Er fordert in breiter, vielgestaltiger Handlung die Verpflichtung des einzelnen für die Volksgemeinschaft: »Bauer sein, ein Weib lieben, Kinder haben, seine Welt beisammenhaben und beisammenhalten« reicht nicht mehr aus. »Mit Leidenschaft wird erzählt, in höherem Sinn Selbstdarstellung und Zeitgeschichte, Bericht, Rechenschaft, Beispiel. Denn der Held ist jedermann, die ganze Kampfjugend des Sudetenlandes.« (Josef Nadler)
Zu dieser sudetendeutschen Kampfjugend gehört an vorderster Stelle FRANZ HÖLLER (1909 Graslitz – 1972 Frankfurt am Main). Franz Höllers frühe Gedichte wurden in der Zeitschrift »Witiko« (1929) angekündigt: »Knabenhaft rein und sehnsüchtig sind die Gedichte Franz Höllers, der, wie viele, aus der Jugendbewegung herkommt.« Als Beispiel wird das Gedicht »Geheimnis« angeführt:

Ich stehe nur und schaue,
Wie Gottes Blüten reifen
Von Tag zu Tag.

Ich horche nur und höre
Wie Gottes Brunnen rauschen
In meinem Herzen.

Ich kann es nicht verstehen
Und muß doch immer lauschen,
Wenn Gott mir träumt.

»Diese Gedichte aus der Gott-Volk-Stimmung des ersten sudetendeutschen Kampfes werden abgelöst vom Marschtakt der Kolonne« (Josef Nadler). Über die Lyrik Franz Höllers urteilt eine zeitgenössische Literaturgeschichte: »Das musisch weiche Herz, das Höller . . . mit in die Wiege bekommen hat, drängt ihn zum lyrischen Ausdruck. Seine Verse hat das Leben schlagkräftig gestählt. Höllers Gedichte ›Aufbruch‹, ›Kantate des Lebens‹ (1936) sind geradezu Beispiele zündender politischer Lyrik, rhythmisch flüssig, formal einfach, klar in Wort und Bindung.«
Neben Franz Höllers Drama um die elf Schillschen Offiziere wurde sein Roman »Studenten« (1934) eine Selbstdarstellung der jungen sudetendeutschen Generation. 1934 sammelte Herbert Cysarz die Stimmen der sudetendeutschen studentischen Jugend in dem Band »Wir tragen ein Licht«, der Titel wurde nach einem Gedicht Franz Höllers gewählt:

Wir tragen ein Licht ins Dunkel der Nacht,
Wir tragen ein Licht, vom Glauben entfacht.
Mein Bruder, du trägst es in dir,
Es gehört uns allen und dir und mir,
Und stürbe das Licht, so stürben wir!
O Bruder, hüte den leuchtenden Schein,
Und geh mit mir in das Dunkel hinein,
Ein Rufer in der Nacht zu sein.

Wir tragen ein Licht ins Dunkel der Nacht,
Wir tragen ein Licht, in Sehnsucht entfacht:
Wir glauben an eine Wiederkehr,
Einst sind wir ein großes, ein gläubiges Heer

Und siegend werden den Morgen wir schaun:
Dann wollen wir rasten und Hütten baun.

Das Ziel dieser Wünsche, Sehnsüchte, Hoffnungen und Kämpfe, die in einem Teil des sudetendeutschen Schrifttums ausgesprochen und dargestellt worden waren, wurde 1938 mit dem Anschluß des Sudetenlandes ans Dritte Reich und 1939 mit der Einverleibung der Rest-Tschechoslowakei als Protektorat des Dritten Reiches Wirklichkeit.
In dem Bericht »Wiedersehen mit Prag« in dem Band »Tag der Erfüllung« schreibt Bruno Brehm: »Möge uns ein gnädiges Schicksal davor bewahren, daß wir nun, da wir wirklich geführt werden, jemals hinter dem Führer zurückbleiben, daß uns der Anhauch wahrer Größe nicht zu der letzten Hingabe entflamme.«
Seine Darstellung »Deutsches Schicksal im Deutschen Schrifttum« (1942) beschließt Herbert Cysarz: »Noch stürmt unsere Jugend in Feindesland, ihr Bestes opfernd, ihr Bestes in den Flammen immer neuer Siege härtend. Doch die Bahn ist frei und das Feld unendlich. Mit der großen Heimkehr wird das eigentliche Spiel beginnen.«
Welches Spiel begann, und wie endete es? Die Überlebenden wissen es.

NACHWORT

1929 erschien mein Buch »Die Dichtung der Sudetendeutschen in den letzten fünfzig Jahren«; ab 1928 gab ich mit Johannes Stauda die Zeitschrift »Witiko« heraus, welche die Literaturgeschichte weiterführen sollte, ergänzt durch die Geschichte der sudetendeutschen Kunst, auch mit der Absicht, mit der deutschsprachigen, zumeist jüdischen Literatur Prags und mit der Literatur des tschechischen Nachbarvolkes bekanntzumachen. So erschien im »Witiko« der Erstdruck von Franz Kafkas Prosadichtung »Der Bau«, wie auch E. G. Kolbenheyers Drama »Heroische Leidenschaften«. Die Zeitschrift lebte nur bis 1931; sie wurde ein Opfer der politischen Auseinandersetzungen.

Meine Literaturgeschichte ist längst vergriffen und wird gesucht. Man wünschte eine Neuauflage mit Fortsetzung bis zur Gegenwart. Nach einem halben Jahrhundert, bei veränderten politischen und kulturellen Verhältnissen, war es nicht möglich, an die frühere Arbeit anzuknüpfen. Ich entschloß mich daher, eine neue zu schreiben.

Das war möglich, weil meine Bemühungen um die Literatur in den böhmisch-mährischen Ländern seit meiner früheren Beschäftigung nicht unterbrochen worden waren; die Perspektiven hatten sich allerdings im Laufe der Zeit verschoben und verändert. Ich wählte eine überschaubare und abgeschlossene Epoche: die Zeit ab 1900, den Untergang der österreichischen Monarchie 1918 über die Gründung der Tschechoslowakischen Republik bis zu deren Ende 1938 durch den Anschluß der deutschen Teile ans Dritte Reich und durch die Einverleibung der Resttschechoslowakei als Protektorat 1939. Von da an ging die deutsche Literatur Böhmen-Mährens einen neuen Weg, und wieder änderte sich die Richtung nach 1945 durch die Vertreibung und den Heimatverlust der Sudetendeutschen und deren zerstreute Neuansiedlung im Nachkriegsdeutschland.

In dem geographischen Raum, dessen literarische Leistungen in diesem Buch dargestellt werden, leben nur noch wenige der ehemaligen Einwohner, sowohl der Deutschen wie der deutschsprechenden Juden. Die Darstellung des literarischen Schaffens in den böhmisch-mährischen Ländern nach 1939 muß einem künftigen Bearbeiter überlassen werden.
Mit der Zeit von 1900 bis 1939 wurde eine umschließende Grenze gesetzt; sie wurde da und dort nach rückwärts und vorwärts überschritten, wenn Zusammenhänge gewahrt bleiben mußten. Die Fülle der literarischen Leistungen in diesem geographischen und zeitlichen Raum ist groß und mannigfaltig. Die breitere oder knappere Darstellung einzelner Dichter richtet sich nach deren Gesamtschaffen und dessen Wirkung in die Weltliteratur und in die Zukunft. Zuweilen mußte ein Name oder ein Werk genügen, aus dem Teil das Gesamtwerk anzudeuten – das Buch wollte kein Lexikon werden.
Ich widme das Buch meinem Lehrer an der Deutschen Universität in Prag, August Sauer, der meine erste sudetendeutsche Literaturgeschichte angeregt hatte, und dem Verleger Johannes Stauda, dessen langjähriger Mitarbeiter und Autor ich sein durfte.

J. M.

NAMENVERZEICHNIS

(Die kursiv gesetzen Namen sind die zum Umkreis Böhmen-Mähren gehörenden Dichter. Die kursiv gesetzen Zahlen geben die Seitenzahlen an, auf denen diese Dichter Hauptthema sind.)